선긋는 국가

• **일러두기** •

인명과 지명에 대한 외국어, 외래어 표기는
일반적으로 통용되는 발음을 고려하였으며,
이에 따라 일부 낱말은
국립국어원 기준 표기법과 다를 수 있습니다.

선 긋는 국가

아시아 신생 독립국들과
대한민국의 근대화는 무엇이 다른가?

박정욱 지음

지식프레임

서문

선을 긋는 국가, 선을 지우는 국가

되돌아보면 한국인은 어마어마한 시간을 지나왔다. 식민지라는 긴 터널을 빠져나오기 바쁘게 커다란 전쟁을 겪었다. 먹을 것도, 입을 것도, 일자리도 부족한 가난한 나라였다. 수천 년 경험한 왕정의 사슬을 겨우 벗어났으나 새로 덧입은 민주공화국이라는 옷은 누가 봐도 우리 몸에 잘 맞지 않았다. 우리가 싸워서 쟁취한 것이 아니라 미국이라는 강대국이 어설프게 재단해서 반강제로 입혀준 옷이었기 때문이다. 그러나 같은 민족끼리의 전쟁이라는 극심한 고통을 겪어내고, 몇 차례의 쿠데타를 경험하면서 권력자들은 민주공화국이라는 옷을 자기들 마음대로 재단했다. 옷에는 '민주'라는 글자가 새겨져 있었으나 실상은 독재로 분류하는 것이 걸맞은 옷이었다. 그 와중에도 한국인은 알차게 살이 찌고, 키가 크고, 근육을 늘려나갔다. 어느덧 우리는 제대로 된 민주공화국을 입어도 제법 어울리는 몸매를 가지게 되었다. 그러자 해외에서는 '발전된 민주주의 국가'라는 수식어를 대한민국에 붙여주었다. '선진국'이라는 말도 점차 익숙해졌다. 'K-컬처'에 대한 외국인들의 엄지척이 어느 순간부터 당연하게 느껴졌다. 그럴 즈음이었다. 갑자기 군병력을 동원해 의회를 장악하고, 언론을 통제하고, 시민들의 참정권과 집회·시위·결사의 자유를 금지하겠다는 포고령이 대통령의 입을 통해 선포되었다. 한순간에 모든 것이 뒷걸음질 칠 위기였다. 다행히 시민들의 저항과 민주주의에 대한 열망, 그리고 대통령의 불법적인 명령에 소극적으로 임한 군인들의 태도로 이 위기를 무사히 넘겼다. 한국인이 그동안 키워온 민주주의의 근육과 골격이 거품이 아니라는 사실을 스스로 확인하는 계기였다. 한국인의 한 사람으로서 갑자기 추락할 뻔한 위험이 닥쳤다는 사실도, 그리고 그걸 뚫고 다시 날아올랐다는 사실도 모두 꿈만 같다. 하지만 꿈이 아니다. 그리고 우연히 이루어진 것도 아니다. 우리는 어떠한 발전 경로 위에 올라탄 채 여기까지 왔다.

이 책은 민주주의 발전을 가능케 하는 근육과 골격에 관한 이야기다. 한국인의 민주주의 체형이 어떻게 발달해 왔는지 그 경로를 되짚어 봄으로써 우리의 현재 모습을 시각화하려는 것이다. 그런데 한국인의 키가 큰지 작은지, 근육이 단단한지 말랑말랑한지, 살이 쪘는지 말랐는지를 알려면 다른 이들과 비교해 봐야 한다. '크다/작다'는 판단도, '발전했다/뒤떨어졌다'는 평가도 상대적이기 때문에 비교 대상 없이는 말할 수 없다. 이 책은 한국의 경로를 다른 나라들과 비교한다. 비교 대상으로 꼽은 국가들은 다음과 같은 점에서 한국과 조건이 동일하다. '식민지를 거쳐 제2차 세계대전 이후 독립하여 공산화되지 않은 아시아 국가.' 바로 인도, 파키스탄, 인도네시아, 말레이시아가 이 책에서 택한 한국의 비교 대상이다. 이 네 나라를 비교 대상으로 꼽은 것이 낯설게 여겨질 수도 있을 것이다. 지금껏 우리는 일본이나 대만과의 비교에 익숙했다. 남아시아나 동남아시아 국가들과의 비교는 흔하지 않다. 하지만 비교 대상이 달라지면 발견하는 내용도 달라진다. 일본이나 대만과 한국을 비교하는 것과는 또 다른 발견이 이 네 나라와의 비교를 통해 이루어진다.

비교의 키워드는 '정체성의 선(線)'이다. 국민국가는 국가 구성원을 '국민(nation)'으로 통합하는 국가이다. 하지만 '하나의 국민으로 이루어진 국가'라는 명제는 신화적 서술에 가깝다. 대부분 국가의 국민은 무언가 이질적인 정체성으로 나뉘어 있다. 구성원과 구성원 사이에 '너는 우리가 아니다'라고 갈라놓는 선이 그어져 있는 것이다. 그것이 종족이나 인종처럼 태생적인 선일 수도 있고, 종교처럼 문화적 정체성의 선일 수도 있으며, 이념처럼 세계관의 차이에 따른 선일 수도 있다. 신분제나 경제적 지위에 따른 선도 여기에 포함된다. 각 국가에서는 종종 이러한 정체성의 선을 따라 정치적 억압이나 사회·경제적 차별이 가해진다. 당연히 이 선을 따라 정치적 대립과 갈등이 발생한다.

따라서 좋은 국가란 선을 지우는 국가이다. 선이 사라진 국가의 순수한 이념형(ideal type)을 묘사한다면 이러하다. 선이 사라진 국가의 국민이라면 누구나 법적인 평등을 누리고 균등한 기회를 부여받는다. 한 집단이 다른 집단에 비해 차별을 당하지도 않고, 반대로 특권을 누리지도 않는다. 이러한 이념형에 가까운 형태를 지닐수록 그 국가는 좋은 국가이다. 국가가 선을 지우지 않으면 발전도 어렵다. 국가의 자원이 공정한 원칙에 따라 배분되지 않고, 누군가는 차별적 불이익을 당하고 누군가는 특혜를 누릴 가능성이 높기 때문이다. 자원의 공정한 배분이 이뤄지지 않는다는 박탈감은 사회적·정치적 갈등을 키운다. 자원 배분의 최적화가 왜곡되는 사회는 그에 대응하는 비용을 더 치를 수밖에 없다.

선을 긋는 것이 자원의 효율적이고 공정한 배분을 왜곡해 발전을 가로막는다면, 도대체 국가는 왜 선을 긋는가. 정치적 이유 때문이다. 선을 긋는 것이 전체 국민경제에는 마이너스 효과를 가져올 수도 있지만 자신에게는 더 많은 이익을 줄 수 있다고 여길 때, 권력자들은 선을 긋는다. 물론 모든 선이 이러한 악의를 품고 그어지는 것은 아니다. 종종 전체 이익이 무엇인지는 모호하지만, 선을 그음으로써 소수를 희생하고 다수가 이익을 챙길 수 있다고 여길 때 정책 결정자는 선을 긋는다.

그러면 선을 긋는 정책 결정자들이나 정치 행위자들은 모두 나쁜 사람들인가. 문제는 그렇게 간단하지 않다. 대체로 정책 결정자들이 선을 자유롭게 긋는 게 아니다. 일반적으로는 과거부터 축적되어 만들어진 선이 존재한다. 정치라는 게임은 과거의 유산이라는 운동장 위에서 펼쳐진다. 운동장 위에는 과거부터 그어져 온 선이 존재한다. 정치는 그 선을 어떻게 변경시킬 것인가를 놓고 경쟁하고 타협하는 것이지, 백지 위에 마음대로 선을 긋는 것이 아니다.

　선을 지우는 것도 마찬가지다. 이 역시 특정 지도자의 비전이나 역량의 문제를 넘어선다. 사회 전체를 뒤흔드는 충격이 가해질 때, 혹은 강력한 외부의 위협과 압력이 존재할 때 기존에 그어진 선을 지울 기회가 마련된다. 제2차 세계대전이 끝나고 아시아 각국에서는 토지개혁을 요구하는 농민들의 목소리가 높았다. 토지개혁은 전형적으로 선을 지우는 행위이다. 농촌에서 지주와 소작농이라는 전근대적 지배 관계를 끊는 것이기 때문이다. 농업 위주였던 아시아에서 소작제로 인한 착취에 대한 반감과 저항은 공산주의가 빠르게 성장하는 토양이 되었다. 공산주의 국가에서는 폭력적으로 토지개혁을 단행했지만, 공산주의의 경로를 밟지 않은 나라에서도 토지개혁이 중요한 과제로 떠올랐다. 하지만 토지개혁에 성공한 나라는 드물다. 이를 단순히 지도자의 역량이라는 관점에서만 바라볼 수는 없다. 토지개혁에 반대하는 기득권층이 저항하기 어려운 국내외적 조건이 맞아떨어진 나라에서만 토지개혁은 성공했다.

　한국은 선을 지우는 데 일정 정도 성공했다. 그것이 민주주의 발전과 경제 성장이라는 근대화의 과제를 성공시킨 비결이기도 하다. 1948년 대한민국 정부 수립 당시 한국인들은 선과 관련해 독특한 조건을 가지고 시작했다. 물론 그때에는 우리 자신도, 그리고 우리를 지켜보는 다른 나라들도 그 사실을 인식하지 못했다. 남들과 다른 조건이 남들과 다른 경로로 한국 현대사를 인도했고, 다른 경로 위에서 한국인들의 민주주의 골격과 근육은 놀라운 성장을 했다. 그 다른 조건을 나는 '한국 예외주의(Korean exceptionalism)'라고 부르겠다. 이 개념은 세이무어 마틴 립셋(Seymour Martin Lipset)이 사용한 개념인 '미국 예외주의(American exceptionalism)'에서 빌려왔다. '미국 예외주의'는 미국과 유럽을 비교하면서 도출한 개념이다. 봉건제도에 기반한 중세를 거치지 않고 이민자들에 의해 세워진 미국의 근대화 경로가 유럽의 경로와 다르기에 개인의 자유를 강조하는 미국 스타일의 민주주의가 싹틀 수 있었다는 것이다. '한국 예외주의'는 한국을 다른 탈식민지 아시아 국가들과 비교하면서 정의한 개념이다. 한국인들은 오랜 역사 속에서 일찍이 민족을 형성함으로써 구성원들 간의 정체성의 선을 약화시킨 상태로 1948년을 맞이했다. 일본의 지배가 분단과 전쟁으로 이어지는 과정에서 미국의 도움을 받은 한국인들은 식민지를 경험했음에도 불구하고 서구 민주주의를 선호하게 되었다. 또한 토지개혁 추진과 한국전쟁이 겹쳐 발생한 결과로 구성원들은 사회·경제적으로 '균질한 조건'을 가진 사회를 이루었다. 이를 달리기에 비유하자면, 본격적으로 산업화에 들어가는 단계에서 한국인들이 자본주의적 성공이라는 목표 지점을 향해 달리기 전에 같은 출발선상에 서게 된 것이다. 이 책에서는 이를 '오래된 신세계', '두 방향의 제약', '균질적 근대화'라는 개념으로 표현했다. 이러한 세 가지 조건이 모여서 '한국 예외주의'를 만들어냈다.

저자로서 이 책의 목적은 한국을 소개하는 것을 넘어선다. 한국과의 비교를 위해 나란히 소개한 인도, 파키스탄, 인도네시아, 말레이시아의 근현대사는 대체로 한국인들에게 낯설다. 이 책이 네 나라의 풍성한 역사를 제대로 담아내기에는 무리가 있지만, 한편으로 독자들이 낯선 아시아 국가들의 근현대사를 조금이나마 가깝게 느끼는 계기가 되기를 바라는 마음도 책 한편에 소박하게 놓아둔다.

인도에서는 건국을 주도한 국민회의 정부의 의도와 달리 시간이 흐를수록 오히려 카스트 정치가 강화되었다. 차상위 카스트에 해당하는 OBC(여타 후진 계층)들은 자신의 카스트가 뭉치면 선거에서 후보의 당락을 결정할 만한 '표'가 된다는 걸 자각했고 이후 인도 정치에서 카스트의 영향력이 되살아났다. 그리고 20세기 후반부터 거세게 불어닥친 힌두민족주의 열풍은 인도를 다시 힌두와 무슬림의 대립 구도로 갈라놓고 있다. 특히 나렌드라 모디 정부는 무슬림을 배제하는 전략을 바탕으로 3연임에 성공하며 인도 정국을 주도하고 있다.

파키스탄은 펀자브 중심주의에 대한 비펀자브 지역의 반발과 동파키스탄(방글라데시)의 분리 독립이라는 두 가지 갈등이 핵심이다. 특히 발루치스탄인들은 외부인들에게 수탈당하고 있다고 여기며 급진 발루치 민족주의자들은 무장 저항을 벌이고 있다. 북서부 지역에 집단적으로 거주하는 파슈툰족 역시 자신들만의 고유한 정체성을 지키고자 하는 정서가 강하지만 파키스탄 정부는 군을 동원해 이를 강력하게 억압하고 있다. 이처럼 내부의 분리주의를 억누르고 이웃 나라 인도와 대립하는 과정에서 파키스탄 군부는 기득권 세력으로 성장해 정치와 경제에 깊숙이 개입하고 있다.

　인도네시아는 식민 종주국이었던 네덜란드에 대항하는 독립 투쟁을 거쳐 새로운 국가를 만들었다. 매우 복잡한 다종족 국가인 인도네시아에서는 수마트라 북부 아체와 암본, 파푸아 등에서 분리주의 운동이 전개되었다. 독립 투쟁과 분리주의 진압 과정에서 인도네시아 군부 역시 강력한 기득권 세력이 되었다. 특히 중앙집권적 독재 정치를 했던 수하르토 체제가 붕괴된 이후 인도네시아는 지방 자치가 강화되었는데, 이는 지역별로 각기 다른 법체계를 발전시키면서 인도네시아의 법질서를 파편화하고 말았다. 결과적으로 국가의 선 지우는 능력이 약해짐으로써 민주주의를 발전시킬 동력이 약해졌다.

　말레이시아는 식민 종주국인 영국과의 협력을 통해 구체제를 완전히 허물지 않고 독립 국가를 세우는 독특한 경로를 밟았다. 인구가 많은 말레이계와 경제적 지위가 높은 중국계 사이의 갈등이 건국 이전부터 지속되어 왔는데 말레이계-중국계-인도계의 엘리트층이 타협을 통해 기득권 세력을 형성하여 장기 집권하면서 말레이시아의 발전을 이끌었다. 그러나 시간이 흐르면서 말레이계 정체성을 중심으로 한 국가 운영과 말레이계에 대한 여러 특혜가 정치적 갈등의 원인이 되었다. 말레이계의 기득권을 지키려는 측과 이를 개혁하여 모든 말레이시아인이 정치적·경제적 평등을 누려야 한다는 측의 대립이 말레이시아 정치의 커다란 축이다. 우여곡절 끝에 후자를 상징하는 인물인 안와르 이브라힘 총리가 집권했지만 두터운 기득권을 뚫는 것이 현실적으로 쉽지 않은 상황이다.

인도, 파키스탄, 인도네시아, 말레이시아 모두 후견주의와 정치 세습의 함정에 빠졌다. 민주주의의 진전은 국가의 일방 통제를 약화시켰는데, 국가의 통제가 물러간 공백을 군부·정치·관료·종교계 엘리트들이 영향력을 확대하면서 메우고 있다. 이러한 영향력은 인도네시아를 재산과 지위 및 영향력을 세습하는 방향으로 이끌고 간다. 민주주의 제도는 운영되고 있지만 실질적으로 민주주의의 내용은 뒷걸음질 치는 중이다.

한국인들이 간과하는 대목이 다종족 국가들이 처한 조건이다. '단일 민족'이라는 표현을 즐겨 쓰는 한국인들에게 다종족 국가의 국민들이 일상적으로 접하는 상황은 낯설다. 다종족 국가들은 여러 종족을 하나의 국민으로 통합하는 데 엄청난 비용과 에너지를 투입한다. 국민이라는 정체성이 형성되지 못하면 현대 국가의 기본 형태인 국민국가도 존재 근거를 잃어버리기 때문이다. 게다가 다종족 국가는 후견주의(clientelism)의 함정에 빠질 가능성도 높다. 이에 대해서는 뒤의 본문에서 자세히 이야기하겠다. 다만 후견주의의 함정에 빠진 나라에서는 민주주의가 시민의 권리와 역량을 강화시키는 것이 아니라 후견인(patron)의 영향력을 강화시키는 결과를 낳는다는 점은 우선 언급하고 넘어가겠다.

이 책은 지식 발견의 도구로 비교라는 방법을 택했다. 나의 전작인 《중동은 왜 싸우는가》 서문에 썼던 영국의 시인 러디어드 키플링(Rudyard Kipling)의 말을 다시 남기면서 글을 맺는다. "오직 잉글랜드만 아는 사람이 잉글랜드에 대해 무엇을 알겠는가?(What do they know of England who only England know?)"

2025년 여름, 상암동에서

● 목차

서문 004

Part 1
국가와 선(線)

선 긋는 국가, 분열된 국민 021 • 종족, 민족, 국민 026 • 중앙집권국가와 민족 036 • 누가 '우리 국민'인가? 041 • '후견주의'라는 부작용 048 • 한국은 무엇이 다른가? 051 • 다종족 싱가포르의 비결 059

Part 2
탈식민지 아시아 국가들의 근현대사

Chapter 1 인도 – 종족, 카스트, 종교라는 선

근대 이전의 인도 071 • 영국 식민지 시기에 형성된 '인도 민족' 083 • 민족 정체성의 분열, 힌두와 무슬림의 갈등 092 • 하나가 되지 못한 독립, 인도-파키스탄 분리 건국 099 • 네루-간디 가문과 정치의 사유화 107 • 카스트 정체성의 재등장 116 • 세속주의와 힌두민족주의의 대립 121 • 나렌드라 모디와 힌두민족주의의 성장 131

Chapter 2 파키스탄 – '국민 만들기'라는 대지진과 계속되는 여진

건국 이전의 인도 무슬림 역사 154 • 파키스탄 건국의 풍경 163 • 민주주의에서 군부 권위주의로 177 • 동-서 파키스탄의 갈등과 분열 184 • 부토의 실패, 또다시 등장한 군부 190 • 혼돈의 민간 정부 시대 200 • 무샤라프, 그리고 테러와의 전쟁 208 • 파키스탄 민주주의는 발전하고 있는가 219

Chapter 3 인도네시아 – 복잡한 정체성이 낳은 KKN의 그늘

말레이제도의 정치와 문화 233 • 네덜란드의 지배를 받다 239 • 인도네시아 건국과 독립 전쟁 248 • 정체성의 대립과 내부 반란 259 • 선 지우기에 실패한 수카르노 정치 266 • 쿠데타와 대학살 277 • 수하르토와 신질서 정권 283 • 중앙집권이 무너진 뒤에 293 • 살아남은 구체제 297 • 계속되는 부패와 정치 세습 307

Chapter 4 말레이시아 – 위로부터의 타협에 의한 보수적 근대화

영국 진출 이전의 말레이반도 326 • 조호르 술탄국과 영국령 말라야 329 • 중국계와 인도계 이주민의 성장 333 • 말레이 정체성의 성장 339 • 일본의 말라야 점령 344 • 영국의 재점령과 말라야연합 350 • 말라야연방과 UMNO 355 • 싱가포르와 보르네오 367 • 말레이시아의 탄생 371 • 5·13 사태와 신경제 정책 378 • 마하티르와 안와르의 대립 388 • 미완의 개혁, 선은 약해지고 있는가 395

Part 3
한국 예외주의

Chapter 1 오래된 신세계 – 천년 중앙집권국가의 전통

천 년이 넘는 중앙집권국가의 경험 413 • 한반도의 전근대 민족국가 : 신라에서 조선까지 417 • 민족국가의 단절, 일제강점기 434

Chapter 2 두 방향의 제약 – 미국과 북한

분단과 공백 451 • 이식된 민주주의 459 • 대미 의존의 심화 464 • 왜 한국은 '서구적 근대화'를 지지했는가 469 • 두 방향의 제약 476

Chapter 3 균질한 근대화 – 같은 출발선에 선 한국인들

전통적 지배 세력이 무너졌는가? 497 • 남한의 농지개혁과 균질화 500 • 평등주의, 그리고 세습 정치 512 • 균질한 근대화, 그 이후 517 • 외국의 토지개혁 520

Chapter 4 한국 예외주의의 함정 – 21세기 우울한 자화상

수저계급론의 시대, '균질적 근대화'는 끝났는가 536 • '민족' 정체성의 후퇴, 지역주의 538 • SNS, 유튜브, 그리고 정치적 부족주의 548

주석 554

인도
파키스탄
인도네시아
말레이시아
그리고
대한민국

Part 1

국가와 선(線)

선 긋는 국가, 분열된 국민

"이라크 국민이여, 종파 간 분쟁 앞에서 단결하라!"[1] 1979년에 집권해 2003년 쫓겨날 때까지 이라크에서 독재 권력을 휘두른 사담 후세인(Saddam Hussein)이 2006년 사형 선고를 받기 직전 법정에서 한 말이다. 이라크를 종파 간 분쟁의 길로 밀어 넣은 주범이 사담 후세인 본인이었다는 점에서 그의 말은 모순적이다. 사담은 자신의 고향인 이라크 북부 티크리트 지역 출신들을 군과 정부의 요직에 앉혔다. 특히 자신의 부족인 알부 나시르(Albu Nasir) 부족 출신들만 정보기관과 군의 간부로 임명했다. 물론 가장 많은 권력과 이권을 차지한 것은 사담과 그 직계 가족들이었다. 중동은 역사적으로 여러 종족 집단을 다스리는 제국이 지배해 왔는데, 제국에서는 황제가 직접 다스리는 지역을 벗어나면 사람들이 국가에 대한 소속감보다 부족 공동체에 대한 소속감을 강하게 느끼는 경우가 흔했다. 출신 부족을 앞세운 사담 후세인의 통치 방식도 이러한 맥락으로 볼 수 있다. 사담 정권은 반정부 세력을 무자비하게 탄압했는데, 주로 이라크 남부의 시아파 및 북부의 쿠르드족이 그 대상이었다. 사담이 집권하는 동안 이라크의 정치는 '이라크 국민' 전체의 이익을 도모하는 것이 아니라 수니파, 특히 티크리트 지역의 수니파 부족을 위한 정치를 폈다.

사담 체제 몰락의 결정적 계기는 2003년 '이라크 전쟁'이다. 9·11 테러로 충격에 휩싸였던 미국은 '테러와의 전쟁' 일환으로 이라크를 침공했다. 전쟁 개시 3주 만에 이라크의 수도 바그다드가 미군에 함락되었고 24년간 기세등등했던 사담 후세인 정권은 무너졌다. 이렇게 이라크가 무기력하게 패배한 것은 이라크인들이 조국 수호를 위해 뭉치지 않았기 때문이다. 대체로 수니파는 사담 후세인 정부를 지지하는 여론이 높았으나 핍박을 받던 시아파와 쿠르드족은 미국의 침공이 전개되자 쉽게 '침략자'의 편으로 돌아섰다. 사담이 사형 선고 직전 이라크인들에게 종파 간 분쟁을 뛰어넘어 단결할 것을 호소한 것은 한데 뭉쳐 미국에 맞서야 한다는 의미였으나 이라크인들은 '이라크 민족주의'로 단결할 만한 하나의 국민(민족) 정체성을 형성하지 못했다.

사담 정권 몰락 후 이라크에는 어떠한 정부가 세워졌을까? 일반적 경우라면, 사담에게 맞섰던 반체제 세력들이 한데 모여 새로 헌법을 만들고 보통선거권에 입각해 국민이 참여하는 선거를 치러 민주적인 정부와 의회를 구성할 것이다. 새롭게 세워진 정부는 사담처럼 특정 지역이나 부족의 이해관계에 머물지 않고 모든 이라크 국민들의 이익을 지향하는 정책과 인사를 추진해야 한다. 국민을 통합하는 정부가 세워져야 한다는 의미이다. 하지만 이라크의 신정부에서 권력을 잡은 이들은 그동안 사담 정부의 탄압을 받아왔던 시아파였다. 시아파가 주축이 된 신정부는 반란군 색출을 명목으로 수니파를 탄압했다. 사담 정권 붕괴 후 기득권을 가졌던 이라크 수니파 군인들이 대거 반란군에 가담하면서 이라크가 내전으로 치닫던 상황이었다. 사담 후세인이 사형 선고를 앞에 두고 호소했던 '단결' 메시지는 공허했다. 이라크의 신정부는 권력을 종족 집단별로 나누는 방식으로 구성되었다. 헌법상 실질적 권력을 갖는 총리직은 항상 시아파가 맡는 대신 국가를 대표하는 대통령직은 쿠르드족이 담당하고 수니파는 실권이 없는 국회의장직을 맡는 것이다. 그리고 이라크 북서부의 쿠르드족 집단 거주 지역은 자치권을 부여받았으며 별도의 준군사 조직까지 갖추었다.

중동의 무슬림들에게 수니파나 시아파와 같은 종파는 개인이 선택하는 것이 아니라 태어나면서부터 부여받은 정체성에 가깝다. 조상 대대로 수니파 부족에서 태어나면 대부분 평생 수니파로 살고 시아파 부족에서 태어나면 시아파로 살아간다. 현재 이라크의 국가 시스템에서는 아무리 유능한 정치인이라도 그가 수니파라면 절대 총리가 될 수 없다. 반대로 이라크 쿠르드족 자치 지역에서는 바르자니 가문과 탈라바니 가문이 정치 권력을 양분해 차지하고 있는데, 쿠르드족들에게 대통령직이 주어진다는 것은 양대 기득권 가문 출신이나 그들의 가신 그룹이 대통령이 되는 구조가 고착된다는 의미이다. 사실상 지도자를 선출하는 국민들의 권리가 제한되는 셈이다. 이러한 시스템에서는 정치가 발전하기 어렵다. 이라크인들이 이러한 문제점을 모르지 않는다. 그러나 국민들이 시아파 아랍인과 수니파 아랍인, 쿠르드인 등 세 가지 종족 정체성으로 갈라진 현실에서 국가 권력을 두고 각 종족 그룹이 극심한 경쟁에 돌입한다면 국가는 내전 상태에 빠질 수도 있다. 그래서 권력 분점은 이라크인들의 고육지책이다. 이와 유사한 정부 구성 형태는 레바논에도 존재한다. 레바논 역시 국민 간의 정체성 갈등으로 내전까지 겪을 만큼 다양한 종족 집단이 국가를 이루고 있다. 레바논인들은 1943년 체결한 '국민협약'에 따라 수니파 이슬람 출신이 총리, 마론파 기독교인이 대통령, 시아파 이슬람 출신이 국회의장을 담당한다. 게다가 정부의 통제를 받지 않는 거대 무장 병력인 헤즈볼라가 국가 안의 국가처럼 독립적으로 존재한다.

앞에서 언급한 이라크는 국가 구성원들 사이에 선이 그어져 있다. 종교나 부족에 근거를 둔 종족 정체성으로 국민들이 나뉘어 있는 것이다. 이러한 선은 오랫동안 종족 단위로 사회를 이루며 살아온 역사적 바탕 위에 그어져 있지만 사담 후세인의 통치 방식에서 보듯이 자연스럽게 형성된 것만은 아니다. 사담은 시아파와 쿠르드족들에게 권력을 넘보지 못하도록 선을 긋고 강력한 탄압을 했다. 반면 티크리트 지역의 수니파인 알부 나시르 부족을 우대하여 핵심 지지층으로 만들었다. 이 역시 소수에게 선을 그어 특권층으로 보호하는 행위이다. 사담 후세인 정권하의 이라크는 종족 바탕 위에 국가가 그어놓은 선으로 그 내부가 갈기갈기 찢겨 있었다. 이러한 선은 사담 정권 붕괴 이후에도 여전히 강력한 힘을 발휘하는 중이다. 오늘날 이라크는 하나의 '이라크 국민'을 형성하기 어렵다. '대통령은 쿠르드, 총리는 시아파, 국회의장은 수니파'라며 끊임없이 종족 정체성을 상기시키는 정치 제도가 작동하기 때문이다. 이라크에서 사는 이상 그 사람의 부족적·종파적 정체성이 중요하다. 내가 어떠한 부족에 속해 있으며, 어떠한 종교(혹은 종파)에 속해 있느냐에 따라 내가 살아가는 환경과 조건이 달라지기 때문이다. 국가 구성원들 사이에 그어져 있는 보이지 않는 선을 개인이 자유롭게 넘어 다닐 수 없다. 따라서 이라크에서는 국가 전체를 하나로 묶는 '이라크 국민'이라는 정체성보다 '수니파 무슬림' 혹은 '쿠르드족'이라는 선 안의 정체성이 더 부각됨으로써 끊임없이 국민 통합을 방해한다.

한국인들은 다종족 국가인 이라크처럼 국민들 사이에 선이 그어져 정체성의 통합을 가로막는 것을 예외적인 사례로 여긴다. 그런데 사실은 그렇게 느끼는 한국인들의 상황이 더 예외적이다. 한국이 위치한 동아시아는 민족국가의 원형이 세계에서 가장 먼저 자리 잡은 지역이다. 한국, 중국, 일본 모두 아시아의 다른 지역과 비교했을 때 종족과 민족이 일치하는 비율이 월등히 높으며 민족 단위의 국가를 역사적으로 일찍 경험했다. 이 과정에서 종족적 정체성에 기반한 선이 지워지거나 매우 옅어졌다. 뒤에서 자세히 서술하겠지만 세계 각국을 식민지화해서 지배했던 서유럽에서도 18~19세기경 민족주의와 자유주의 열풍에 힘입어 민족국가가 주류 모델이 되었다. 하지만 동아시아와 서유럽에서 눈을 돌리면 다종족 국가가 보다 일반적인 모델에 가깝다. 이 사실에 대해 대체로 한국인들은 다른 나라 사람들보다 둔감한 편이다. 한국인 자체가 대단히 동질적인 종족 집단이기 때문이다.

대부분의 탈식민지 신생 독립국은 역사적으로 만들어진 자연스러운 국경이 아니라 식민 종주국의 영향을 받아 만들어진 인위적인 국경을 가지고 있다. 인도아대륙과 동남아시아의 신생 독립국들은 유럽 식민 종주국이 다스렸던 식민지 영역의 경계를 물려받았다. 영국령 인도제국의 경계가 인도와 파키스탄으로 나뉘어 건국되었고, 네덜란드령 동인도의 경계가 인도네시아가 되었다. 국경 안에 포함된 종족들이 식민지 이전의 역사에서 굳이 하나의 나라를 이뤄야 할 필연성이 존재하지 않았다. 중동이나 아프리카 등에서는 유럽 강대국들의 이해관계에 따라 임의대로 설정한 경계가 국경이 되었다. 그 결과 대부분의 탈식민지 독립국들은 다종족 국가이다. 따라서 이 나라들이 보여준 건국의 풍경은 대한민국의 그것과 상당한 차이를 보인다. 그리고 건국 이후 동일한 민족 정체성을 공유하는 국민을 만드는 과정은 각 국가의 근대화 경로에 커다란 영향을 미쳤다.

종족, 민족, 국민

국민을 갈라놓는 정체성의 선은 다양하다. 하지만 일반적으로 가장 드러나기 쉬운 정체성의 선은 종족(種族)이다. 위의 이라크 사례에서도 확인할 수 있듯이, 한 국가의 구성원이 여러 종족으로 이루어져 있다면 종족에 따른 정체성은 국가가 하나의 국민을 만드는 데 있어서 넘어야 할 가장 커다란 장벽이다. 그렇다면 종족이란 무엇이며, 종족과 민족은 어떻게 다른가? 우선 종족이니 민족이니 하는 것들은 태초부터 존재하는 고유한 어떤 것이 아니라 사람들이 소속감을 느끼는 집단적 정서에 가깝다는 점을 강조하고자 한다.

  종족은 영어로 '에스닉 그룹(ethnic group)'이다. 사전적 정의에 따르면 에스닉 그룹이란 '인종, 언어 또는 문화라는 공통의 유대에 의해 구분되고 함께 묶이는 사회 집단 또는 범주'를 의미한다.[2] 전통 사회에서 종족 집단은 흔히 '같은 조상에게서 갈라져 나왔다'는 관념을 공유했다. 이는 '한민족은 단군의 자손'이라는 한국인의 관념에 비춰볼 때 그리 낯설지 않다. 그런데 실제로 한 명의 조상에게서 특정 종족 집단 사람들 전부가 나온 걸까. 그걸 증명하기란 불가능하다. 사실 '조상이 같다'는 것은 종족 집단 내의 사람들끼리 '통혼(通婚)할 수 있다'는 의미로 해석하는 것이 적절하다. 결혼을 통해 부족 간 조상을 공유하게 되는 것이다. 세계 어느 지역이나 전통 사회에서는 자녀의 결혼 상대를 본인이 속한 씨족이나 부족과 말이 통하고 관습이 유사한 다른 씨족이나 부족에서 찾았다. 물론 같은 씨족이나 부족 내에서 결혼 상대를 구하는 족내혼 전통을 따르는 집단도 있었다. 이처럼 통념상 자녀를 결혼시키는 데 있어 의문을 제기할 필요 없이 당연하게 받아들여지는 통혼 대상 집단이 대체로 같은 종족에 속했다. 또한 세계의 많은 지역에서 종족이 공유하는 문화의 핵심 요소는 종교이다. 세계관이 완전히 다른 종교를 가진 종족 집단 간에는 통혼 사례가 상대적으로 드물다. 물론 언어가 다른 집단 간 결혼은 더욱 흔치 않다. 언어와 종교가 종족 집단을 구분하는 핵심 요소였다는 것이다.

그렇다면 '민족(民族)'은 종족과 어떻게 다른 걸까. 민족은 인종·언어·문화가 동질적인 사회 집단이라는 점에서는 종족과 비슷하지만, '국가'를 중심으로 형성된 정체성이란 점이 종족과 구별되는 지점이다. 민족은 '동질적인 국가 구성원'이라는 의식으로 뭉친 공동체로서 국가와 관련을 맺고 만들어지는 정체성이다. 반면 종족은 국가 내의 부분 집합으로 존재하는 커뮤니티이거나, 종종 국경을 넘어 형성되어 있는 커뮤니티이다. 예컨대, 파슈툰족은 아프가니스탄 남동부와 파키스탄 서북부에 걸쳐 집단 거주 지역을 이루고 있다. 파키스탄의 파슈툰족이 파키스탄 국민으로서의 정체성을 가지고 있다면 이들은 파키스탄 내 종족 집단에 해당한다. 하지만 파키스탄의 파슈툰족과 아프가니스탄의 파슈툰족이 합심하여 별도의 파슈툰 국가를 만들어야 한다는 정서가 강해진다면 이들은 민족 정체성을 획득한 것이다. 나라 없이 2천 년간 유럽과 중동에 흩어져 있던 유대인 디아스포라는 종족 집단에 해당하지만, 20세기 들어 이스라엘을 건국하고자 팔레스타인으로 이주한 유대인들은 민족 정체성을 지닌 것이다. 하나의 정치적 운명에 묶여 있다는 인식이야말로 민족 형성의 핵심이다. 그리고 그 정치적 운명은 대부분 국가라는 틀 안에서 경험하게 된다. 일반적으로 민족은 자신들에게 배타적으로 주어진 땅이 있다는 믿음을 공유한다. 그 땅은 조상 대대로 내려오는 정당한 유산이며, 외부의 다른 종족이나 민족이 그 땅을 차지하는 경우 마땅히 이를 되찾기 위해 싸운다. 세계 곳곳의 영토 분쟁이나 분리주의 운동은 이러한 맥락에서 생겨난다. '지금 너희가 밟고 있는 땅은 조상이 우리에게 물려준 땅이니 그곳에서 물러나라'는 것이다. 요컨대, 국가에 대한 정체성의 차이가 종족과 민족을 구분하는 잣대다.

국가는 또 다른 정치적 경험도 제공한다. 오랫동안 동일한 통치자의 지배를 받으면서 한 국가에 소속되어 있다는 정체성이 만들어진다. 국가의 통치자는 영토 내에 거주하는 피지배층에게 세금을 거두고, 전쟁이나 토목 공사에 인력을 동원한다. 또한 통치자가 파견한 관리들은 백성들에게 국가의 권위에 순종할 것을 강요하고 이를 어기면 벌을 내린다. 이 과정에서 국가의 구성원들은 하나의 사회적 위계질서 속에 연결되어 있다는 관념을 공유하게 된다. 무엇보다 민족이라는 정체성은 다른 국가나 종족과 전쟁을 벌이면서 만들어지는 경우가 일반적이다. 다른 통치자의 지배를 받는 이민족과 전쟁이 벌어지면 사람들은 싸우는 과정에서 '우리 집단'과 '타자(他者)'를 뚜렷하게 구분한다. 이는 우리 집단에 대한 소속감 강화로 이어진다. 우리 집단은 일반적으로 같은 국가 구성원이다. 우리 집단이 언어와 종교적으로 동질적이라면 이러한 감정은 민족 관념으로 발전하기 쉽다.

민족을 연구하는 이들은 시각에 따라 두 갈래로 나뉜다.

첫 번째는 '근대주의'로서 '민족은 상상된 공동체'[3]라는 표현으로 대변된다. 이러한 시각을 공유하는 학자들은 민족에 대해 다음과 같이 설명한다. 민족 형성은 근대적인 현상이며 프랑스혁명이 근대 민족국가의 시발점이다.[4] 종족 집단에 기반한 민족의 원형은 오래전부터 존재했지만 '동질적인 국가 구성원'이라는 의식은 신분제가 무너지면서 생겨났다. 중세의 신분제는 같은 언어를 구사하고 같은 종교를 믿는 종족 집단 내에서도 구성원들을 차별했으며, 신분이 다른 구성원들 간에는 동질적이라는 관념이 약했기에 하나의 민족을 이루지 못했다. 따라서 프랑스혁명을 통해 신분제가 폐지되고 국가의 구성원들이 법적으로 동등한 자격을 부여받기 시작하면서 근대적인 의미의 민족이 형성되었다. 더군다나 넓은 영토 내에 거주하는 이들이 서로를 '하나의 민족'이라고 여기기 위해서는 교통과 미디어의 발달이 필수적이다. 평생 자신이 태어난 곳 주변에서 벗어나지 못하고 사망했던 중세인들은 수백 킬로미터 떨어진 지역의 사람들을 같은 민족으로 인식하지 못했으며, 인쇄술이 발달하여 신문과 잡지 등 활자 매체가 널리 보급되기 시작한 근대에 이르러서야 멀리 떨어진 지역의 소식을 접하고 그 지역 사람들의 존재를 인식하면서 민족이라는 관념이 널리 전파되고 공유되었다는 것이다.

민족 연구에 대한 두 번째 갈래는 일종의 '수정주의'로서 근대주의로는 설명되지 않는 사례가 많으며 각 민족의 형성은 하나의 잣대를 가지고 일률적으로 개념화할 수 없다는 시각이다. 이를 따르는 학자들은 근대 이전에도 여러 지역에서 '동질적인 국가 구성원'이라는 민족 관념이 존재했다고 주장한다.[5] 역사적으로 존재했던 국가는 대부분 종족적 배경을 지닌다. 오늘날과 같은 민족국가가 아니었을지라도 특정 국가의 지배층은 특정 종족이 주도했으며 그들은 자신들만의 종족적 정체성을 지녔다. 그리고 지배층과 피지배층이 주변의 다른 국가와 구별되는 정체성을 공유하는 경우는 훗날 완성되는 민족의 원형이 된다. 잉글랜드는 8세기 후반 바이킹족의 일파인 데인족이 브리튼 섬을 침공하자 오랫동안 이에 맞서 싸웠는데 잉글랜드 7왕국 중 하나인 웨식스의 국왕 알프레드 대왕이 7왕국을 통일하고 데인족과 휴전 협정을 맺는 과정에서 '잉글랜드인'이라는 자각이 만들어졌다. 브리튼 섬에 '앵글로색슨족 대 데인족'의 대결 구도가 만들어지면서 앵글로색슨족의 정체성인 '잉글랜드인(English)' 관념이 생겨난 것이다. 11세기 프랑스에 정착한 바이킹의 일족인 노르만족은 잉글랜드를 침공하여 정복해 상당 기간 노르만 정체성과 앵글로 정체성이 혼합된 상태를 보였으나 점차 피지배층인 잉글랜드 정체성에 동화되어갔다. 당시 잉글랜드에는 중앙집권적인 왕권이 존재하지 않았다. 하지만 잉글랜드에 지방 교회들이 급증하면서 방대한 교구 행정망이 국가를 대신해 외딴 시골 지역까지 영향력을 미쳤다. 잉글랜드의 성직자들은 영어로 설교를 했으며 이 설교를 통해 시골의 농민들에게 잉글랜드 교회 공동체의 일원이라는 정체성을 심어주었다. 또한 당대 지식인이었던 성직자들의 설교는 농민들에게 향촌을 벗어나 잉글랜드에서 일어나는 정치적·종교적 이슈에 대하여 들을 수 있도록 안내하는 매개체였다. 농민 대중은 향촌 바깥의 세상에 대해 깜깜하지 않았고 바깥세상과 완전히 단절되지도 않았다.[6]

이 과정을 통해 중세 잉글랜드의 농민들도 '잉글랜드'라는 관념을 공유했다. 일부 학자들은 잉글랜드가 프랑스와 백년전쟁을 벌이던 14세기경 잉글랜드 민족주의가 만들어졌다고 본다.[7]

민족의 원형을 확인하려면 민족의 영어 표현인 '네이션(nation)'을 살펴볼 필요가 있다. 중세 유럽인들은 '네이션'이라는 단어를 접할 때 어떠한 이미지를 떠올렸을까? 그 힌트는 성서에 있다. 중세 유럽은 기독교 문명권이었고, 유럽인들은 기독교의 경전인 성서로부터 파생된 세계관과 수많은 스토리를 공유했다. 중세 유럽의 성서는 라틴어로 쓰여 있는데, '네이션'에 해당하는 라틴어는 '나띠오(natio)'였다. 성서에서 민족이 언급되는 대표적인 구절은 신약성서의 "민족이 민족을, 나라가 나라를 대적하여 일어나겠고 곳곳에 기근과 지진이 있으리니(마태복음 24장 7절, 개역개정판)"이다. 신약성서의 원본은 헬라어로 쓰였는데 이 구절의 '민족'은 헬라어 '에쓰노스(εθνος)'를 번역한 것이다. 헬라어 '에쓰노스'는 '대중'이나 '무리'를 의미한다. 라틴어로 쓰인 불가타성서는 이 구절에서 헬라어 '에쓰노스'를 라틴어 '나띠오'로 번역했고 이것이 나중에 영어 성서에서 '네이션'으로 번역되었다. 성서에 민족이 언급된 또 다른 유명한 구절은 구약성서의 "내가 너로 큰 민족을 이루고 네게 복을 주어 네 이름을 창대케 하리니 너는 복의 근원이 될지라(창세기 12장 2절, 개역개정판)"이다. 구약성서 원본은 히브리어로 기록되어 있는데 여기서 '민족'으로 번역된 말의 히브리어 원어는 나라, 백성, 이방 족속 등으로 해석될 수 있는 단어 '고이(גוי)'이다. 이를 불가타성서에서는 라틴어 '나띠오'로 번역했고, 영어 성서는 다시 '네이션'으로 번역했다.

이로써 중세 유럽인들이 '네이션'이라는 단어에 대해 어떠한 이미지를 떠올렸는지 추측이 가능해진다. 성서의 세계관은 '유대 민족'이라는 창을 통해 서술된다. 유대 민족의 조상인 아브라함에서부터 시작해 모세와 다윗으로 이어지는 민족 형성의 서사가 자세히 기록되어 있다. 성서에 따르면 유대인들은 모두 아브라함-이삭-야곱으로 이어지는 혈통의 후손이다. 즉, 모든 유대인은 형제지간이다. 또한 유대 민족의 조상인 아브라함은 신으로부터 가나안 땅을 그의 자손들에게 주겠노라는 약속을 받았다. 그래서 가나안 땅을 정복해 차지하고 유대인들의 왕국을 세운다. 주변 강대국들의 침략으로 유대 왕국이 무너지지만 유대인들은 신의 약속대로 가나안 땅을 되찾으리라고 믿는다. 이처럼 성서가 보여주는 민족은 혈연으로 이어진 관계이며, 신으로부터 부여받은 땅이 존재하고, 같은 언어와 종교를 가진 집단이며, 자신들의 정체성이 투영된 국가를 건설했다. 문자 해독률이 매우 낮았던 중세 유럽에서 성서를 읽고 연구하는 작업은 주로 당대의 엘리트층인 성직자들의 몫이었다. 하지만 성직자들의 설교를 통해 대중들은 유대인에 관한 성서의 스토리텔링을 반복적으로 접했고 이는 중세 유럽인들에게 네이션에 대해 구체적인 이미지를 만들어주었을 것이다. 일부 학자들은 고대 이스라엘 모델이 성서를 통해 투영되어 근대 유럽의 민족의식 성장에 결정적 역할을 했다는 주장도 제기한다. 종교개혁 이후 개신교에서 대중에 대한 성경 교육이 늘어났고 유대인으로부터 비롯된 네이션 이미지가 대중들에게 널리 퍼져나갔다는 것이다.[8] 아무튼 성서는 근대 이전에 유럽인들이 접한 네이션이라는 개념의 이미지가 어떠했는지 짐작하게 해준다.

근대에 들어서는 네이션의 의미에 본질적인 변화가 발생한다. 영화 〈변호인〉에서 주인공 송우석 변호사가 외치는 대사가 그 변화의 내용을 콕 짚어준다. "국가란 국민입니다!" 영어 단어 'nation'은 '민족'이나 '국민'으로 해석되기도 하지만 동시에 '국가'로 해석되기도 한다. 'nation' 자체가 '국가란 국민'임을 보여준다. 이러한 의미를 담는 과정 자체가 근대 민족국가(nation state)의 등장과 관련이 되어 있다. 근대적인 개념의 민족국가는 말 그대로 민족이 국가의 구성원이자 주권자인 국가이다. 유럽에서 프랑스혁명을 계기로 민족과 민족주의는 결정적인 변화를 맞이한다. 원래 프랑스는 국왕이 국가의 주권자인 전제군주정이었으나 1789년의 프랑스혁명은 자유주의 정신에 기초해 신분제와 왕정을 폐지했으며 국왕이 독점하던 주권을 빼앗아 국가의 보통 사람들에게 돌려주고자 했다. 그렇다면 국왕의 손에서 주권을 넘겨받을 자격을 가진 사람들은 누구인가? 유럽인들은 그 자격이 '민족'에게 있다고 선언했다. 한 국가의 주권자로서 동등한 자격을 가진 사람들의 집합이 곧 민족이다. 이로써 프랑스인들은 언어와 종교 차원의 동질성을 넘어서 국가의 주권자로서 서로 동등한 존재라는 정치적 동질성까지 확보했다. 혁명이 유럽 전역으로 번지면서 곳곳에서 기존 체제가 허물어지고 민족주의와 자유주의에 기반한 민족국가가 들어섰다. 이제 네이션은 성서의 '나띠오'를 넘어 국가의 주권을 가진 '국민'을 일컫는 의미로 변했다.

  이 대목에서 번역의 문제가 발생한다. 앞서 설명한 네이션의 정의와 별개로 한자어 '민족(民族)'은 '백성(民)'과 '혈족(族)'이라는 의미가 한데 얽혀 있다. 그래서 전근대와 근대를 통틀어서 사용되며 흔히 '종족'과 혼동을 일으키곤 한다. 반면 '국민(國民)'은 국가의 적법한 구성원이라는 의미로서 혈족이 아니라 국가에 대한 소속 여부가 중심이다. 국민은 법 앞에서 평등하다는 점에서 근대적인 개념이기도 하다. 따라서 근대 유럽에 등장한 민족국가는 국민국가로 바꿔 불러도 전혀 어색하지 않다. 하나의 민족이 한 국가의 국민이 되었기 때문에 민족과 국민의 범위가 일치한다. 애초 유럽에 민족주의 열풍이 불던 18~19세기에 민족은 국민과 구분되지 않았으며 그 상황이 '국민'과 '민족'을 동시에 의미하는 네이션이라는 단어에 담겨 있다. 반면 아시아의 다종족 국가에 네이션 개념을 적용할 때는 민족보다는 국민으로 번역하는 것이 더 자연스럽다. 말레이계·중국계·인도계 종족 집단이 하나의 네이션을 이루는 말레이시아의 경우 이들을 통칭하여 말레이시아 민족이라고 부르기에는 '민족'에 포함되어 있는 혈족의 이미지가 어색하며 말레이시아 국민으로 칭하는 것이 보다 어울리는 번역이다. 앞으로 이 책에서 '민족'과 '국민'은 시대와 맥락에 따라서 혼용하도록 하겠다. 독자들은 이 글에서 만나는 '민족'과 '국민'이 모두 영어 네이션(nation)에 해당한다는 사실을 기억해 주길 부탁드린다.

중앙집권국가와 민족

앞에서 민족이 국가를 중심으로 만들어진 정체성이라는 이야기를 했다. 사실 모든 국가가 민족을 만들어내는 것은 아니다. 언어와 종교에 기반한 종족적 동질성이 강한 집단일수록 민족으로 묶일 가능성이 높지만, 결정적으로 민족을 주조하는 주체는 국가이다. 국가가 민족을 형성할 수 있으려면 중앙집권 능력이 필수적이다. 국가의 중앙집권 능력이 뛰어날수록 민족을 만드는 것도 수월해진다. 중앙집권 능력을 갖춘 국가만이 내부에서 정체성으로 갈라진 선을 지울 수 있다. 물론 어떤 국가의 중앙집권 능력이 뛰어나다고 해서 국가 내부의 선이 저절로 지워지는 것은 아니다. 오히려 역사적으로는 국가 권력자가 중앙집권 능력을 이용해 특정 지역이나 종족·종교 집단을 배제하고 억압하는 사례도 많다. 즉, 중앙집권 능력은 국가가 사용하기에 따라 선을 지우는 도구가 되기도 하고, 선을 긋는 도구가 되기도 한다. 하지만 중앙집권 능력을 갖추지 못한 국가는 선을 그을 수는 있어도 선을 지울 수 없다. 원시 부족 국가는 원래 정체성의 선이 그어진 국가이기에 딱히 중앙집권 능력이 없더라도 국가 형태를 유지할 수 있으나, 그 선을 지우려면 강력한 중앙집권 능력이 꼭 필요하다.

전근대 국가에서 중앙집권의 핵심은 중앙정부가 각 지방에 관료를 파견하는 시스템을 갖추는 것이다. 이때 관료들은 자신의 지위를 세습할 수 없어야 한다. 국왕이 직접 관료를 선발하는 제도가 존재한다면 중앙집권은 더욱 강해진다. 관료가 되고자 하는 지방의 엘리트층이 지방의 유력자가 아닌 중앙의 국왕에게 충성하려 들 것이기 때문이다. 지방의 엘리트들은 농민들의 도덕관념이나 정체성에 커다란 영향을 미친다. 지방 엘리트들이 국가에 대한 소속감과 국왕에 대한 충성심이 강하다면 그 주변에 있는 농민들도 비슷한 관념을 가질 가능성이 높다.

　국가의 중앙집권 능력이 민족 형성에 있어서 왜 중요한가를 구체적으로 파악하기 위해서 우선 중앙집권이 이루어지지 않은 국가 모델을 살펴보자. 중앙집권국가 모델의 가장 반대편에 있는 국가 모델이 중세 유럽의 봉건제 국가이다. 어떤 국왕이 다스리는 영토가 3등분 되어 있다고 치자. A 지역은 국왕이 직접 다스리는 직영지, B 지역과 C 지역은 각기 다른 봉건 영주에게 하사된 봉토이다. 봉건 영주들은 국왕에게 충성을 맹세하고 국왕의 권위를 인정하지만, 자신이 다스리는 영지에서는 왕과 마찬가지로 세습 권력을 가진다. 봉건 영주의 영지에서 살아가는 농민들은 국왕이 아니라 영주에게 충성하며, 국가가 아니라 봉건 영주에게 소속감을 느낀다. B 지역의 농민은 C 지역의 농민들이 자신과 같은 국가에 속한 공동체의 일원이라고 여기지 않는다. 대부분 이러한 농민들은 국왕이 어디에 사는지, 어떠한 언어를 쓰는지 알지 못한다. 한마디로 국왕은 B와 C 지역 농민들에게 존재감이 크지 않다. 농민들에게 존재감이 없는 국왕은 자기 영토의 주민들에게 공통의 정체성을 부여하지 못한다. 왕의 직할지인 A의 주민들은 국왕에 대한 소속감이 상대적으로 강하지만 B와 C 주민들에게 동질감을 느끼지 못하는 경우가 대부분이다.

봉건제 국가의 사례를 반대로 뒤집으면, 전근대 국가에서 백성들이 공통된 정체성을 갖기 위해서는 반드시 중앙집권국가가 필요하다는 것을 알 수 있다. 앞서 말했듯이, 지방을 다스리는 관료를 중앙정부가 임명해서 파견하는 시스템을 가지고 있느냐가 중앙집권국가인가 아닌가를 가르는 기준이다. 굳이 '시스템'이라고 말하는 것은 지방 관료 파견이 일회적으로 일어나는 게 아니라 지속적으로 유지되어야 함을 강조하기 위함이다. 동서양을 막론하고 종종 강력한 왕이 등장해 주변 지역을 정복하는 경우 확대된 영토를 다스리기 위해 왕의 가족이나 전쟁에서 공을 세운 부하를 정복지로 파견하여 다스리도록 하는 게 일반적이다. 이때 지방 관료를 파견하는 것을 두고 중앙집권 능력이 뛰어나다고 평가하기는 어렵다. 파견된 지방 관료가 지역 통치자의 지위를 자기 자손에게 세습한다면 이는 앞서 살펴본 봉건제에 해당하기 때문이다. 중앙집권 능력이 뛰어난 국가는 지방관 파견을 시스템적으로 한다. 이상적인 중앙집권국가의 지방 관료는 일단 파견된 이후 자신의 지위를 세습할 수 없으며, 임기가 끝나면 다시 조정으로 복귀하거나 지위에서 물러난다. 그리고 중앙정부는 새로운 관료를 그 지역에 파견한다.

그렇다면 중앙정부가 관료를 지방에 파견하는 것은 민족 형성에 어떠한 역할을 하는가. 국왕이 임명해서 내려보낸 관리들은 국왕의 이름으로 농민들에게 세금을 걷고, 노동력을 동원하고, 군역을 징발한다. 관리는 국왕의 명령에 따라 행정을 집행한다. 농민들이 직접 국왕을 만날 수는 없지만 국왕이 파견한 관리들을 통해 자신들이 충성하는 대상이 국왕이며 농촌 공동체를 벗어난 더 큰 정치적 공동체의 일원임을 끊임없이 재확인할 수 있다. 농민들은 실제로 얼굴을 볼 수 없지만 저 멀리 어딘가에 있는 국왕이 자신들의 삶에 깊숙이 개입하는 것을 지속적으로 경험하며 살아간다. 중앙집권국가의 농민들에게 국왕은 존재감을 잃지 않는다. 왕을 통해 향촌의 농민들은 자신들이 향촌공동체보다 더 큰 왕국의 일원임을 자각한다. 간헐적으로 이민족이 침입하면 국왕은 백성들을 동원해 침략에 대응한다. 그 과정에서 같은 국왕의 백성이며, 같은 나라의 일원이라는 정체성이 사람들의 생각 속에 자연스레 자리 잡는다.

국왕이 직접 관료를 선발하는 제도를 갖추고 있다면 국가의 중앙집권 능력은 훨씬 향상된다. 대표적인 제도가 중국의 과거제도이다. 7세기 초 중국 수나라의 문제가 처음으로 국가가 주관하는 시험을 통해 관료를 뽑는 방식을 도입했다. 과거제는 글을 읽을 줄 아는 지방의 식자층으로 하여금 출세를 위해서는 국왕을 필두로 한 중앙 권력에 충성하는 것 이외에 다른 방법이 없다고 여기게끔 만듦으로써 왕정의 중앙집권 강화에 기여했다. 국왕이 주관하는 시험에 합격해야 관료가 될 수 있었기 때문이다. 게다가 과거시험의 문제 또한 중앙집권을 강화하는 내용이었다. 과거시험에서 출제되는 문제는 시대에 따라 조금씩 달랐지만 기본적으로 국왕에 대한 충성을 강조하는 유교 경전에 기반을 두었다는 점은 동일하다. 다시 말해, 과거시험에 합격하려면 국왕에 대한 충성을 최고의 가치로 여기는 유교 경전을 깊이 공부해야만 했다. 물론 왕에 대한 맹목적 충성이 아니라 유교가 강조하는 도덕적 기준에 따른 충성을 중시했으나 과거제는 식자층에게 왕권의 통치 질서에 대한 복종을 주입하는 세련된 방식이라고 해도 과언이 아니었다.

과거제가 없는 다른 나라들에서 중앙정부의 관료가 되려면 주로 유력 가문의 자제이거나, 유력자에게 추천을 받거나, 전쟁에서 공을 세우는 등의 방식을 거쳤다. 가문이 좋거나 뛰어난 전사가 아니라면 대체로 국왕이 아니라 다른 유력자에게 인정을 받아야 관료로 나아갈 수 있었다는 것이다. 이러한 환경에서 지방의 식자층은 국왕이 아니라 지방의 세습 유력자의 눈에 들고자 노력할 수밖에 없다. 국왕의 힘은 약화되고 귀족의 힘은 강화된다. 과거제는 이러한 구조를 깨뜨리고 관료 선발권을 국왕에게 집중시킴으로써 국가의 중앙집권 능력을 크게 향상시켰다.

공동체 문화가 발달한 향촌의 농민들은 지역 엘리트들의 영향을 받는다. 지역 엘리트들을 통해 국가의 법과 도덕 기준을 습득하고, 자신들이 충성을 바쳐야 하는 대상이 누구인가 알게 된다. 중국의 왕정은 과거제를 통해 지역 엘리트층의 충성심을 장악함으로써 향촌 농민들의 충성심까지 얻어냈다. 이처럼 국왕이 주관하는 선발제도로 등용된 관료를 지방에 파견하는 일련의 국가 시스템은 왕권이 다스리는 지역의 백성들로 하여금 왕의 존재감을 키우고 왕에 대한 충성심을 고취시킴으로써 '동일한 군주의 백성'이라는 정체성을 갖도록 만든다. 이 정체성이 종족 정체성과 만나면 '동질적인 국가 구성원'이라는 민족 정체성이 자연스럽게 형성된다.

누가 '우리 국민'인가?

국가 내에서 민족(국민)이 형성되었다는 것은 국가 구성원들이 종족적 정체성이나 종교적 정체성의 선을 넘어서 서로를 '우리'라고 인식한다는 의미이다. 이는 사회의 신뢰 비용을 크게 낮춘다. 정부가 어떠한 정책을 추진할 때 구성원들은 그것이 '우리를 위한 것'이라고 믿을 여지가 커진다. 국가의 이익이 곧 우리의 이익이고, 우리의 이익이 곧 나의 이익으로 연결된다는 잠재적인 신뢰가 만들어지는 것이다. 이런 조건하에서 국가는 중장기적으로 국민경제의 발전을 이끄는 정책을 도모할 수 있다. '우리 모두에게 이익이 되는 정책 목표'를 다른 말로 표현하자면 '공공선(公共善)'이다. 요컨대, 내부의 선을 지우고 국민국가(민족국가) 형성에 성공한 정부는 공공선을 추구할 가능성이 높아진다. 반면 국가 구성원들이 민족(국민) 정체성을 공유하기보다는 종족 수준의 정체성으로 선을 긋고 서로 갈라져 있는 경우 정치도 특정 지역이나 집단을 대표하는 엘리트끼리 경쟁하는 양상으로 전개된다. 따라서 정부의 정책 의제가 중장기적으로 국민경제를 발전시키는 방향이 아니라 지역적·종족적 이익을 추구하는 방향으로 흘러갈 위험성이 상대적으로 높다. 또한 일부 구성원들은 정부의 정책이 자신들을 배제한 채 특정 지역이나 집단에게 이로운 방향으로 흘러갈 것이라는 의심을 품고 정책 추진을 방해함으로써 결과적으로 정책이 올바르게 수립되거나 효율적으로 추진되지 못하게끔 훼방한다. 이렇듯 국가 구성원 내부에서 정체성을 구분하는 선이 지워져 있느냐 아니면 짙게 그어져 있느냐는 그 사회가 신뢰 비용을 많이 치르느냐 적게 치르느냐의 문제와 직결된다. 상호 신뢰도가 높은 사회는 공공선을 추구하기 쉬우며 경제 성장과 사회 발전을 이루기에 유리하다. 반대로 상호 신뢰도가 낮은 사회는 정부가 공공선을 추구할 것이라는 믿음을 가지기 어려우며 정책 목표 설정과 집행에 대해 끊임없이 상대방의 발목을 잡는 행태가 빚어진다. 요컨대, 내부의 선을 지운 국가는 국가를 성장·발전시키기에 유리한 반면, 내부에 선을 긋는 국가는 공공선을 파괴하고 구성원들끼리 싸우도록 만든다.

    종족적 선을 지우고 민족을 형성하는 것이 국가 발전에 유리하다고 해서 정부가 마음대로 선을 지울 수 있는 것은 아니다. 여러 종족 정체성을 모아서 세운 다종족 국가인 경우 선을 어떻게 그을 것인가를 두고 첨예한 정치적 갈등이 일어난다. 달리 표현하면, '누가 우리 국민인가'라는 질문이며 이는 개인과 국가에 대단히 중요한 문제이다. 실제로 많은 나라에서 심각한 정치 이슈가 되곤 한다.

벨기에의 사례를 살펴보자. 벨기에는 한때 네덜란드 왕국의 일부였으나 가톨릭 벨기에 주민들과 개신교 네덜란드 간의 종교적 갈등 및 프랑스-네덜란드 전쟁의 결과로 19세기에 네덜란드로부터 분리해 독립 국가가 되었다. 벨기에 주민들은 종족적으로 북부의 네덜란드어 사용자(플라밍, Vlaming)와 남부의 프랑스어 사용자(왈롱, wallons)로 나뉘는데, 독립 이후 프랑스어 사용자들이 벨기에를 정치적으로 주도하자 북부의 플라밍인 가운데 벨기에에서 분리해 네덜란드에 재편입되는 것을 지지하는 여론이 높아지면서 왈롱인과 갈등을 겪고 있다. 이 때문에 벨기에는 사실상 '2민족 1국가 체제'를 불안정하게 유지하고 있다. 애초 네덜란드 왕국은 북부 지역의 개신교 신자들과 남부 지역의 가톨릭 신자들 사이의 선을 지우는 데 실패했고, 새로 건국한 벨기에는 네덜란드어 사용 국민과 프랑스어 사용 국민 사이의 선을 지우는 데 어려움을 겪는다. '누가 우리 국민인가'를 두고 19세기 네덜란드 왕국과 20세기 벨기에에서 치열한 정치적 갈등이 발생한 것이다.

또 다른 예시는 인도네시아 수마트라 북부의 아체인들이다. 이들은 오랫동안 인도네시아공화국에 편입되길 거부하고 독자적인 이슬람 국가를 세우고자 하는 분리주의 운동을 활발하게 전개했는데, 인도네시아 정부는 군을 파견해 분리주의 세력에 대한 군사 작전을 전개하여 아체의 독립을 막았다. 아체인들은 인도네시아에 대해서 짙은 선을 긋고 아예 독자적인 국가 건설을 추구한 반면, 인도네시아는 아체인들이 그으려는 선을 강제로 지우려 한 것이다. 정반대로 미얀마의 로힝야족 사태는 주류 민족이 소수 종족에 대하여 선을 그은 대표적인 사례이다. 로힝야족은 미얀마의 인도-아리아계 소수 종족으로서 미얀마 국민들 다수가 로힝야족을 자국민으로 받아들이는 것에 반대하고 오히려 영토 밖으로 쫓아내기 위해 물리적 폭력을 사용한다. 이처럼 어느 나라든지 '누가 우리 민족인가'에 대한 이슈는 정치적으로나 사회적으로 매우 민감한 주제이며 종종 물리력을 동반한 커다란 갈등으로 이어진다.

민족 문제와 관련해 아시아의 상황은 유럽과 완전히 다르다. 유럽 본토는 강한 동질성으로 뭉친 민족국가가 발전했던 반면, 중동 및 동유럽에 걸쳐 지배권을 형성했던 오스만제국과 인도아대륙을 다스렸던 무굴제국은 다종족 국가로서 지배층과 피지배층이 종족적으로 분리되어 있었고 국가 내에 단일한 민족주의가 존재하지 않았다. 오스만제국의 지배 엘리트층은 튀르크계였지만 근대에 진입하기 이전까지 튀르크 민족국가라는 정체성을 갖고 있지 않았으며, 제국 내에는 튀르크인, 아랍인, 페르시아인, 그리스인, 유태인, 아르메니아인 등 매우 다양한 종족들이 각기 자신들만의 커뮤니티를 보존하며 동거했다. 인도아대륙은 역사적으로 통일제국을 경험한 바가 거의 없다. 인도에서는 중앙집권적인 국가가 발달하지 못했으며, 오히려 국가보다 힌두 문화에서 파생된 종교 권력이 더 강력했다. 17~18세기 유럽 열강이 아시아로 진출할 무렵 인도아대륙의 지배자는 이슬람교를 따르는 무굴제국이었다. 무굴제국의 지배층은 중앙아시아에서 넘어온 튀르크-페르시아계 무슬림이었으나 피지배층은 힌두교의 영향력 아래에 있는 다양한 종족들로 구성되어 있었으며 무슬림보다 수적으로 훨씬 많았다. 무굴제국의 지배자들은 대체로 힌두들을 강제로 개종시키려 하지 않았기에 인도에서는 여러 종족 공동체들이 자신들만의 정체성을 지키면서 공존했다.

19세기 후반에서 20세기 초반에 걸쳐 유럽의 '제국주의적' 국가들이 팽창하자 오스만제국은 영토와 영향력이 축소되면서 해체의 길을 걸었고, 무굴제국은 붕괴되어 대영제국의 식민지로 전락했다. 이러한 과정에서 유럽형 국민국가가 아시아의 다종족 제국에 비해 우월하다는 인식이 널리 퍼졌다. 유럽 국민국가의 국민들은 평등한 시민권을 갖는 방향으로 정치제도를 발전시켰지만 식민지에서는 현지인들을 차별적으로 통치했다. 이러한 차별에 맞서 싸운 식민지의 민족주의자들도 유럽의 국민국가가 다른 국가 형태보다 우월하다고 여겼고 이를 모델로 삼아 새로운 독립 국가를 건설하고자 했다. 그런데 막상 중동, 인도, 동남아시아 지역에 세워진 신생 독립 국가들의 내부를 들여다보니 유럽의 국민국가와는 전혀 다른 모습을 하고 있었다. 이 국가들은 헌법과 의회제도라는 서구 스타일의 외피는 입고 있었지만 그 내부는 국민(민족) 정체성이 만들어지지 못한 채 중첩적으로 그어진 선이 구성원들을 갈라놓고 있었다. 이 국가들의 국적을 부여받은 이들은 하나의 민족을 이룰 만한 역사적 계기가 없었다. 역사적으로 중동, 남아시아, 동남아시아 지역은 다종족 제국의 일부였거나 여러 소왕국들이 경쟁하는 상황이었다. 인도, 파키스탄, 인도네시아, 말레이시아, 필리핀 등은 유럽의 지배를 당하기 이전에 현재의 영토 전체를 다스리는 강력한 중앙집권적 국가가 존재한 적이 없다. 이라크, 시리아, 레바논 등 중동의 아랍 국가들은 역사적으로 대부분의 기간 다종족 이슬람 제국의 일부였고 국가의 일원이라는 정체성보다는 부족 단위의 공동체에 속해 있다는 정체성에 기반해 살아왔기에 이라크 민족, 시리아 민족, 레바논 민족이라는 동질적 공동체를 형성해 본 경험이 없었다. 제국주의 유럽 국가들은 이처럼 각기 다른 정체성을 가진 지역을 임의로 하나의 식민지 정부 관리하에 두었다. 식민 지배 기간에는 식민지 정부가 피지배 종족 집단 사이의 갈등을 부추겨 분열시키는 전략을 사용했기에 식민지 현지인들이 공통의 민족 정체성을 만들어내기 어려웠다.

 이처럼 상이한 배경을 가진 식민지에서 유럽의 민족국가를 모델로 삼아 독립 국가를 만들고자 했으니 그 과정이 순탄했을 리 없다. 제2차 세계대전 이후 유럽 열강의 지배에서 벗어나 새로이 건국을 선포한 아시아의 독립 국가들은 새로 한 울타리 안에서 살게 된 구성원들 사이의 선을 지우고 통합된 정체성을 만들고자 나름대로 노력을 기울였다. 하지만 시간이 지나면서 선을 지우려는 시도는 또 다른 선을 긋는 결과를 낳았고, 대부분의 나라에서 오늘날까지 내부적으로 정체성의 갈등을 겪고 있다. 이렇게 구성원들의 정체성을 갈라놓는 선은 민주주의 발전을 지연시키는 원인이 된다. 국가 내에서 소수 종족 집단이 분리 독립을 추구하면 이를 진압하는 과정에서 군부가 힘을 얻는다. 민주주의가 발전하려면 군부가 정치 권력을 내려놓고 뒤로 물러나야 함에도 여러 신생 독립 국가에서 이러한 개혁이 이뤄지지 못하는 주요 이유 중 하나가 분리주의 세력을 막고 국가를 물리적으로 통합하는 군의 역할 때문이다. 현재의 국가 영토를 하나로 묶어주는 힘이 '하나의 국민'이라는 공유된 정체성에서 나오는 게 아니라 군이 가진 물리력에서 나와야 한다면, 역으로 군이 존재하지 않을 경우 언제든지 국가가 쪼개질 수 있다는 의미이다. 이와 같은 상황 자체가 군부의 정치적 영향력을 보장하는 명분이 된다. 군의 정치 개입은 민주주의 발전을 지연·왜곡시킬 가능성이 크다.

또한 국가가 구성원들 사이에 선을 긋고 구성원들의 정체성을 분열시켜 놓으면 경제 성장도 가로막힌다. 국가가 자원을 효율적으로 이용하기 어렵기 때문이다. 처음에 언급한 이라크 사담 후세인 정권에서는 국가의 자원이 모든 국민을 골고루 이롭게 하기 위한 목적으로 사용되기보다는 특정 지역과 특정 부족을 위해 사용되는 경향을 보였다. 이러한 국가에서 경제가 잘 돌아가기를 기대하기 어렵다. 말레이시아에서는 말레이계 국민들에게 공직 진출,

대학 입학, 국가 사업권 수주 등에서 적극적 우대 조치를 했다. 당연히 이러한 특혜로부터 배제되는 중국계와 인도계를 비롯한 비말레이계 국민들은 상당한 불만을 가질 수밖에 없다. 이 문제를 해결하는 것이 말레이시아의 숙제이다. 국가의 자원이 공정한 경쟁에 따라 배분되지 못하고 권력의 개입으로 왜곡되면 국가 경쟁력을 저해하기 마련이다.

'후견주의'라는 부작용

국가 내부에 그어진 정체성의 선이 공고해져서 국민들 가운데 상당수가 국가에 대한 소속감보다 자신이 속한 선 안의 집단적 정체성을 앞세우면 부작용이 나타난다. '후견주의(clientelism)'가 그것이다. 앞서 언급한 것처럼 국가 구성원들이 서로를 '우리'라고 여길 만한 정서적 유대감을 형성하지 못하면, 즉 '국민'을 형성하지 못하면 그 사회는 정부가 공공선을 추구할 것이라는 믿음을 갖기 어려워진다. 따라서 국가 구성원들은 정부가 아니라 자신이 속한 지역·종교·종족 집단에서 강한 영향력을 보유한 유력 인사들에게 의존하려는 경향이 생긴다. 이 유력 인사들이 정치적으로 힘을 가지게 되면 이들이 일종의 '지역 보스'에 해당하는 패트론(patron)이 된다. 흔히 '후견인'으로 번역되는 패트론은 지역이나 커뮤니티에 소속된 이들을 공식적 혹은 비공식적으로 대변할 수 있는 지위에 있으며 이 지위를 이용해 자신을 찾아오는 민원인들에게 돈이나 정치적 지지를 받는 대신 민원인들의 요구 사항을 해결해 준다. 이러한 사회적 거래를 '패트론-클라이언트(patron-client) 관계' 혹은 '후견주의'라고 부른다.

패트론은 어떤 지역이나 특정 커뮤니티에서 정치적·사회적·경제적으로 강력한 영향력을 행사하며 클라이언트(피후견인)에게 돈이나 충성을 받는 대신 클라이언트들의 민원을 해결해 주거나 뒷배가 되어준다. 예컨대, 이라크의 쿠르드족은 바르자니 가문과 탈라바니 가문이 거의 모든 권력을 양분해 장악하고 있다. 이라크의 쿠르드족 가운데 사업을 새로 시작하려고 한다면 최소한 두 가문 중 한쪽 편에 붙어서 이들의 지지와 도움을 받아야 성공 가능성이 열린다. 바르자니 가문과 탈라바니 가문의 지도자들이 이라크 쿠르드족 사회의 패트론이며, 이들을 통해 사업을 성공시키려고 하는 평범한 쿠르드족이 클라이언트가 된다. 보다 쉬운 사례를 들자면, 영화 〈대부〉의 주인공 비토 코를레오네이다. 이탈리아 시칠리아 출신인 마피아 두목 코를레오네는 뇌물을 통해 고위 정치인들과 네트워크를 구축하는 한편 자신이 거느린 갱단을 통해 자신에게 찾아오는 이탈리아계 이민자들의 요청을 해결해 준다. 물론 코를레오네에게 무언가 청탁한 이들은 반대급부로 패트론에게 충성을 맹세하고 그가 도움을 요청할 때 응해야 한다. 코를레오네가 패트론, 민원인들이 클라이언트가 된다.

후견주의가 성장하면 중앙정부는 힘을 발휘하기 어렵다. 대중이 정부를 따르지 않기 때문이다. 오히려 중앙정부의 엘리트들이 각 지역이나 커뮤니티에서 패트론의 지지를 확보해야만 선거에서 승리할 수 있고, 정치력도 발휘할 수 있다. 중앙 권력과 지역 패트론의 공생 관계가 고착되면 국가의 성장 잠재력은 떨어진다. 국가의 자원이 공정한 과정을 거쳐 최적의 결과를 내는 방식으로 배분되는 것이 아니라 사적인 네트워크를 통해 누군가에게 유리하게 배분되기 때문이다. 당연히 정부의 정책 결정은 불공정하고 비효율적이 된다. 후견주의는 비리와 부패를 달고 다닌다. 게다가 후견주의가 만연하면 대중은 패트론의 존재를 당연하게 받아들인다. 앞서 언급한 '정치 세습'도 패트론이 만들어지는 과정의 일부라고 볼 수 있다. 특정 지역구에서 한 사람이 오랫동안 시장이나 의원으로 당선된다면 그는 그 지역에서 패트론이 될 가능성이 높다. 패트론이 된 정치인의 자녀가 해당 지역구를 물려받아 다시 당선된다면 단순히 초선 정치인이 되는 게 아니라 패트론 지위까지 함께 물려받는다. 아버지가 그 지역의 사업가들이나 사회 단체들과 쌓아온 사적 네트워크가 자녀에게 상속되기 때문이다. 이러한 상황이 고착되면 해당 지역에서 새로운 정치인이나 새로운 사업가가 등장하기 어렵다. 이는 국가 경쟁력 저하로 이어진다.

   앞으로 살펴보게 될 아시아의 탈식민지 국가들은 내부의 다층적 정체성의 선을 지우고 국민이라는 정체성으로 통합하는 데 애를 먹고 있을 뿐만 아니라 오히려 정치 엘리트들이 자신들의 이익을 위해 선을 그음으로써 각종 문제를 만들어내고 있다. 이렇게 선이 그어진 국가 내부에서 후견주의가 성장한다. 탈식민지 아시아 국가들의 현대사는 선을 지우려는 힘과 선을 그으려는 힘이 충돌하면서 발생하는 문제들에 대응하는 과정이라고 해도 과언이 아니다. 반면 한국은 이들과 전혀 다른 경로로 현대사의 궤적을 그리고 있다. 역사적으로 축적된 유산과 근현대사의 우연이 겹쳐서 선 지우기에 성공한 것이 현대사에서 한국이 민주화에 성공한 비결이며 빠른 경제 성장의 비결이기도 하다.

한국은 무엇이 다른가?

제2차 세계대전 이후 아시아와 아프리카에서 대대적인 탈식민지 바람이 불었다. 식민 지배를 경험했던 지역에서 독립 국가를 건설하려는 민족주의 열풍이 불었고, 두 차례 세계대전으로 기운을 소진한 유럽의 열강들은 더 이상 힘으로 식민지의 독립 열망을 억누를 만한 능력이 없었다. 더구나 아시아와 아프리카 전역에서 소련을 위시한 공산주의 세력이 식민지 민족주의자들의 독립운동을 지원하면서 빠르게 세력을 확대하자 영국과 프랑스 등도 기존의 제국주의적 행태를 지속하기 어려웠다. 미국은 오히려 식민지의 독립을 지지하고 영국과 프랑스 등에 대하여 식민지에서 물러나도록 압박함으로써 국제 여론전에서 소련에 밀리지 않으려 애썼다.

제2차 세계대전 종전을 전후해 중동을 시작으로 아시아의 여러 나라들이 독립해 새로운 국가를 선포했다. 한반도에서도 남과 북에 각각 별개의 독립 정부가 세워졌다. 제2차 세계대전 이후 남한을 통치한 미군정은 놀라울 정도로 한국에 대한 지식이 없었다. 미국과 소련이 남북한을 신탁통치하려고 했던 배경에는 한국인들이 스스로 국가를 운영한 경험도 없고 운영할 능력도 없다는 선입견이 깔려 있었다. 1948년 8월에 정부 수립을 선포한 대한민국의 정치 상황은 서구 세계의 편견이 틀리지 않았음을 입증하는 듯 보였다. 미군정이 민주주의 제도를 이식했음에도 불구하고 한국 정부는 권위주의 정치로 금세 변질되었으며, 부정부패가 만연하고, 경제는 엉망이었다. 하지만 그때로부터 두 세대가량 지난 후 한국을 바라보는 세상의 평가는 상당히 달라졌다. 열강의 식민 지배를 받다가 제2차 세계대전을 전후해 독립한 신생 아시아 국가들 가운데 한국은 독보적인 위치를 차지한다.

  한국은 1987년 민주주의로의 이행에 성공한 이후 꾸준히 민주주의를 공고화했다. 매년 세계 각국의 민주주의 성적을 매기는 'EIU 민주주의 지수(EIU Democracy Index)'는 2020년 이래로 한국을 '완전한 민주주의(Full Democracy)[9]'로 분류했다. 특히 코로나19가 전세계적으로 창궐하는 와중에 민주주의를 훼손하지 않으면서도 전염병에 효율적으로 대응함으로써 2021년 한국의 민주주의 순위는 평가 대상국 167개국 가운데 16위를 기록해 일본, 영국, 프랑스 등을 앞섰다. 또한 2022년과 2023년에도 각각 24위와

22위를 차지하는 등 2024년 '비상계엄 사태'가 일어나기 전까지 한국의 민주주의 지수는 서유럽 국가들과 어깨를 나란히 했다.[10] 경제도 크게 성장해 선진국 반열에 들었다는 평가를 받는다. K-pop, 영화, 드라마 등 한국의 문화 콘텐츠는 해외에서 널리 팬덤을 형성하며 인기를 끌고 있다. 2021년 UNCTAD(유엔무역개발회의)는 한국을 선진국 그룹인 리스트-B로 분류했다.[11] 기존에 아시아 국가들 가운데 리스트-B에 포함된 나라는 일본뿐이었으나 여기에 한국이 가세한 것이다. 또한 제2차 세계대전이 끝난 1945년 이전에 식민지였던 나라들 가운데 리스트-B에 포함된 국가는 한국이 유일하다.

아시아의 다른 탈식민지 국가들과 비교했을 때 한국이 가지는 가장 커다란 차이는 근대로 진입하기 이전에 중앙집권적 단일 종족 국가를 장기간 경험했으며 이 과정에서 민족이 형성되었다는 점이다. 한반도 통일을 이룬 통일신라 및 고려, 조선은 중앙집권을 통해 장기간 안정적으로 한반도를 지배하면서 삼국시대 한반도를 갈라놓았던 종족적 정체성의 선을 지우는 데 성공했다. 이는 한국인들이 비슷비슷한 종족적·문화적 배경을 공유하는 환경을 만들었다. 국가가 구성원들 사이의 선을 지웠다는 것은 구성원들로 하여금 국가에 대해 높은 수준의 소속감을 가지도록 만들었다는 의미이다. 오래전부터 중앙집권국가를 경험하고 이를 통해 민족이 형성된 한국인들에게는 국가에 대한 소속감과 경쟁할 만한 다른 정체성이 존재하지 않았다. 한국에는 종족에 기반한 분리주의 세력이 없다. 하나의 민족으로 구성된 민족국가이기 때문이다. 뒤에서 보게 될 파키스탄이나 인도네시아는 분리주의 세력으로 골머리를 앓고 있다. 인도와 말레이시아는 종족 집단 갈등이 큰 문제이다.

한국인들은 유럽인들이나 중동인들이 겪었던 종교전쟁을 경험하지 않았는데 이는 한국에서 종교가 구성원들을 갈라놓는 선으로 작동하지 않았기 때문이다. 고려와 조선의 백성들에게 종교에 대한 소속감은 대체로 국가에 대한 소속감보다 아래였다. 조선의 지배 이념이었던 유교의 가르침 자체가 국가에 대한 충성을 극도로 강조하였으며, 유교가 종교와 유사한 역할을 담당했지만 불교도라고 해서 사회적·정치적 탄압이 가해지지는 않았다. 심지어 유교를 내세운 양반가에서 불교나 민간신앙을 함께 받아들이는 일이 드물지 않았다. 18세기 후반부터 19세기 중반에 걸친 조선의 천주교 박해는 종교 갈등이 아니라 외세에 대한 반발로서 유럽의 구교-신교 대립이나 중동의 수니파-시아파 대립과는 결이 다르다. 오히려 대원군의 쇄국정책으로 맥락이 이어진다고 볼 수 있다. 반면 유럽에서 종교 갈등은 본질적으로 '누가 우리 민족인가'라는 정치적 갈등과 깊은 관련을 맺고 있었다. 예컨대, 국교회 중심의 신교가 주류 세력이었던 17세기 영국에서 가톨릭 신자는 '프랑스 첩자'라는 혐의를 받았으며, 실제로 가톨릭 신자였던 프랑스 왕실은 영국 내 가톨릭 신자들과 동맹을 맺고 영국을 제압하려고 했다. 유럽이나 중동이 경험한 종교전쟁의 역사는 정치 엘리트들

간의 권력 다툼이 종교를 매개로 발생한 사례가 거의 존재하지 않는 한국의 역사와 상당한 차이가 있다.

다음으로, 한국은 전근대적 지배 관계의 선을 지우는 데에도 성공했다. 이는 단순히 신분제를 철폐했다는 의미를 넘어선다. 인구의 절대다수가 농업에 종사하던 한국에서 지주와 소작농 간의 전통적 예속 관계는 성공적인 근대화로 나아가는 데 있어 커다란 걸림돌이었다. 하지만 한국은 토지개혁을 통해 이 걸림돌 제거에 성공했다. 전근대적 지배 관계의 선을 지웠다는 것은 산업화 과정에서 구성원들이 비교적 공평한 기회를 부여받을 수 있게 되었다는 의미이다.

토지개혁은 분단 및 한국전쟁의 영향과 더불어 중앙집권적 국가가 존재했기 때문에 가능했다. 무상몰수 무상분배의 토지개혁을 먼저 단행한 북한 때문에 남한의 지주들은 토지개혁 정책을 '울며 겨자 먹기'로 받아들였으며, 토지개혁 직후 발발한 한국전쟁으로 인해 엄청난 인플레이션이 발생하면서 남한의 지주들이 유상몰수의 대가로 받은 지가증권은 가치가 폭락했고 지주들은 커다란 손해를 봤다. 반면 농촌에서 지주-소작 관계가 청산되면서 인구의 다수인 농민들을 옭아매던 전근대적 족쇄가 사라지고 농민들은 잉여소득으로 자녀를 교육시켰는데, 이는 다시 수준 높은 노동력을 배출해 한국의 경제 성장에 이바지했다.

1948년 이후 한국에서는 점차 한국인이라는 정체성 안에서 누구나 평등하다는 생각이 자리를 잡았다. 오랜 세월에 걸쳐 단단하게 자리 잡은 민족 정체성에 더해 토지개혁으로 사회적·경제적 평등까지 이루어지면서 대한민국 사회는 구성원들이 서로서로 닮은 꼴이 되었다. 단일한 언어를 사용하며, 문화를 공유하고, 신분제가 실질적으로 사라졌고, 사는 형편도 비슷한 수준이 된 것이다. 이 책에서는 이를 '균질적'이라고 표현하고자 한다. 1950년에 시작된 토지개혁은 한국전쟁을 거쳐 1950년대 후반에 대부분 일단락되었다. 이 시기가 되면 균질해진 한국인들 사이에서는 한국인들이 서로 평등하다는 관념, 즉 '평등주의'가 생겨났다. 한민족이 형성된 것은 오래되었지만 그들 사이에서 평등주의가 널리 퍼진 것은 역사상 이때가 처음이다. 이는 한국의 근대화 경로에 커다란 영향을 미쳤다.

박정희 정부 이후 진행된 산업화를 달리기 시합에 비유한다면 한국인들의 출발선은 앞에 선 사람과 뒤쪽에 선 사람의 간격이 그다지 크지 않았다고 할 수 있다. 당시의 많은 한국인들은 잘 뛰기만 하면 앞의 출발선에서 시작한 사람을 얼마든지 따라잡을 수 있다고 여겼다. '잘 뛰는' 방법 중 대표적인 것이 '자식 교육'이었다. 비록 조금 뒤처져서 출발했지만 내 자식이 공부 잘해 출세하면 얼마든지 앞에 가는 이들을 역전할 수 있다고 여긴 것이다. 이것이 세계적으로도 유명해진 교육열을 낳았다. 그만큼 산업화의 출발선상에 선 한국인들의 심리적 격차는 크지 않았다.

마지막으로, 한국을 둘러싼 분단 구조가 이념의 선을 약화시키는 역할을 했다. 이 주장에 대해 '한국 현대사에서 이념 대립이 얼마나 컸는데 무슨 소리를 하는 것인가'라고 의문을 제기할 수 있다. 이는 이념 대립이 없었다는 의미가 아니다. 오히려 분단과 한국전쟁은 극심한 이념 대립의 산물이다. 하지만 분단과 한국전쟁의 결과 한국의 권위주의 정권은 미국의 영향력 아래에 놓이면서 자유롭게 폭력을 행사하지 못하는 제약을 받았고 민주화를 요구하는 야당 및 시민 세력은 북한이라는 외부적 위협으로 인해 급진화하지 못했다. 이는 권위주의 정권 아래에서도 야당과 재야 세력이 활동할 수 있는 최소한의 공간을 마련해 주었으며, 민주화 과정에서 권위주의 정권과 야당·시민 세력이 타협할 수 있는 여지를 제공했다. 이 모든 배경에는 일본의 한반도 지배를 무너뜨리고 한국 현대사에 막대한 영향력을 행사한 미국을 떼어놓고 논할 수 없다. 미국은 한국의 독립, 민주주의 제도 이식, 정부 수립, 체제 유지, 민주화 이행 등에서 중요한 역할을 수행했다.

   이 책은 비교를 통해 한국을 발견하고자 하는 여정을 담았다. 제2차 세계대전 이전에 식민지를 경험했다가 종전 후 독립한 아시아 국가들을 나란히 놓고 비교한다. 새로운 국가를 건설하는 시점에는 각 나라 정부 지도자들이 저마다 내부의 선을 지우려고 노력하지만, 시간이 가면서 오히려 집권을 위해 선을 긋고 그 선이 짙어지는 상황이 펼쳐진다. 선 긋기와 선 지우기가 충돌하면서 쓰여지는 스토리가 곧 각 국가의 현대사이다. 이처럼 각 나라의 사례를 따라가다 보면 한국이 예외적인 경로를 밟아 왔음을 확인하게 된다. 식민지와 아시아 신생 독립국가라는 두 가지 키워드로 골라낸 비교 대상은 인도, 파키스탄, 인도네시아, 말레이시아이다. 각 나라의 선 지우기와 선 긋기를 살펴보자.

다종족
싱가포르의
비결

    사실 다종족 사회 자체는 문제가 되지 않는다. 대표적인 사례가 싱가포르이다. 싱가포르는 중국계와 말레이계 및 인도계를 근간으로 하고 있다는 점에서 말레이시아와 인적 구성이 유사하다. 그래서 말레이시아연방으로의 통합이 시도된 적도 있다. 싱가포르는 2023년 1인당 GDP가 84,000달러를 초과하며 세계 5위를 기록했다. 또 다른 대표적 다종족 국가는 미국이다. 여전히 세계 최강대국의 지위를 유지하고 있으며 흑인 대통령까지 나온 마당에 더 이상의 설명은 필요 없다.

  다종족 사회 자체가 국가 발전에 걸림돌이 되지는 않는다. 싱가포르와 미국을 관통하는 조건은 순기능을 하는 중앙집권적 국가의 존재이다. 중앙집권적 국가가 내부의 선을 지우는 데 성공한다면 다종족으로 인해 발생하는 문제들을 해결할 수 있다. 예컨대, 여러 종족 집단을 하나의 국민으로 통합하고 안보와 치안 및 법질서를 유지하면서, 경제적 성장에 유리한 제도를 도입하는 등의 작업이다.

    그렇다면 싱가포르는 어떻게 내부의 선을 지우고 다종족 국민을 통합했을까? 다종족 집단의 갈등이 커지는 요인 가운데 하나는 종족 집단 간 빈부 격차이다. 싱가포르는 이를 토지 정책을 통해 해결했다. 한국의 균질적 근대화에서 토지개혁(농지개혁)이 중요한 역할을 한 것과 비슷하다. 싱가포르는 한국보다 강력한 토지 정책을 실시했다. 국토가 좁은 싱가포르에서 부동산 투기는 소수에게 부를 집중시켜 국가 성장 및 사회 통합에 치명적인 악영향을 끼칠 수 있다. 싱가포르 정부는 이를 철저하게 규제했다. 공공 목적 개발을 위해 토지를 수용할 수 있는 강력한 법적 권한을 정부에 부여하는 한편, 정부의 토지 수용에 대한 보상금은 1973년 11월 30일 법정 토지 가격에 고정시켰다. 정부가 어떤 땅을 수용할 경우 땅 주인은 시가에 비해 훨씬 낮게 책정된 법정 가격으로만 보상을 받게 된다. 지속적으로 물가가 오른다는 점을 감안할 때, 토지를 사둔다고 한들 정부가 그 토지를 매입하겠다고 나서면 손해를 볼 수밖에 없다. 이는 사실상 부동산 투기 금지 조치나 마찬가지다. 또한 싱가포르 정부는 개발 사업 등으로 토지 가격이 올라 토지 소유주가 이익을 볼 경우 토지 가격 상승분의 최소 70%에 해당하는 개발 부담금을 부과했다. 토지의 사적 이용에 따른 이윤을 공공이 환수하도록 한 것이다. 개발 이익을 기대하기 어려우니 토지 소유주들이 관청에 부동산 개발을 하도록 로비할 이유도 사라졌다.

    싱가포르 정부는 현재 싱가포르 토지의 90% 이상을 소유하고 있다. 싱가포르에서 토지는 소유하는 것이 아니라 정부로부터 임차하는 것이다. 정부는 경매를 통해 토지를 99년간 장기 임대한다. 99년 후에는 해당 토지를 다시 싱가포르 정부에 되돌려주어야 한다. 정부의 토지 장기 임대 수익 일부는 싱가포르 국부 펀드의 재정으로 편입되어 국내외 수익 사업 등에 재투자된다. 이처럼 싱가포르 정부는 토지로부터 장기 임대료, 재투자 수익, 개발 부담금, 재산세 등의 재정 수입을 얻는다. 토지에서 나오는 수입은 전체 정부 재정의 40%가 넘으며 정부는 이를 공공 목적으로 사용함으로써 국민 편익을 증대시킨다. 싱가포르 인구의 약 78%가량이 정부에서 제공하는 공공주택(HDB 플랫, Housing & Development Board flat)에 거주한다. 한국에서 산업화 이후 부동산이 부의 양극화를 가져온 주요인이라는 점을 떠올린다면 토지의 사적 이윤 추구를 막고 공공의 이윤으로 되돌린 싱가포르의 정책이 경제 성장과 사회 통합에 얼마나 큰 역할을 했을지 짐작할 수 있다. 정부가 올바른 정책으로 내부의 선을 지울 수만 있다면 다종족은 문제가 아니다.

Part 2

탈식민지 아시아 국가들의 근현대사

인도 내부에 그어진 선은 머리 아플 만큼 복잡하다.
만일 외부 세계의 간섭이 없었다면 유럽처럼 여러 민족국가로 나뉘었다고 해도
이상하지 않을 만큼 종족이 다양하고 서로 구별되는 정체성을 지닌
집단들로 이루어졌다. 땅도 매우 넓고 인구도 세계 최고다.
근대 이전까지 하나의 정치공동체에 소속되어 있다는 동질감도 희박했다.
언어와 인종과 역사가 전혀 다름에도 불구하고 인도공화국이 수립되면서
이들은 갑자기 같은 국가의 국민이 되었다.
현재 인도는 이 문제에 더해서 힌두와 무슬림 간 갈등이 깊어지는 상황이다.

India

Chapter 1
인도
종족, 카스트, 종교라는 선

인도아대륙은 하나의 국가로 존재하기에는 너무 넓고 인구 구성도 복잡하다. 역사적으로 볼 때 '인도인'은 국가에 소속된 정체성이 아니라 '힌두교 문화를 따르는 사람들'이란 의미에 가깝다. 하지만 오늘날 인도에는 힌두 외에도 무슬림, 시크, 기독교인 등 다양한 종교 정체성을 가진 사람들이 인도인의 일부를 이루고 있다. 게다가 언어와 문화가 다른 여러 종족 집단이 섞여 있다. 그만큼 정체성의 선들이 다층적으로 구성원들을 갈라놓는다. 언어에 기반한 종족 정체성의 선, 종교에 기반한 문화 정체성의 선, 전통적 카스트가 갈라놓고 있는 계층 정체성의 선 등. 이들을 하나의 '인도 국민'으로 통합시키는 것은 쉬운 일이 아니다.

영국은 인도를 식민지로 삼아 지배하면서 의도적으로 힌두와 무슬림 사이에 선을 그었다. 영국의 정책은 상당한 효과를 발휘했는데, 영국으로부터의 독립운동 과정에서 힌두와 무슬림 간 갈등은 점점 커졌다. 특유의 카리스마로 인도 대중들의 마음을 사로잡았던 마하트마 간디는 영국이 그어놓은 선을 지우고자 했다. 그는 '인도 땅에 속한 사람은 모두 인도인'이라고 주장했다. 하지만 무슬림들은 힌두가 다수인 상황에서 새로운 독립 국가가 세워진다면 그 나라를 힌두가 지배하게 될 것이라고 우려했다. 이에 무슬림 사이에서는 독자적인 이슬람 국가 건국을 주장하는 목소리가 높아졌다. 결국 영국령 인도제국은 인도와 파키스탄으로 나뉘어 독립했다. 영국의 선 긋기가 성공한 셈이다. 두 나라가 분리되는 과정에서 대규모 인명 피해가 발생했으며, 특히 카슈미르 지역이 어느 국가로 통합되느냐를 두고 양국은 전쟁까지 치렀다. 이러한 폭력적 갈등은 인도가 힌두 정체성을 가진 국가가 되어야 한다고 주장하는 힌두민족주의 성장의 토양이 되었다.

인도공화국은 건국 이후 카스트에 따른 모든 차별을 법적으로 금지함으로써 카스트 제도라는 신분제의 선을 지우고자 했다. 그런데 과거 카스트 제도 아래에서 차별당하던 달리트(Dalit, 불가촉천민)에 대한 적극적 우대 조치가 인도의 차상위 계층에 해당하는 OBC(Other Backward Classes, 여타 후진 계층)까지 확대되면서 20세기 후반 들어 인도는 거꾸로 카스트 정체성이 강화되는 양상이 전개되었다. 공공 부문 채용의 45%가 적극적 우대 조치에 할당되는 상황까지 오자 이러한 특혜를 받지 못하는 중상위 카스트 출신들이 '역차별'이라며 항의했고, 인도 전역은 카스트 간 갈등과 대립으로 몸살을 앓았다. 약자를 우대함으로써 불평등을 해소하고자 했던 정부의 시도가 결과적으로 새로운 선 긋기가 되고 만 셈이다.

이 시점에서 힌두민족주의가 큰 성장세를 보이기 시작했다. 계기는 '아요디야 람 사원'을 둘러싼 갈등이었지만, 능력에 따른 사회적 차별을 자연스러운 현상으로 보고 국가가 이에 개입해 하위

층을 지원하는 정책을 비판하는 힌두민족주의의 이념적 성향이 적극적 우대 조치를 '역차별'이라고 주장하는 중산층 이상의 유권자들에게 어필한 점도 중요한 원인이다. 힌두민족주의는 점점 정치적으로 큰 힘을 갖게 되었고 그에 따라 인도의 종교 커뮤니티 간 갈등과 충돌도 증가했다. 특히 나렌드라 모디(Narendra Modi)가 집권한 2014년 이후에는 공권력까지 공공연하게 힌두 편을 들면서 갈등을 부채질하는 상황이다. 인도는 힌두 민족국가가 되어야 하며 힌두가 아닌 이들은 인도에서 2등 시민이 되어야 마땅하다는 것이 이들의 생각이다.

오늘날 인도 민주주의의 위기는 새롭게 인도 정치의 주류로 부상한 힌두민족주의가 2억 명이 넘는 '거대한 소수 집단'인 무슬림을 배제하려는 데서 기인한다. 민주적으로 집권한 다수가 소수를 억압하고 배제하는 것이다. 인도공화국의 건국을 주도한 국민회의 정부는 종교 정체성의 선을 지우려고 했으나 이러한 시도가 오히려 다수파인 힌두민족주의자들의 반발을 사면서 힌두-무슬림 사이의 선은 더욱 굵고 짙게 그어졌다. 이는 인도가 아직 통합된 '인도 국민'을 만들어내는 데 어려움을 겪고 있으며 이 과정에서 커다란 폭력과 갈등이 끊임없이 유발되고 있다는 의미이다.

이러한 악조건에도 불구하고 인도공화국은 건국 이래 대부분 민주주의 제도를 유지했다. 이는 탈식민지 아시아 국가들 가운데 흔치 않은 경우이다. 탈식민지 아시아 국가들은 대체로 쿠데타와 권위주의 정권 등을 경험했다. 그렇다면 인도는 어떻게 이러한 함정을 피할 수 있었을까?

우선 영국이 이식한 지방자치제도를 이유로 들 수 있다. 세포이 항쟁 이후 영국은 인도에 지방자치제를 도입했고 이후 인도인들은 이 제도를 통해 꾸준히 발전시키면서 대의제와 선거에 대한 훈련을 받았다. 인도 독립운동을 이끈 국민회의 지도자들은 대부분 강한 신념을 지닌 민주주의자들이었다. 그리고 이들은 독립부터 건국까지 주도권을 장악함으로써 건국 이후에도 정치적 구심점이 되어 체제가 뿌리를 내리고 안정될 때까지 장기간 집권했다. 독립과 신생 국가 수립 때까지 사실상 민주주의를 경험해 보지 못한 다른 아시아 국가들과의 차이점이다.

또 다른 이유는 인도가 너무나 크고 복잡하기 때문이다. 지리적으로도 넓고, 인구 구조도 복잡하다. 독립 이전의 영국령 인도제국은 행정상 총독 정부 직할령과 500개가 넘는 토후국으로 나뉘어 있었다. 이 토후국들 중 상당수는 인도공화국 정부의 압박과 회유에 따라 인도공화국에 합류했다. 인도공화국 중앙정부가 이들을 권위주의적으로 통치하려고 할 경우 상당한 저항에 직면했을 것이다. 이 저항을 누르고 중앙집중적이고 일방적인 권위주의 정치를 성공적으로 수행하려면 스탈린 체제하의 소련과 같이 극단적이고 전체주의적인 독재 정부가 수립되어야 한다. 하지만 그러한 방향으로 가기에 인도는 인구가 너무 많고, 구성원의 정체성이 너무 다양했다. 한마디로 독재 정치가 들어서기에는 지나치게 크고 복잡했다.

근대 이전의 인도

1931년 윈스턴 처칠은 한 모임에서 인도 독립운동을 옹호하는 영국 사회주의자들에게 불만 가득한 목소리로 이렇게 응수했다.

"인도는 유럽과 같은 정치적 인격체가 아니다. '인도'는 지리적 용어이며, 통합된 국가가 아니란 점에서 적도와 마찬가지다."[12]

이 말을 풀어쓰자면, '인도'라는 나라 혹은 민족은 세상에 존재하지 않으며 이는 '적도'라는 말처럼 단지 지리적 위치를 가리키는 용어에 불과하기에 '인도 독립'은 허무맹랑한 요구라는 주장이다. 오늘날 인도 국민들에게 이보다 더 모욕적인 발언이 있을까. 하지만 이는 단지 처칠 개인의 생각이 아니었다. 당시 유럽인들의 관점에서 보자면 '인도'는 개념의 실체가 불분명한 단어였다. 인도가 하나의 정치적 단위로 등장한 시기는 영국이 통치한 19세기 중반 이후이다. 그 이전까지 '인도'는 서양에서 남아시아의 문명권을 일컫는 개념에 가까웠다.

인도 내부에 그어진 선은 머리 아플 만큼 복잡하다. 만일 외부 세계의 간섭이 없었다면 유럽처럼 여러 민족국가로 나뉘었다고 해도 이상하지 않을 만큼 종족이 다양하고 서로 구별되는 정체성을 지닌 집단들로 이루어졌다. 땅도 매우 넓고 인구도 세계 최고다. 근대 이전까지 하나의 정치공동체에 소속되어 있다는 동질감도 희박했다. 흔히 인도를 힌두-아리안족 정체성을 가진 국가로 인식하기 쉬우나 근대 이전의 인도는 훨씬 복잡한 선으로 나뉘어 있었다. 델리를 비롯한 북부 지역은 13세기 초부터 500년 이상 이슬람 왕국이 지배했던 역사를 지녔고, 케랄라와 타밀나두 등 남부 지역은 힌두-아리안 정체성과는 완전히 구분되는 드라비다족의 정체성을 물려받았으며, 마니푸르는 800년간 별도의 왕국을 유지했던 독립적인 역사가 있고, 하이데라바드는 200년간 이슬람 군주가 다스렸다. 또한 주나가르의 주민들은 아프가니스탄 파슈툰계 공동체였다. 이들은 언어와 인종과 역사가 전혀 다름에도 불구하고 인도공화국이 수립되면서 갑자기 같은 국가의 국민이 되었다. 현재 인도는 이 문제에 더해서 힌두와 무슬림 간 갈등이 깊어지는 상황이다.

　인구와 언어는 훨씬 더 복잡하다. 인도가 독립하기 직전의 상황을 담은 1941년 인구 총조사에 따르면 영국령 인도의 인구는 총 3억8,667만 명이고 이 가운데 힌두는 약 2억5,500만 명(약 66%), 무슬림은 약 9,200만 명(약 23.8%)이며, 기독교, 시크, 파르시, 자이나 등 여러 종교적 정체성을 가진 인구가 그 뒤를 따랐다. 사실 이러한 통계조차도 당시 인도의 복잡한 종교 분포를 매우 단순화시킨 것이다. '힌두교'로 지칭되는 종교만 해도 단일한 교리 체계나 예배 의식을 갖고 있지 않다. 인도아대륙은 오랜 다신교 전통이 있으며 그 다신교들 가운데 카스트 체계를 따르는 집단을 대체로 힌두교로 분류한다. 따라서 힌두교 범주에 속한 이들도 사실상 각기 다른 신을 믿는 별개의 부족 정체성으로 나뉘어 있었다. 게다가 당시 어느 종교로도 분류할 수 없는 부족 집단이 2,550만 명가량 존재했다.[13] 이들은 다시 수많은 언어로 나뉘었다.

1947년 인도공화국 건국 당시 인도에는 방언을 포함해 2,000여 개의 언어가 존재했다. 고대 아리아인들의 언어인 산스크리트어에서 분화한 인도아리아어군의 언어들이 다수를 차지하지만 이들 간에는 소통이 불가능할 정도로 많은 차이가 존재한다. 인도아리아어군과 전혀 다른 계통의 언어인 드라비다어군의 언어를 제1언어로 사용하는 인구도 2억5천만 명에 달한다. 드라비다어군은 다시 80여 개의 언어로 갈라진다. 드라비다어 계통의 언어 사용자들은 주로 인도 남부 지역에 살며 정치적으로 중앙정부와 종종 다른 목소리를 낸다. 인도공화국 초기부터 인도-중국 전쟁이 발발한 1962년까지 남부의 타밀나두 지역을 중심으로 드라비다 민족국가 건국을 주장하는 분리독립 운동이 벌어지기도 했다.

언어는 오늘날에도 인도인들을 갈라놓는 선이다. 복잡한 언어를 통합하는 차원에서 인도 정부는 1968년 '3언어 정책'을 도입했다. 모든 학교에서 3개의 언어를 가르치도록 한 것인데 힌디어를 사용하는 북부의 주들은 힌디어, 영어, 제3 인도어를 가르치도록 규정한 반면, 힌디어를 사용하지 않는 남부의 주들에서는 지역언어, 힌디어, 영어를 교육하도록 법으로 정했다. 남부의 비(非)힌디어 주에서는 학생들에게 타밀어, 텔루구어, 칸나다어, 말라얄람어 등 드라비다어 계통 지역 언어와 더불어 힌디어와 영어를 가르쳤다. 하지만 힌디어를 사용하는 주에서는 학교에서 힌디어 및 영어와 더불어 주로 산스크리트어를 가르쳤다. 산스크리트어는 힌디어와 같은 계통의 언어로서 현재 사용되지 않는 고어(古語)이다. 결과적으로 '3언어 정책'은 힌디어를 인도 전역에서 통용되는 공용어로 만드는 반면, 드라비다어 계통의 언어들은 남부 일부 지역에만 묶어두는 효과를 낳는다. 비힌디어 지역인 남부 주들은 이러한 정책이 '힌디어 우월주의'라며 저항했다. 특히 타밀나두주는 타밀인들의 모국어인 타밀어와 글로벌 공용어인 영어만 필요하다고 주장하며 학교에서 타밀어와 영어만을 가르치는 2언어 정책을 실시했다. 중앙정부의 교육 정책에 정면으로 도전한 것이다. 인도 정부는 비힌디어 주들의 오랜 항의를 수용해서 2020년 3언어 정책을 개정했다. 힌디어 의무화를 폐지하는 대신 영어와 인도 22개 공식 언어 가운데 2개 언어를 선택하는 것으로 변경한 것이다. 하지만 타밀나두주는 이마저도 거부하며 계속 2언어 정책을 고수했다. 그동안 인도 중앙정부는 이러한 타밀나두 지역의 저항을 눈감아주었으나, 개정된 3언어 정책마저 거부하자 결국 타밀나두에 중앙정부가 교부하는 교육 재정 지원을 중단하면서 정부 정책을 따르도록 압박했다.

 언어가 다르다는 것은 종족 정체성이 다르다는 의미이다. '종족'은 일반적으로 생각하듯 생물학적 기반을 둔 개념이 아니다. DNA의 차이보다 '언어와 정체성'이라는 문화적 차이가 더 중요하다. 영국의 지배가 시작되기 이전의 인도아대륙은 수많은 종족들이 저마다의 언어와 관습을 따르고 각자의 신을 섬기는 대단히 다층적인 정체성이 공존하는 지역이었다. 오늘날 인도에서 언어는 여전히 하나의 인도 국민이 형성되는 것을 방해하는 강력한 선이다. 힌디어를 중심으로 인도인들을 통합하려는 시도는 남부 드라비디어군에 속하는 이들에게 강력한 저항감을 불러일으킨다.

1947년 건국 이후의 인도 현대사는 구성원들의 복잡한 정체성의 선을 지우고 '인도 국민'으로 통합시키기 위한 여정이라고 봐도 무방하다. 하지만 앞에서 살펴보았듯이 그 과정이 순조롭지 않았으며 오늘날까지 해결되지 못하고 있는 여러 문제점으로 인해 갈등과 폭력이 발생하고 있다. 그렇다면 '인도'는 언제부터 존재했을까? '현재의 인도공화국이 과거 이 나라의 계보를 잇는다'고 주장할 만한 국가는 무엇일까? 이 질문은 거대한 논쟁거리다.

인도 전체가 역사적으로 하나의 왕권에 통합된 사례는 매우 드물다. 인도의 역사는 인도아대륙의 북서부로부터 끊임없이 이민족이 침입한 역사이다. 현재 인도의 주류인 아리아인 역시 기원전 1,500년경 중앙아시아를 통해 인도아대륙으로 이주한 집단의 후예이다. 이들은 훗날 '힌두교'로 불리게 된 종교적 세계관과 관습을 가지고 있었는데, 그 이전부터 인도 북부에 살던 원주민들을 쫓아내고 그 땅의 지배자가 되었다. 쫓겨난 원주민들은 정복자인 아리아인 사회의 천민으로 전락하거나 혹은 침입자를 피해 남부로 이주했다. 이 원주민들을 아리아인과 대비시켜 '드라비다인'이라 부른다. 아리아인과 드라비다인은 언어도 완전히 다르고 피부색도 달랐다. 이후 대체로 인도아대륙 북부에는 아리아 계통의 여러 왕조들이 등장했다가 사라지기를 반복했고 남부에서도 별도의 독립된 왕국들이 명멸했다.

인도아대륙 중부에 위치한 데칸고원은 북부와 남부의 문화가 구분되는 경계선 역할을 했다. 수천 년 전에 구분된 이 경계는 오늘날까지 영향을 미친다. 이른바 '남인도(South India)' 정체성이 그것이다. 지금도 인도에서 케랄라나 타밀나두 등 남부의 주들은 중앙정부를 장악한 정당에 투표하지 않는다. 중앙정부를 장악한 정당은 인구가 많은 북부에서 우세한 정당이며, 남인도 정체성을 가진 지역에서는 별도의 지역 우세 정당이 민심의 지지를 받고 있다.

인도아대륙[14] 북부에는 거대한 제국이 여러 차례 출현했지만 1947년 인도공화국 건국 이전에 현재 인도 영토 대부분(혹은 전부)을 차지하는 국가는 세 차례 존재했다. 마우리아 왕조의 아소카 대왕(재위 B.C. 268~232) 시기, 무굴제국의 아우랑제브 황제(재위 1658~1707) 시기, 그리고 영국 식민지 시기이다. 이 중 아소카 대왕 치세와 아우랑제브 황제 치세의 영토는 불과 한 세대 정도 유지되다가 해체되었다. 이는 인도의 길고 긴 역사 속에서 찰나에 불과한 기간이며 광대한 인도아대륙에 사는 사람들이 자신들을 하나의 민족으로 인식하기에는 터무니없이 짧은 시간이다. 게다가 아소카 대왕의 영토는 19세기 중반 제임스 프린셉(James Prinsep)을 비롯한 영국 고고학자들이 인도의 고대 언어 연구를 통해 그 시대에 세워진 석주와 석탑 등의 기록을 해독하기 시작하면서 역사적 실체가 드러났다. 특히 카르나타카주 마스키(Maski)에서 발굴된 석판을 1915년 해독함으로써 아소카 대왕의 영토가 어느 정도였는지 구체적으로 밝혀졌다.[15] 또한 마우리아 왕조가 중앙집권적 관료 시스템을 갖춘 제국이었다는 사실도 1905년 남인도 지역에서 '아르타샤스트라(Arthashastra)' 전사본이 발견되면서 처음 알려졌다. '아르타샤스트라'는 고대 인도의 정치·행정·법률 등에 관해 기록한 통치 실용서인데 20세기 들어 이 책이 발견되면서 인도인들은 고대 마우리아 왕조가 어떠한 모습이었는지 구체적으로 알게 되었다. 그 이전까지는 불교 문헌이나 그리스 문헌 등을 통해 아소카 대왕과 마우리아 왕조를 마치 신화 속 이야기처럼 접할 수 있을 뿐이었다. 다시 말해, 20세기 이전까지 인도인들은 아소카 대왕이 인도아대륙 대부분을 통치했다는 사실을 알지 못했다.[16] 오랜 기간 인도인들의 머릿속에 '먼 옛날부터 하나였던 인도'에 대한 기억이 없었다는 의미이다.

무굴제국 아우랑제브 황제의 경우는 비교적 자세한 사료가 남아 있다. 대정복자였던 아우랑제브 황제 재임기 이전 무굴제국의 영토는 서쪽으로는 데칸고원을 넘지 못했고 동쪽으로는 갠지스강 유역에 머물렀다. 아우랑제브 황제는 남쪽으로는 현재의 카르나타카 남부 및 타밀나두 서부 일대에 해당하는 마이소르 지역과 케랄라 지역, 북동부의 아삼 지역 등을 제외한 인도아대륙 전체를 정복했다. 하지만 아우랑제브 황제가 인도 남부로 진군해 들어간 이후에도 그 지역에 중앙집권적인 행정 체계가 들어서지는 못했다. 무굴제국의 황제는 정복한 지역에 제국의 관리를 파견했지만 아우랑제브가 세상을 떠난 후 왕자들 간의 왕위 계승 전쟁으로 제국의 힘이 약해지자 정복지에 파견된 지사들 가운데 상당수가 독립하여 세습 군주가 되었다. 각지에서 반란이 일어나면서 아우랑제브 사후 11년인 1718년경에는 라지푸트, 벵갈, 보팔 등이 무굴제국에서 독립했고 제국의 영토는 벌레 먹은 낙엽처럼 곳곳에 구멍이 생겼다.

1739년 페르시아의 나디르 샤가 무굴제국을 침공해 대대적으로 약탈하면서 무굴제국은 크게 쇠퇴하기 시작했고 각 지역에 대한 중앙정부의 장악력은 더욱 약화되었다. 당대의 인도아대륙에 사는 누구도 인도아대륙이 하나의 왕권이 통치하는 단일 국가라고 여기지 않았으며 '인도인'이라는 관념을 공유하지 않았다. 대신 사람들은 특정 인물이나 부족, 카스트, 종파에 충성을 바쳤다.[17]

인도인들이 '하나의 통치 권력'을 경험한 역사가 드물다는 점은 하나의 '인도 민족'이 형성되는 데 장애물이었다. 또 다른 대륙 국가인 중국의 경우 역사적으로 하나의 통치 권력에 의해 통합된 사례가 많다. 춘추전국시대를 통일한 진나라 이후 한·수·당·송·원·명·청 왕조 등이 '중원'을 포함한 중국 대륙을 단일 국가로 통합한 바 있으며 중앙집권적인 체제를 발전시켰다. 이러한 경험이 중국인들에게는 '중화민족'이라는 관념을 형성하는 데 결정적인 조건으로 작용했다. 유럽의 경우도 프랑스나 잉글랜드처럼 단일 통합 왕조를 오랫동안 유지하며 강력한 왕권을 구축한 경험이 있는 나라들이 민족국가를 만드는 데 앞서 나갔다. 독일이나 이탈리아처럼 여러 도시국가로 갈라져 있는 경우에는 언어와 종교의 공통점을 기반으로 19세기 중후반에서야 통합 민족국가를 만들었다. 인도는 그 어떠한 사례에도 들어맞지 않는다. 영국 지배 이전에 통합된 왕조의 지배를 받은 경험이 매우 짧고, 언어와 종교도 혼란스러울 정도로 다양하다. 영국으로부터 독립하는 과정에서도 힌두와 무슬림이 극단적으로 대립했고 그 후유증은 여전히 강하게 남아 있다.

무굴제국은 중앙집권 체제를 갖춘 국가였다. 무굴제국의 황제는 절대 권력을 행사하면서 지방 관료들을 임명하고, 중앙정부가 전국의 세금 제도를 관리했다. 하지만 같은 시대 중국의 명·청 제국과 비교하면, 무굴제국의 관료제는 덜 중앙집권적이었다. 중국은 과거제도를 통해 전국적으로 체계적이고 일원화된 관료 시스템을 운영했다. 반면, 무굴제국 황제의 권한은 막강했으나 언어와 종교가 다양한 다종족 사회인 인도아대륙을 다스리기 위해서는 지방 영주나 토호 세력의 자율성을 어느 정도 인정하면서 그들과 협력할 수밖에 없었다.

무굴제국 초기 황제는 지방 총독 나와브(Nawab)를 각 지역에 파견해 다스리도록 했다. 이 시기 나와브는 황제가 임명한 직책으로 세습할 수 없는 지위였다. 만일 무굴제국 전 지역에 나와브가 파견되었다면 무굴제국 역시 중국의 명·청 제국에 버금가는 중앙집권을 이루었다고 평가할 수 있을 것이다. 하지만 무굴제국 황제의 힘은 강력한 듯 보여도 사실상 제한적이었다. 이슬람 국가였던 무굴제국은 힌두교 전통을 따르는 인도아대륙의 여러 부족을 무력만으로 통합할 수 없었다. 특히 언어와 문화가 제각각인 지역을 외부의 정복자가 모두 중앙집권적으로 통치하기는 어려웠다. 이에 무굴제국의 황제는 강력한 토착 부족들을 직접 지배하기보다는 그 부족의 수장으로부터 충성 서약을 받고 세금을 거두는 선에서 자율성을 인정해 주는 방식을 택했다. 이렇게 전통적인 힌두 통치자인 마하라자(Maharaja)들 가운데 상당한 세력을 가진 이들은 무굴제국 아래에서도 특정 지역을 다스리는 세습 군주의 지위를 유지했다.

나와브나 마하라자가 자신의 통치 지역에서 중앙집권적인 힘을 발휘한 것도 아니다. 황제로부터 지역의 통치를 위임받은 나와브와 마하라자들은 또다시 자민다르(Zamindar)라는 '토지 징세관'을 임명해 세금을 거둬들였다. 위에서 밝힌 것처럼, 아우랑제브 황제 사후 무굴제국의 중앙정부는 크게 약화되었으며 나와브는 세습 군주로 변해갔고, 마하라자들도 사실상 무굴제국으로부터 독립한 세력이 되었다. 이와 동시에 자민다르들 역시 점차 나와브나 마하라자들의 통제로부터 자유로워졌다. 일부 자민다르들은 대토지를 소유한 지방 영주로 변모해 나와브의 권력에 맞섰다. 이처럼 인도는 역사적으로 중앙 권력이 자율적이고 강력한 지방 세력을 통제하지 못하는 환경이 이어졌다. 따라서 인도의 농민들은 국왕이 아니라 자기 지역의 유력자에게 더 의존할 수밖에 없었다.

처음부터 중앙집권적 능력이 제한적이었던 무굴제국은 후기로 갈수록 그 능력이 점점 더 약해졌다. 영국이 인도를 장악해 나간 19세기에 이르면 무굴제국 황제는 대부분의 영토에서 통제력을 상실한 채 명목상의 황제 지위만 유지하는 신세로 전락했다. 인도 역사상 마우리아 제국과 더불어 가장 강력한 중앙집권 왕정이었던 무굴제국의 형편이 이러했으니 인도가 중앙집권국가를 발전시키기에 얼마나 악조건을 가진 국가인지 미루어 짐작할 수 있다. 종족적 다양성에 중앙집권적 국가의 부재가 겹친 탓에 인도인들이 오랜 역사를 자랑함에도 불구하고 근대 이전에 '인도 민족'은 만들어질 수 없었다.

중앙집권적 단일 국가의 경험은 희박했지만 힌두 문화가 지배하는 거대한 사회는 국가보다 더 강력한 힘을 발휘함으로써 그 주변의 다른 문화권과 인도인들을 구분했다. 이를 토대로 현대의 힌두민족주의자들은 수천 년 혹은 그 이상 전부터 이미 인도 민족의 원형이 되는 순수 아리아인 사회가 존재했다고 주장한다. 아리아인의 문화인 브라만교-힌두교 전통이 인도아대륙 대부분과 그 주변까지 전파됐으며, 이로 인해 인도에는 단일 지배 왕조 없이도 주변 지역과 구분되는 '인도인'이 존재했다는 것이다.[18] 이러한 주장도 일리는 있다. 고대 인도의 왕권은 각기 다른 신을 섬기는 부족 사회의 관습이나 전통에 간섭할 만큼 강력하지 않았다. 개인들도 국왕이나 왕족보다 제사나 종교 의식을 관장하는 사제 계급인 브라만에 더 의존했다. 국왕 역시 브라만의 권위를 넘어설 수 없었다. 인도에서는 오랫동안 종교가 국가 권력보다 우위에 있었으며,

영향력이 제한된 국가는 사회를 지배하지 못했다. 따라서 인도에 단일 국가는 존재하지 않았지만 그렇다고 해서 인도아대륙을 아우르는 정체성마저 전혀 없었다고 단정할 수는 없다. 다신교이지만 어느 정도 세계관을 공유하는 힌두교 문화와 카스트 제도가 인도와 인도 외부를 구분 짓는 역할을 했기 때문이다. 그럼에도 불구하고, 이러한 문화적 정체성은 정치적 통일성을 이루지 못한 채 부족 단위로 파편화되었다. 따라서 인도인들은 국가를 중심으로 형성되는 민족 정체성을 형성하지 못했다.

참고로, 인도인의 정체성을 파고들기 위해서 먼저 힌두교란 무엇인가 살펴보자. 힌두교를 정의하기란 무척 어렵다. 힌두교에는 일관된 체계를 갖춘 교리나 예배 형식이 존재하지 않고 공통된 신앙의 대상도 존재하지 않기 때문이다.

'힌두'라는 말은 '신두강(River Sindhu)'에서 나왔다. 신두강은 인도 문명의 출발지로 여겨지며 외부인들에게 '인더스강'으로 불리는 지역을 의미한다. 신두강 지역에 사는 사람들을 아리아인들이 '힌두'라고 불렀던 것 같다. 아리아인과 같은 계통인 페르시아어에서는 '인도인'을 '힌두'라고 발음한다. 하지만 정작 인도인들의 고유 언어에는 '인디아'라는 단어도 '힌두'라는 단어도 존재하지 않는다. 인도 외부의 사람들이 불러준 이름이다.[19] 그 이름이 19세기와 20세기를 거치면서 인도인들의 정체성으로 굳어진 것은 역사의 아이러니다.

'힌두교'라는 말도 영국인들이 인도를 지배하던 시절에 인도인들을 종교별로 분류하면서 붙인 이름인데, 카스트 제도에 기반한 다신교 문화를 대부분 힌두교로 분류했다. 힌두교라고 불리는 종교 전통 내에서 어느 정도 공통점을 추출해 보자면 카르마(Karma, 업)와 삼사라(Samsara, 윤회)의 시간 속에서 다르마(Dharma, 도리)와 바르나(Varna, 카스트)라는 사회 질서를 지키고자 하고, 사회 안에서는 종교 의례와 행위의 실천에 큰 의미를 부여한다.[20] 하지만 이러한 정의 역시 완전하지는 않다. 앞에 열거한 내용을 전면적으로 부인하는 흐름 또한 힌두교 전통 내부에 존재하기 때문이다. '이것이 힌두교다'라고 단정적으로 정의를 내리는 작업은 여전히 논쟁거리이다.

영국 식민지 시기에 형성된 '인도 민족'

영국이 처음부터 인도 전체를 식민 지배하려고 계획했던 것은 아니었다. 영국 동인도회사가 동남아시아 및 남아시아에서 원료 생산지 및 시장 확보를 두고 포르투갈이나 네덜란드, 프랑스 등 유럽 국가들과 경쟁을 벌였다. 더 많은 이익을 얻기 위한 경쟁 과정에서 영국 동인도회사는 다른 나라들을 밀어내고 차츰차츰 영향력을 확대해 나갔고 결국 인도 전체를 지배할 수 있었다.

영국의 인도 지배에 결정적 계기는 벵갈 통치 세력 내부에서의 권력 다툼이다. 무굴제국의 아우랑제브 황제가 사망한 이후 무굴제국은 여러 주변 지역에 대한 통제력을 서서히 상실했고, 벵갈은 토후들이 다스리는 사실상의 독립 국가가 되었다. 광활한 평야 지대인 벵갈은 당시 인도 전체에서 가장 물자가 풍부하고 부유한 지역이었기에 영국 동인도회사 역시 여기에 눈독을 들이고 있었다. 18세기 중반 벵갈 토후들 간의 권력 투쟁이 일어났는데, 프랑스를 등에 업은 벵갈 통치자에 맞서 영국을 끌어들인 토후 자파르는 1757년 플라시 전투에서 승리한 이후 벵갈 지역의 새로운 통치자가 되었다. 하지만 영국은 자파르를 도운 대가로 막대한 독점 특혜를 챙겼다. 초기에 동인도회사는 특정 지역에서 나오는 지대를 수입으로 챙겨갔으나 점차 수탈의 범위를 확대해 1765년에는 아예 농민들에 대한 징세권을 차지했다.

영국 동인도회사로 유출되는 부가 늘어나는 만큼 벵갈인들은 가난해졌다. 이즈음 무굴제국은 잇따른 반란과 페르시아의 침략으로 쇠약해진 상태였으며 사실상 마라타족의 지배를 받고 있었다. 영국 동인도회사는 마라타족과 전쟁을 벌여 승리한 후 1805년 무굴제국을 보호령으로 삼았다. 무굴제국 황제는 영국의 군대가 마음대로 내정에 개입하는 것을 막지 못하고 서서히 나라가 영국의 식민지로 추락하는 것을 지켜볼 따름이었다.

'인도 민족'이 등장한 것은 영국령 인도, 즉 영국의 식민지 시기이다. 영국은 벵갈 지역을 차지한 이후 지속해서 인도아대륙 내에서 영향력을 늘려나가 19세기 중반에는 오늘날의 인도, 파키스탄,

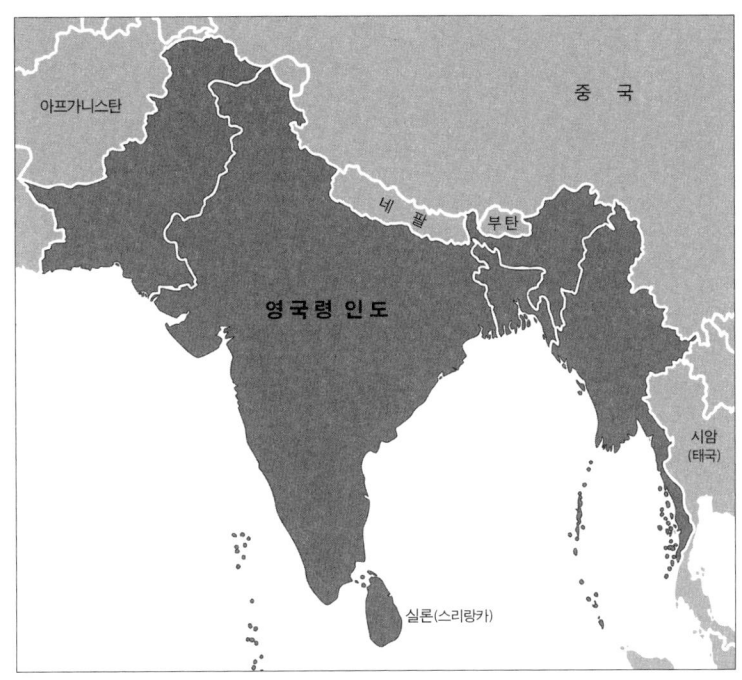

영국령 인도 제국(1909~1947)

방글라데시 및 미얀마의 3분의 2와 아라비아반도 남부의 아덴 지역까지 다스렸다. 영국의 지배를 통해 인도아대륙 역사상 처음으로 하나의 중앙집권적 권력이 통치하는 하나의 국가를 이룬 것이다. 영국은 인도에 대한 식민 지배를 용이하게 하기 위해 유럽의 문화와 문물을 들여왔다. 인도인들에게 영어를 보급해 인도아대륙 내부의 언어 소통을 가능하게 했으며, 유럽식 근대 사상과 문물을 들여왔고, 철도와 통신 시설을 구축했으며, 인쇄와 출판 기술을 보급했다. 이로 인해 언어와 지리적 장벽을 허물고 인도를 통합해 나갔다.

1857년 세포이항쟁[21]은 '인도 민족'이 형성될 가능성을 보여준 사건이었다. '세포이'는 영국 동인도회사의 용병들을 일컫는다. 이들은 동인도회사가 인도를 정복하는 최선봉에서 혁혁한 공을 세운 집단이며 그에 따라 보통의 인도인들이 받는 급여에 비해 더 나은 대우를 받고 있었다. 하지만 세포이 병사들은 반드시 영국인 장교의 명령을 따라야 했는데 시간이 갈수록 영국인 장교들과 세포이 병사들 사이에 갈등의 골이 깊어졌다.

기본적으로 영국인 장교들은 인도인 병사들을 자신과 대등한 존재로 여기지 않았다. 무시하는 감정을 대놓고 드러냈으며 욕설을 섞어 거칠게 대했다. 세포이 병사들은 고된 일을 도맡아 함에도 불구하고 영국 장교들에 비해 턱없이 낮은 급여를 받는 것에 불만이 쌓여갔다. 영국군은 이러한 불만을 드러내는 세포이 병사들을 처형하는 등 가혹하게 징계했다. 또한 영국군의 규율은 힌두교나 이슬람 문화와 충돌하는 경우가 잦았다. 예컨대, 영국군은 군의 일사불란한 지휘 체계 확립을 위해 병사들이 종교적 상징을 드러내는 복장을 하지 못하도록 막았다. 터번을 두를 수도 없었고 턱수염을 길러도 안 되었다. 반면 세포이 병사들에 대한 기독교 전파는 장려되었다. 조상 대대로 믿어오던 종교를 억누르면서 외국 종교는 장려하려는 영국군에게 병사들이 반감을 품는 것은 자연스러운 일이었다. 여기에 영국의 지배로 인해 신음하는 농민들의 불만이 결합되었다. 세포이 병사들은 대부분 인도 농민의 자식이었다. 당시 영국의 수탈 정책에 따라 인도 농민들은 점점 경제적으로 어려워졌고 그에 비례해 영국 지배에 대한 농민들의 저항도 거세졌다. 고향의 가족들이 고통을 당하는데 세포이 병사들이라고 영국의 지배가 달가울 리 만무했다. 이제 불만은 언제 폭발해도 이상하지 않은 상태가 되었다.

1857년 '기름 탄약통 사건'이 항쟁의 도화선이었다. 세포이 병사들은 엔필드 소총을 새로 지급받았는데 영국인 교관은 이에 장전할 탄약통을 입으로 물어뜯으라고 명령했다. 문제는 뜯겨나가는 입구 부분에 탄약이 물에 젖지 않도록 돼지기름이나 소기름을 칠해 두었다는 사실이다. 돼지고기를 금기시하는 무슬림 병사들이나 소를 신성시하는 힌두 병사들은 영국군의 지시가 자신들의 종교에 대한 의도적 모독이라고 여겼다. 지금까지 쌓여온 온갖 불만들이 이 시점에서 결국 폭발했다.

1857년 5월 10일 델리 북동쪽에 위치한 메루트에서 반란이 시작됐고 반란군은 삽시간에 제국의 수도인 델리를 점령했다. 영국의 지배에 불만을 품고 있던 농민과 수공업자, 노동자들이 무장을 하고 세포이 반란에 합세했다. 저항의 불길은 인도 북부 전역으로 번져나갔다. 약 1년 6개월간 지속된 이 대규모 반란 과정에서 인도의 힌두와 무슬림 그리고 시크교도들은 단결했다. 무슬림 병사들은 힌두 병사들을 배려해 소 도축을 금지했으며, 힌두 병사들은 무슬림들을 위해 돼지고기를 멀리했다. 반란군은 실권 없이 자리만 보전하고 있던 무굴 황제 바하두르 샤 2세를 옹위해 무굴제국을 부흥시키고자 했다.

영국군은 인도인들의 무장봉기에 크게 당황했고 반란군에 밀려 한때 큰 위기에 처했다. 반면 농민과 노동자들까지 합세한 세포이의 반란이 자신들의 기득권을 해칠까 불안해진 인도의 토착 지배 세력들은 영국에 협조했다. 영국군은 농민들의 요구를 부분적으로 수용해 달래는 한편, 친영파 토후국 병사들을 동원해 반란을 진압해 나갔다. 강력한 무기를 앞세운 영국군과 동맹 세력의 반격 앞에 반란군은 점차 밀리다가 결국 완전히 진압되었다. 그렇게 역사적인 세포이항쟁은 소멸되었고 무굴제국도 함께 막을 내렸다.

이후 영국은 동인도회사가 아니라 영국 여왕이 직접 통치하는 형태로 인도 지배 전략을 바꾸었다. 영국령 인도제국의 시작이다. 비록 세포이항쟁은 실패했지만 인도인들도 영국인들도 인도아대륙 안에서 이전에는 존재하지 않았던 변화가 일어나고 있음을 감지했다. 지배자인 영국에 맞서 인도인들만의 나라를 만들고자 하는 투쟁 과정에서 희미하게나마 힌두와 무슬림이라는 정체성을 뛰어넘는 '인도 민족'이 만들어지고 있었던 것이다.

세포이항쟁 이후 영국은 억압 정책으로는 한계가 있으며 안정적인 지배를 위해서는 인도인들의 마음을 얻어야 한다는 사실을 깨달았다. 인도인들에게 부분적인 자치권을 주는 것이 대안으로 떠올랐다. 1880년 인도 총독으로 임명된 리펀(1st Marquess of Ripon)은 캘커타에 부임한 후 인도에 지방자치제도를 전격 도입했다. 각 지역에 일종의 대의제 자치기관인 지역위원회를 설립하고 지역위원의 3분의 2 이상을 공무원이 아닌 선거를 통해 선출된 민간인으로 구성했다. 지방 정부를 통치하는 이는 중앙정부가 임명한 주지사였지만 주민들이 선출한 지역위원회가 이를 견제하는 역할을 담당했다. 이렇게 도입된 지방자치제는 이후 수차례 부침을 겪으면서도 꾸준히 발전했다. 인도인들은 이 과정을 거치면서 제한적이나마 민주주의 제도를 경험했고 대의제를 통해 훈련된 정치인을 배출할 수 있었다. 그 결과 인도는 독립 후 다른 식민지 아시아 국가들과 달리 군부 쿠데타나 권위주의 정치를 경험하지 않고 다당제와 자유로운 선거가 치러지는 민주주의를 유지할 수 있었다.

한편 영국 지배하에서 보급된 근대적 교육을 통해 고등교육을 받은 인도인들이 계속 늘어났다. 이들은 점차 '인도 민족'이라는 의식에 눈을 뜨고 있었다. 이들 중 상당수가 공무원, 교사, 변호사, 언론인, 의사 등 '지식인 계층'이 되었는데, 영국의 지배에 희생되고 있는 인도의 현실을 자각하고 이를 바로잡아야 한다는 생각을 가지게 되었다. 이와 더불어 영국령 인도에서는 18세기 후반부터 신문을 비롯한 언론 매체들이 등장해 빠르게 인도 전역으로 퍼져 나갔다. 영국이 도입한 근대 교육을 통해 글을 읽을 줄 아는 인구가 늘어나면서 1875년까지 인도 전역에는 약 475개의 신문이 발행되었고, 대부분 인도인들이 발행하고 편집했다.[22] 물론 영국은 식민지 인도의 언론에 대해 검열과 규제를 가했으며 심지어 총독 정부가 직접 언론사를 폐간시키는 경우도 있었다. 하지만 언론의 성장은 인도인들이 인도 각 지역의 소식을 공유하면서 인도가 하나의 공동체라는 관념을 갖도록 도왔다. 또한 인도의 지식인들은 언론을 통해 민족주의 담론을 형성하고 이를 기반으로 대중이 독립 운동에 나서도록 이끌었다. 그리고 영국에 의해 채택된 공식 언어인 영어로 인해 서로 언어가 달랐던 인도인들은 역사상 처음으로 지역을 넘어 의사소통을 할 수 있게 되었다. 어렴풋하게나마 민족주의적인 정서를 품고 근대화에 눈을 뜬 인도 지식인들은 종족과 지역, 언어를 넘어 영어로 의사소통했다. 게다가 영국이 건설한 철도망은 이러한 교류를 더욱 촉진했다. 민족주의 운동가들은 영국이 깔아놓은 철도를 타고 인도아대륙을 가로질러 다른 지역으로 이동해 반영 민족주의 운동을 확산시켰다. 훗날 이 운동의 구심점이 된 마하트마 간디 역시 철도를 이용해 인도 전역을 누비며 풀뿌리 운동을 조직했다. 이러한 과정을 통해 인도아대륙에 살고 있는 이들은 지역과 종교를 넘어 서서히 '인도 민족'이라는 정체성을 공유하기 시작했다. 영국의 식민 지배는 '인도 민족' 형성에 의도치 않은 도움을 주었다.

　인도의 지식인들은 각 지역별로 모임을 조직하고 인도인들의 정치 참여를 요구했다. 이러한 흐름이 리펀 총독의 지방자치제 도입과 맞물려 커다란 소용돌이로 돌변했다. 지역위원회라는 조그마한 통로를 통해 정치 참여를 경험한 인도의 지식인들은 이제 중앙정부 차원에서의 정치 참여를 요구하는 목소리를 내기 시작했다. 이때 등장한 인물이 스코틀랜드 출신의 전직 관료인 앨런 옥타비안 흄(Allan Octavian Hume)이다. 흄은 1883년경 인도가 불안한 정세에 놓여 있다고 판단했다. 1860~1870년대에 걸쳐 인도 여러 지역에서 기근이 발생해 농민들의 삶은 매우 곤궁했다. 점차 늘어나는 인도 지식인 계층은 갈수록 영국의 제국주의 지배에 반감을 키워가고 있었다. 흄은 자칫 이러한 사회적 불만이 과거 세포이항쟁과 유사한 대규모 저항운동으로 발전할 수 있다고 여겼는데, 실제로 벵갈, 데칸, 봄베이(지금의 '뭄바이') 등지에서 농민 폭동이 일어나기도 했다. 흄은 이를 사전에 막으려면 인도인 대표로 구성된 전국적 조직체가 존재해야 한다고 생각했고, 1883년 캘커타 대학교 졸업생들에게 공개서한을 보내 자신의 구상을 알렸다. 이를 계기로 전국 단위의 인도인 대표 기구를 조직하기 위한 논의가 시작되었으며, 1885년 12월 봄베이에서 인도국민회의(이하 '국민회의')가 결성되었다.

흄은 국민회의가 인도인들의 빈곤을 해결하거나 사회적으로 불합리한 관행 등을 개선하는 기구가 되기를 바랐는데, 만약 이들이 정치 활동에 주력한다면 영국 정부를 자극해 탄압의 빌미를 줄 것으로 우려했기 때문이다. 국민회의 초기 지도자들 역시 그러한 흄의 견해에 대체로 동의했다. 하지만 창설 후 얼마 지나지 않아 국민회의의 활동은 정치 영역으로 빠르게 이동했다. 1947년 독립을 이룰 때까지 국민회의는 인도인의 정치 참여 확대, 인도의 자치권 확립, 더 나아가 인도의 독립을 요구하는 민족주의 운동의 사령탑이 되었다.

민족 정체성의 분열, 힌두와 무슬림의 갈등

인도 민족주의가 고양되는 것에 대한 영국의 대응은 힌두와 무슬림을 분열시키는 전략이었다. 민족주의 운동이 전개되면서 국민회의 내부의 무슬림 사이에서는 수적으로 우세인 힌두에게 주도권을 빼앗기고 있다는 불만과 장차 독립한 이후에도 무슬림의 열세가 지속될 것이라는 불안감이 자라났다. 영국은 이 틈새를 놓치지 않고 적극 이용했다.

힌두교가 주류였던 인도에 본격적으로 이슬람교가 유입된 것은 13세기 초 맘루크 왕조로부터 시작된다. 주로 이란이나 아프가니스탄으로부터 이슬람 정복자들이 인도아대륙을 침공해 인도 북부에 자리를 잡았으며, 이슬람을 바탕으로 한 무굴제국은 인도아대륙 대부분을 정복하기도 했다. 하지만 인도의 이슬람 왕조들은 소수의 무슬림 정복자들이 수적으로 우세한 토착 종교 세력을 오로지 힘으로만 지배할 수 없다는 걸 알았다. 그래서 샤리아(Shariah, 이슬람 율법)에 기반한 엄격한 이슬람식 통치보다는 인도 현지의 상황에 맞춰 종교와 문화에 관용적인 정책을 폈다(무굴제국 시기 독실한 무슬림이었던 아우랑제브 황제가 힌두교 사원을 파괴하고 힌두교를 박해한 것으로 악명을 남겼는데, 이는 인도의 이슬람 왕조 전체를 놓고 보았을 때는 예외적인 경우에 해당한다). 또한 시간이 흐르면서 인도 토착 문화가 이슬람교에 영향을 끼쳐 수피즘과 바렐비파 등 명상이나 성인 숭배의 경향을 보이는 남아시아 특유의 이슬람 문화가 확산되었다.

인도에 힌두와 무슬림 간 갈등이 본격화된 것은 세포이항쟁 이후이다. 세포이 반란을 진압한 이후 힌두와 무슬림의 단결된 대오가 얼마나 위협적인지 체감한 영국은 분할 지배 전략을 사용해 이들을 갈라놓기로 했다. 인도의 가장 거대한 두 종교 정체성이 서로 갈등하고 대립하게 된다면 영국은 수월하게 반영 민족주의 운동을 약화시키고 인도를 지배할 수 있을 터였다. 이에 영국은 같은 종교끼리, 같은 종족끼리, 같은 카스트끼리 묶는 방식으로 군대의 편성 체계를 바꾸었다. 무슬림과 힌두가 한솥밥을 먹으며 일체감을 형성하지 못하도록 막는 조치였다.

영국의 역사학자들도 힌두와 무슬림 간 갈등 조장 전략에 동참했다. 이들은 무굴제국하에서 무슬림 커뮤니티와 힌두 커뮤니티를 각각 별개의 독립된 사회처럼 보는 방식으로 인도 역사를 새롭게 써내려갔다. 영국이 새로 펴낸 인도 역사책은 아우랑제브 황제의 힌두 사원 파괴처럼 무굴제국의 무슬림 왕조가 힌두를 박해한 부분을 강조했다. 대체로 종교에 대해 포용적이었던 무굴제국의 역사를 지워버리고 힌두와 무슬림의 대립과 갈등 관계로 인도 역사를 재구성한 것이다. 이 역사관은 영국이 지은 공립학교를 통해 인도인들에게 교육되었다.

무굴제국의 지배층이었던 무슬림들은 새로운 지배자로 등극한 영국을 달갑게 여기지 않았다. 영국도 인도 지배 초기에 상대적으로 힌두 커뮤니티에 대해 더 우호적인 정책을 폈다. 힌두 상류층 출신 가운데 영국으로 유학을 다녀오거나 영국 총독 정부에 들어가 관료가 되는 이들이 많아졌고, 신문물을 받아들여 근대화된 이들도 무슬림보다 힌두에서 더 많이 나왔다. 자연스레 인도의 상류층 가운데 힌두 출신 비율이 눈에 띄게 늘어났다. 반면 19세기 후반까지 영국과 근대적 문물에 대해 폐쇄적이었던 무슬림들은 사회적 지위나 경제적 상황이 점차 뒤떨어졌다. 무굴제국 시절과는 달리 힌두의 지위가 무슬림보다 높아진 것이다. 이는 인도 민족주의 운동의 깃발 아래 한데 뭉친 힌두와 무슬림 사이에 묘하게 흐르는 위화감의 원천이었다.

힌두와 무슬림 간 갈등의 기운을 감지한 영국은 인도에 또 다른 분열의 씨앗을 뿌렸다. 당시 무슬림 커뮤니티의 지도자들은 인도가 이대로 독립할 경우 인구가 많은 힌두가 지배하는 나라가 될 것을 우려했다. 대부분의 선거구에서 인구가 많은 힌두 출신이 대표자로 선출될 것이기 때문이었다. 이에 무슬림 지도층 내에서는 무슬림 대표자를 따로 뽑는 별도의 선거구가 있어야 한다는 주장이 힘을 얻었다. 이를 간파한 영국 총독 정부는 1906년 인도 무슬림 지도자들을 초청해 '만일 영국에 협조할 경우 영국은 인도 무슬림 커뮤니티의 이익을 특별히 보장할 것이며 장차 인도에 자치권이 허용될 때 무슬림들을 위한 별도의 분리 선거구를 주겠다'고 약속했다. 이 제안은 그동안 인구도 많고 근대화된 지식인도 많은 힌두가 민족주의 운동을 주도하는 데 대해 불안감과 열등감을 가지고 있던 무슬림 지도자들을 자극하기에 충분했다.

총독과의 만남 이후 무슬림 지도자들은 무슬림의 이익을 보호하기 위한 대표 기구로 전인도무슬림연맹(이하 '무슬림연맹')을 창설했고 이들은 영국에 협조적인 태도를 취했다. 무슬림연맹 창설의 주축을 이룬 멤버들은 국민회의에서 무슬림 대표로 활동하는 인물들이었지만 국민회의가 아닌 무슬림연맹을 통해 자신들의 독자적인 목소리를 내려고 했다.

이후 인도의 민족주의 운동은 내부적으로 두 개의 커다란 세계관이 충돌하게 되었다. 하나는 '인도 땅에 거주하는 사람들은 모두 인도 민족이며 독립 인도는 하나의 나라가 되어야 한다'는 신념이다. 이는 '마하트마(Mahatma, 위대한 혼)'라고 불렸던 간디(Mohandas Karamchand Gandhi, 1869~1948)와 자와할랄 네루(Jawaharlal Nehru, 1889~1964)와 같은 국민회의 지도부가 가지고 있는 세계관이다. 다른 하나는 '힌두가 다수인 독립 인도에서 소수인 무슬림은 차별을 받을 것이기 때문에 힌두와 무슬림은 별개의 국가로 분리되어 독립해야 한다'는 주장으로 무함마드 알리 진나(Mohammad Ali Jinnah, 1876~1948)로 대표되는 무슬림연맹의 세계관이다. 인도의 독립을 두고 국민회의가 주도하는 '하나의 민족론'과 무슬림연맹이 주도하는 '두 개의 민족론'이 대립한 것이다.

인도의 민족주의 운동도 두 갈래로 진행되었다. 하나는 국민회의가 이끄는 운동으로 대중 운동을 통해 영국에 저항하며 인도의 자치권 획득과 완전한 독립을 요구하는 인도 독립운동이었다. '비폭력·비협조 저항운동(사티아그라하, Satyagraha)'으로 인도 독립운동의 구심점 역할을 했던 간디와 국민회의가 중심에 있었다. 다른 하나는 무함마드 알리 진나를 비롯한 무슬림연맹이 이끄는 운동으로 영국과의 협조하에 파키스탄 건국 운동으로 발전했다.

이 두 흐름은 각기 '하나의 인도공화국 건국'과 '인도-파키스탄 분리'를 두고 끊임없이 갈등하며 경쟁했다. 국민회의는 탁월한 카리스마와 대중 동원 능력을 지닌 간디의 영향력으로 인도의 민족주의 운동을 이끄는 컨트롤타워 역할을 했으며, 힌두·무슬림·시크 등 종교와 종파를 가리지 않고 인도의 여러 지역에 풀뿌리 조직을 갖춘 전국적 조직으로 성장했다. 반면 초기부터 일부 상류층 중심으로 조직된 무슬림연맹은 '엘리트 조직'의 한계를 벗어나지 못했다. 이러한 약점을 극복하기 위해 진나는 주로 무슬림 다수 지역의 지주 및 종교 지도자들의 도움을 받아 대중적 기반을 넓히려 애썼다.

인도의 민족주의 운동이 한창이던 와중에 1939년 제2차 세계대전이 일어났다. 발등에 불이 떨어진 영국은 인도인들을 전쟁에 동원하려고 했다. 이미 제1차 세계대전 때 인도인들을 참전시킨 경험이 있는지라 영국 정부는 이번에도 인도인들이 당연히 영국에 협조할 것으로 기대했다. 하지만 그사이 인도의 민족주의 운동 역량은 전과 비교되지 않을 만큼 성장했다. 국민회의는 영국의 참전 요구를 거부했고, 대대적인 비협조 운동을 전개했다.

1939년 12월 22일, 비협조 운동의 일환으로 당시 지방선거를 통해 장악했던 8개 주정부에서 국민회의 내각은 일제히 사퇴했다. 지방 정부를 마비시켜 영국 총독 정부를 압박해 독립을 쟁취하려는 목적이었다. 하지만 이는 패착이었다. 당시 정치력과 대중 동원 능력에서 국민회의에 뒤지던 무슬림연맹은 이를 기회로 보았다. 진나는 국민회의 내각이 총사퇴한 12월 22일을 오히려 '구원의 날'로 선포하고 "파키스탄 분리를 승인한다면 영국에 협조해 참전하겠다"는 성명을 발표했다. 영국은 이러한 갈등을 '분할 지배'의 기회로 보았고 이에 무슬림연맹의 요구를 들어주었다. 국민회의의 입장에서 보자면 인도인들이 하나로 뭉쳐 영국의 지배를 끝내기 위해 싸우고 있는 상황에서 무슬림연맹이 이를 방해한 셈이었다. 당연히 국민회의 내부에서 무슬림연맹에 대한 반감이 커졌다. '비폭력'과 '단합'을 내세운 간디가 아니었다면 내전에 준하는 폭력 사태가 벌어졌을지도 모른다.

영국은 독일군에게 밀려 전세가 어려워지자 인도인의 참전을 유도하기 위해 '자치'를 미끼로 던졌다. 영국 대표단은 간디 및 진나와 협상을 벌여 "우선 인도가 영국을 도와 참전한다면 전쟁이 끝난 후 선거와 영연방 자치령 지위(Dominion Status)를 약속할 것"이라는 제안을 했다. 이른바 영국의 '선(先)참전 후(後)자치' 제안이다. 하지만 오랜 기간 다져진 민족주의 운동의 요구는 더 이상 영국의 지배를 전제하는 '자치'에 만족하지 않았다. 국민회의는 영국 대표단의 제안을 거절하며 '선독립 후참전'을 주장했다.

　1942년 8월, 국민회의는 자치가 아니라 독립을 요구하는 자신들의 입장에 발맞춰 저항 운동의 수위를 높였다. '퀏 인디아(Quit India)' 운동이 그것이다. 국민회의는 영국에게 즉각적인 인도의 독립 승인을 요구하며 모든 주정부 내각에서 국민회의 소속 각료들이 총사퇴함과 동시에 대대적인 비협조 운동과 대중 시위를 추진했다. 하지만 영국 총독 정부는 재빠르게 간디를 포함한 모든 국민회의 지도부를 체포했고 한꺼번에 지도부를 잃어버린 국민회의는 민족운동의 사령탑 역할을 제대로 할 수 없는 상황에 놓였다. 반면 무슬림연맹은 영국 총독 정부에 협조적인 태도를 유지하는 동시에 국민회의의 공백을 적극적으로 활용해 무슬림 다수 지역에서 대거 무슬림연맹 주정부를 구성하는 등 자신들의 세력을 넓혀나갔다. 결과적으로 '퀏 인디아' 운동은 국민회의의 실패작이었으며, 무슬림연맹으로서는 오랜 기간 자신들을 압도했던 국민회의와 대등해질 수 있는 절호의 기회였다. 그리고 무슬림연맹의 성장은 독립을 앞둔 영국령 인도 내부에 굵고 짙은 선이 그어지고 있으며 그만큼 인도-파키스탄 분리의 가능성이 더 커지고 있음을 의미했다.

하나가 되지 못한 독립, 인도-파키스탄 분리 건국

　　1944년 5월 6일 간디가 석방됐다. 그가 갇혀 있는 동안 인도에서 무슬림 분리 독립은 이미 거스를 수 없는 대세가 되어 있었다. 하지만 국민의회와 무슬림연맹 사이의 선을 지울 수 있다고 믿었던 간디는 진나에게 편지를 써 인도의 통합을 위한 회담을 갖자고 제안했고 진나는 이를 받아들였다.

　　1944년 9월 간디는 진나를 만나기 위해 봄베이로 향했다. 이 방문은 국민회의 내에서는 물론 힌두민족주의자들에게 커다란 반발을 샀다. 인도 민중들에게 정신적 지주였던 간디가 진나를 일대일로 만남으로써 진나의 위상을 높여줄 것이라고 우려했기 때문이다. 게다가 간디가 마치 구걸하듯 진나를 찾아가는 것을 힌두민족주의자들은 굴욕으로 여겼다. 결국 이 회담은 성과 없이 끝났고, 진나의 위상만 높여줌으로써 오히려 파키스탄 분리주의에 힘을 실어주었다. 이제 인도와 파키스탄의 분리는 아무도 막을 수 없는 기정사실이 되었다.

　　1945년 제2차 세계대전이 끝나자 인도 독립을 향한 민족운동 진영의 발걸음은 더욱 빨라졌다. 전쟁에 지친 영국인들은 인도인들의 독립 투쟁에 맞설 의지가 별로 없었다. 2차 대전 이후 인도인들의 독립 요구는 그 이전과 비교할 수 없을 정도로 거세고 강경해졌다. 인도 전역에서 시위, 파업, 폭동이 끊이지 않았으며 군인, 경찰, 관료들까지 합세하는 형국이었다. 영국이 이를 진압하기 위해서는 본국에서 예전보다 훨씬 더 많은 병력을 인도에 파견해야 했으나 이제 막 전쟁을 끝낸 영국인들은 또다시 자국의 젊은이들을 대거 해외로 보내는 데 동의하지 않았다. 게다가 미국과 소련 중심으로 재편되는 전후 국제 질서 속에서 두 강대국은 과거 식민지 국가들을 자기편으로 끌어들이고자 서로 경쟁했고, 인도의 독립은 미·소의 강력한 지지를 받았다.

군사력과 경제력이 모두 바닥난 영국으로서는 식민지 해방이라는 세계사적 흐름을 거스를 수 없었다. 영국 총독 정부는 국민회의 대표인 네루와 무슬림연맹 대표인 진나를 한자리에 불러 독립에 대한 담판을 벌였다. 사실 인도 독립을 염두에 둔 순간부터 영국 정부는 파키스탄 분리를 지지했다. 영국으로서는 거대한 인도 아대륙을 둘로 나누어 독립시키는 것이 이후 영향력 확보에 유리하다고 판단했기 때문이다.

1947년 6월 3일, 영국은 인도와 파키스탄의 독립을 공식 발표했다. 같은 해 8월 14일 파키스탄이슬람공화국이 독립을 선포했고, 다음 날인 8월 15일 인도공화국이 독립을 선포했다. 인도의 초대 총리는 네루였고, 파키스탄의 초대 총독은 진나였다.

갓 출범한 인도공화국의 지도자들이 시급히 해결해야 하는 과제는 파키스탄과의 영역 경쟁에서 승리하는 동시에 내부의 선을 지우는 일이었다. 인도공화국을 이끄는 국민회의는 힘과 조직을 바탕으로 이 문제를 해결하고자 했다. 독립 이전의 영국령 인도제국은 하나의 국가가 아니었다. 행정적으로 통합되어 있지 않았지만, 정치적 소속감도 여러 갈래로 나뉘어 있었다. 우선 행정구역은 총독 정부 직할령과 토후국으로 나뉘어 있었다. 직할령에서 힌두 다수 지역은 인도공화국의 영토로, 무슬림 다수 지역인 펀자브와 동벵갈은 파키스탄의 영토로 결정되었다. 그리고 토후국은 인도와 파키스탄 가운데 하나를 선택할 권리가 주어졌다. 국민회의는 인도 전체에 걸쳐 풀뿌리 조직을 가지고 있었는데 토후국에서 이 풀뿌리 조직을 동원한 친인도 시위를 벌여 토후국 군주들의 인도 가입을 압박했다. 게다가 신생 인도공화국의 초대 부총리 겸 내무장관이었던 파텔(Vallabhbhai Patel)이 각 토후국 군주들을 찾아다니며 "만일 순순히 인도에 가입한다면 군주와 그 가족들에게 연금과 특권을 부여하겠지만 이를 거절할 경우 인도공화국 군대가 강제로 이 나라를 점령할 것이고 당신은 모든 걸 잃어버리게 될 것"이라는 협박과 회유를 통해 인도 가입을 종용했다. 이러한 전략은 효과적으로 작용해 토후국 대부분이 인도공화국의 일부가 되었다.

파텔이 고지한 기한까지 인도 연방에 가입하지 않은 토후국은 주나가드, 하이데라바드, 카슈미르 단 세 나라뿐이었다. 주나가드는 군주가 주민들의 의사에 반해 파키스탄 가입을 추진하자 인도군이 주나가드를 침공해 군주를 몰아낸 후 주민 투표를 실시했다. 주민들은 인도 연방 가입을 지지했고 이로써 주나가드는 인도공화국에 통합되었다. 하이데라바드는 인도와 파키스탄 어디에도 속하지 않고 스스로 독립국이 되기를 원했으나 이 역시 인도군에 의해 강제로 인도 연방에 병합되었다.

카슈미르의 상황은 매우 복잡했다. 카슈미르의 통치자 하리 싱(Hari Singh)은 힌두였으나 카슈미르 주민의 3분의 2는 무슬림이었고 파키스탄 가입 여론이 높았다. 인도는 하리 싱을 설득하기 위해 사례금과 특권 제공 및 헌법상 카슈미르의 특별 지위 보장을 약속했다. 이는 훗날 인도 헌법 제370조로 명문화된다. 파키스탄은 인도의 회유책에 맞서 카슈미르 주민들의 투표 결과에 따라야 한다고 주장했다. 하지만 이미 인도 측으로 마음이 기운 하리 싱이 파키스탄의 요구를 거부하자 파키스탄은 카슈미르의 무슬림 주민들이 반란을 일으키도록 지원했다. 위기에 몰린 하리 싱은 인도 정부에 도움을 요청했고 인도군은 곧장 카슈미르를 점령했다. 초기에 반란군 지원에 머물렀던 파키스탄도 카슈미르에 군을 투입하면서 제1차 인도-파키스탄 전쟁(1947~1949)이 발발했다. 인도와 파키스탄 양측에서 수천수만 명의 사상자가 발생한 이 전쟁에서 인도는 카슈미르 지역의 3분의 2가량에 해당하는 영토를 확보하는 성과를 올렸다. 이 전쟁을 계기로 인도에서는 반무슬림 정서와 힌두 민족주의가 성장하는 토대가 마련되었고, 파키스탄에서는 군부의 영향력이 커짐으로써 결과적으로 오랜 기간 군부 정권이 집권하는 배경이 되었다.

하나의 영국령 인도제국이 인도와 파키스탄으로 갈라져 신생 독립 국가를 세운 것을 '대분할(the Great Partition)'이라고 일컫는다. 영토가 둘로 나뉘면서 인도아대륙은 극심한 혼란과 폭력으로 빠져들었다. 인도의 무슬림 소수 지역에서는 힌두들이 무슬림을 공격했고, 파키스탄의 힌두 소수 지역에서는 무슬림들이 힌두를 공격했다. 얼마 전까지만 해도 이웃으로 별문제 없이 어울려 살던 무슬림과 힌두는 갑자기 상대를 증오하며 폭력을 행사했다. 이에 따라 대규모 난민이 발생했는데 신생 인도공화국의 무슬림들 가운데 상당수는 파키스탄으로 이동했고, 신생 파키스탄이슬람공화국의 힌두와 시크교도들 가운데 상당수는 인도로 삶의 터전을 옮겼다.

 양측에서 이주한 인구를 합하면 총 1천450만 명이 넘는다. 인도에서 파키스탄으로 약 722만 명이, 파키스탄에서 인도로는 약 729만 명이 이동했다. 난민들이 정착하는 지역에서는 또 다른 폭력 사태가 발생했다. 새로 밀려든 난민과 해당 지역 토박이들 사이의 갈등이 곳곳에서 빚어졌다. 이 시기 일어난 폭력 사태로 사망한 사람은 20만~200만 명에 이르는 것으로 추정된다. 가히 내전에 준하는 폭력이 두 나라의 건국 초기에 발생한 것이다. 카슈미르에서의 인도-파키스탄 전쟁과 양측에서 벌어진 폭력 사태로 인해 이후 두 나라는 서로를 안보의 최대 위협으로 여기게 된다.

 이처럼 인도와 파키스탄이 세워지는 단계에서 빚어진 폭력과 갈등으로 인해 두 나라 안에서는 선이 그어졌다. 뒤에서 자세히 살펴보겠지만, 인도에서는 힌두민족주의가 대중들 사이에 서서히 자리를 잡게 된다. 이는 오늘날까지 인도 내부에서 힌두와 무슬림 간의 갈등으로 이어지며 힌두민족주의에 기반한 정치 세력이 권력을 장악하는 정서적 배경이 된다. 반면 파키스탄에서는 '무슬림이 탄압당하는 땅' 카슈미르를 해방해야 한다는 대의명분이 힘을 얻으면서 급진 이슬람주의가 뿌리를 내리는 토양이 만들어진다. 파키스탄의 급진 이슬람주의는 인도와 파키스탄 간의 안보 갈등 요인인 동시에 파키스탄 내부의 갈등 요인이 되기도 한다. 또한 파키스탄의 군부는 인도에 대한 안보 불안을 근거로 오랜 기간 권력을 장악함으로써 결과적으로 파키스탄의 민주주의 제도 정착을 방해했다.

'하나의 인도'를 부르짖었던 간디는 인도와 파키스탄의 분리를 끝까지 받아들이려 하지 않았다. 그는 힌두와 무슬림을 막론하고 평화와 상호 이해를 추구하는 다수 대중이 나선다면 현재의 문제를 극복할 수 있으리라고 믿었다. 하지만 대분할이 현실화되면서 간디는 힌두가 주도하는 국민회의를 비판하는 입장으로 돌아섰다. 다수인 힌두가 소수인 무슬림에게 양보해야 인도의 분열을 막을 수 있다는 것이 간디의 입장이었다.

인도-파키스탄 분리에 반대한 간디는 1947년 8월 15일 인도공화국 독립기념식에 참석하지도 않았다. 그는 그토록 바라온 독립이 자신의 이상과는 너무도 다른 모습으로 전개되자 크게 낙심했고 국민회의 내부의 힌두 진영이 무슬림들에게 통 크게 양보하지 않은 것에 실망을 표하며 "차라리 남은 생애를 파키스탄에서 보내겠다"고 선언했다. 극우 힌두민족주의자들은 마치 무슬림 편에 서는 듯한 간디의 태도에 분노했다. 1948년 1월 30일 뉴델리에서 기도회를 마친 간디는 거처로 돌아오는 길에 38세의 열혈 힌두민족주의자 나투람 고드세(Nathuram Godse)의 총에 맞아 숨졌다. 현장에서 순순히 체포된 고드세는 법정 최후 진술에서 이렇게 말했다고 전해진다. "간디를 죽이면 내 미래는 사라지겠지만, 대신 인도는 파키스탄의 침입으로부터 구원을 받을 것이다."[23]

힌두민족주의자들은 '평화와 포용'을 강조하는 간디로 인해 인도가 무슬림들의 분리주의를 막지 못했으며 대분할 과정에서 힌두에 대한 무슬림의 공격에도 무기력하게 당했다고 주장했다. 나투람 고드세는 1949년 11월 15일 교수형에 처해졌다. 고드세는 오랫동안 '인도인들의 아버지'를 살해한 악당으로 취급받았지만 21세기 들어 힌두민족주의자들 사이에서 그를 '순교자'로 추앙하려는 움직임이 활발해지고 있다. 오늘날 힌두민족주의자들은 '간디가 비폭력 단식 대신 힘을 통해 무슬림들의 폭력을 막았더라면 인도는 분할되지 않고 힌두들이 무슬림들에게 죽임을 당하지도 않았을 것'이라고 주장한다. 다수였던 힌두가 힘으로 분할을 막을 수 있었음에도 간디가 비폭력 노선을 고수하여 결과적으로 파키스탄이 분리되어 나갔다는 것이다.

간디의 후계자를 자처한 인도 초대 총리 네루는 간디 살해의 배후인 힌두민족주의를 탄압했다. 그리고 이는 간디를 존경했던 대중들의 지지를 받았다. 네루 정부는 '세속주의' 이념을 표방했고 이를 통해 힌두교, 이슬람교, 시크교 등 다양한 인도인들의 종교적 정체성을 '인도 민족'이라는 정체성으로 통합하고자 했다.

세속주의와 관련해 네루는 1961년 이렇게 역설했다. "어떤 사람들은 '세속적'이란 말을 종교에 반대되는 것이라고 여기지만 그것은 틀렸다. '세속적'이라는 말은 모든 종교를 동등하게 존중하고 모든 사람에게 동등한 기회를 부여하는 것을 의미한다."[24] 네루는 종교 세력의 발호를 경계했고, 간디 암살 사건 이후 나투람 고드세가 몸담았던 RSS(Rashtriya Swayamsevak Sangh)를 비롯한 힌두민족주의 단체들을 한동안 불법화했다.

인도공화국 수립에도 불구하고, 인도를 하나의 민족으로 묶기에는 여전히 장벽들이 존재했다. 앞서 여러 차례 언급한 종교 문제를 차치하더라도, 지역별로 각기 다른 인도의 언어 장벽은 인도의 통합을 막는 주요한 장애물 가운데 하나였다. 1947년 인도공화국 건국 당시 인도에는 방언을 포함해 2,000여 개의 언어가 존재했는데 이 장벽을 극복하도록 해준 것은 영어였다. 영국의 식민 지배를 받는 동안 영어가 공식 문서를 작성하는 공용어로 사용되었고 학교를 통해 영어 교육이 이뤄짐으로써 수천 년간 언어로 갈라져 온 인도인들이 큰 무리 없이 의사소통할 수 있는 통로가 마련되었다.

제헌의회는 신생 인도공화국의 국어를 지정하지 않았다. 국어란 국가의 정체성과 연결된 언어이다. 여러 언어 가운데 특정 언어를 국어로 정한다는 것은 그 언어를 사용하는 이들에게 사회적으로 우월한 지위를 부여하는 것이며, 여러 정체성이 충돌하는 인도에서 국어 지정은 다른 언어를 사용하는 이들의 강력한 저항을 불러올 것이다. 그래서 제헌의회는 절충안을 냈다. 힌디어와 영어를 공용어로 지정하는 대신 각 주별로 별도의 공용어를 지정할 수 있도록 허용한 것이다. 그리고 헌법상 22개의 지정 언어를 선정해 그 가운데서만 사용하도록 함으로써 언어가 지나치게 분화되는 것을 막았다.

네루-간디 가문과 정치의 사유화

인도공화국의 집권당인 국민회의는 다양한 정치적 이념을 포괄한 정당이었다. 세속주의, 하나의 인도, 헌법, 대의제 민주주의 정도의 원칙을 제외하자면 사실상 공유된 정치적 노선이 부재했다. 간디의 개인적 카리스마로 통합되고 운영되어 온 정치 조직이었기 때문에 오랜 기간 간디의 인격과 이상을 뛰어넘는 공통의 이념과 노선이 존재하지 않았다.

간디가 사라진 이후 국민회의는 새로운 지향점을 찾아야 했다. 이제 국민회의와 인도공화국의 좌표는 간디의 후계자이자 인도의 초대 총리인 자와할랄 네루에 의해 좌우되었다. 거물 정치인 파텔이 1950년 위암으로 사망하면서 사실상 국민회의 내에는 네루를 견제할 인물이 존재하지 않았다. 네루는 인도인들에게 독립 투쟁의 상징이었으며 인도공화국 건국의 주역이었고 위대한 애국심의 표상이었다. 네루가 이끄는 방향으로 인도는 나아갈 터였다.

서구인들의 눈에 네루는 모순적인 지도자였다. 부유한 가문에서 태어나 젊은 시절 영국에서 유학한 네루는 영국식 대의제 민주주의를 지지하는 모더니스트였다. 하지만 동시에 강력한 반제국주의자이며 반서구 정책을 국정 운영의 근간으로 삼기도 했다. 네루는 평생 민주주의에 대한 확고한 신념을 가지고 이를 실천하고자 했으며, 인도인들이 조국에 대해 '세계 최대의 민주주의 국가'라는 자부심을 가질 수 있었던 것은 네루가 초석을 잘 놓은 덕분이다. 식민지였다가 독립한 아시아의 신생 국가들이 대부분 독재정치와 군부 쿠데타 등을 경험하는 동안 인도는 독립 이후 대체로 다당제와 자유로운 선거, 지방자치제에 기반한 민주주의 제도를 유지했다. 물론 네루뿐만 아니라 인도공화국 건국을 이끈 국민회의 지도부가 민주주의에 대한 높은 이상과 굳은 신념을 가진 인물들로 이루어졌기에 가능했던 일이다.

'하나의 인도'라는 이상을 품은 네루와 국민회의 지도부는 인도인들을 분열시키는 선을 세속주의와 민주주의라는 서구적 이념을 통해 지우고자 했다. 인도공화국은 영국식 의회제와 내각제를 채택하는 한편, 복잡한 인도의 정체성은 영국령 인도 시기에 도입된 지방자치제를 바탕으로 한 연방제로 통합하는 지혜를 발휘했다. 인도공화국이 연방제를 채택하고 각 주정부에 상당한 권한을 이양한 것은 결과적으로 인도의 민주주의를 지키는 보루 역할을 했다. 사실 네루와 국민회의 지도부는 신생 인도공화국이 강력한 중앙집권국가가 되기를 원했다. 하지만 인도의 각 주들은 각기 다른 언어를 사용하고 나름의 종족 정체성을 가진 이들로 구성되어 있었다. 만일 네루 정부가 이를 중앙집권적인 권력을 통해 통합하려고 했다면 그 과정에서 여러 지역으로부터 상당한 반발을 샀을 것이다. 자칫 분리독립을 요구하는 제2, 제3의 파키스탄이 나왔을 수도 있다. 중앙집권을 양보한 인도의 연방제는 복잡한 인도의 정체성을 반영한 최선의 선택이었으며, 결과적으로 인도의 정치가 다원주의적 성격을 유지하도록 떠받드는 토대가 되었다. 그 덕분에 식민지를 벗어나 새로 독립한 국가들이 대부분 경험하는 쿠데타와 독재 정치를 인도는 피해 갔다.

  서구적 민주주의 제도를 채택했음에도 네루 정부는 당시 세계를 두 편으로 갈라놓았던 냉전 체제에서 미국을 비롯한 서방 세계의 편에 서지 않았다. 네루는 인도를 지배하고 독립운동을 억압했던 영국뿐만 아니라 그 동맹 세력인 서구 국가들을 과거 제국주의의 연장선상에 있다고 보았다. 영국의 지배에 저항하며 독립운동을 추구했던 국민회의가 신생 인도의 집권 세력이 되면서 '반제국주의' 담론은 자연스럽게 '비동맹 외교'로 이어진다. 냉전 시기 미국과 소련 모두와 거리를 두는 외교 노선이다. 인도는 양자 사이에서 균형을 추구했다. 예컨대, 한국전쟁에 대해 인도는 기본적으로 중립을 지켰지만 유엔의 북한 침략 규탄 성명을 지지했다. 반면 1956년 영국과 프랑스가 이집트를 침공한 수에즈 위기에 대해서는 소련과 연대해 이집트를 지지하고 영국, 프랑스를 강력히 비난했다.

서방 세계에 대한 저항은 미국이 주도하는 시장 경제에 대한 거부감으로 이어졌다. 오랜 기간 영국의 수탈적 지배를 경험한 네루는 독립 이후에도 서방 국가들의 자본이 들어와 인도 경제를 좌우하는 것을 싫어했다. 이것이 또다시 인도 경제를 피폐하게 만들 것이라고 의심했기 때문이다. 이에 네루 정부는 사회주의 경제 정책으로 방향을 잡았다. 자유로운 선거와 다당제 정치체제를 유지했던 '네루식 사회주의'는 토지 재분배, 산업 국유화, 5개년 계획 등 국가가 경제에 개입하는 사회주의 경제 정책을 도입하면서도 자유로운 선거와 다당제 정치 체제를 유지함으로써 공산당 일당 독재 체제였던 소련식 공산주의와 차별화한 '제3의 길'을 추구했다.

네루는 국가 주도의 경제 개발 계획을 세웠고 그 목표는 경제적 자립을 위한 수입 대체 산업화였다. 공공 부문에 대한 투자와 경영을 국가가 담당해 민간보다 국가가 경제 운영의 주체가 되었다. 하지만 결과적으로 이는 경제의 비효율화를 촉진해 인도 경제의 발목을 잡았다. 기업은 국가가 명령한 목표치만 맞추면 되기 때문에 경제 혁신이 일어나지 않았고, 사업가들도 어떻게든 국가 엘리트들에게 줄을 대어 이익을 보장받으려 함으로써 부정부패를 심화했다. 그 결과 1950년부터 1987년까지 인도의 평균 GDP 성장률은 3.5% 수준이었다.[25] 같은 기간 한국이나 싱가포르, 말레이시아 등 아시아의 다른 신생 독립 국가들이 10%를 상회하거나 근접한 수준의 높은 경제 성장을 이어간 것에 비하면 네루가 기틀을 마련한 인도의 경제 정책은 매우 저조한 성적이다. 영국의 지배에 대한 반감과 반제국주의적 민족주의 운동이 낳은 부작용이라고 하겠다.

그럼에도 불구하고 1947년부터 1964년까지 17년간 총리직을 수행한 네루는 국민들에게 높은 지지를 받았다. 그는 집권당인 국민회의를 완전히 장악했고 열정적으로 국정에 임했다. 문제는 네루의 독주가 오랫동안 지속되다 보니 국민회의 내에서 그의 뒤를 이을 후계자가 성장하지 못했다는 점이다. 이 와중에 1959년 네루의 외동딸 인디라 간디(Indira Gandhi)가 국민회의 의장에 선출되었다. 네루는 딸의 의장직 도전을 공개적으로 반대하지 않음으로써 사실상 인디라 간디가 아버지의 후광으로 당선되는 것을 방조했다. 이후 국민회의는 점차 네루에서 인디라 간디로 이어지는 '가문 정치'에 장악되었다.

인디라 간디는 네루와 그의 아내 카밀라 사이에서 태어났는데, 카밀라가 1936년 사망했기에 네루가 총리직에 있는 동안 인디라가 사실상 퍼스트레이디 역할을 담당했다. 그 덕분에 인디라는 인도 대중들에게 인지도가 높았고 이는 그의 정치적 자산이 되었다. 인디라는 민족주의 운동가였던 청년 페로제 간디(Feroze Gandhi)와 결혼해 '간디'라는 성을 가지게 되었다. 페로제는 마하트마 간디와는 아무런 혈연관계가 없는 인물로 그의 원래 성은 'Ghandy'였으나 마하트마 간디에게 감명을 받은 후 그를 따라 'Gandhi'로 바꾸었다.

1964년 네루가 사망한 후 인디라 간디는 정보방송부 장관으로 내각에 합류했고, 1966년 국민회의 지도부는 총선을 앞두고 아예 인디라를 총리 후보로 지명했다. 네루 사망 후 정권을 이어갈 동력이 약해졌다고 판단한 국민회의 지도부가 네루의 명성과 인기를 선거에 이용하고자 한 것이다. 인도 국민들은 '국민회의 정치인' 인디라 간디가 아니라 '네루의 딸' 인디라 간디에게 표를 던졌다. 이에 인디라는 인도공화국의 제3대 총리에 당선되어 1977년까지 장기간 집권했다.

인디라 간디의 집권 후반기 평가는 별로 좋지 않다. 1971년 총선에서 인디라 간디 정부는 노골적인 금권 선거와 정부 기관의 선거 개입 등 불법 행위를 저질렀다는 혐의로 고발당했다. 1975년 알라하바드 고등법원은 인디라 간디의 유죄를 인정하고 의원직 박탈과 향후 6년간 공직 담임 금지를 선고했다. 인도 헌법상 총리는 의원직에 있어야 했으므로 이는 인디라를 총리직에서 내쫓는 판결이었다.

인디라 간디는 총리직 사퇴를 거부했고, 인도 전역에서 이를 둘러싼 찬성-반대 시위가 벌어졌다. 인도가 혼란 상황에 빠지자 인디라 간디는 1975년 6월 25일 질서 유지를 명분으로 비상사태를 선포했다. 민주주의가 중지되었고, 시민권이 제한됐으며, 언론 검열이 이루어졌다. 국민회의 내부에서 인디라를 비판한 경쟁자들도 일부는 당에서 축출되었고 일부는 체포되었다. 이후 21개월 동안 인도는 대통령령에 의해 통치되는 권위주의 정치를 경험하게 된다.

비상사태에 대한 비판이 거세게 일자 인디라 간디는 선거를 재개하기로 약속했다. 1977년 치러진 총선에서 야당들은 똘똘 뭉쳐 국민회의와 인디라 간디의 집권 연장을 막아내고 정권을 교체하는 데 성공했다. 하지만 인디라 간디의 정치적 영향력은 여전했다. 1978년 인디라는 또다시 국민회의 의장으로 선출되었고 1980년 총선에서 국민회의가 승리함으로써 총리직에도 복귀했다.

승승장구할 것 같던 인디라 간디의 발목을 잡은 것은 인도의 복잡한 종교 정체성과 이에 따른 갈등이었다. 1983년 말 시크교도의 총본산인 펀자브 지역에서 급진 시크교 단체가 시크교도 분리독립을 위한 반란을 준비하고 있으며 이 시크 분리주의자들에게 은밀히 무기 등을 지원한 배후 세력이 파키스탄이라는 첩보가 인도 정보 당국에 접수되었다. 훗날 이 첩보가 과장됐다는 사실이 밝혀지긴 했지만, 당시 인디라 간디 총리는 상황을 심각하게 받아들이고 반란을 막고자 군사 작전을 전개했다.

1984년 6월 1일 파란별 작전(Operation Blue Star)으로 명명된 급진 시크교도 진압 작전이 시작되었다. 문제는 시크교 민병대들이 당국의 체포를 피하기 위해 시크교 최고 성지인 황금사원을 점거하고 있었다는 사실이다. 그곳에는 성지순례를 온 일반 시크교도들도 많았는데 인도 군대가 충분한 사전 대피 작업 없이 군사작전을 개시해 상당수의 민간인이 희생되었다. 시크 민병대의 반격도 만만치 않아 양측에서 1천 명이 넘는 사망자가 발생했다. 결국 시크 민병대는 진압되었으나 그 과정에서 황금사원의 일부가 파괴되었다. 이는 전 세계 시크교도들의 거센 반발을 불러왔다. 시크교도들은 이 사건을 인디라 간디에 의한 시크교 탄압으로 받아들였고, 결국 또 다른 대형 사건으로 이어졌다. 1984년 10월 31일 인디라 간디가 경호원 2명에게 암살당한 것이다. 암살범들은 시크교도였는데 인디라의 시크교 탄압에 앙심을 품고 범행을 저질렀다. 인디라 간디가 시크교도들에게 살해당했다는 소식이 알려지자 인도 각지에서 힌두들이 시크교도들에게 폭행, 살인, 사원 파괴 등을 저질렀다. 특히 델리에서 시크교 커뮤니티에 대한 집단 학살이 벌어지기도 했다. 인도에서 종교 정체성 간 갈등이 늘 발화 직전의 상태라는 점을 극명하게 드러낸 일련의 사건이었다.

인디라 간디가 힌두들에게 '순교자'로 여겨지면서 한때 부정부패로 얼룩졌던 네루-간디 가문의 명성이 부활했다. 인디라의 아들이자 네루의 외손자인 라지브 간디(Rajiv Gandhi)가 어머니를 대신해 국민회의의 리더십을 즉각 이어받았다. 인디라 암살 직후 치러진 총선에서 국민들의 동정표를 받은 국민회의가 압승했고 라지브 간디는 인도의 총리가 되었다. 네루-간디 가문에서 세 번째 총리를 배출한 것이다.

라지브 집권기는 온갖 스캔들과 대형 재난으로 얼룩졌다. 특히 스웨덴 방위산업체로부터 인도군이 무기 수입 계약을 한 대가로 라지브 간디 일가가 뒷돈을 받은 혐의가 드러나면서 라지브와 국민회의의 인기가 동반 하락했다. 1989년 총선에서 국민회의는 패했고 야당이 집권했다. 하지만 라지브 간디는 여전히 국민회의의 수장이었다. 라지브는 총리 시절 스리랑카의 요청에 따라 인도군을 파병하였는데, 총리직에서 물러난 1991년 이에 앙심을 품은 스리랑카의 분리 독립 단체 타밀일람해방호랑이(LTTE, Liberation Tigers of Tamil Eelam) 소속 대원의 자살폭탄테러로 사망한다.

이후 국민회의 지도부 명단에 네루-간디 가문의 일가가 잠시 빠져 있었으나 여론에서 밀리고 있던 국민회의는 집권을 위해 다시 '간디'를 소환한다. 이번에는 라지브 간디의 미망인인 소냐 간디(Sonia Gandhi)였다. 소냐 간디는 이탈리아계 가톨릭 신자로 인도 태생의 정통 힌두인 네루-간디 가문과 직접적인 혈연관계가 없다. 라지브가 영국 케임브리지 대학교 유학 시절에 만나 결혼을 한 것인데, 가문의 이름에 집착한 국민회의 지도부가 1998년 소냐를 국민회의 의장으로 선출했다. 이듬해 치러진 총선에서 소냐 간디가 이끄는 국민회의는 힌두민족주의 정당인 BJP(Bharatiya Janata Party, 인도인민당)에 패했지만 소냐의 리더십은 유지됐다.

2004년 총선에서는 소냐 간디가 이끄는 국민회의가 승리했는데 소냐는 전직 재정부 장관이었던 만모한 싱(Manmohan Singh)을 총리로 임명했다. 네루-간디 가문은 여전히 국민회의를 지배했다. 라지브와 소냐의 아들인 라훌 간디(Rahul Gandhi)는 2007년 37세의 나이로 국민회의 사무총장직을 맡으며 지도부에 합류했고 2017년에는 국민회의 의장직에 오름으로써 다시 한번 국민회의가 네루-간디 가문의 강력한 영향력 아래에 있음을 확인시켜주었다. 인도 건국의 중심이었고 서구적 민주주의와 세속주의의 대변자였던 인도국민회의는 시간이 흐르면서 네루-간디 가문에 의해 사실상 사유화되며 각종 스캔들과 더불어 위상이 추락하고 말았다.

카스트 정체성의 재등장

'인도' 하면 떠오르는 '카스트'는 오랜 세월 동안 인도 사회 내부를 갈라놓았던 대표적인 정체선의 선이다. 카스트는 원래 인도인들의 표현이 아니다. 포르투갈어 '카스타(Casta)'에서 온 단어로서 주로 '친족 집단'을 의미한다. 인도와 무역을 하고자 아프리카를 돌아서 온 포르투갈 상인들의 눈에 비친 인도인들은 특정 집단끼리 어울려 살고 결혼도 했다. 그래서 이러한 인도인들의 문화를 '카스트'라고 부른 것인데 이것이 인도 바깥 세계에 널리 알려진 명칭이 되었다.

원래 인도인들의 언어로는 카스트를 바르나(Varna)와 자티(Jati)로 구분해 부른다. 흔히 '카스트' 하면 브라만, 크샤트리아, 바이샤, 수드라로 나뉘는 수직적 신분제도가 우리에게 익숙한데 이것이 '바르나'이다. 브라만은 제사를 담당하는 승려 계급이고, 크샤트리아는 정치와 전쟁을 담당하는 계급이며, 바이샤는 상인과 자영농, 수드라는 농노에 해당하는 계급이다. 바르나 시스템에는 이 신분제 바깥에 위치한 '불가촉천민(달리트, Dalit)'이 존재하는데, 이들은 인도에서 역사적으로 가장 천대받고 인권이 유린되어 온 존재들이며 카스트 제도가 외부 세계에 나쁜 이미지로 남게 만든 핵심적 요인이다. 하지만 바르나는 역사적 과정에서 사실상 힘을 잃었고 자티 속으로 흡수되었다. 자티란 '특정 직업에 종사하는 부족·친족 집단'을 의미한다. 예컨대, 야다브(Yadav)라는 카스트는 농업과 목축업을 하는 자티로서 대체로 이들의 바르나는 과거 수드라에 속했다. 간치(Ghanchi)라는 카스트는 대대로 기름을 짜는 일을 하는 자티이며 과거에 바이샤였다. 자티 가운데에는 그들이 원래 어느 바르나에 속했는지 불분명한 경우도 많다. 현재 인도 내에는 약 2천 개 이상의 자티가 존재한다. 이처럼 인도의 카스트는 더 이상 수직적 신분 서열로 나뉜 '바르나'의 형태로 존재하지 않고 직업별로 나뉜 '자티' 속에 반영되어 있다. 같은 카스트 내에서 결혼을 하는 족내혼 문화와 직업을 제한하는 자티 문화는 신생 인도공화국을 갈라놓는 굵고 짙은 선이었다.

독립 이후 인도 정부는 카스트 제도의 해악을 간파하고 이를 해결하는 데 상당한 노력을 기울였다. 1950년 1월에 공포된 인도 헌법에서는 카스트로 인한 일체의 차별을 금지했다. 만일 이대로 인도 현대사가 진행되었다면 자본주의 발달과 도시화·산업화에 밀려 카스트는 역사의 뒤안길로 완전히 사라졌을 것이다. 그러나 인도 정부는 이처럼 선을 지우는 개혁 조치를 실시하면서 동시에 선을 긋는 정반대의 제도를 추진하는 모순적 행태를 보였다. 불가촉천민들이 당하는 차별과 불이익을 시정하기 위해 도입한 '적극적 우대 조치(positive discrimination)'가 그것이다. 인도 정부는 우선 최하위 계층인 '달리트'라는 명칭을 없애고 대신 '지정 카스트(Scheduled Caste)'와 '지정 부족(Scheduled Tribes)'이라는 이름으로 바꾸었다. 정부에 의해 '지정된' 카스트들이나 부족들은 적극적 우대 조치의 수혜자가 되었다. 이들은 정부 및 공공 부문의 일자리 채용시 일정 비율로 할당이 되었으며 대학 입학에도 특혜가 주어졌고 별도의 장학금도 지급받을 수 있었다.

하지만 정부의 지원 리스트에 이름을 올리지 못한 카스트들 중에도 경제적으로 어려운 카스트들이 많았는데 인도 정부는 이러한 차상위 카스트들을 'OBC(Other Backward Classes, 여타 후진 계층)'라고 불렀다. 2011년 인도의 인구 총조사에 따르면 전체 인도 인구 가운데 지정 카스트는 약 16.6%, 지정 부족은 약 8.6%인데 반해 OBC는 약 52%로 과반 이상을 차지한다.[26] 정부의 지원이 지정 카스트와 지정 부족에게 집중되자 오히려 OBC에 속한 카스트들 가운데 형편이 더 어려운 이들이 많아졌다.

1970년대에 들어서면서 OBC는 정치적으로 각성한다. 자신들이 역차별을 당하고 있다는 사실과 수적으로 많은 OBC가 한데 뭉치면 선거에서 커다란 힘을 발휘한다는 점을 깨달은 것이다. 이에 전국 각지에서 OBC 연합체가 만들어지고 OBC에 대한 우대 조치를 도입하라고 요구하는 시위가 일어났다. 인도가 선진 사회로 나아가려면 카스트의 선을 지우고 모든 이들이 법 앞에 평등하게끔 만들어야 하는데 하위 카스트 집단이 오히려 선을 공고히 함으로써 정치적으로나 사회적으로 이득을 보려고 한 것이다.

당시 집권당인 국민회의는 OBC의 요구를 받아들이지 않았다. 뿌리 깊은 카스트 문화를 철폐하고자 노력했던 국민회의는 지정 카스트와 지정 부족을 넘어 더 많은 카스트들이 특혜를 받을 경우 인도 사회의 카스트 정체성이 오히려 강화됨으로써 인도의 근대화가 지연될 것이라고 우려했다. 하지만 야당인 JP(Janata Party, 인민당)는 비상사태 선포로 권위주의적 정치를 하는 인디라 간디에 맞서기 위해 인구의 최대 다수를 점하는 OBC의 표심을 적극적으로 공략했다. 결국 1977년 총선에서 OBC의 지지를 얻어 승리한 JP는 1979년 원로 정치인 만달(B. P. Mandal)이 이끄는 '만달위원회'를 구성해 OBC에 대한 실태를 조사하고 해법 마련을 위한 작업에 들어갔다. 그러나 여러 정파의 연합인 JP가 내부 분열로 붕괴되고 국민회의가 재집권하면서 만달위원회가 무산될 위기에 처했다. 그런데 OBC의 정치적인 힘을 목도한 국민회의는 OBC의 기대가 모아진 만달위원회를 해산하지 않았고, 만달위원회는 1년간의 조사와 연구를 거쳐 작성한 '만달 리포트'를 통해 공공 부문 일자리 할당을 늘리고 지정 카스트와 지정 부족 이외에도 OBC를 여기에 포함시킬 것을 제안했다. 국민회의 정부는 '만달 리포트'의 완성은 보장해 주었지만 그 제안을 실현하지는 않았다.

1989년 총선에서 야당들은 국민회의에 대항해 '국민전선'이라는 정치 동맹을 결성했는데 여기에는 힌두민족주의 정당인 BJP(인도인민당)도 참여했다. 국민전선은 OBC를 비롯한 하위 카스트들을 적극적으로 공천하는 등 하위 카스트의 지지를 얻고자 노력했고 그 결과 총선에서 승리했다. 국민전선은 만달 리포트의 제안을 다시 추진해 하위 카스트에 대한 공공 부문의 채용 할당 비율을 높이되 OBC를 여기에 포함시키는 정책을 도입했다. 이 정책이 발표되자 상위 카스트들은 역차별이라고 반발하며 전국적인 시위에 돌입했다. 그러자 하위 카스트들도 맞불 시위에 나섰다. 인도 정국이 카스트 대결의 소용돌이에 휘말렸다. 비록 정부가 처음부터 의도한 것은 아니었지만 적극적 우대 조치라는 제도를 통해 정체성의 선이 본격적으로 현대 인도 정치의 중심에 등장하기 시작한 것이다.

선거에서 OBC의 위력이 입증되자 여러 정당들이 OBC의 표심을 얻기 위한 각종 공약을 내놓았다. 그러자 사태는 더 악화되었다. 그동안 OBC에 포함되지 않았던 카스트들도 공직과 공공 부문 채용, 대학 입학 및 장학금 특혜 등을 받기 위해 자발적으로 OBC에 포함시켜 달라고 지역구 정치인들을 압박하는 사태가 벌어졌다. 지역구 의원들 역시 표를 얻기 위해 정부에 로비를 할 수밖에 없었다. OBC에 해당하는 카스트들이 계속 늘어났고 이에 따라 정부의 할당 비율도 지속적으로 높아졌다. 급기야 공공 부문 채용의 45%를 적극적 우대 조치에 할당하는 지경에 이르렀다. 국민회의의 장기 집권 아래 카스트 문화가 조금씩 옅어지고 있던 인도가 뒷걸음질을 친 것이다. 하지만 이 카스트 정치보다 더 거대한 선이 다른 방향에서 인도 사회를 갈라놓고 있었다. 바로 힌두민족주의이다.

세속주의와 힌두민족주의의 대립

인도의 오랜 역사 속에서 힌두교에 기반한 통일 제국이 거의 없었다는 사실은 힌두교가 국가를 통합하는 이념으로서 강점이 별로 없다는 것을 말해 준다. 무굴제국의 이슬람교나 영국의 기독교는 유일신을 믿기에 신앙의 대상이 분명하고, 쿠란과 성경이라는 절대적인 경전이 존재하며, 예배의 형식이 통일되어 있고, 논리적으로 일관성을 갖춘 교리가 존재한다. 이를 통해 이단을 선별해 내고 결속력 있는 정체성을 만들어내는데, 이는 국가 권력을 지지하는 국가 이데올로기의 역할을 하기에 적합하다.

이에 비해 일관된 교리 체계가 없는 힌두교는 '이단'이라는 개념 자체가 존재하지 않는다. 인도아대륙에 존재하던 수많은 다신교들이 긴 세월을 거치면서 '힌두교'라는 개념 안에 한데 뒤섞여 있었기에 힌두교는 종교에 바탕을 둔 강력한 국가 이념을 만들지 못했다. 오히려 종교 의식과 수행에 전념하는 힌두교의 사제 계층(브라만)이 민중들에게 국가 권력보다 더 큰 영향력을 발휘하는 경우가 많았다.

영국 지배하에서 근대 교육을 받은 인도 지식인들은 힌두교의 이러한 약점을 바로잡지 못하면 인도가 미개한 저발전 상태에서 벗어날 수 없으리라 여겼다. 대표적인 인물이 19세기 초에 활동한 람 모한 로이(Ram Mohan Roy)이다. 그는 힌두 철학과 이슬람 신학, 페르시아와 아랍 문학을 두루 공부해 동양 사상에 깊은 조예를 갖고 있었다. 게다가 영어, 프랑스어, 라틴어, 그리스어, 히브리어 등을 익혀 기독교와 서구 사상에 대해서도 수준 높은 지식을 습득했다.

람 모한 로이는 인도를 근대화하고자 노력했다. 그는 남편이 죽으면 살아 있는 아내를 같이 화장하는 '사티'와 같은 힌두교의 악습과 인도 사회를 옭아맨 카스트 차별 등을 바꾸려고 노력했다. 이와 함께 람 모한 로이가 가장 중요하게 생각한 것은 다신교인 힌두교를 기독교 스타일의 일신교로 개혁하는 일이었다. 인도 사회의 저변에 놓인 힌두교가 근대화되지 않고서는 인도 사회 자체가 변화하기 어렵다고 여긴 것이다. 그는 기독교의 교회 형태를 본뜬 힌두교 예배 모임을 만들고 힌두교 개혁과 일신 숭배 등을 전파하는 운동을 전개했으나 벵갈의 엘리트층 내부에서만 영향력이 있었을 뿐 큰 성과를 거두지는 못했다. 하지만 힌두교를 서구적 일신교 스타일로 개혁하고자 했던 그의 시도는 이후 힌두민족주의가 자라날 수 있는 토양이 되었다.

힌두민족주의란 힌두 정체성이 인도의 국민 정체성이 되어야 한다는 이념이다. 힌두민족주의 이념을 최초로 체계화한 사상가 사바르카르(Vinayak Damodar Savarkar)는 '힌두뜨바(Hindutva)'라는 개념을 통해 이러한 문제를 해결했다. 힌두뜨바란 '힌두적인 것' 혹은 '힌두다움'이라는 의미로서 힌두 정체성을 힌두교 교리를 통해 정의하는 대신 힌두 문화 저변에 깔린 공통점들을 추출해 재정립한 것이다. 이 개념이 유명해지면서 힌두뜨바는 힌두민족주의 이데올로기를 일컫는 말로도 사용되고 있다.

사바르카르는 인도가 힌두 민족의 나라가 되어야 한다고 주장했다. 인도 내부의 선을 지우되 여러 종교 정체성이 공존하는 것이 아니라 힌두교와 힌두 문화가 인도 전체를 지배해야 한다는 것이다. 그에 따르면, 힌두 민족이라는 정체성은 인종적으로 아리아인의 혈통이고, 영토적으로는 인도아대륙에 속하며, 언어로는 산스크리트 계통의 언어를 사용하고, 문화적으로는 힌두 문화를 생활양식으로 하는 네 가지 기준에 의해 결정된다.[27] 다시 말해, 앞의 네 가지 요소를 갖추지 못한 사람은 힌두 민족에 속하지 않으며 인도 국민 자격이 없다는 것이 사바르카르의 주장이다. 이는 "인도 땅에 사는 사람은 모두 인도 민족"이라는 간디와 인도공화국 헌법 정신에 대한 전면 부정이다. 힌두민족주의는 이슬람교를 주적으로 삼아 구체화되었다. 인도아대륙의 무슬림을 배제하고 오직 힌두만을 위한 나라를 건설해야 한다는 것이 이념의 궁극적 지향점이다.

가장 유명한 힌두뜨바 이데올로그는 20세기 중반에 활동한 골왈카르(M. S. Golwalkar)이다. 그는 힌두 정체성을 중심으로 인도를 통합하고자 했다. "무슬림들은 힌두의 문화와 언어를 받아들여야 하고, 힌두의 종교에 대한 존경심을 가져야 하며, 힌두의 영광만을 바라야 한다. 만일 이 나라에 머물고자 한다면 어떠한 특권이나 호의적인 조치-심지어 시민권조차도-를 요구하지 말고 힌두 민족에게 온전히 복종해야 한다."[28] 요컨대 '무슬림은 인도에서 힌두 문화에 복종하거나 아니면 떠나라'는 것이 골왈카르의 주장이었다. 이러한 주장이 제기된 1930년대 후반은 영국령 인도제국하에서 '파키스탄 건국 운동'이 본격화하던 시기이다. 힌두민족주의자들은 무슬림에 의해 인도가 둘로 갈라져 독립할 것을 우려했으며 그에 대한 반작용이 이러한 이데올로기로 표출되었다.

힌두뜨바는 바르나(카스트) 시스템을 아리아인 정체성의 핵심이자 힌두 문명의 요체로 본다. 마누법전(Manu Smriti, 고대 인도의 법전)에 따르면 바르나는 인위적으로 만들어진 계급 사회가 아니며 우주적 에너지의 흐름이 사회적으로 표출된 것으로서, 사뜨바(Sattva, 영성), 라자스(Rajas, 정력), 타마스(Tamas, 무기력)라는 에너지가 브라만(사뜨바), 크샤트리아 및 바이샤(라자스), 수드라(타마스)라는 사회적 계급으로 나타난 것이다.[29] 이러한 논리는 역사적으로 인도에서 하위 계급에 대한 차별을 정당화하는 도구로 사용되었는데, 힌두뜨바는 이러한 바르나 시스템을 일종의 능력에 기반한 유기체적 사회 모델로 새롭게 규정했다.

힌두뜨바의 이상은 바르나 시스템에 의해 조화롭게 유지되는 사회이다. 바르나 시스템은 자연적 질서의 일부이기 때문에 국가가 여기에 개입하는 것은 바람직하지 않다고 주장한다. 이러한 논리는 인도 독립 이후 하위 카스트 지원 정책인 적극적 우대 조치에 대한 비판으로 이어진다. 이로 인하여 힌두민족주의는 사회적 약자에 대한 적극적 우대 조치로 인해 '역차별'을 당하는 중상류층의 지지를 받았다. 특히 만달 리포트 이후 본격화된 카스트 정치에 대한 중산층의 반발은 인도 내에서 힌두민족주의의 인기가 높아진 배경이다.

인도에는 여러 힌두민족주의 단체가 있지만 가장 대표적이고 중요한 단체는 RSS(전국자원봉사단, Rashtriya Swayamsevak Sangh)이다. RSS는 힌두 커뮤니티와 무슬림 커뮤니티 간에 갈등과 충돌이 잦아지던 1925년 힌두를 방어하고 힌두의 인도 지배를 추진하기 위해 사바르카르의 추종자들이 설립했으며, 힌두뜨바 이데올로그인 골왈카르도 주요 지도자들 가운데 한 사람이었다. RSS는 체계적으로 짜인 조직 체계를 통해 일사불란하게 움직였는데, 특히 '쁘라차랏'이라고 불리는 전임 활동가들의 헌신적인 봉사를 통해 전국적으로 빠르게 세력을 확장했다. 1947년경 RSS는 전국적으로 60만여 개의 단위 조직을 갖춘 거대 단체로 성장했다. RSS 대원들은 힌두민족주의의 대의를 완수하기 위해 조직화된 폭력을 행사하는 데 주저하지 않았다.

힌두민족주의자들에 따르면, 힌두들은 '열등한 다수 콤플렉스'를 가지고 있다. 인도에서 인구수로는 다수였음에도 힌두는 늘 유약하게 행동했고, 그로 인해 폭력을 사용하는 소수의 이방인 정복자들에게 지배를 당해 왔다는 것이다. 무굴제국과 대영제국도 지배자는 소수였지만 다수인 힌두는 이에 복종했다. 간디의 비폭력 비협조 투쟁 역시 유약함의 전통을 이어받았다. 힌두민족주의자들은 더 이상 힌두가 자신들의 목적을 이루기 위해 폭력을 사용하는 것을 두려워해서는 안 된다고 주장한다.

RSS의 폭력은 주로 무슬림을 향했지만 1940년대 중반부터는 무슬림 이외에도 공산주의와의 싸움에 나섰다. 무슬림과 공산주의라는 두 적을 상대하기 위해 RSS는 다양한 사회적 기반을 가진 하위 조직을 만들었는데, 학생 조직, 노동자 조직, 부족 협의체 등이다. 또한 기독교의 교회를 모방해 힌두교 교회를 만들기도 했다. 그러다 보니 여러 사회 조직들을 통합한 네트워크 조직이 필요해졌다. 이렇게 해서 1964년에 탄생한 것이 VHP(Vishva Hindu Parishad, 세계힌두교협회)이다. 명칭만 보면 단순한 종교 조직처럼 느껴지지만 이후 벌어진 각종 폭력 행사에 앞장선 강경 힌두 우익 조직이다.

VHP는 산하에 청년들로 이루어진 '바즈랑 달(Bajrang Dal)'이란 행동 조직을 별도로 만들었다. 이처럼 힌두민족주의를 대표하는 조직들이 기본적으로 RSS에서 파생되었으며 여전히 RSS는 이들 조직을 이끄는 인도 힌두민족주의 운동의 중심이다. RSS와 무관한 힌두민족주의 조직들도 존재하는데, RSS는 이들을 한데 모은 '상 파리바(Sangh Parivar)'[30]라는 우산 조직을 만들어 힌두민족주의 진영 전체를 포괄하기도 했다.

RSS는 꾸준히 제도권 정치에 참여해 왔다. 1951년 골왈카르가 설립한 BJS(Bharatiya Jana Sang, 인도인민연합)가 힌두민족주의 정당의 시작이다. BJS는 국민회의에 반대하는 다른 정당들과 연대를 추구하다가 1980년 BJP(인도인민당)를 창당해 독자적으로 정치 세력화했다. BJP가 정치적으로 급성장을 한 계기는 '아요디아 람 사원 운동'이다. 아요디야는 인도 북부 우타르프라데시주의 도시로 네팔 국경과 100km 떨어진 위치에 있다. 이곳에는 과거에 라마(람, Ram) 신을 모신 사원이 있었는데, 무굴제국의 창시자 바부르(Babur, 1483~1530) 황제가 여기를 정복한 후 람 사원을 파괴하고 그 자리에 이슬람 모스크를 세웠다. 이 모스크가 '바브리 마스지드(Babri Masjid)'이다. 라마 신은 인도인들에게 가장 인기 있는 신 가운데 하나로 힌두교 경전 《라마야나》의 주인공이기도 하다. 힌두 민족주의자들은 1949년 바브리 마스지드를 허물고 람 사원을 다시 세워야 한다고 주장하며 바브리 마스지드 내에 라마 신상을 설치했다. 국민회의 정부는 이 주장이 힌두와 무슬림 간 갈등을 조장한다고 여겨 람 사원 복원 운동을 금지하는 동시에 힌두민족주의자들이 설치한 라마 신상을 제거하지도 못하도록 막았다. 이슬람 성전과 힌두교 신상이 한 장소에 공존하면서 이후 바브리 마스지드는 힌두교와 이슬람교가 충돌하는 종교 갈등의 상징이 되었다.

국민회의가 주도하는 인도 정부의 규제로 인해 '아요디야 람 사원 운동'은 큰 진전을 보지 못하면서 오랜 세월이 지나갔다. 그러다 1989년 힌두민족주의 단체들이 바브리 마스지드를 허물고 람 사원을 복원해야 한다는 소송을 제기하면서 인도 내에서 종교 간 갈등이 재점화되었다. 마침 그 시기 TV에서 라마가 주인공인 〈라마야나〉가 드라마로 방영되며 매우 높은 시청률을 기록했고 이는 아요디야 람 사원 운동이 힘을 얻을 수 있는 사회적 분위기를 만들었다. BJP는 이러한 흐름에 편승해 당의 인지도와 지지율을 올리는 전략을 세웠다. 1990년 BJP의 지도부는 라마의 전차처럼 꾸민 차량을 타고 한 달 동안 전국을 순회한 후 아요디아에 도착하는 캠페인을 진행했다. 이 '전차 행진'은 가는 곳마다 화제를 뿌리며 인도 전역에서 람 사원 복원에 대한 호응을 일으켰다. 하지만 차량이 최종 목적지인 아요디아에 도착하기 전에 정부 당국이 BJP 지도부를 체포했다. 이에 격분한 힌두민족주의 지지자들이 바브리 마스지드로 몰려가 사원을 공격했고 경찰이 이를 진압하는 과정에서 12명이 사망하는 사건이 발생했다. 힌두민족주의 진영은 이 사망자들을 '순교자'라고 칭하며 인도 전역에 이들 시신의 재를 뿌리며 선동을 했고 곳곳에서 폭동이 발생했다. 당시 BJP는 국민전선 연립정부에 참여하고 있었는데 이 소요 사태를 계기로 1991년 연립정부에서 이탈했다. 이후 실시된 조기 총선에서 국민회의가 다시 집권을 했지만 사회적 혼란 속에서 크게 인기를 높인 BJP는 기존 85석에서 총선 후 119석으로 의석을 늘리는 성과를 얻었다. 또한 BJP는 우타르프라데시 주의회 선거에서 승리하며 주정부를 장악했다.

1992년에는 힌두민족주의자들이 바브리 마스지드를 습격해 파괴하는 초대형 사건이 벌어지고 말았다. 힌두민족주의 행동 조직인 '바즈랑 달'이 주도했으며 VHP와 RSS 등의 과격 힌두민족주의 단체들이 참여했다. 바브리 마스지드 파괴 후 인도 정부는 이들 단체를 불법화했으나 이듬해 불법 지정은 해제되었다. 바브리 마스지드의 관할 책임을 진 우타르프라데시 주정부는 이 사건을 '우발적 사태'라고 주장했지만 이후에 나온 증거들에 의하면 우타르프라데시 주정부의 집권당인 BJP가 사전에 이 사건에 관여한 정황이 드러났다. 그럼에도 불구하고, 이후 BJP가 '세속주의'의 대표 정당인 국민회의의 최대 라이벌로 떠오르며 인도 정치는 국민회의로 대표되는 세속주의와 BJP가 대표하는 힌두민족주의의 경쟁 구도로 재편되었다.

1990년대 힌두뜨바의 핵심 어젠다는 다섯 가지로 요약된다.

첫째, 앞에서 소개한 '아요디야 람 사원' 재건이다. 바브리 마스지드는 파괴되었으나 당시까지 그 자리에 람 사원이 세워지지 못했다. 무슬림과 힌두 간 갈등이 첨예화될 것을 우려해 인도 정부와 우타르프라데시 정부가 선뜻 재건을 허락하지 않았기 때문이다. 하지만 2017년 우타르프라데시 주의회 선거에서 BJP가 승리한 이후 아요디야 람 사원 재건을 정식으로 추진했으며, 2024년 람 사원을 완성해 세상에 공개했다.

둘째, 헌법 370조 폐지이다. 인도 헌법 370조는 잠무·카슈미르에 특별 지위를 부여하는 조항이 담겨 있다. 잠무·카슈미르는 인도에서 유일하게 무슬림 인구가 더 많은 주로, 헌법 370조는 이 지역이 독자적인 헌법을 가지고 다른 주보다 더 많은 자치권을 누리도록 허용했다. 또한 다른 지역 거주자들이 잠무·카슈미르에서 부동산을 구입할 수 없도록 막았으며, 지역 원주민들에게 취업과 장학금 등에서 특혜를 주었다. 이는 앞서 언급했듯이 애초에 인도 연방 가입을 내켜하지 않던 카슈미르를 끌어들이기 위해 네루 정부가 내민 '당근'이었다. 하지만 힌두민족주의 진영에서는 이 조항이 인도 통합을 가로막는 요인이라고 주장한다. 나라가 하나의 국민국가로 통합되려면 모든 연방이 동등해야 하며 이를 위해서는 헌법 370조를 폐지해야 한다는 것이다. 결국 2019년 BJP 소속의 모디 정부는 헌법 370조를 폐지하였고, 잠무·카슈미르는 자치주가 아닌 연방직할령으로 지위가 변화되었다.

셋째, 인도는 결혼이나 장례, 기타 가족과 관련한 일부 사적 영역에서 힌두·무슬림·시크교도가 각기 자신들만의 종교법에 따르는 것을 허용하고 있는데 힌두민족주의 진영은 이를 단일한 민법으로 통합하고자 한다. 앞서 잠무·카슈미르의 특권을 폐지한 논리의 연장선상으로서 국가가 진정으로 통합되려면 모든 국민들이 동일한 법의 적용을 받아야 한다는 것이다. 하지만 소수 세력인 무슬림들은 이러한 움직임이 결국 무슬림 고유의 전통을 파괴함으로써 인도에서 무슬림을 말살하려는 시도라고 반발한다.

넷째, 적극적 우대 조치 폐지이다. 힌두민족주의는 카스트 시스템을 자연스러운 사회 질서로 인식하며 이에 대해 국가가 인위적으로 개입하여 조정하는 것을 반대한다. 이는 사회적 약자에게 정부가 지원을 해주는 적극적 우대 조치에 대한 반대로 이어진다. 힌두민족주의는 국가가 인위적으로 하위 카스트에 우대 조치를 제공하는 것이 결국 '카스트의 정치화'라는 부작용을 만들어냈으며 인도의 통합과 발전을 가로막는다고 주장한다.

다섯째, 헌법에 '힌두 라쉬뜨라(Hindu Rashtra)'라는 개념을 삽입하는 것이다. 힌두 라쉬뜨라는 '힌두 국가'라는 의미로서 인도가 다양한 종교 정체성을 하나로 묶는 세속주의 국가가 아니라 힌두 정체성을 중심으로 통합된 민족국가가 되어야 한다는 주장이다.

이 다섯 가지 주장은 사실 하나의 명제로 통합된다. 문화적 다양성과 다원성을 인정하는 인도공화국을 중앙집권적인 힌두민족국가로 변화시키고자 하는 것이다. 인도 독립을 주도한 국민회의의 초기 지도자들은 특정한 종교적·종족적 정체성에 얽매여서는 복잡하게 갈라진 인도 내부의 선을 지울 수 없다고 여기고 다양한 커뮤니티의 공존을 모색한 반면, 힌두민족주의자들은 하나의 인도 원칙을 거부하고 파키스탄으로 분리 독립한 무슬림 사회를 인정하는 것이야말로 인도의 통합을 가로막는 선이라고 주장하며 힌두 정체성으로 모든 선을 덮어버려야 한다고 목소리를 높인다. 간디가 꿈꾸었던 인도 독립 국가의 모습과 간디를 암살한 나투람 고드세가 바라던 인도의 모습이 오늘날까지 충돌하는 셈이다.

나렌드라 모디와 힌두민족주의의 성장

힌두민족주의가 인도 정치의 주류로 성장한 데에는 나렌드라 모디(Narendra Modi)를 빼놓고 이야기할 수 없다. 2014년 인도의 총리가 된 모디는 하위 카스트 출신으로 총리까지 오른 입지전적 인물이며, 동시에 인도 사회 저변에 깔려 있는 종교 정체성의 선을 정치적으로 활용하는 데 뛰어난 감각을 보여준 포퓰리스트 정치인이기도 하다. 모디의 등장 이후 인도는 점차 폭력과 혐오가 난무한 종교 정체성의 정치로 빨려 들어갔다. 그럼에도 불구하고, 모디는 대중의 지지를 이끌어내고 잇달아 선거에서 승리하는 성과를 거두었다.

나렌드라 모디는 1950년 9월 17일 구자라트 북부의 작은 마을 바드나가르에서 태어났다. 그는 전통적으로 식용유를 짜내어 파는 모드-간치(Modh-Ghanchi) 카스트 출신으로서, 이 카스트는 1990년대 이후 하위 카스트인 OBC로 분류되었다. 하위 카스트 출신이라는 배경은 이후 모디가 대중적 인기를 누리는 데 커다란 역할을 한다. 그는 차를 끓여 파는 아버지를 도와 어렸을 때부터 손님들 시중을 들면서 마을에서 유일한 방과 후 활동이었던 RSS 유소년 조직에도 가입했다. 모디는 10대 후반 RSS 정회원이 된 이후 1972년 RSS의 전임 활동가가 되었으며 대중을 조직하고 동원하는 면에서 탁월한 능력을 인정받았다.

1987년 힌두민족주의 정당 BJP에 입당한 모디는 이후 BJP 구자라트 지구당에서 요직을 거치면서 지방선거 승리를 이끌었고, 2001년부터 2014년까지 구자라트 주총리로 장기 집권했다. 그가 구자라트 주총리로 있는 동안 인도공화국 건국 이래 최악의 반무슬림 집단 폭력이 구자라트에서 발생하면서 힌두와 무슬림 간 갈등은 인도 정치의 핵심 이슈로 떠올랐다.

인도 서부 끝에 위치한 구자라트주는 파키스탄과 국경을 맞대고 있는 만큼 힌두와 무슬림 간 갈등도 잦았다. 1990년대 이후 힌두민족주의가 성장하면서 인도 전역에서 힌두와 무슬림이 집단적으로 충돌하는 사례도 늘었다. 그러던 중 2002년 2월 27일 구자라트 동부 고드라의 열차 역에서 끔찍한 사건이 발생했다. 열차 안에는 아요디야에서 순례를 마치고 돌아오는 힌두민족주의 활동가들이 여러 명 타고 있었는데 이들 중 일부가 "아요디야 람 사원은 재건돼야 한다"는 내용의 구호를 외쳤고 이에 열차 안에 타고 있던 무슬림 승객들이 거세게 항의하면서 싸움이 일어났다. 마침 열차가 고드라역에 정차하자 열차 안의 무슬림 승객들은 역 안에 있던 다른 무슬림 상인들에게 지금 열차 내에서 일어나고 있는 상황을 알렸다. 이에 화가 난 무슬림 군중들이 열차에 돌을 던지는 등 힌두민족주의 활동가들을 공격했는데 이 과정에서 열차에 화재가 발생했다. 아직까지 구체적으로 누가 열차에 불을 질렀는지는 밝혀지지 않았으나,[31] 결과적으로 59명이 사망했고 사망자 대부분은 힌두였다. 고드라 지구 치안판사는 이에 대해 '사고'라고 언급했으나 당시 주총리였던 모디는 TV를 통해 "사전에 계획된 공격이며 특정 커뮤니티로부터의 일방적이고 집단적인 폭력"이라고 단정적으로 말했다.[32] 사태를 진정시켜야 할 주총리가 오히려 앞장서서 갈등을 부추긴 것이다. 이에 자극을 받은 힌두민족주의 단체들은 화재 사건 다음 날 구자라트 곳곳에서 무슬림 집단 거주지를 공격해 살인과 폭력, 약탈, 방화, 강간을 저질렀다. 무슬림의 가옥과 상점들이 파괴되고 모스크가 사라졌다. 이후 수 주간에 걸쳐

1만 명이 넘는 사망자가 발생했고 10만 명가량의 무슬림이 거주지에서 쫓겨나 임시 대피소 생활을 해야 했다. 심지어 폭력 사태는 구자라트를 넘어 인도의 다른 지역으로까지 번졌다.

상황이 악화되자 BJP 안팎에서 모디 주총리에 대한 비판이 일었다. 하지만 모디는 사과하기를 거부했으며 대신 사퇴 의사를 밝혔다. BJP 중앙당 지도부 내에서는 모디의 사임을 두고 의견이 갈렸으나, 모디의 강경한 태도가 당내 극우파와 구자라트 지역 내 힌두들에게 점차 지지를 얻으면서 그를 옹호하는 목소리가 높아졌다. 이에 2002년 7월 19일 모디는 주의회를 해산하고 조기 선거를 실시하는 승부수를 던졌다. 유권자들에게 주총리로서 재신임을 물은 것이다. 모디는 '고드라 열차 화재 사건 배후에 파키스탄이 있다'는 주장을 담은 반무슬림 캠페인을 선거 전략으로 삼았다. 이를 통해 구자라트 주민들에게 이슬람 공포증을 부추겨 반사 이익을 보려 한 것인데 실제 선거에서 상당한 효과를 거둔 것으로 평가된다.

주의회 선거에서 BJP는 50%가량 득표하며 승리했다. 주의회에서 BJP의 의석은 기존 117석에서 선거 후 126석으로 늘었다. 모디는 2002년 구자라트 사태에 대해 끝까지 어떠한 애도나 사과도 표하지 않았다. 모디에 대해 '무책임하다'고 비판하는 목소리도 높았으나 오히려 그를 카리스마적인 지도자로 여기는 이들도 늘어났다. 2002년의 비극을 통해 '스트롱맨'의 이미지를 획득한 모디는 이후 전략적으로 변신을 꾀했다. 구자라트 사태 이후 무슬림을 자극하는 공격적인 발언을 자제하는 대신 힌두교의 종교 의식에 공개적으로 참석하고 힌두 전통문화 보존 운동에 앞장서는 등 온건하지만 힌두 정체성이 뚜렷한 대중 정치인 이미지를 부각시킨 것이다.

나렌드라 모디의 '선 긋기' 전략이 대중들에게 먹혀든 데에는 1990년대 이후 인도에서 이슬람 테러리즘이 급증한 것과 관련이 있다. 1979년 소련이 아프가니스탄을 침공하자 세계 각지의 이슬람권에서 청년들이 '소련에 맞서 아프간의 무슬림 형제들을 돕자'며 아프간 민병대에 자원 입대했다. 이들을 '지하드(Jihad, 성전)에 참전한 전사'라는 의미에서 '무자헤딘(Mujahedin)'이라고 부르는데 파키스탄 국적의 무자헤딘들도 포함되어 있었다. 소련이 물러간 후 파키스탄 출신의 무자헤딘들은 고국으로 돌아와서 급진 이슬람주의 무장 조직을 결성하고 카슈미르의 무슬림을 해방시키기 위한 새로운 지하드를 시작했다. 이들의 주공격 목표는 인도였다. 1990년대에는 이들의 테러리즘이 대부분 잠무·카슈미르 지역에 집중되었으나, 2000년대 들어서 인도 내륙 깊숙이 들어와 대도시들에서 테러 공격을 벌였다. 특히 2000년 12월에 델리 폭탄 테러 사건에 이어, 2001년 12월에 이슬람주의 테러리스트들의 인도 국회의사당 침투 사건이 벌어지면서 인도인들의 안보 불안감과 무슬림에 대한 적대감이 크게 높아져 있었다. 2002년 구자라트주에서 무슬림에 대한 집단 폭력과 학살이 벌어진 것은 이러한 시대적 배경에 기인한다. 그리고 모디는 선거에서 이슬람 공포증과 파키스탄에 대한 적대감을 극대화시키는 전략을 구사함으로써 다수 대중들의 불안감을 자극해 표를 끌어모으는 데 성공했다. 이 과정에서 BJP는 힌두 정체성을 대변하는 정당으로서 이미지를 획득했고 모디는 구자라트뿐만 아니라 인도 전역에서 인지도가 높아졌다. 이처럼 종교 갈등이 첨예화되자 하위 카스트인 OBC들 가운데 힌두 정체성을 내건 BJP에 투표하는 이들이 늘어났다. 서서히 인도 정치권에서 카스트 이슈가 묻히고 '종교 갈등'이 부각되었다.

그러나 모디의 전략은 한계가 분명했다. BJP는 1999년 힌두민족주의 정당으로서는 최초로 인도의 집권당이 되었다. 당시 파키스탄과의 카르길(Kargil) 전쟁[33]이 벌어진 직후에 총선이 치러지면서 반파키스탄 및 이슬람 공포증을 내세운 BJP의 대중적 인기가 올라간 덕분이었다. 하지만 여전히 BJP의 영향력은 제한적이었고 이에 다른 정당들과 NDA(National Democratic Alliance, 전국민주동맹)라는 정치 동맹을 맺어 선거에서 승리했다. BJP 지도부는 동맹 유지를 위해서 집권 후에도 힌두민족주의의 색깔을 강하게 드러내지 않았다. 이러한 상황에서 2002년 구자라트 사태가 발생하고 종교 정체성 간 갈등이 부각되면서 세속주의 인도를 지지하는 유권자들 사이에서 BJP에 대한 비판의 목소리가 커졌다. 결국 2004년 총선에서 BJP가 패배했는데 당시 BJP의 지도자였던 바즈파이(Atal Bihari Vajpayee) 총리는 구자라트 폭동과 모디에게 일정 부분 패배의 책임이 있다고 주장했다.[34]

그런데 모디가 구자라트주에서 장기 집권한 배경을 단지 '선 긋기' 전략의 성공으로만 치부할 수는 없다. 구자라트에서 경제적 성과가 뒷받침되었기에 정치적 성공도 가능했다는 것이 올바른 평가이다. 모디가 주총리로 임직하는 12년 동안 구자라트주는 매년 8~14%의 높은 경제 성장률을 기록했다. 같은 기간 인도의 경제 성장률이 4~9% 수준을 오간 것에 비하면 두 배가량 높은 실적이다. 모디는 과감하게 친기업적 규제 완화 정책을 폈다. 빠른 의사 결정, 간소화된 절차, 비밀 거래 등 모디의 정책 결정 방식은 투자자들에게 호평을 받았다. 또한 그는 구자라트 특별 경제구역을 지정하고 에너지-석유화학 부문의 대규모 투자를 유치함으로써 구자라트 경제가 견실하게 성장할 수 있는 길을 마련했다.

모디는 저소득층이나 사회적 약자에 대한 직접적 지원보다는 기업과 자본을 유치해 그 낙수효과가 사회 전반에 미치도록 하는 편이 낫다고 여겼다. 기본적으로 이러한 사고방식은 힌두민족주의 세계관과 통한다. 앞에서도 언급했듯이 힌두민족주의 세계관에서는 국가가 하위 카스트를 지원하는 제도에 반대한다. 능력에 기반한 자연스러운 사회 질서인 카스트를 국가가 인위적으로 망가뜨린다는 것이다. 이러한 관념은 자유 시장과 최소 국가를 지향하는 신자유주의 경제 정책과 유사성이 많다. 모디의 경제 정책 역시 신자유주의 경제 정책과 매우 닮아 있다.

인도에서 힌두민족주의가 성장할 수 있었던 바탕에는 2000년대 인도의 경제 성장도 한몫했다. 높은 경제 성장은 인도 전국적으로 급격한 도시화 현상을 촉진했고, 이에 따라 일자리를 찾아 도시로 떠나는 농촌 출신 OBC 청년들이 크게 늘었다. 도시의 문화는 이들의 정체성을 뒤흔들었다. 농촌에서 중요시되던 카스트 정체성은 도시에서 불편하고 낡은 것이 되었다. 새롭게 도시로 이주한 OBC들은 하위 카스트의 정체성을 버리고 도시 중산층의 삶을 욕망했다. 모디는 이들을 '신중산층(neo middle class)'이라고 불렀다.[35]

신분 상승 욕구가 큰 신중산층은 경제적으로는 넉넉하지 못함에도 불구하고 상위 카스트를 모방하고자 하는 심리가 강했다. 도시로 이주한 OBC들이 정치적으로 보수화된 것이다. 또한 여러 도시에서 힌두와 무슬림 간에는 일자리를 놓고 경쟁이 벌어졌는데 이는 자연스레 신중산층 힌두들 사이에서 반무슬림 정서가 성장하는 토대가 되었다. 신중산층은 대부분 젊은 세대였기에 SNS와 소셜미디어에 익숙했다. 이들의 보수화와 힌두 정체성 강화는 인도에서 SNS를 통해 반무슬림 정서가 급속히 확산하는 계기가 됐다.

나렌드라 모디는 2014년 총선에서 구자라트 주총리직을 사임하고 BJP 중앙당의 간판으로 선거에 나서게 된다. 모디는 다른 정당과 연합하기 위해 온건 노선을 택해 왔던 그간의 BJP 전략을 버리고 급진적 힌두민족주의를 강조하는 선거 운동을 전개했다. 구자라트주에서 모디가 성공했던 '선 긋기' 전략을 전국 단위 총선으로 가져와 대중들에게 이슬람 공포증과 반무슬림 정서를 조장한 것이다. 2011년 인구 총조사에서 인도의 힌두 인구는 79.8%인 반면 무슬림 인구는 14.2%에 머물렀다.[36] 절대 다수인 힌두가 종교 정체성으로 결집한다면 승산은 BJP에게 있을 것이란 계산이었다. 또한 구자라트에서 모디가 이룩한 경제 성과도 적극적으로 홍보했다. 구자라트의 경제를 일으킨 모디가 인도의 총리가 된다면 인도의 경제 역시 크게 성장할 것이라며 유권자들의 표심을 공략했다. 그 결과 BJP는 하원 총 의석 534석 가운데 282석을 얻어 단독 과반을 차지하는 데 성공했다. 이는 1984년 총선 이래 특정 정당이 단독으로 과반 의석을 차지한 적이 없었다는 사실을 떠올리면 더욱 놀랍다. 힌두민족주의의 열풍은 지방선거에도 이어졌다. 2014년부터 2018년 기간 중 총 28개 주 가운데 20개 주의 선거에서 BJP가 주도하는 정당 연합이 승리했다.[37] 과거 세속주의 정당인 인도국민회의가 누리던 헤게모니 정당의 지위를 이제 힌두민족주의 정당인 BJP가 차지하게 되었다.

모디의 '선 긋기'가 인도 전국적으로 위력을 발휘한 데에는 2000년대 내내 인도를 뜨겁게 달궜던 급진 이슬람주의 무장 조직들의 테러리즘이 커다란 영향을 미쳤다. 테러 공격을 벌인 이슬람주의 조직들은 대부분 파키스탄에 근거지를 두었기에 인도인들 사이에 파키스탄에 대한 혐오와 반감은 더욱 커졌다. 모디는 대중의 이러한 불안감을 파고드는 데 성공했다. 이 시기 대표적인 테러리즘 사례가 2006년 7월 뭄바이 열차 테러 사건이다. 200여 명의 사망자가 발생한 인도 최악의 테러 공격으로 파키스탄에서 훈련받은 '라쉬카레 타이바(LeT, Lashkar-e-Taiba)' 조직원들이 인도로 침투해서 벌인 사건이다. 이 사건에 연루된 인도 무슬림 가운데 일부는 인도 내 이슬람주의 학생운동단체 SIMI(Student Islamic Movement of India) 소속도 있었다. 인도 언론은 파키스탄과 인도 내부의 무슬림이 공조해서 테러를 벌였다고 대대적인 보도를 했다. 2008년 11월의 뭄바이 테러 사건도 인도를 떠들썩하게 만들었다. 20명의 LeT 조직원들로 이뤄진 테러리스트들이 뭄바이에 침투해 호텔, 기차역, 카페 등지에서 50시간 넘게 총격전과 인질극을 벌이며 인도 군경과 대치하면서 총 172명이 사망했다. 2000년대 내내 인도 곳곳에서 테러 공격이 발생했으며 이로 인해 민간인과 군인·경찰을 합쳐 매년 1천 명 이상의 사망자가 나올 정도로 인도는 이슬람주의 테러리즘에 골머리를 앓았다. 이러한 사회적 분위기가 힌두민족주의 성장에 자양분이 되었음은 두말할 나위가 없다.

  모디 정부가 집권하자 힌두민족주의 운동은 더욱 활발해졌다. 문제는 인도 사회에서 힌두민족주의가 추구하는 이러한 활동이 폭력을 수반한다는 점이다. 힌두민족주의 자경단들은 체계적으로 폭력을 동원했다. 주로 무슬림이 공격 대상이지만 기독교 선교사들에 대한 공격도 적지 않다. 특히 바즈랑 달(Bajrang Dal)은 삼지창, 칼, 권총 등으로 무장하고 국내 이슈에 개입해 폭동을 일으키는 일이 빈번했다. 힌두민족주의 자경단들은 인도의 예술가들도 탄압했는데 힌두 문화를 모욕하거나 힌두민족주의에 대해 비판하는 예술가들을 찾아가 폭력을 행사하여 이들의 활동을 위축시켰다.[38]

모디 정부 1기(2014~2019)의 약점은 경제에 있었다. 구자라트에서의 빼어난 경제 실적이 모디 집권의 중요한 배경이었기에 인도 국민들은 모디 정부의 경제 실적에 큰 기대를 걸었다. 하지만 2016년 모디 정부는 인도의 최고액권인 1000루피와 500루피 화폐 사용을 금지한다는 방침을 전격 발표했다. 지하자금을 양성화하고 지폐 유통 대신 전자상거래를 활성화하는 것을 목표로 내세웠으나 은행 계좌도 없는 인도의 빈곤층은 심각한 타격을 입었으며 인도 경제도 위축되었다. 이후 다음 총선이 있는 2019년까지 인도의 경제 성장률은 내리막길을 걸었다.[39] 모디 재선에 빨간불이 켜진 것인데, 이 시점에서 모디는 또다시 파키스탄과의 안보 이슈를 크게 부각시킨다.

2019년 2월 14일 파키스탄에 베이스를 둔 이슬람 지하드 조직 자이쉬 무함마드(JeM, Jaish-e-Mohammad, 무함마드의 군대)[40]가 잠무·카슈미르의 풀와마 지역에서 인도 경찰을 태운 차량 행렬을 겨냥한 자살 폭탄 테러를 자행했다. 이 테러 공격으로 41명이 사망했다. 이에 모디는 즉각 초강경 대응에 나섰다. 파키스탄 수입품에 보복 관세 200%를 물리겠다고 발표했으며 인도 공군은 파키스탄령 카슈미르를 대대적으로 폭격했다. 인도의 파키스탄 공습은 1971년 이후 이때가 처음이었다. 사실 JeM은 공식적으로 파키스탄 정부와 아무런 관련이 없는 이슬람주의 민병대 조직이다. 파키스탄 정부가 이들을 적극적으로 단속하지 않고 활동을 묵인한다는 비난이 제기되고 있었으나 이렇게 파키스탄 영토를 즉각 공격하는 것은 상식 밖의 대응이었다. 인도와 파키스탄 모두 핵무기 보유국이기에 공습은 자칫 참혹한 충돌로 이어질 수도 있는 무리수였기 때문이다. 하지만 인도 국민들은 모디 정부의 단호하고 일방적인 군사적 대응에 열광했고 모디는 '인도의 수호자'라는 강력한 이미지를 구축했다. 모디는 이를 총선 승리의 기회로 낚아챘다. 인도군의 승리를 적극적으로 홍보하는 한편 각종 선거 유세 때마다 이 '전쟁'을 거론했다. 그는 새로 투표권을 얻은 젊은이들에게 "당신의 첫 투표를 파키스탄을 공습한 공군과 그곳에서 순교한 파일럿에게 바치라"고 외쳤다.[41] 그 결과 2019년 총선은 2014년의 성적을 뛰어넘는 BJP의 압승이었다. BJP는 하원의석 총 543석 가운데 303석을 차지하면서 단독 과반을 달성했다. 반면 왕년에 인도를 좌지우지하던 국민회의는 52석의 초라한 성적에 그쳤다.

모디는 이러한 성공의 여세를 몰아 2019년 8월 힌두민족주의 진영의 숙원이었던 '헌법 370조 폐지'를 전격 실시한다. 인도 헌법 370조는 국방·외교 등을 제외한 영역에서 잠무·카슈미르 지역에 높은 수준의 자치권을 부여한 조항이다. 하지만 헌법에 '임시조항'임을 명시해 대통령령으로 개정·폐지가 가능하게 했다. 모디가 헌법 370조를 폐지함으로써 잠무·카슈미르는 이제 인도 중앙정부가 직접 통치하는 영토가 되었다. 이 조치는 인도를 '힌두 라쉬뜨라'로 만들어야 한다는 힌두뜨바의 목표에 한걸음 다가선 것으로 평가된다. 의회에서 압도적인 다수 의석을 차지한 자신감이 모디에게 힌두뜨바 정체성을 본격적으로 드러내는 계기로 작용했다고 볼 수 있다. 그러나 부작용도 만만치 않다. 잠무·카슈미르 원주민들은 모디 정부가 비무슬림 인구의 이주를 유도해 무슬림이 다수인 잠무·카슈미르의 인구 구조와 정체성을 바꾸려 한다고 비판한다. 그리고 급진 이슬람주의 단체들은 카슈미르를 중동의 팔레스타인 지역과 마찬가지로 무슬림들이 이교도들에게 부당한 억압을 당하는 지역으로 규정하고 해방 투쟁에 나설 것을 선언하고 있다. 2021년 아프가니스탄을 재장악한 탈레반은 감옥에 갇혀 있던 JeM이나 LeT와 같은 급진 이슬람주의 조직원들을 대부분 석방한 것으로 알려졌다. JeM이나 LeT는 카슈미르 해방을 위한 지하드를 전개하는 무장 조직이라서 이 지역의 긴장감은 계속 높아지고 있다.

2019년부터 시작된 모디 정부 2기의 힌두뜨바 정체성이 가장 극명하게 드러난 이슈는 '시민권법 개정안'이다. 2019년 12월 BJP가 장악하고 있는 의회는 정부가 추진하는 시민권법 개정안을 통과시켰다. 인도에 인접해 있는 3개국(파키스탄, 방글라데시, 아프가니스탄) 출신 불법 이주민에게 인도 시민권을 부여하겠다는 파격적인 내용이었다. 다만 시민권 부여는 모든 불법 이주민이 아니라 힌두, 시크, 자이나, 불교, 기독교, 파르시에 해당하는 불법 이주민에게만 적용된다. 무슬림 불법 이주민들은 시민권 부여 대상에서 제외되었다. 종교적 박해를 받는 소수 집단이 박해를 피해 인도로 넘어온 경우 이를 인도주의적으로 보호하겠다는 것이 명분이었는데, 적용 대상이 되는 파키스탄, 방글라데시, 아프가니스탄은 이슬람이 다수인 국가이기에 종교적 박해를 받는 소수 집단에 무슬림은 해당하지 않는다는 것이 인도 정부의 입장이었다. 하지만 인도의 무슬림들은 이 법안이 인도에서 무슬림을 배제하기 위한 단초라고 여겼다. 이에 무슬림 집단이 주도하는 시민권법 개정안 반대 시위가 인도 전역에서 대대적으로 일어났다. 치안 당국은 이 시위를 강경 진압했다. 우타르프라데시에서는 시위대의 발포로 6명이 사망하기도 했다. 인도의 내무부 장관인 아미트 샤(Amit Shah)는 "인도 국내 무슬림은 걱정할 필요 없다"며 민심을 달래려 했지만 반대 시위는 수그러들지 않았다. 그럼에도 불구하고 2020년 1월 10일 시민권법 개정안은 발효되었다.

건국 이후 인도 시민권은 출생지주의(jus soli)를 원칙으로 했다. '인도 땅에서 태어나면 인도인'이라는 개념이다. 하지만 이 원칙이 시간이 흐르면서 점차 '부모의 국적을 자녀도 이어받는다'는 혈통주의(jus sanguinis)로 바뀌어갔다. 이는 1971년 방글라데시 건국이 변화의 분기점이 된다. 아쌈 지역에 무슬림 불법 이주민이 늘어나자 인도 정부는 방글라데시가 건국한 1971년 이후의 이주민들에게는 시민권 신청 자격을 부여하지 않는 방향으로 정책을 개정했다. 2004년 BJP 소속의 바즈파이 정부에서는 인도에서 태어났어도 부모가 불법 이주민이면 그 자녀는 시민권 자격이 없는 반면 파키스탄 시민권자여도 힌두는 불법 이주민이 아니라는 내용의 시민권법을 통과시켰다. 인도의 시민권법에 혈통주의와 더불어 종교-종족 개념이 도입되는 방향으로 바뀌어간 것이다. 그리고 2019년 모디 정부 주도하에 통과된 시민권법 개정안은 무슬림을 적극적으로 배제하면서 힌두 정체성을 보다 뚜렷이 드러낸 것이다.

모디 정부의 시민권법 개정안에 대해서는 여러 비판이 존재한다. 특히 박해받는 소수 집단을 보호하겠다는 명분이 무슬림을 배제하는 이유가 될 수 없다는 주장이 가장 강력한 반박이다. 무슬림은 하나의 종파가 아니며 무슬림 가운데에도 박해받는 소수파가 존재한다. 파키스탄에서는 아흐마디야파(Ahmadiyya)가 대표적인 소수 종파이다. 이들은 펀자브 지역에 주로 거주하는 이슬람 소수 종파로서 메시아 사상을 따르는데, 파키스탄에서 가장 영향력 있는 데오반드파(Deobandi) 계열 이슬람주의 단체들이 아흐마디야파에게 폭력을 행사한 여러 사례들이 있다. 아프가니스탄에서는 탈레반이 시아파를 탄압했다. 특히 시아파 소수 집단이자 몽골계 인종인 하자라인들은 집단 학살을 경험할 정도로 심각한 박해를 받았다. 하지만 모디 정부는 이들을 시민권 부여 대상에서 제외했다.

이 갈등은 델리 폭동으로 이어졌다. 모디 정부의 시민권법 개정안 이슈가 사회적 갈등을 촉발하는 와중인 2020년 2월 8일 델리에서 선거가 치러졌다. 델리 인구의 29%가 무슬림이었는데 시민권법 개정안 갈등이 무슬림들과 세속주의를 지지하는 이들을 결집시켰고 그 결과 BJP가 총 70석 중에 고작 8석을 얻으며 참패했다. 반면 리버럴 사회주의를 표방한 야당 AAP(Aam Aadmi Party, 보통사람당)가 62석을 석권하는 기염을 토했다.

　델리 선거 이후인 2020년 2월 23일, 선거에서 탈락한 BJP 소속 정치인 카필 미슈라(Kapil Mishra)가 힌두민족주의 자경단을 이끌고 델리 북동부 지역에서 시민권법 반대 시위를 벌이는 군중들 앞에 나타났다. 그는 시위대를 막고 있는 경찰들을 향해 최후 통첩을 했다. "도로를 막고 있는 시위대를 경찰들이 당장 해산시키지 않는다면 우리가 직접 해산시키겠다." 시위대의 대부분은 여성이었는데 카필 미슈라의 최후 통첩 이후 힌두민족주의 자경단원들은 시위대를 공격했다. 이후 4일 동안 수천 명의 힌두가 델리 동부 지역에서 무슬림을 공격했다. 무단 침입과 폭행이 자행됐으며 방화로 6백여 채의 건물에 화재가 발생했다. 모스크를 약탈하고 방화했으며 이슬람 교육 기관인 마드라사(madrasah)를 파괴했다. 상점이 부서지고 약탈이 일어났으나 힌두가 운영하는 상점에는 손을 대지 않았다. 하지만 경찰들은 폭동을 방관했으며 무슬림에 대한 구조 활동에도 소극적이었다. 힌두의 공격에 맞서 무슬림이 저항하자 경찰이 충돌을 막는다며 개입했으나 최루탄은 무슬림 군중을 향해서만 발사되었다. 사망자들은 총에 맞거나, 칼에 찔리거나, 불에 타서 죽었다. 53명이 사망했고 200명 이상이 다쳤는데 사망자 가운데는 15명의 비무슬림도 포함되어 있다. 이 폭동이 일어난 이후 많은 무슬림들이 쫓기듯 이 지역을 떠났다.

　10년간에 걸친 모디 정부의 성과에 대해 인도 국민들의 평가가 호의적인 것만은 아니다. 2024년 총선에서 BJP가 이끄는 정당

연합은 전체 하원 의석수인 543석의 과반을 가까스로 넘는 293석에 그쳤다. 지난 총선에서 단독 과반을 달성했던 BJP의 의석은 240석으로 주저앉았다. 인도의 높은 실업률과 종교 갈라치기에 대한 반감 등이 모디 정부 지지율 하락의 주요인으로 꼽힌다. 또한 모디 정부가 하위 카스트에 대한 지원 정책에 부정적인 입장을 가지고 있다는 야당의 선전도 유권자들의 표심을 자극했다. BJP가 지속적으로 추진해 온 '선 긋기' 전략에 대한 비판의 목소리도 계속 커지는 중이다. 종족적 선 위에 카스트 정체성의 선과 종교 정체성의 선이 복잡하게 그어진 인도의 정치가 어떠한 방향으로 흐르느냐는 대국으로 부상하고 있는 인도가 나아가는 방향을 결정할 것이다.

⋮

파키스탄 건국 운동은
'우리는 왜 인도가 아닌가'라는 질문으로부터 시작됐다.
그리고 이 질문에 대해 '우리는 힌두가 주도하는 세속국가 인도와는 달리
이슬람을 따르는 국가이다'라는 답변의 실체가 바로 파키스탄이다.
따라서 파키스탄은 태생적으로 이슬람과 떼려야 뗄 수 없는 관계다.
파키스탄의 정식 명칭이 '파키스탄이슬람공화국'인 이유다.
하지만 건국 이후 파키스탄의 정치는 이슬람의 법과 가르침을 따르는 것이 아니라
지주 엘리트층과 군부, 그리고 관료들이 결탁해
자신들의 이익을 수호하는 행태를 보였다.

Pakistan

Chapter 2
파키스탄
'국민 만들기'라는 대지진과 계속되는 여진

파키스탄은 인도와 똑같이 무굴제국의 일부였고 영국의 식민 지배를 받았으며 영국 통치 시기에 지방자치제가 도입되었다. 그런데 왜 인도는 민주주의를 유지한 데 반해 파키스탄은 독재 정치로 흘러갔을까.

인도는 독립운동과 건국 과정에서 강력한 주도 세력이 있었다. 국민회의는 풀뿌리 조직까지 갖춘 대중 운동 조직으로 성장했으며 이들이 건국 이후에도 장기간 민주적 절차를 통해 집권함으로써 건국 이념과 헌정 질서를 안정시킬 수 있었다. 따라서 중간에 군부가 쿠데타를 일으킬 만한 명분과 기회가 주어지지 않았다.

반면 파키스탄 건국을 이끈 무슬림연맹은 대중 기반이 허약한 엘리트 조직이었다. 지역 명사들과 타협을 통해 권력을 잡고 건국했는데, 무슬림연맹의 핵심이자 파키스탄 건국을 이끌었던 무함마드 알리 진나가 건국 1년여 만에 세상을 떠나고 그 뒤를 이었던 무슬림연맹 지도자들도 암살당하는 등 지도부의 공백이 발생하면서 신생 정부를 이끌 구심점이 사라졌다. 이 공백을 틈타 군부 쿠데타를 통해 집권한 아유브 칸이 정국을 주도하면서 파키스탄의 민주주의는 위기에 빠졌다.

파키스탄은 '힌두가 주도하는 인도'에 대한 무슬림의 반작용으로 세워진 국가이다. 영국령 인도제국의 북서부에 파키스탄을 건국한다는 아이디어는 무슬림연맹을 주도하는 지식인들 사이에서 유행했지만 해당 지역의 평범한 농민들은 파키스탄이라는 신생 국가에 대한 소속감이 별로 없었다. 그래서 무슬림연맹 지도자들은 각 지역의 지주들과 결탁해 해당 지역민들의 민심을 포섭하려 했다. 이 과정에서 파키스탄의 건국 주도 세력은 보수적 상층부 연합 성격을 띠게 되었고, 파키스탄의 정치는 시작부터 패트론-클라이언트 관계에 발목을 잡히고 말았다.

또한 신생 국가 파키스탄이 다양한 종족을 포괄하는 만큼 국가를 대표할 언어를 지정하는 작업도 민감한 문제였다. 파키스탄 정부는 특정 지역 언어 대신 이슬람 언어로 자리 잡은 우르두어를 공용어로 채택했다. 하지만 파슈툰족이나 동벵갈 지역 사람들은 우르두어에 반감을 드러냈고 이는 훗날 동파키스탄이 방글라데시로 분리해 나가는 단초가 되었다.

건국 초기부터 파키스탄 정부를 주도한 인사들은 서파키스탄 출신이었다. 특히 아유브 칸 정권은 서파키스탄 주도의 정치에 반감을 드러내는 동파키스탄 인사들에 대한 탄압을 서슴지 않았다. 동파키스탄의 주류인 벵갈인들은 아유브 정권의 정치적·경제적 차별에 저항했다. 벵갈 민족주의는 결국 분리주의 운동으로 이어졌다. 파키스탄 정부는 군을 투입해 이를 무력 진압하려 했으나 벵갈인들은 민병대를 조직해 서파키스탄군에 맞섰다. 여기에 인도가 개입하면서 사태는 전쟁으로 치달았고, 결국 인도와 동벵갈 민병대가 승리하면서 동파키스탄은 파키스탄에서 분리해 방글라데시를 건국했다.

파키스탄 군부 정권은 전쟁의 패배로 궁지에 몰렸고 이에 줄피카르 알리 부토가 이끄는 민간 정권이 들어섰다. 하지만 부토 정권의 사회주의적 개혁 정책에 대해 이슬람계와 보수 세력이 반발했고, 이 불만을 감지한 지아 울 하크 장군이 다시 쿠데타를 일으켜 집권했다. 지아 정권은 강력한 독재 정치를 실시했으며 11년 집권 기간에 파키스탄은 빠르게 이슬람화했다.

지아 울 하크 정권은 갑작스러운 비행기 사고로 막을 내렸고, 1988년 파키스탄에서 민주주의 제도가 복원되었다. 하지만 민주주의 정치는 부토 가문과 샤리프 가문의 라이벌 경쟁으로 추락했다. 1999년 합참의장 무샤라프가 쿠데타를 일으켜 또다시 군부 정권이 수립되고 민주주의가 중단되었다. 파키스탄 국민들은 민주주의 회복을 위해 강력한 시위를 벌였고 결국 2008년 총선이 치러지면서 다시 민간 정치로 복귀했다. 그러나 파키스탄의 정치는 또다시 소수의 정치 가문들이 주도하게 되었고, 파키스탄의 뿌리 깊은 후견주의가 기승을 부리면서 사회의 발전을 가로막고 있다. 또한 외형상 정치권에서 물러난 군부가 강력한 경제적 이권을 장악한 상태로 파키스탄에서 거대한 기득권 세력의 한 축을 형성하고 있어 이 역시 민주주의 발전의 장애물로 평가된다.

건국 이전의 인도 무슬림 역사

인도가 힌두-불교 문명의 본거지라는 이미지와는 별개로 인도아대륙은 역사적으로 이슬람 왕조의 무대이기도 했다. 8세기에 우마이야 왕조가 인도의 신드 지역까지 이미 세력을 확장한 바 있으나, 본격적으로 인도아대륙이 이슬람 국가의 영향권에 들어간 것은 12세기 후반 아프가니스탄 고르 왕조의 북인도 정복이 시작이다. 이 시기에 고르 왕조는 현재 파키스탄 지역 북부부터 인도 북부를 거쳐 방글라데시 일부 지역까지 자국의 영토에 병합시켰다. 하지만 인도아대륙 내에 근거지를 둔 인도 이슬람 왕조의 시작은 13세기 초 고르 왕조를 꺾고 북인도 지역을 차지한 맘루크 왕조로부터 시작된다. 맘루크 왕조 이후 약 200년간 인도 북부의 델리를 중심으로 이슬람 왕조들이 흥망을 거듭했는데, 이를 통틀어 '델리 술탄국(Delhi Sultanate, 1206~1526)'이라 한다. 이후 1526년 중앙아시아 유목계 혈통인 바부르(Babur, 1483~1530)가 아그라에 무굴제국을 세우면서 인도 역사의 새로운 장이 펼쳐진다. 이슬람 왕조인 무굴제국은 18세기 초 아우랑제브(Aurangzeb, 1618~1707) 황제가 세상을 떠나자 형제간 승계 분쟁이 치열해졌고, 이때 힌두계의 마라타 왕국이 인도아대륙 대부분을 정복하기에 이른다. 대제국의 위용을 뽐내던 무굴제국은 결국 1857년 일어난 세포이항쟁이 실패로 끝나면서 막을 내렸다. 이와 더불어 약 650년간 인도아대륙에 존재했던 이슬람 왕조는 역사

속으로 사라졌다.

앞 장에서 무굴제국의 중앙집권적 능력을 설명하면서 언급한 내용들은 인도뿐만 아니라 파키스탄에도 그대로 적용된다. 파키스탄도 중앙집권적 국가에 대한 경험이 별로 없다. 인도아대륙 북부에 자리 잡았던 이슬람 제국들은 인도의 힌두 제국에 비해 상대적으로 왕권이 발달했으며 관료 조직이 잘 갖춰져 있었다. 그러나 칸(황제)-나와브-자민다르로 이어지는 사회 지배구조가 체계적으로 발달하지 못하고, 나와브와 자민다르가 자율적인 권력을 행사하면서 국가의 중앙집권 능력을 저해했다는 점에서는 파키스탄도 인도와 크게 다를 바 없다.

세포이항쟁 이후 영국은 이전까지 동인도회사를 통해 인도를 통치하던 방식을 바꿔 무굴제국의 황제를 폐하고 영국 여왕이 직접 지배하는 체제로 전환한다. 그 이전 약 500년간 인도아대륙의 주인이었던 무굴제국하에서는 인구가 적은 무슬림이 통치하고 가장 인구가 많았던 힌두들은 지배를 당하는 신세였다. 하지만 영국령 인도제국은 이 모든 상황을 반전시켰다. 영국은 넓은 인도아대륙을 효율적으로 다스리기 위해 분할 지배 전략을 구사했다. 무굴제국의 지배층이었던 무슬림보다 피지배층이었던 힌두를 우대하면서 교묘히 종교를 매개로 한 종족 집단 간 갈등을 유도한 것이다. 특히 무슬림들은 그들 스스로가 영국에 대해 배타적이었다.

무굴제국에서 누리던 기득권을 빼앗은 영국이 달갑지 않았던 무슬림 지도자들은 영국을 통해 들어오는 유럽의 문화와 문물을 배척했다. 중동의 이슬람 제국과 오랫동안 싸워온 유럽 기독교 문명권의 영국도 선입견을 가지고 인도 무슬림들을 경계했다. 일례로, 세포이항쟁 당시 인도의 무슬림과 힌두는 함께 반영 투쟁에 나섰으나, 영국은 델리에서만 2만7,000명의 무슬림을 처형하는 등 진압 과정에서 유독 무슬림에게 가혹했다.

　세포이항쟁이 좌절되고 영국의 전면적인 인도 지배가 시작되면서 1858년 이후 인도에는 민족주의 운동이 거세게 일어났다. 인도의 민족주의 운동은 서구 민족주의로부터 영향을 받은 힌두 지식인들이 주로 이끌었다. 하지만 세포이항쟁 이후 무슬림 사회에도 각성이 일기 시작했다. 인도 이슬람의 개혁을 주도한 가장 대표적인 인물은 사이드 아흐마드 칸(Syed Ahmad Khan, 1817~1898)이다. 그는 서구 문화와 사상으로부터 큰 영향을 받은 모더니스트였는데 알리가르 대학[42]의 설립이 주요 업적으로 꼽힌다. 알리가르 대학은 1875년 우타르프라데시주 알리가르에 설립한 무슬림 교육 기관으로 설립 직후부터 전통적 이슬람 커리큘럼을 배제하고 옥스퍼드 대학과 케임브리지 대학을 벤치마킹한 서구 스타일의 근대적 대학을 지향했다. 알리가르가 배출한 졸업생들과 이 대학을 거친 교수들은 정치, 언론, 문학, 사업 등 여러 분야에서 두각을 나타내며 인도 모더니스트 무슬림의 주류를 형성했으며 훗날 파키스탄 건국 운동의 주역이 된다. 하지만 알리가르 대학은 인도 영토 내에 위치한 관계로 인도-파키스탄 분리 이후에 힌두민족주의자들로부터 꾸준히 견제와 공격을 당했다.

사이드 아흐마드 칸은 국민회의에 반대하는 입장이었다. 국민회의가 인도의 자치와 독립운동을 주도하도록 놔둔다면 독립 이후 소수인 무슬림들이 다수인 힌두에게 밀려 불이익을 받을 것이라는 우려 때문이었다. 사이드 아흐마드 칸이 사망한 이후에도 모더니스트 무슬림들 사이에서는 소수 집단이 된 무슬림의 지위에 대한 불안감이 커졌다. 이에 무슬림을 대변하는 기구를 만들자는 의견이 대두됐고 그 결과로 무슬림연맹이 탄생했다.

무슬림연맹이 결성된 결정적 계기는 1905년 영국 총독부가 발표한 벵갈 분할령이다. 국민회의는 벵갈 분할령에 반대하는 강력한 대중 운동을 일으켰다. 외형상 힌두와 무슬림이 함께 손을 잡고 운동을 이끌었지만, 무슬림 출신 민족주의자들은 힌두가 다수인 국민회의 내에서 무슬림의 발언권과 영향력을 키우는 데 한계가 있음을 깨달았다. 이에 1906년 동벵갈의 다카에서 무슬림을 대표할 기구인 무슬림연맹을 발족시킨 것이다.

인도의 무슬림들 가운데 모더니스트들만 반영 대중 운동에 뛰어든 것은 아니었다. 전통 이슬람 법학자인 '울라마(Ulama)'들 역시 점차 목소리를 키웠다. 당시 인도 무슬림 개혁 운동의 선두는 '데오반드(Deobandi)' 운동이었다. 데오반드는 델리 북부에 위치한 작은 마을의 지명이다. 세포이항쟁이 실패한 지 채 10년도 되지 않았던 1866년 이 지역에 이슬람 지도자를 일컫는 우르두어 존칭 '마울라나(Maulana)'로 불리는 두 명의 이슬람 법학자가 이슬람 교육 기관인 마드라사(Madrasah)를 세웠다. 무함마드 카심 나노타비

(Mohammad Qasim Nanautawi)와 라시드 아흐메드 간고히(Rashid Ahmed Gangohi)가 그들이다. 수니 이슬람 하나피파[43]의 신학자였던 이들은 당대 인도 무슬림 사회가 이슬람 본연의 가르침으로부터 멀어졌다고 비판하며 예언자 무함마드가 가르친 7세기의 이슬람으로 돌아갈 것을 주장했다. 특히 종교 의식, 복장, 관행, 일상생활 등에 있어서 초기 이슬람 전통을 최대한 가깝게 따르고자 했다. 또한 이슬람 경전인 쿠란과 하디스에 기반해 만들어진 이슬람 법 '샤리아(Shariah)'로 다스려지는 국가를 만들어야 한다고 학생들에게 가르쳤다. 이 두 명의 마울라나가 영국에 대항해 싸우자는 정치적 목소리를 높인 것은 아니었지만, 이곳을 거친 학생들 가운데 많은 이들이 영국에 대한 저항 의식을 가지고 사회 운동에 참여했다.

데오반드에 세워진 마드라사는 영국식 공립학교를 모델로 하여 교실, 학사 일정, 커리큘럼, 정기적 시험 등의 시스템을 도입했으나 서구 학문이 아닌 이슬람 신학과 개인 영성을 중심으로 학생들을 교육했다. 데오반드 마드라사를 통한 개혁 운동은 금세 사방으로 소문이 퍼졌고, 인도 각지에서 배우고자 하는 열망을 지닌 젊은이들이 데오반드로 몰려들었다. 그리고 좀 더 시간이 지나자 두 마울라나의 가르침을 따르는 이들이 데오반드의 마드라사를 본떠 인도 각 지역에 마드라사를 세우기 시작했다. 사람들은 이들을 '데오반드파'라고 불렀다. 데오반드파 이슬람은 강력한 전통주의 이슬람 개혁 운동으로 자리 잡았다.[44]

제1차 세계대전에서 오스만제국의 패전은 알리가르 대학을 중심으로 한 모더니스트 무슬림들과 데오반드파를 중심으로 한 전통주의 무슬림들을 한데 뭉치도록 이끄는 계기를 제공했다. 제1차 세계대전에 독일과 손을 잡고 참전했던 오스만제국의 술탄 메흐메트 5세는 전쟁이 수세에 몰리자 오스만제국의 술탄이 아니라 이슬람 세계의 영적 지도자인 칼리파의 자격으로 전 세계 무슬림들에게 '지하드'를 선포했다. 하지만 1918년 패전으로 결국 메흐메트 5세는 퇴임하게 되고, 이후 그의 동생 메흐메트 6세가 해체 위기의 오스만제국과 더불어 실권 없는 칼리파 겸 술탄 지위를 물려받았다. 이에 1919년 인도 무슬림 사회에서는 '이슬람의 두 성지(메카와 메디나)를 수호하는 칼리파가 몰락하면 성지가 위태로워진다'며 '칼리파 통치의 복원'을 주장하는 대중 운동이 일어났다. 킬라파트 운동(Khilafat Movement, 1919~1924)이 그것이다.

킬라파트 운동을 주도한 세력은 모더니스트 무슬림들이 주도하는 무슬림연맹이었으나 데오반드파 울라마들 역시 이 운동에 적극 참여했다. 심지어 비무슬림인 간디도 국민회의를 설득해 킬라파트 운동에 적극 연대했다. 종교 및 종족과 상관없이 '하나의 인도'를 지향했던 간디는 킬라파트 운동이 힌두와 무슬림을 하나로 묶을 수 있는 기회라고 여겼다. 하지만 킬라파트 운동 자체는 실패로 끝났다. 운동의 대상인 오스만 칼리파 자체가 사라져버렸기 때문이다. 1922년 터키 국민의회는 술탄제를 폐지하고 명목상의 지위인 칼리파만 존치시켰으나, 터키공화국 출범 이후인 1924년 허울뿐이던 칼리파 지위까지도 폐지해 버렸다. 하지만 무슬림연맹은 이를 통해 무슬림 대중 운동을 지도하는 주체로 우뚝 섰고, 인도 무슬림들은 모더니스트와 전통주의가 한데 뭉칠 수 있음을 확인했다.

킬라파트 운동으로 자신감을 얻은 무슬림연맹은 보다 적극적으로 정치적 목소리를 내기 시작했다. 이 시기 무슬림연맹을 이끈 지도자는 무함마드 이크발(Muhammad Iqbal, 1877~1938)이다. 영국 케임브리지 대학과 독일 뮌헨 대학에서 철학박사 학위를 받은 그는 우르두어 시인으로서도 명성이 높았다. 이크발은 이슬람 민족주의를 고취시키는 시를 발표했으며 1930년부터 무슬림연맹 의장으로서 무슬림 대중 운동을 이끌었다.

당시 국민회의를 주축으로 한 인도 민족주의 운동 진영은 영국에게 인도의 자치권을 허용하라는 요구를 하고 있었다. 이를 위해서는 인도인에 의해 선출된 의회와 헌법이 필요했다. 국민회의 지도부는 자치 의회 선거를 치르되 선거구를 종교나 종족 집단에 따라 나누는 것이 아니라 지역별로 나눠야 한다고 주장했다. 하나의 선거구 안에 힌두와 무슬림, 시크교도가 섞여서 투표해야만 진정으로 통합된 인도 독립 국가 건설이 가능하리라고 여겼기 때문이다. 하지만 이크발은 이에 동의하지 않았다. 그는 알라하바드에서 한 무슬림연맹 의장 당선 연설에서 "이슬람은 윤리적 이상이자 일종의 정치체이며, 서구인들에게 기독교가 그러하듯이 인도의 무슬림들도 구체적인 정치사회적 구심점을 필요로 한다"고 주장했다.[45] 요컨대, 무슬림들만을 위한 독자적인 정치 체제를 만들어야 한다는 것이다. 그 이전부터 무슬림들 사이에서 공공연히 이야기 되던 무슬림 분리 선거구에 대한 요구가 이 연설을 기점으로 공식화됐다. 국민회의가 요구하는 선거구와 분리하여 무슬림들에게 무슬림 대표를 뽑는 별도의 선거구가 주어져야 한다는 주장이다. 간디가 이끄는 국민회의는 '인도인은 하나의 민족'이라는 입장이었으나, 무슬림연맹은 '인도에는 무슬림과 힌두라는 두 개의 민족이 있다'고 목소리를 높였다.

'파키스탄(Pakistan)'이란 단어를 최초로 사용한 사람은 영국 케임브리지 대학교에 유학 중이던 라흐맛 알리(Choudhry Rahmat Ali)이다. 1933년 그는 인도 무슬림 민족주의 학생 운동 단체에서 일하던 중 제작한 팸플릿에서 장차 인도 무슬림 독립 국가에 편입돼야 할 다섯 지역의 앞 글자('발루치스탄'은 뒤 글자)를 따 파키스탄이란 신조어를 만들어냈다. 그 다섯 지역은 펀자브(Punjab), 아프간주(Afghan Province, 북서변경주), 카슈미르(Kashmir), 신드(Sindh), 발루치스탄(Baluchistan)이다.[46]

이크발과 그의 후계자인 무함마드 알리 진나를 비롯한 일부 무슬림연맹 활동가들도 '파키스탄'이라는 표현을 사용했다. 하지만 파키스탄 건국 제안이 공식화된 것은 1940년 3월 23일 '라호르 결의안'이다. 하루 전인 3월 22일 펀자브의 주도(州都)인 라호르에서 무슬림연맹 총회가 열렸는데 당시 무슬림연맹 의장이었던 진나는 연설을 통해 이렇게 역설했다. "인도 무슬림은 더 이상 소수 집단이 아니다. 또 하나의 구별된 '민족'이다. 그러므로 스스로의 정치적 미래를 부여받아야 마땅하다."⁴⁷ 그리고 다음 날 역사적인 '라호르 결의안'이 발표된다. 이 결의안에서 무슬림연맹은 "무슬림들이 다수인 인도 북서부 및 동부 지역에서 자율적이고 주권적인 독립 주들이 지리적으로 인접한 하나의 단위로 구별되고 구성되는 원칙"⁴⁸을 요구했다. 인도의 자치권과 별개로 무슬림 자치주를 요구한 것이다. 해당 결의안에 '파키스탄'이라는 단어를 직접 사용하지 않았음에도 이튿날 인도 언론에는 '무슬림연맹의 파키스탄 결의안'으로 보도가 되었으며, 이때부터 '파키스탄'이라는 표현은 인도 무슬림 사회에 빠르게 퍼져나갔다. 파키스탄 주류 역사학계는 1940년 라호르 결의안을 파키스탄 건국의 결정적 계기로 본다.

종교 공동체에 따라 분할 통치 전략을 써왔던 영국은 무슬림연맹의 파키스탄 건설 요구에 큰 거부감을 보이지 않았다. 오히려 인도 민족주의 운동을 힌두 대 무슬림으로 분열시킬 기회라고 여겼다. 반면 '하나의 인도' 원칙하에 독립운동을 펼쳐왔던 국민회의는 라호르 결의안에 분개했다. 국민회의는 자신들이 인도 인민 전체의 대표 기구라고 주장해 왔다. 이에 대해 무슬림연맹은 영국에 자신들을 인도 무슬림의 배타적인 대표 기구로 인정해 달라고 요구했다. 점차 힌두 공동체와 무슬림 공동체 간에 갈등의 골이 깊어졌으며 그럴수록 무슬림 사이에서는 독립 인도에서 힌두의 지배하에 살게 될 것이라는 두려움이 자라났다.

인도 무슬림 모두가 무슬림연맹 주도의 파키스탄 건국에 대해 찬성한 것은 아니다. 상당수의 수니파 울라마들은 파키스탄 건국 논의를 모더니스트들이 이끌어가는 것에 회의적이었다. 특히 데오반드파 울라마들에게 파키스탄이란 곧 샤리아에 근거해 통치되는 이슬람 국가여야만 했다. 그들이 보기에 서구화된 무슬림연맹 지도자들은 실상 국민회의와 크게 다를 바 없었다. 일부 울라마들은 유럽 유학파이거나 알리가르 대학 동문인 무슬림연맹 지도부가 진지한 이슬람 신앙을 가지고 있는가에 대해서도 의문을 품었다. '무슬림만 따로 분리해서 세속화된 국가를 건설할 것이라면 굳이 인도와 분리할 필요성이 있을까?' 장차 건설될 파키스탄은 이처럼 무슬림 내부의 회의적인 반응을 해결해야 할 과제도 안고 있었다.

파키스탄 건국의 풍경

인도아대륙 서북부에 자리한 파키스탄은 역사적으로 1947년 이전에 존재한 적이 없는 국가다. 파키스탄이 위치한 인더스강 유역은 문명의 통로였기에 수많은 제국들이 번갈아가며 이 지역의 주인이 되었다.

8세기 초 아랍 이슬람제국 우마이야 왕조의 장군 무함마드 이븐 카심(Muhammad Ibn Qasim)이 인도양 교역을 방해하는 해적 집단을 소탕하기 위해 신드 지역 및 일부 펀자브 지역을 정복하면서 파키스탄에 이슬람교가 처음 전파되었다. 이후 이슬람교는 힌두교와 조로아스터교 등을 점차 밀어내고 이 지역의 주류 종교로 자리 잡았다. 그러나 인더스강을 비롯해 현재 파키스탄 지역의 주인은 여러 차례 교체되었으며, '과거 이 나라를 물려받았다'고 주장할 만한 근거가 빈약한 탓에 파키스탄은 건국 초기부터 상당한 정체성의 진통을 겪는다.

인도에서 독립운동이 거세지자 영국도 이를 묵살하고 있을 수만은 없었다. 1935년 영국은 인도 통치법을 발표해 인도인들에게 폭넓은 자치권을 허용했다. 이에 따라 1937년 영국령 인도의 각 지역에서 지방 의회와 선거가 실시되었다. 이 선거를 포함해 이후 인도와 파키스탄이 독립하기까지 모든 선거에서 무슬림연맹과 국민회의는 경쟁 관계였다. 하지만 대중을 동원하는 능력 면에서 무슬림연맹은 국민회의의 적수가 되지 못했다. 국민회의는 오랜 기간 인도 민족주의 운동을 이끌며 인도 여러 지역에서 탄탄한 풀뿌리 조직을 건설했다. 반면 무슬림연맹은 소수 무슬림 지식인들이 주도하는 엘리트 조직에 가까웠기에 대중 기반이 부실했다.

무함마드 알리 진나를 비롯한 무슬림연맹 지도자들은 이러한 약점을 메우기 위해 대중이 아니라 무슬림 다수 지역의 지주들이나 종교 지도자들과 접촉했다. 각 지역 내에서 커다란 영향력을 갖는 인물들을 포섭해 그들로 하여금 무슬림연맹과 파키스탄 건국 운동에 대한 대중의 지지를 끌어오도록 시도한 것이다. 무슬림연맹이 지주들을 설득한 논리는 간단했다.

"급진적이고 불온한 사상을 가진 국민회의가 집권하면 토지개혁을 해서 지주들의 땅을 빼앗아버릴 겁니다. 우리가 국민회의 없는 안전한 나라를 만들겠습니다. 무슬림연맹을 도와주십시오."

무슬림연맹은 그 지역의 지주와 토호들을 끌어들임으로써 그들에게 영향을 받는 소작농과 소규모 자영농들의 지지까지 확보하고자 했다. 그 반대급부로 건국 이후 파키스탄 정부는 지주층의 이익을 적극적으로 수호했다. 대표적인 사례가 농업 생산품에 세금을 매기지 않는 정책이다.[49] 하지만 농업이 국가의 가장 커다란 경제 분야인 파키스탄에서 농업 생산품에 세금을 매기지 않으니 국가는 상시적으로 빈약한 재정 상태에 놓일 수밖에 없었다. 파키스탄은 그 기초부터 기득권층의 이익을 지켜내기 위한 보수적인 기반 위에서 만들어진 셈이다. 이러한 무슬림연맹의 전략은 파키스탄 건국 이후에도 정치 권력과 지주 엘리트층 간의 결탁으로 이어져 정치 발전을 방해하는 요소가 된다.

무슬림연맹은 농민 단체에게도 "무슬림들을 위한 국가가 세워지면 농민들의 요구가 다 이루어질 것"이라며 이중적인 태도를 취했다. 하지만 이는 구속력 있는 약속이 아니었으며 훗날 줄피카르 알리 부토(Zulfikar Ali Bhutto, 1928~1979) 정권에서 추진된 토지개혁은 기득권의 저항을 극복하지 못하고 좌절되었다.

무슬림연맹과 지주 간의 결탁은 전형적인 패트론-클라이언트(patron-client) 관계에 해당한다. 대중 기반이 허약한 무슬림연맹으로서는 무슬림 다수 지역에서 영향력을 가지고 있는 패트론에게 공을 들이는 것이 가장 효과적인 전략이었다. 실제로 1945~1946년 치러진 중앙 및 지방선거에서 무슬림연맹은 펀자브와 벵갈, 신드 등 무슬림이 많은 지역에서 승리하며 명실상부한 인도 무슬림 대표 정당으로 자리매김했다. 이 지역의 지주들이 자신들에게 속한 농민들의 표를 동원해 준 덕분이었다. 물론 그 '대가'로 건국 후 파키스탄 정부는 이때 협력한 지역 패트론들의 이권을 보장해 주어야 했으며 지속적으로 이들의 청탁에 시달려야 했다.

영국은 제2차 세계대전 이후 인도를 비롯한 식민지에서 물러날 것을 결정했지만 인도에서는 영국이 물러난 이후에 어떠한 독립 국가를 만들 것인가를 두고 여론이 크게 분열되었다. 영국이 지배했던 인도아대륙 전체를 하나의 독립 인도공화국으로 만들자는 국민회의의 주장과 무슬림들끼리 별도로 파키스탄을 만들어 독립해야 한다는 무슬림연맹의 주장이 맞섰다. 영국은 양측과 오랜 협상 끝에 결국 인도와 파키스탄이 각각 분리하여 독립 국가를 세울 것을 결정한다. 이렇게 1947년 8월 14일 파키스탄이슬람공화국이 출범했다. 수도는 신드주의 대도시인 카라치였으며 크게 동-서 파키스탄으로 나뉘었다. 서부펀자브·신드·발루치스탄·북서변경주를 하나의 단위로 하는 서파키스탄과 동벵갈을 또 하나의 단위로 하는 동파키스탄이 하나의 국가를 이룬 것이다.

파키스탄은 건국 후에도 헌법이 제정되기 전까지 영국령 인도제국의 1935년 '인도통치법'에 의거해 총독제를 유지했다. 초대

1947년 파키스탄 지도

총독은 '파키스탄 건국의 아버지'로 추앙받는 무함마드 알리 진나였다. 무슬림연맹 의장으로 파키스탄 건국 운동을 이끌었으며 국민회의 및 영국과 담판을 벌여 독립을 쟁취한 업적을 보았을 때 당시 파키스탄에서 그와 견줄 만한 지도자는 없었다. 진나의 생일인 12월 25일은 현재까지 파키스탄의 국경일인 '위대한 지도자의 날(Quaid-e-Azam day)'로 기념된다.

인도-파키스탄의 '대분할'은 인도와 파키스탄 양측에서 1,400만 명가량의 이주민을 발생시켰다. 1951년 파키스탄 인구 총조사에서 인구의 약 10분의 1가량이 건국 과정과 그 이후 발생한 이주민이었다. 또한 '대분할'이 진행되면서 상호 폭력과 학살이 벌어져 사망자가 최소 20만 명에서 최대 1백만 명에 이르렀다. 게다가 카슈미르 지역을 두고 인도와 파키스탄 간에 무력 충돌이 벌어지면서 두 신생 국가는 서로를 최대의 안보 위협으로 여기게 되었다. 한울타리 안에서 지내던 이들이 두 국가로 나뉘면서 원수지간이 된 것이다.

대분할은 파키스탄과 인도의 인구 구성을 바꾸어놓았다. 무슬림들은 파키스탄으로 이동했고, 힌두와 시크 등은 인도로 이주했다. 결과적으로 파키스탄 인구 가운데 무슬림 비율이 90%를 넘으면서 국민국가에 적합한 동질성이 어느 정도 확보되었다. 하지만 파키스탄 내의 다양한 종족 집단을 파키스탄 국민으로 통합하는 것은 매우 어려웠다. 파키스탄을 이루는 다섯 개의 주인 펀자브, 신드, 발루치스탄, 북서변경주, 동벵갈은 각각 나름대로의 언어와 문화를 가지고 있으며 고유의 정체성을 가지고 있는 종족 집단이었다. 이 가운데 주도권을 장악한 이들은 펀자브인들이었다.

파키스탄 건국을 주도한 무슬림연맹 지도부가 주로 펀자브 출신이었으며 건국 이후에도 펀자브인들의 인구 비율이 서파키스탄 총인구의 절반가량을 차지했다. 이에 대해 신드인, 발루치스탄인, 벵갈인, 그리고 북서변경주의 파슈툰족들은 펀자브 정체성이 파키스탄의 정체성이 될지도 모른다는 데 대해 우려와 반감을 드러냈다. 북서변경주에 다수가 거주하는 파슈툰족들이나 발루치스탄의 원주민인 발루치인들은 언어 계통도 펀자브인들과 다를 뿐만 아니라 정체성 역시 파키스탄에 대한 소속감이 옅었다. 오히려 파키스탄에 통합되는 것이 곧 펀자브인들에게 정복당하는 것이라고 여기는 이들도 있었다. 이에 파슈툰족이나 발루치인들 가운데 분리주의 움직임이 나타나기도 했다. 벵갈어를 쓰는 동파키스탄인들은 펀자브 중심의 서파키스탄이 파키스탄 전체의 정치를 주도하는 것에 불만을 제기했다.

		파키스탄(전체)	서파키스탄	동파키스탄
총인구		9천370만 명	4천290만 명	5천80만 명
인구 비율 (%)	벵갈	55.48	0.12	**98.42**
	펀자브	29.02	**66.39**	0.02
	파슈툰	3.70	8.47	0.01
	신드	5.51	12.59	0.01
	우르두	3.65	7.57	0.01
	발루치	1.09	2.49	-
	브라후이	0.41	0.93	-
	페르시아	0.03	0.07	-

1961년 파키스탄 인구 구성 비율

특히 서파키스탄에서 인구 비중이 두 번째로 많은 신드인들은 파키스탄의 주류 정체성을 두고 펀자브인들과 갈등을 빚었는데 이는 향후 파키스탄 정치의 커다란 갈등 축으로 작동한다. 갈등은 파키스탄 건국 초기부터 시작되었다. 무슬림연맹 지도부는 신생 파키스탄의 수도를 신드주의 도시인 카라치로 결정했다. 영국령 인도제국의 지방 정부 가운데 서파키스탄 지역에서 유일하게 무슬림연맹 정부가 수립되어 있던 지역이 신드주였기 때문에 신생 파키스탄 정부가 신드주의 중심 도시인 카라치를 수도로 삼는 것은 자연스러웠다. 문제는 카라치가 수도가 된 이후였다. 파키스탄이 인도로부터 분리될 때 인도에서 무슬림 난민(무하지르인)들이 대거 파키스탄으로 이주해 왔는데 가장 많은 이들이 몰려든 지역이 카라치였다. 무하지르인들 대다수는 우르두어를 쓰는 이들이었는데 신드어를 쓰는 원주민들은 이들이 자신들의 일자리를 빼앗아간다고 여겼다. 특히 우르두어를 사용하는 인구 비중이 늘면서 신드인들의 터전이라는 정체성마저 위협을 당하자, 카라치 원주민들 사이에서는 신드 정체성을 강조하는 목소리가 높아졌다. 이러한 갈등은 훗날 파키스탄의 수도를 펀자브 지방에 위치한 이슬라마바드로 이전하는 배경이 된다.

신드인들 사이에서는 경제적인 차별이 이슈로 떠올랐다. 건국 이후 60년대를 지나면서 파키스탄의 경제 개발과 투자가 확연히 펀자브 지역에 집중되는 경향을 보였다. 산업 시설들이 주로 펀자브주에 들어선 데 반해 신드주는 카라치를 제외하면 대부분 낙후된 농업 지역이었다. 신드인들은 농업 또한 펀자브인들에게 피해를 본다고 여겼다. 신드주와 펀자브주는 인더스강을 공유하는데, 신드는 하류에 위치한 반면 펀자브는 강 상류를 차지하고 있다. 신드인들은 펀자브 주정부가 인더스강과 그 지류의 수계에 댐과 운하 등을 건설해 펀자브 지역에 유리하게 사용하기 때문에 신드 지역이 농업용수 부족으로 고통을 받는다고 주장했다. 인더스강 수자원을 둘러싼 두 지역의 갈등은 오늘날까지 계속된다. 1970년대에 들어서자 신드인들 사이에는 자신들이 펀자브인들로부터 차별받고 있다는 정서가 번졌다.

1971년 동파키스탄이 방글라데시로 독립하자, 신드 지역에서도 분리독립을 주장하는 목소리가 터져나왔다. '신두데시(Sindhudesh) 운동'이 그것인데 운동 세력 내부에는 무장 봉기를 외치는 급진적인 이들도 존재했다. 하지만 신드인들의 정치적 결집은 분리독립 운동보다는 부토 가문이 이끄는 PPP(Pakistan People's Party, 파키스탄인민당)에 대한 전폭적 지지로 나타났다. 신드인들의 지지에 힘입어 PPP는 1970년대 한 차례, 1990년대 두 차례 집권을 하기도 했다.

건국 초기의 혼란은 자연스럽게 군의 역할을 부각시켰다. 인도와 직접적인 전투를 벌인 카슈미르 전쟁은 물론이고, 국내의 분리주의 저항운동을 진압하는 일도 군의 역할이었다. 인도와 분리된 후 파키스탄 지도부가 가장 서두른 작업이 파키스탄군 창설이었다. 또한 건국한 1947년부터 1950년까지 정부 재정의 70%가 국방비에 투입되었다.[50] 이처럼 급성장한 군부는 파키스탄 통합을 물리적으로 가능케 하는 국가의 중추 역할을 담당했으며, 이러한 존재감을 바탕으로 향후 파키스탄 정치를 좌지우지하는 권력의 핵심을 차지하게 된다.

초기 건국을 주도한 이들은 다양하게 나뉜 정체성 조각들을 하나로 이어 붙일 무언가를 고민했다. 그 하나는 인도와 분리를 선언하게 된 이유인 '이슬람'이었고, 다른 하나는 파키스탄의 공용어로 지정된 '우르두어'였다. 파키스탄에서 이슬람은 허약한 대중적 기반을 메워주는 정신적 기둥이었다. 애초에 파키스탄 건국 운동은 '우리는 왜 인도가 아닌가'라는 질문으로부터 시작됐다. 그리고 이 질문에 대해 '우리는 힌두가 주도하는 세속국가 인도와는 달리 이슬람을 따르는 국가이다'라는 답변의 실체가 바로 파키스탄이다. 따라서 파키스탄은 태생적으로 이슬람과 떼려야 뗄 수 없는 관계다. 파키스탄의 정식 명칭이 '파키스탄이슬람공화국'인 이유다. 하지만 건국 이후 파키스탄의 정치는 이슬람의 법과 가르침을 따르는 것이 아니라 지주 엘리트층과 군부, 그리고 관료들이 결탁해 자신들의 이익을 수호하는 행태를 보였다. 이처럼 이념과 실제 모습 간의 간극을 극복하기 위해 파키스탄의 정치인들은 급진적이고 과격한 이슬람의 언어로 대중에게 이야기함으로써 마치 이슬람의 정의를 실현하고자 애쓰는 것처럼 스스로를 선전했다. 이는 파키스탄 정부의 진짜 모습을 가려주고 대중들에게 정서적 유대감을 제공해 주는 효과를 거두었다. 하지만 이러한 근본주의적 이슬람 담론은 시간이 지나면서 파키스탄에 급진 이슬람주의가 등장하는 토양이 되기도 한다.

이슬람과 더불어 파키스탄 통합의 중심인 우르두어는 페르시아어의 한 갈래이다. 문법적으로는 힌디어와 거의 동일하지만 베

다를 비롯해 힌두교 경전으로부터 유래한 어휘가 많은 힌디어와 달리 이슬람 경전의 언어인 아랍어 어휘를 적극적으로 받아들였다. 19세기 중반부터 식민지 인도에서는 엘리트 무슬림들 사이에서 기존에 사용하던 페르시아어 대신 우르두어를 사용함으로써 무슬림으로서의 정체성을 드러내는 운동이 퍼져나갔다. 파키스탄 건국을 주도한 이들도 우르두어에 대한 애정이 각별했다. 현실적으로도 펀자브어, 벵갈어, 신디어, 파슈토어, 발루치어 등 각기 저마다의 언어를 사용하는 이들을 통합하려면 이들 중 어느 하나의 언어에 특권을 주기보다는 새로운 언어를 공식 언어로 지정하는 편이 더 나았다. 이러한 조건에 우르두어보다 더 잘 들어맞는 언어는 없었다.

파키스탄 정부는 건국 후 '하나의 민족, 하나의 문화' 정책을 시행했다. 펀자브인, 벵갈인, 파슈툰족, 신드인, 발루치인 등으로 갈라진 정체성을 하나의 '파키스탄 국민' 정체성으로 통합시키고자 한 것이며, 이를 위해서는 파키스탄 전역이 하나의 문화로 이어져야 한다는 것이다. 이 정책의 핵심에 우르두어가 있었다. 하지만 우르두어가 워낙 상류층 위주로 사용되던 언어였던 탓에 파키스탄 정부의 도입 노력은 대중들의 반발에 부딪혔다. 파키스탄 건국 이전부터 펀자브 지역에서는 우르두어가 공식 언어로 지정되었으나 실제로는 상류층 무슬림들이 주로 사용했을 뿐 여전히 민중들은 펀자브어를 사용했다.

서파키스탄 지역에서 우르두어에 가장 반발한 집단은 파슈토어를 쓰는 파슈툰족들이었다. 파슈툰족들은 우르두어를 쓰라고 강요하는 파키스탄 정부를 기존의 대영제국과 크게 다르지 않은 식민주의 세력으로 받아들였다. 이에 맞서 파슈툰족들은 반식민주의 운동을 전개했으며 파슈토어는 파슈툰 민족주의의 상징으로 부상했다. 파키스탄 정부는 이것이 파슈툰 분리주의로 발전할 것을 우려해 파슈툰 민족주의 운동 지도자들을 체포하는 등 탄압과 동시에 우르두어 보급 운동을 적극적으로 전개했다.

우르두어 문제는 동벵갈에서 더 커다란 갈등을 불러일으켰다. 건국 초기부터 동벵갈 지역에서는 벵갈어를 홀대하고 우르두어를 우대하는 관행에 대해 벵갈인들의 반감이 쌓여갔다. 동벵갈인은 우르두어뿐만 아니라 벵갈어도 동파키스탄의 공용어로 지정하자는 운동을 벌였으나 이것이 분리주의 운동으로 변질될 것을 우려한 파키스탄 정부는 탄압으로 응수했다. 그러다 1952년 2월 21일 동벵갈의 다카 대학교 캠퍼스에서 벵갈어 공용어 지정 운동을 벌이던 대학생 4명이 진압 경찰로부터 사망하는 사건이 발생했다. 이후 벵갈민족주의자들은 2월 21일을 '순교자의 날'로 기념하며 반파키스탄 운동의 이정표로 삼았다. 이러한 벵갈민족주의 정서는 1954년 선거에서 강하게 표출됐다. 이 선거에서 반우르두 노선을 천명한 아와미연맹(Awami League) 중심의 연합전선이 동파키스탄의 총 의석 309석 가운데 223석을 석권하며 승리했다. 이에 연합전선의 지도자인 파즐룰 후크(A. K. Fazlul Huq)가 동벵갈주의 주총리가 되어 정부를 구성했다. 파키스탄 중앙정부에 저항하는 동벵갈 주정부가 세워진 것이다. 하지만 파키스탄 중앙정부는 후크가 이끄는 동벵갈 정부를 친공산주의자 및 친인도 세력으로 몰아 한 달여 만에 해산시키고 말았다. 그럼에도 불구하고 동벵갈에서 반우르두어 정서는 계속해서 높아져갔으며 결국 이것이 계기가 되어 1971년 서-동파키스탄이 분리되는 정치적 격변이 발생한다. 통합의 재료로 삼고자 했던 우르두어가 분열의 씨앗이 된 셈이다.

언어 외에도 천연자원 역시 파키스탄 내부 갈등의 한 요인을 이룬다. 발루치스탄은 파키스탄 최대의 천연가스 및 철광석 매장지이며 주요 석탄 매장지이기도 하다. 파키스탄 천연자원의 보물창고인 셈이다. 하지만 발루치스탄인들은 자신들의 자원을 파키스탄 정부가 약탈해 간다고 여겼다. 사실 서파키스탄 인구의 3~4%밖에 되지 않는 발루치인들은 서파키스탄 4개 주 가운데 인구가 가장 적었으며 그만큼 중앙정부에서 영향력을 지니지도 못했다. 발루치인들의 입장에서 총리가 펀자브 출신이든지 신드 출신이든지에 상관없이 파키스탄 정부는 늘 '외부인'이었으며, 발루치스탄에 매장되어 있는 천연자원은 발루치인의 소유임에도 그걸 파키스탄 정부가 마음대로 가져다가 수출하는 셈이었다. 또한 그렇게 자원을 수출해서 번 돈 역시 발루치인들에게 돌아오지 않고 펀자브인을 비롯한 '외부인'들의 주머니를 채운다고 여겼다. 이러한 발루치인들의 소외감은 결국 훗날 발루치 민족주의로 표출되었으며 파키스탄 중앙정부의 탄압 대상이 되었다. 발루치인들의 분리주의 운동은 오늘날까지도 무장 게릴라전의 형태로 계속되고 있다.

마지막으로 언급할 파키스탄 건국의 풍경은 '카슈미르'이다. 카슈미르를 놓고 1947~1948년에 걸쳐 인도와 파키스탄이 벌인 전쟁의 결과 카슈미르 지역은 둘로 나뉘었다. 인도가 카슈미르 계곡, 잠무, 라다크 등 핵심 지역을 점령하면서 카슈미르의 60% 이상을 차지한 반면, 파키스탄은 그 나머지 지역으로 만족해야 했다. 인도령 카슈미르 지역은 무슬림 인구가 다수임에도 파키스탄이 아닌 인도에 병합된 것이다. 인도와 파키스탄 간 무력 충돌이 전개되는 상황 속에서 인도령 카슈미르 지역에서는 힌두교도 및 시크교도 과격파들에 의해 수만 명의 무슬림들이 대량 학살을 당했다. 이는 다시 파키스탄령 카슈미르 지역을 비롯한 여러 파키스탄 지역에서 무슬림들에 의한 보복 학살로 이어져 수만 명의 비무슬림들이 살해당하는 악순환을 불러왔다.[51] 파키스탄의 무슬림들에게 잠무·카슈미르(인도령 카슈미르)는 이교도들에 의해 무슬림 형제들이 억압당하고 속박 상태에 놓인 '피점령지'라는 이미지로 각인됐다. 이는 일부 급진 이슬람주의자들로 하여금 카슈미르를 해방시키기 위한 '지하드'에 투신하도록 이끌었다.

카슈미르를 계기로 활성화된 파키스탄의 급진 이슬람주의 세력은 향후 인도에서 여러 차례 테러 공격을 일으킴으로써 인도 내의 반무슬림 정서를 고취시키고 급기야 21세기 들어 힌두민족주의를 급성장시키는 계기가 되었다. 또한 아프가니스탄 내전과 맞물리면서 파키스탄 내의 반정부 세력으로도 성장해 파키스탄의 정치적 불안정을 불러일으키는 요인이 되기도 했다.

민주주의에서 군부 권위주의로

1948년 9월 12일 파키스탄의 초대 총독인 무함마드 알리 진나가 72세의 나이에 지병인 결핵으로 사망한다. 파키스탄 건국의 아버지로 추앙받던 인물이 건국 후 불과 1년여 만에 사망하면서 파키스탄 민주주의의 굴곡은 시작된다.

파키스탄의 건국을 이끌었던 무슬림연맹 지도자 가운데 그 누구도 진나의 카리스마를 대신할 수 없었다. 하나로 엮이기 어려운 정체성을 가진 파키스탄인들을 한데 모이도록 만들 수 있는 유일한 인물이 진나였다. 그런 그가 갓 걸음마를 시작한 신생 국가 파키스탄을 남겨둔 채 홀연히 세상을 떠난 것이다. 그 뒤를 이어 동벵갈 출신의 무슬림연맹 지도자였던 카와자 나지무딘(Khawaja Nazimuddin)이 총독직을 이어받았으나 그는 진나를 대신할 수 없었다. 파키스탄의 정치계는 지역과 종파에 기반한 정파들이 자신들의 이익을 위해 끊임없이 경쟁하는 아수라장이었다.

파키스탄의 불운은 여기서 그치지 않았다. 파키스탄의 초대 총리[52]였던 리아콰트 알리 칸(Liaquat Ali Khan)이 1951년 10월 한 테러리스트에게 피살되었다. 범인이 현장에서 경찰관들에게 사살됨으로써 암살 동기는 현재까지 명확하게 밝혀지지 않았다. 리아콰트 알리 칸은 진나의 정치적 동지이자 무슬림연맹의 핵심 지도부였던 인물로 영국령 인도제국 시절 이미 재무부 장관을 역임했다. 또한 알리가르 대학 출신에다 영국 옥스퍼드 유학을 한 전형적인 모더니스트 무슬림 엘리트로서 진나를 제외한다면 파키스탄 정관계에서 그만큼 영향력을 발휘할 수 있는 사람이 없었다. 그런 알리 칸 역시 파키스탄이 초기의 혼란 상황을 벗어나지 못하는 상황에서 안타까운 죽음을 당한 것이다. 이제 무슬림연맹 지도부 가운데 파키스탄 전체를 아우를 수 있는 인물은 존재하지 않았다.

파키스탄의 정치는 '국익'이 아니라 '파벌의 이익'을 위해 다투는 형국이었다. 이러한 건국 초기 파키스탄의 상황은 인도와 비교된다. 인도는 건국을 이끈 국민회의 출신들이 초반 국정을 장악했으며 특히 초대 총리인 네루가 장기 집권을 하면서 인도공화국의 기틀을 튼튼히 세웠다. 반면 파키스탄은 건국 주도 세력의 지도자들이 초반에 잇달아 세상을 떠나면서 국가의 중심축이 사라졌다.

이후 파키스탄은 극심한 혼란을 겪는다. 동파키스탄에서는 반우르두어 시위가 크게 일어났고, 서파키스탄 라호르 지역에서는 폭동이 발생하는 등 불안정한 나날이 이어졌다. 당시 총독이었던 말리크 굴람 무함마드(Malik Ghulam Muhammad)는 나지무딘 총리의 내각이 이러한 혼란 상황을 해결할 능력이 없다고 여겼다. 당시에는 파키스탄 헌법이 아직 만들어지지 않았기에 영국이 지배하던 시기 만들어진 '1935년 인도통치법'에 근거해 굴람 무함마드는 총독에게 부여된 '예비 권한'을 발동해 나지무딘 총리가 이끌던 내각을 해산하고 외무장관을 총리로 임명했다. 영국은 인도인들에게 자치권을 허용하면서도 여전히 영국 정부가 임명한 총독이 자치 의회를 압도할 수 있도록 총독에게 내각과 의회를 해산할 수 있는 예비 권한을 부여했다. 파키스탄 총독은 국민이 직접 뽑지 않고 의회 선거인단에 의해 선출되었는데 그가 국민으로부터 선출된 의회와 내각을 해산할 수 있는 권한을 가진다는 것은 민주주의에 위배되는 것이었다. 내부 견해 차이로 인해 아직 새로운 헌법이 만들어지지 못한 틈을 타서 영국의 식민주의 통치 제도가 새로 출범한 파키스탄에 부정적인 영향을 미치는 상황이었다.

파키스탄의 제헌의회는 굴람 무함마드 총독의 반민주주의적 조치에 대해 강력하게 비판했고, 1935년 인도통치법을 수정해 의회와 총리가 총독의 권한을 견제할 수 있도록 하는 제도적 장치를 도입하고자 했다. 이에 굴람 무함마드는 1954년 제헌의회마저 해산시키고 만다. 의회는 이를 총독의 권한 남용으로 보고 신드 고등법원에 제소했다. 신드 고등법원은 총독의 의회 해산이 불법적이라고 판결해 의회의 손을 들어주었으나, 상급심인 연방 대법원은 총독의 의회 해산이 정당했다고 판결함으로써 앞선 판결을 뒤집고 총독의 조치를 지지했다. 1953~1954년 벌어진 이 정치적 갈등 시기는 파키스탄 민주주의 제도가 붕괴된 시점으로 평가받는다. 국민이 직접 뽑은 의회 권력이 의회에서 간접 선출된 총독과 국민에 의해 선출되지 않은 사법 관료들에 의해 해산된 것이다.

굴람 무함마드는 '예비 권한 발동' 이후 건강이 악화되자 1955

년 치료차 영국으로 떠나면서 당시 내무장관이던 이스칸데르 미르자(Iskander Mirza)를 총독 권한 대행으로 임명했다. 하지만 미르자는 야심가였다. 육군 소장 출신인 미르자는 굴람 총독이 영국에 머무는 동안 건강상의 이유를 들어 총독직에서 해임하고는 스스로 총독직을 승계했다. 파키스탄에서 군 장성 출신이 국정 최고위직에 오른 첫 사례다.

1956년 3월 26일 드디어 파키스탄에 헌법이 제정됨에 따라 총독직은 대통령직으로 바뀌었고, 의회는 만장일치로 미르자를 초대 대통령으로 선출했다. 군 출신인 미르자는 민간 출신의 정치인들을 불신했다. 파키스탄군은 영국령 인도군의 전통을 이어받아 체계적으로 조직화되어 있었던 반면, 파키스탄의 정치계는 분파주의적 이익 다툼으로 혼란스러운 상황을 벗어나지 못하고 있었다. 이에 군과 관료 조직은 정부의 부정부패와 무능을 바로잡는 것이 민주주의보다 더 국익에 기여한다고 믿었다. 또한 국제적으로 냉전이 첨예화되면서 미국이 주도하는 안보 동맹에 참여한 파키스탄은 점차 미국으로부터 오는 원조가 경제에 중요한 부분을 차지하게 되었다. 그만큼 파키스탄에서 안보를 책임지는 군의 역할도 부각되었으며 군과 관료들 사이에서는 국내 정치에서도 군의 역할이 필요하다고 여기는 이들이 늘어났다.

당시 동파키스탄에서는 파키스탄 중앙정부가 추진하는 우르두어 중심의 통합 정책에 대한 반발이 극심해졌으며, 서파키스탄에서는 소수 종교에 대한 집단 폭력 등 종파주의적 갈등이 심각한 상황이었다. 미르자 대통령은 당시 민간 내각이 이러한 위기를 해결할 능력이 없다고 보고 헌법적 권한을 넘어 국정 운영에 개입했다. 그는 집권 2년간 4명의 총리를 해임하도록 종용했다. 하지만 잦은 총리 교체는 오히려 국정 혼란을 부추겼다. 게다가 새 헌법에 따라 곧 치러질 총선에 대해 미르자와 군부는 불안하게 여겼다. 미르자 대통령이 사퇴시켰던 전직 총리들이 총선에서 대중의 지지를 받고 총리직과 대통령직에 오를 가능성이 높아 보였다. 이에 미르자 대통령은 민주주의 실험을 일단 끝내기로 결심한다. 그리하여 1958년 10월 파키스탄에 계엄령이 선포되고 헌법 폐지가 선언된다. 그리고 당시 육군 총사령관이었던 아유브 칸(Ayub Khan)을 계엄사령관으로 임명했다.

아유브 칸은 계엄사령관으로서 방송 연설을 했다. "정치인들은 사리사욕을 채우기 위해 끊임없이 서로 치열하게 다투지만 그것이 국가에 얼마나 나쁜 영향을 미치는가에는 관심이 없다."[53] 그는 신속하게 마약 밀거래와 조직 폭력을 포함한 각종 불법 범죄 행위를 엄단하는 조치를 발동했고 이에 대중은 환호했다. 아유브 칸의 인기가 빠르게 높아지는 것을 불안한 눈으로 바라보던 미르자 대통령은 계엄사령관을 교체하려고 마음먹었다. 하지만 미르자의 이러한 움직임을 알아챈 아유브는 선수를 쳤다. 1958년 10월 27일 군 병력을 동원해 대통령궁을 점거한 아유브는 미르자를 영국으로 강제 망명시킨 후 파키스탄 제2대 대통령에 취임했다.

아유브 칸은 알리가르 대학교에서 공부했던 모더니스트였으며[54] 파키스탄에 근대화 개혁을 일으키려는 이상을 품은 인물이었다. 그는 시민이 주체가 된 민주주의 제도나 울라마들을 앞세운 이슬람 개혁이 아닌, 군과 관료 집단에 의한 권위주의 체제로 국가를 운영하려 했다. 아유브 칸에게 이슬람이란 파키스탄의 다양한 정체성을 하나로 묶는 이데올로기 이상도 이하도 아니었다. 그는 한 연설에서 이처럼 주장했다. "이슬람은 진보의 종교다. 이슬람은 종파주의에서 빠져나와 분열된 사람들을 한데 뭉치게 할 수 있는 공통된 믿음의 기반을 제공해야 한다. 또한 공산주의가 세계를 위협하는 상황에서 공산주의와의 싸움은 서구의 물질주의보다 이슬람을 통해 싸우는 것이 최선의 방책이다."[55] 아유브 칸 정부는 미국과의 동맹을 굳건히 하면서 친미 외교 노선을 걸었다. 미군에 페샤와르 공군 기지를 제공해 대소련 공군력을 배치하도록 했으며 이를 통해 사실상 파키스탄에 미군이 주둔하도록 하는 효과를 누림으로써 인도를 견제할 수 있었다.

아유브 칸은 다양한 영역에서 근대화 프로젝트를 실시했다. 비록 실질적인 효과를 내지는 못했으나 1959년 파키스탄 최초의 토지개혁을 실시했고, 1960년 수도를 기존 카라치에서 현행 수도 이슬라마바드로 이전 계획을 발표했으며, 1962년에는 헌법을 개정하여 국호를 '파키스탄이슬람공화국'에서 '이슬람'을 뺀 '파키스탄공화국'으로 변경했다. 하지만 이를 세속국가로 전환하려는 음모라고 본 울라마들의 강력한 반발로 인해 1년 만에 파키스탄의 정식 명칭은 '파키스탄이슬람공화국'으로 복원되고 말았다. 또한 아유브 칸은 '무슬림가족법령'을 도입해 결혼과 상속에서 이슬람 전통 규정이 아닌 세속적 요소를 가미시킴으로써 여성의 권리를 강화하기도 했다. 물론 이 역시 데오반드파 울라마들이 크게 반발했다.

그러나 아유브 칸 정권은 본질적으로 권위주의 정부였다. 그는 쿠데타 1주년을 기념해 '기초민주주의' 제도 시행을 전격 공표했다. '기초민주주의'란 총선이나 대통령 선거를 폐지하고 대신 풀뿌리 지역 자치 조직을 기반으로 의회와 대통령 선출을 하겠다는 구상이다. 언뜻 보면 나름대로 상향식 민주주의 원리를 적용한 것처럼 보이지만 실상은 정부가 지역 단위 운영까지 장악하는 하향식 권위주의 제도다. 지역 풀뿌리 운영 기관인 조합위원회의 위원 가운데 3분의 1을 중앙정부에서 지명하고 정부 관료가 해당 조직의 운영에 개입해 지도한다. 대통령, 연방의회, 주의회 선거도 이 조합위원회에서 선출된 선거인단을 통한 간접 선거를 실시했다. 이는 선거인단 구성에 정부의 입김이 강력하게 작용하기 때문에 사실상 모든 선거를 정부가 좌지우지할 수 있었다. 이 제도를 통해 1960년 1월 아유브 칸이 95.6%의 지지로 5년 임기의 대통령에 당선됐다. 파키스탄 정부는 1962년 헌법 개정안에 기초민주주의 제도를 아예 명시해 버렸다.

동-서 파키스탄의 갈등과 분열

파키스탄의 정치 시스템은 건국 초기부터 불안정하고 허약한 기반 위에서 버티고 있었으나 기초민주주의로 결정타를 맞았다. 아유브 정권은 언론 검열을 강화했고 표현의 자유에도 제약을 가했다. 또한 부패 척결을 명분으로 '공직 활동 규제법'과 '선출직 규제법'을 제정해 반정부 인사를 탄압했다. 이 법안들은 부패한 인물이 공직 활동을 하거나 선출직에 나서는 것을 금지하는 내용을 담고 있는데, 수사 기관에 부조리나 비리 꼬투리를 잡힌 반정부 인사들이 정치 활동을 하지 못하도록 사실상 족쇄를 채우는 역할을 했다. 패트론-클라이언트 네트워크로 운영되는 파키스탄 정치의 특성상 어떠한 꼬투리도 잡히지 않고 양대 규제법의 포위망을 빠져나가기란 불가능에 가까웠다.

선출직 규제법과 공직 활동 규제법은 동벵갈의 정치적 요구를 억누르는 효과도 발휘했다. 아유브 칸이 집권할 당시 동벵갈에서는 반우르두어 시위가 강하게 표출되고 있었는데 선출직 규제법은 동벵갈 민족주의 운동을 이끌던 정치 지도자들을 제도권 정치 밖으로 내쫓는 도구로 사용됐다. 하지만 그만큼 동벵갈인들의 정치적 불만과 소외감은 깊어졌다. 아유브 칸 정권은 벵갈인을 노골적으로 차별했다. 벵갈인의 인구는 파키스탄 전체 인구의 절반 이상을 차지했지만 군 장교 가운데 단지 5%만이 벵갈 출신이었다. 또한 파키스탄 고위 관료 중 30%만이 벵갈인이었다. 이러한 상황에서는 벵갈인의 요구가 중앙정부에 제대로 전달되기 어려웠다.

    1960년대 파키스탄은 경제적으로 빠르게 성장했다. 60년대 내내 연간 경제 성장률이 5~10%대를 기록했으며, 특히 1963~1965년에는 평균 9% 가까운 높은 성장률을 보였다.[56] 근대화 개혁을 내세웠던 아유브 칸은 경제 성장을 통해 정권의 정당성을 인정받으려 했다. 하지만 성장의 열매가 불균등하게 배분되었다. 우선 서파키스탄과 동파키스탄 간의 경제 성장에 상당한 격차가 존재했다. 파키스탄 핵심 기업들은 본사와 공장이 대부분 서파키스탄에 위치했다. 이 기업의 소유주들이 서파키스탄 출신들이었기 때문에 패트론-클라이언트 관계나 여러 이해 관계가 서파키스탄에 집중되어 있었다. 서파키스탄에 본사를 둔 민간 기업들은 동파키스탄에서 얻은 이윤을 서파키스탄에 재투자했으며, 이로 인해 고용과 임금 모두 서파키스탄이 더 상승했다. 이에 동파키스탄 벵갈인들의 중앙정부에 대한 반감도 그만큼 커졌다. 그렇다고 서파키스탄에 경제적 부가 고르게 배분된 것도 아니었다. 아유브 칸은 민간 부문이 주도하는 경제 성장 전략을 추구했다. 이에 소수 기업에 자원을 몰아주었다. 그 결과 펀자브인들과 카라치의 소수 시아파[57] 출신 기업인들의 손에 부가 집중되었다. 22개 가문이 파키스탄 내 모든 산업의 66%를 소유하고 있었으나 이 가문들 중에 신드인은 포함되지 않았다. 신드인들은 아유브 칸 정권에 반감을 갖고 집단적으로 저항했다. 이처럼 불균형한 경제 성장은 아유브 칸 자신뿐만 아니라 파키스탄의 미래에 파국적인 결과를 낳는다.

펀자브 위주의 아유브 칸 정권에 반감이 강했던 신드인들은 신드 출신 정치인 줄피카르 알리 부토(Zulfikar Ali Bhutto)를 중심으로 똘똘 뭉쳤다. 부토는 신드 대지주 가문의 아들로서 당시 파키스탄 상류층 가운데서는 이례적으로 미국 U.C.버클리대에서 정치학을 공부했는데 이때 사회주의를 접하고는 깊이 빠져들었다. 이후 영국 옥스퍼드대에서 법학을 공부하고 파키스탄으로 돌아와 잠시 변호사 활동을 했으나 곧 정계로 진출했다. 부토는 아유브 정권하에서 외무부 장관을 역임하면서 전국적인 정치인으로 성장했다.

부토가 아유브 칸의 정적으로 떠오른 계기는 1965년 인도-파키스탄 전쟁(제2차 카슈미르 전쟁)이었다. 아유브 칸은 당초 약간의 특수부대를 카슈미르에 침투시켜 봉기를 일으키면 현지 카슈미르인들이 이에 호응해 인도에 대한 반란을 일으킬 것으로 기대했으나 오히려 현지 카슈미르인들이 인도 당국에 이를 고발하는 사태가 벌어져 실패했다. 결국 양측이 전면전에 버금가는 규모의 병력을 동원하는 대규모 충돌로 이어져 파키스탄과 인도에서 수천 명의 사상자가 발생했다. 당시 파키스탄 군부와 고위 정치인들은 파키스탄의 승리를 믿어 의심치 않았고, 파키스탄 언론 매체도 파키스탄이 승리하고 있는 것처럼 일방적인 보도를 했다. 하지만 소련과 미국이 중재에 나서자 결국 1965년 9월 22일 아유브 칸 대통령은 휴전 제안을 받아들였고, 승리할 것으로 예상하던 파키스탄인들은 큰 충격에 빠졌다. 이때 외무장관이었던 줄피카르 알리 부토가 아유브의 결정에 대해 '굴욕적'이라고 항의하며 장관직을 사임한 것이다. 이후 1966년 1월 타슈켄트 선언을 통해 파키스탄과 인도가 전쟁 전의 상태로 복귀하는 데 합의함으로써 파키스탄으로서는 아무런 소득 없이 전쟁이 마무리되었다. 실망한 대학생들과 카슈미르 이주민들이 라호르에서 격렬한 시위를 벌였고 데오반드파 울라마들도 대거 시위에 동참했다. 이를 계기로 아유브 칸 정권은 내리막길을 걷는다.

하지만 아유브 칸 정권에 몰락의 결정타를 날린 건 앞에서 언급한 불균등한 경제 성장이었다. 신드에서 부토를 중심으로 반정부 시위가 크게 일어났고 여기에 서부 펀자브 지역의 학생·노동자·변호사 등으로 구성된 민주화 요구 세력까지 가세하면서 혼란은 전국으로 퍼져나갔다. 동파키스탄도 이에 동참했다. 1969년 5월 거의 250만 명에 달하는 노동자들이 파업에 참여하면서 파키스탄은 통제 불능 상태에 빠졌다. 코너에 몰린 아유브 칸은 1969년 3월 25일 대통령직에서 사임하고 당시 육군 총사령관 야히야 칸(Yahya Khan)에게 권력을 넘겼다. 야히야 칸은 제3대 대통령으로 취임한 즉시 계엄령을 발동해 헌법을 폐지하고 의회를 해산시켰다. 야히야 칸은 혼란 상태인 파키스탄의 질서를 바로잡는 것을 최우선 과제로 선포했으나 동시에 조만간 새로운 총선을 치러 권력을 민간 정부에 이양하겠다고 밝혔다.

1970년 12월 전국적으로 총선이 실시됐다. 그런데 이 선거에서 대격변이 일어났다. 파키스탄 건국 이래 처음으로 동파키스탄에 근거지를 둔 정치 세력이 집권을 하게 된 것이다. 파키스탄 전체의 의회 의석은 300석이었는데 인구가 많은 동파키스탄 선거구의 전체 의석이 162석이고 서파키스탄 선거구에 할당된 의석은 138석이었다. 서파키스탄에서는 줄피카르 알리 부토가 이끄는 좌파 정당인 파키스탄인민당(PPP, Pakistan People's Party)이 81석을 차지하며 선전했다. 반면 벵갈민족주의 계열의 좌파 정당인 아와미연맹(Awami League)은 서파키스탄에서 단 한 석도 얻지 못했지만 동파키스탄에서 160석을 석권하여 원내 과반 이상을 얻게 된다. 이에 차기 정부 구성은 아와미연맹의 몫이었다. 하지만 부토를 비롯한 서파키스탄의 정치 세력은 이를 용납하지 못했다. 동파키스탄에서만 몰표를 받은 아와미연맹이 정부를 구성한다는 것은 곧 서파키스탄이 동파키스탄에 복속된다는 의미로 여겨졌기 때문이다.

파키스탄은 지금껏 항상 서파키스탄이 지배해 왔다. 공식 언어도 펀자브 지역이 중심이 된 우르두어였고, 화폐도 서파키스탄에서 발행했으며, 군대 역시 서파키스탄에서만 보유할 수 있었다. 이에 서-동 파키스탄 간 팽팽한 줄다리기가 시작됐다. 야히야 칸 대통령은 아와미연맹에게 동파키스탄의 자치권을 가지도록 허용하되 서파키스탄에 대한 통치권은 행사하지 못하도록 하는 중재안을 내놓았다. 그러나 서파키스탄의 관료들과 군부, 그리고 줄피카르 알리 부토는 야히야 칸의 중재안마저도 수용할 생각이 없었다. 서파키스탄의 지배 엘리트들은 자신들이 온전히 장악해 온 전체 파키스탄의 권력을 동벵갈인들과 나누려 하지 않았다.

동파키스탄의 자치권 허용이 이루어지지 않자 동파키스탄의 다카에서 학생들이 중심이 된 분리 독립 시위가 일어났다. 야히야 칸 대통령은 다시 계엄령을 선포하고 아와미연맹의 정치 활동을 금지시켰으며 벵갈 정치인들을 대거 체포했다. 또한 군을 투입해 시위를 강경 진압했다. 이에 벵갈인들도 민병대를 조직해 반격에 나섰다. 이 상황에서 인도가 동벵갈 민병대에게 무기와 자금을 지원하며 개입한다. 서파키스탄군은 동벵갈인들을 상대로 무자비하게 폭력을 휘둘러 많은 희생자가 발생했고 동벵갈인 수백만 명은 인도로 피난을 떠났다. 사태는 급기야 서파키스탄군과 인도군 사이의 전쟁으로 확산되었다. 인도와 전쟁이 벌어지자 서파키스탄의 여론은 애국주의로 들끓었다. 하지만 실전에서 파키스탄군은 인도군에게 일방적으로 몰렸다. 1971년 12월 16일 파키스탄은 다카에서 인도와 동파키스탄 민병대에게 무조건 항복을 선언했다. 이후 동파키스탄은 파키스탄에서 분리해 방글라데시로 독립했다.

동파키스탄 상실로 파키스탄은 영토의 6분의 1과 인구의 절반을 상실했으며, 벵갈 민간인들에 대한 잔학 행위[58]로 파키스탄의 국제적 이미지도 악화되었다. 파키스탄 국내 여론은 정부에 대해 극도의 분노를 표했다. 야히야 칸을 향해 '배신자'라고 욕을 하거나 '인도와 내통했다'고 비난하는 목소리가 드높았다. 여론이 악화되자 군 수뇌부도 대통령에게 사퇴를 종용했고 야히야 칸은 힘없이 물러났다. 파키스탄 국민들은 더 이상 군부의 통치를 원하지 않았다. 굴욕적인 패배를 당한 군부 역시 대중 앞에 나설 명분이 없었다. 이제 줄피카르 알리 부토에게 기회가 왔다. 부토 가문은 오랜 기간 동안 군부와 패트론-클라이언트 관계를 맺어왔기에 군부로서도 '부토는 집권 후에도 군부의 기득권을 해치지 않을 것'이라고 믿을 수 있었다.

부토의 실패, 또다시 등장한 군부

1971년 12월 20일 줄피카르 알리 부토가 대통령에 취임했다(이후 1973년 새로운 헌법을 선포한 후 부토는 총리로 자리를 바꾸었다). 부토 정부의 출범은 여러 의미가 있었다. 우선 펀자브인들이 주도하는 정치 권력이 신드주 출신인 부토와 그 측근들에게 넘어갔다는 지역 권력 교체의 성격을 지닌다. 또한 계속되던 군부 정권의 막을 내림으로써 민주주의가 한 단계 발전했다고 평가할 수 있다. 부토는 권력을 잡은 후 곧바로 계엄령을 해제하고 파키스탄을 안정화시키려 노력했으며, 빈곤층인 다수 국민들의 편에 서겠다는 의지를 담아 '이슬람 사회주의'를 천명했다. 아유브 정권 시기 산업화로 인해 대규모 인구가 농촌을 떠나 도시로 이주하여 노동자나 소상공인이 되었는데, 이들은 소수에게 부가 집중되는 것에 분노했다. 부토는 이러한 도시 서민들에 더해 원래 지주들에게 반감을 가지고 있던 소농과 소작농들을 자신의 정치적 기반으로 삼았다. 소농과 소작농은 수적으로 다수였기에 민간인 출신 부토 정부가 무력을 보유한 군부에 맞설 수 있는 방패막이 되리라 기대한 것이다.

부토는 1972년 1차 산업 국유화를 단행해 철강, 중공업, 전력, 화학공업 등을 국유화했다. 또한 노동자와 노조의 권리를 인정하는 법안을 마련하고 대규모 토지 소유를 제한하는 개혁 조치도 실시했다.[59] 이어 1974년 2차 산업 국유화 조치에서는 은행과 쌀·밀·면화 등의 국유화를 실시했다. 부토 정권의 사회주의적 개혁이 전격적으로 단행된 것이다.

부토 정부는 군에 대한 개혁도 추진했다. 우선 기존 정규군을 견제할 수 있는 새로운 군사 조직인 연방보안군과 인민수비대를 창설했다. 이 조치로 인해 군부는 부토에게 깊은 앙심을 품게 된다. 군의 기득권을 보호해 주리라 여겼던 부토가 오히려 군의 힘을 약화시키는 정책을 추진했기 때문이다.

부토는 군 조직도 개편했다. 기존 체계에서는 육군 총사령관이 전체 군을 통솔하는 권한을 가졌으나 개편 이후 육·해·공군에 각각 참모총장직을 신설했다. 각 참모총장에게 동등한 권한을 부여함으로써 육군을 견제했고, 참모총장들을 내각 국방위원회 산하에 두어 민간 정부가 군을 통제할 수 있도록 했다. 그러나 현실은 부토를 도와주지 않았다. 아유브 칸과 야히야 칸을 연이어 몰아내는 과정에서 파키스탄은 급진적인 구호를 외치는 정치 세력이 크게 성장했다. 발루치스탄, 신드, 파슈툰에 이어 펀자브에서도 분리 독립운동이 일어났다. 부토는 자신이 공언한 바와 달리 이러한 분리주의 운동에 군을 파견해 강경 진압에 나섰다. 이미 동파키스탄이 큰 파열음을 내며 분리해 나간 상황인지라 부토 정부로서는 또 다른 분리주의 운동에 매우 예민하게 반응할 수밖에 없었다. 이 과정에서 자연스레 군의 위상이 다시 올라갔다. 끊임없이 분리되어 나가려는 지역주의를 하나로 묶으려면 물리적인 힘이 필요했기 때문이다. 시간이 지나면서 군이 정치에 개입해도 이상하지 않은 환경이 만들어지고 있었다. 게다가 1974년 5월 인도가 핵실험을 하면서 파키스탄에 안보 위협이 증가했고 이에 군부의 활동 공간이 넓어졌다. 결국 부토도 기존 정권처럼 군에 의존하는 상황을 벗어나지 못했다.

부토 총리와 집권당인 파키스탄인민당(PPP) 역시 구습에서 벗어나지 못했다. 법과 제도보다는 부토 개인의 카리스마에 의존하는 정치 행태를 보였고 득표를 위해 전통적 지주 엘리트층과 결탁하는 관행도 바꾸지 않았다. 또한 정부를 비판하는 지식인과 대학생들을 탄압했으며 언론에 대한 검열도 점차 강화됐다. 많은 이들이 부토 정권이 아유브 정권과 무엇이 다른가에 대해 의문을 품기 시작했다. 게다가 70년대 중동발 오일쇼크로 인해 연료 가격과 제반 물가가 크게 오르자 부토의 지지층이었던 노동자들과 소상공인들이 큰 타격을 입었다. 소규모 자영농들과 소상공인이 하던 쌀·밀·면화 등 농산품을 제2차 산업 국유화 대상으로 삼은 것도 패착이었다. 민심은 점차 부토 정권으로부터 멀어져갔다. 부토의 개혁 정책으로 타격을 입은 지주와 기업가들 역시 반정부 세력으로 변해 갔다. 부토 정권은 서민과 기득권층 양측으로부터 공격을 받았다.

부토 정권에 대한 불만을 흡수해 빠르게 성장한 세력은 이슬람주의 조직이다. 1977년 총선에 이슬람주의 단체들이 지원하는 파키스탄국민동맹(PNA, Pakistan National Alliance) 아래로 여러 반정부 정치 세력들이 결집했다. 이들은 주로 모스크에서 모임을 가졌는데 정부 당국도 감히 모스크 내부로 진입하지는 못했다. 하지만 선거 결과 집권당인 PPP가 승리하자 PNA를 비롯한 모든 야당들은 부정 선거를 주장하며 부토 정권 타도 운동을 전개했다. 이로 인해 파키스탄은 전국적인 혼란이 지속됐고, 군부는 기회를 놓치지 않았다. 1977년 7월 5일 육군 참모총장인 무함마드 지아 울 하크(Muhammad Zia-ul-Haq) 장군이 쿠데타를 일으켜 국가 질서 유지를 명분으로 부토를 체포하고 계엄령을 선포했다. 다시 군부 정권이 들어선 것이다.

지아 울 하크(이하 '지아')는 쿠데타 이듬해에 대통령직에 올랐다. 특이한 점은 그가 대통령직에 겸해 기존의 육군 참모총장직을 거의 임기 말기까지 유지했다는 사실이다. 지아는 대통령이자 군인의 신분으로 파키스탄을 통치한 것이다. 이처럼 막강한 권력을 손에 쥔 지아였지만 줄피카르 알리 부토의 영향력을 두려워한 나머지 1979년 그를 교수형에 처해 정계 복귀를 원천적으로 차단하고자 했다. 쿠데타를 통해 권력을 잡은 지아 대통령은 펀자브 출신이었고 사형을 당한 부토는 신드 출신이었다. 다시 말해, 지아 울 하크의 쿠데타는 한때 권력에서 밀려난 펀자브 출신 군부 엘리트 집단이 부토를 비롯한 신드 출신 민간 정치 엘리트 집단을 몰아내고 권력을 탈환한 정치적 사건이었다. 특히 부토의 처형은 신드인들 사이에 강렬한 반발을 불러일으켰으며 반(反)펀자브 정서가 단순한 지역감정이 아니라 정치적 구심점이 되도록 만든 계기가 되었다. 지아 정권은 인구 면에서 가장 많은 펀자브와 두 번째로 많은 신드 간에 짙은 정체성의 선을 그은 셈이다.

지아 정권은 '이슬람화'로 기억된다. 지아는 그 자신이 열렬한 이슬람 신자였다. 그는 집권 초기에 이런 말을 남겼다. "이슬람의 이름으로 건국된 파키스탄은 이슬람을 신봉하는 한 계속 살아남을 것이며 이것이야말로 내가 이슬람 체제 도입이 이 나라의 필수 선결 조건이라고 생각하는 이유다."[60] 지아는 파키스탄 최대의 이슬람 집회인 '타블리기 자마아트(Tablighi Jamaat)'[61] 연례 집회에 매년 빠짐없이 참석했다. 타블리기 자마아트는 데오반드파 운동에서 갈라져 나온 초국적 이슬람 선교 운동으로, 종교적 헌신이 군의 애국심과 전문성을 강화한다고 믿었던 지아는 타블리기 자마아트의 선교 활동을 군에 도입했다. 그 결과 파키스탄의 많은 군 장교와 장병들이 데오반드파 운동에 참여하게 됐다. 자연스럽게 데오반드파와 군 인사들 간의 교류가 늘고 네트워크가 생겨났다.

이 시기 파키스탄 정부는 마드라사 설립을 적극 지원했다. 당시 파키스탄은 정부 교육 시스템의 실패로 유소년들의 학교 진학률이 낮았다.[62] 따라서 학비가 들지 않고 기숙사 제도로 운영되는 마드라사는 가난한 집 자녀들이 학교에 갈 수 있는 유일한 기회였다. 1947년 파키스탄 전역에 약 250개 정도의 마드라사가 있었으나 1983~1984년 기간 동안에만 1만 2천여 개의 마드라사가 문을 열었다. 마드라사 설립 붐은 데오반드파가 주도했으나 바렐비파나 아흘랄하디스파 등 다른 종파들도 경쟁적으로 마드라사 설립에 뛰어들었다.

마드라사 건립 자금은 주로 사우디아라비아에서 왔다. 당시 사우디아라비아는 석유를 팔아 벌어들인 돈으로 해외에 사우디의 공식 이슬람 이념인 와하비즘을 전파했다. 와하비즘은 수니파 가운데서도 가장 엄격한 근본주의를 추구하는 한발리법학파에 뿌리를 둔 이념으로, 결과적으로 이 시기 파키스탄에 세워진 마드라사 가운데 상당수는 데오반드파의 전통주의적이고 보수적인 이슬람 학풍에 사우디의 엄격하고 근본주의적인 와하비즘이 더해진 급진적 이슬람주의를 학생들에게 심어주었다. 대표적인 곳이 페샤와르의 '하카니야 마드라사(Haqqaniyah Madrasah)'다. 소련의 아프간 침공 후 파키스탄으로 넘어온 난민 소년들이 이 마드라사에 모였는데, 훗날 하카니야 마드라사에서 탈레반 지도자들을 대거 배출하게 된다.

지아 정권은 샤리아 법정과 샤리아 형법을 도입해 권위주의 정치 체제 구축에 이용하기도 했다. 대표적인 것이 사실상 사라졌던 태형의 부활이다. 태형은 간음이나 성범죄 등에도 적용됐지만 반정부 활동을 억누르는 장치로도 사용됐다. 1978년 5월 파키스탄 정부는 신문사 강제 폐간에 항의하며 단식 투쟁에 들어간 언론인 4명을 체포해 공개 태형에 처했다. 우락부락한 상반신을 드러낸 레슬러가 매질을 했고 이것을 공개적으로 대중들에게 노출시킴으로써 국민들에게 위압감과 공포감을 심어주려는 의도였다.

지아 정권의 독재 정치는 기존 아유브 정권 시절의 그것을 뛰어넘었다. 반정부 인사들에 대해 지독한 고문이 자행됐고 언론 매체뿐만 아니라 TV와 영화 등도 엄격하게 사전 검열을 실시했다. 반정부 논조는 물론 이슬람에 대한 모독이나 파키스탄 국민 통합에 저해된다고 판단되는 내용은 모조리 검열 단계에서 잘려나갔다. 이렇다 보니 파키스탄 국민들 사이에서 도리어 인도의 발리우드 영화 해적판이 큰 인기를 얻기도 했다. 지아는 쿠데타 후 선거를 치르겠다고 약속했으나 이행 시기를 계속 연기하는 한편 1979년 10월 일체의 정당 활동이나 대중 모임을 금지하는 조치를 내려 민주주의의 가능성을 닫아버렸다.

1979년 12월 소련의 아프가니스탄 침공은 지아 정권에 일대 전환점을 제공한다. 1970년대 중후반 미국의 카터 행정부는 파키스탄 정부의 인권 문제와 핵 개발을 거론하며 각종 원조와 지원을 중단했다. 하지만 소련이 아프가니스탄을 침공하고 무자헤딘들이 이에 맞서 싸우면서 아프가니스탄과 인접한 파키스탄은 미국의 대소련 전략의 핵심 거점으로 떠올랐다. 미국은 막대한 지원금과 물자를 파키스탄을 통해 아프간 무자헤딘들에게 전달했다. 파키스탄 경제는 이에 힘입어 높은 성장률을 기록했다. 1980년 10.2%의 경제 성장률을 기록한데 이어 지아 집권 내내 대체로 6~7%대의 높은 성장률을 이어나갔다. 이 중 상당수는 미국으로부터 흘러들어온 아프간 특수에 기인한 것이었다. 하지만 파키스탄정보부(ISI, Inter-Services Intelligence)는 소총이나 폭탄, 대전차포 등의 무기를 중간에 빼돌려 무기상들이나 파슈툰 부족들에게 팔아 돈을 벌었다. 그 결과 파키스탄과 주변 지역에 총기와 폭탄들이 확산되면서 훗날 급진 이슬람주의 무장 조직들이 성장할 수 있는 환경이 만들어졌다. 대표적인 이들이 앞 장에서 언급한 'LeT(라슈카레 타이바)'나 'JeM(자이쉬 모하메드)'와 같은 무장 조직들이다. 또한 통제되지 않는 무기의 확산은 파키스탄의 치안과 내정도 불안하게 만들었다. 급진 이슬람주의 무장 조직 외에도 마약 거래상, 분리주의 민병대, 학생 운동 조직 등에게 각종 무기가 유포되었고 국가 내부의 폭력도 점차 심각한 수준으로 악화된다.

지아 정권기 군부는 더욱 몸집을 불렸다. 군사령관들은 회계 감사를 받지 않는 군 비자금을 부동산 개발에 투자해 막대한 이익을 남겼다. 또한 군 복지기금을 통한 수익 사업이 크게 성장했다. 이미 아유브 정권기인 1954년에 육군은 전역 군인들을 위한 복지기금을 운용하는 파우지 재단(Fauji Foundation)을 설립했는데, 정부가 파우지 재단에 면세 혜택을 부여하면서 이들은 마음 놓고 이권 사업을 벌였다. 초기에는 담배, 설탕, 면직물 등의 사업에 뛰어들었으나 현재는 금융, 석유, 가스, 발전, 시멘트, 비료, 식품 등의 사업체까지 운영하며 파키스탄 경제에 막강한 영향력을 휘두르는 거대 기업 집단으로 성장했다. 또한 여기서 얻은 수익으로 군인과 그 가족들을 위한 학교, 대학 및 병원을 설립해 전국적으로 90여 개의 학교 및 11개의 병원, 23개의 의료센터를 운영한다. 공군과 해군도 육군의 이권 사업을 따라했다. 공군은 샤힌(Shaheen) 재단, 해군은 바흐리아(Bahria) 재단을 통해 항공사, 여행사, 의류, 의료, 부동산 등 광범위한 분야에서 수익 사업을 운영하고 있다. 지아 정권은 군부의 이익 정치를 추구했다고 평가할 만하다.

지아는 집권 초기부터 선거를 실시하겠다고 약속했다. 하지만 시간이 가도 선거가 재개되지 않자 약속을 지키라고 요구하는 여론은 점점 거세어졌다. 지아 정권이 선거를 실시하도록 만든 결정타는 이슬람으로부터 왔다. 집권 초기부터 지아 대통령을 지지하고 도왔던 급진 이슬람주의 단체 자마아트-이슬라미(JI)[63]는 파키스탄을 샤리아로 통치되는 이슬람 국가로 전환시키는 것이 목표였다. 그들은 지아 정권이 이를 추진할 것이라는 약속을 믿고 전폭적으로 지지했으나 시간이 흘러도 지아 대통령이 군부 독재를 바꿀 의지가 보이지 않자 1984년경부터 강력한 반정부 노선으로 변모해 지아 정권에게 선거를 실시하도록 압박했다. 지아는 이슬람 세력이 자신을 등질 경우 자칫 정권 자체가 흔들릴 수 있다고 판단했고 이에 재신임을 묻는 국민투표를 실시하겠다고 선언했다.

1984년 11월 19일 국민투표[64]가 실시되었고 지아는 97%가 넘는 지지율로 재신임을 받았다. 이를 바탕으로 지아는 1985년 2월 전국적인 총선도 실시했다. 하지만 정당 없이 후보자만 등록해 선거를 치르도록 제한함으로써 정당 정치가 복원되지 못하도록 막았다. 또한 대중 집회와 대중 연설도 허용되지 않았다. 유권자들은 극히 제한된 정보로 후보자를 선택할 수밖에 없었다. 결국 많은 유권자들이 자신의 패트론이 지지하는 후보에게 표를 줌으로써 지역 패트론의 영향력이 극대화되고 말았다.

정권이 총선에서 정당을 불허한 이유는 줄피카르 알리 부토의 파키스탄인민당(PPP)이 되살아나는 것을 막기 위해서였다. 지아는 부토를 사형시킨 데 대한 부담감을 늘 가지고 있었고, PPP를 중심으로 신드인들과 반정부 민심이 뭉쳐 정국을 뒤엎을 수도 있다고 우려했다. 그럼에도 불구하고, 지아 정권은 거세지는 민정 이양 요구에 대해 타협책을 마련해야 한다고 여긴 듯하다. 그래서 당시 줄피카르 알리 부토의 딸 베나지르 부토(Benazir Bhutto)가 지아 정권의 탄압으로 영국에 망명 중이었는데 지아 정권은 그녀의 귀국을 허용한다.

1968년 베나지르 부토가 돌아오자 지아에 맞선 반대 세력이 빠르게 부토 주변으로 몰려들었고 PPP는 재건되었다. 민정 이양을 요구하는 민심이 거세지자 지아 정권은 베나지르 부토와 협상을 통해 군의 기득권을 보장받고자 했다. 물론 지아는 정권을 누구에게도 순순히 넘길 생각이 없었다. 그러나 지아 정권은 갑작스러운 사고로 막을 내렸다. 1988년 8월 17일 지아가 타고 가던 군 수송기가 이슬라마바드 남쪽 531km 바하왈푸르에서 추락해 대통령뿐만이 아니라 동승한 아놀드 루이스 라펠 미국 대사와 다른 파키스탄 고위 장성들이 숨지는 사고가 발생했다. 이 사고를 둘러싸고 수많은 음모론이 난무했다. 비행기 안에 폭발물이 있었다는 설, 누군가 파일럿에게 신경가스를 뿌려 졸도시켰다는 설, 인도와 이스라엘 공작원이 연루되어 있다는 설 등. 하지만 파키스탄 정부와 미국 정부는 음모론을 부인하며 '사고'라는 입장을 분명히 했다. 어찌 됐든 불의의 비행기 추락 사고로 지아 울 하크 대통령의 철권통치는 막을 내렸다.

혼돈의 민간 정부 시대

지아 울 하크 대통령이 사망하자 파키스탄 정부는 그동안 중단시켰던 정당 제도를 복원하고 총선 실시를 발표했다. 1988년 11월 의회 선거가 전국적으로 치러졌다. 베나지르 부토는 '이슬람 사회주의'를 내세웠던 PPP를 좌파 자유주의 정당으로 변모시켜 총선에 나섰다. 총 207석 중 94석을 차지해 원내 제1당으로 올라섰으나 단독 과반을 차지하지 못했기에 다른 좌파 정당들과 동맹을 맺고 연립 정부를 구성했다.

베나지르 부토는 35세의 나이로 아버지에 이어 파키스탄의 총리가 되었다. 이슬람 국가 최초의 여성 총리이자 최연소 총리였다. 이 선거에서 친지아 세력은 다른 9개의 보수 정당들을 규합해 이슬람민주동맹(IDA, Islamic Democratic Alliance)을 결성해 원내 제2당이 되었다. IDA의 실세 중 하나인 나와즈 샤리프(Nawaz Sharif)는 철강 사업체를 경영했던 기업인 출신으로 지아 정권하에서 펀자브주 재정부 장관과 펀자브 주총리를 역임한 인물이었다. 이후 파키스탄의 정치는 신드 출신이자 좌파 정치인인 베나지르 부토와 펀자브 출신이자 우파 정치인인 나와즈 샤리프 간 라이벌 구도로 진행된다. 이는 펀자브 출신 정치 엘리트들과 신드 출신 정치 엘리트들이 권력 투쟁을 벌이는 해묵은 경쟁인 동시에, 각각 지역 정서를 기반으로 지역 맹주로 군림하는 부토 가문과 샤리프 가문이 패트론-클라이언트 관계를 본격적으로 중앙 정치에 끌어들인 양상이었다.

건국 초기부터 파키스탄 정치는 '제도'가 아니라 카리스마적 지도자에 의해 움직였다. 대통령이나 총리만이 아니라 개별 정파나 정당들도 유력 지도자들을 중심으로 형성되었으며 그 지도자의 가족이나 가문이 지속적으로 정당에 깊숙이 관여하여 영향력을 미쳤다. 가문이 패트론 역할을 하며 정치의 구심점이 되었고, 정치적 동원은 이념이나 노선보다 패트론-클라이언트 네트워크에 의해 이루어졌다. 특히 지아 정권이 막을 내린 후 펼쳐진 10여 년 동안의 민간 정치 시대에 이러한 행태가 극심했다. 인도처럼 파키스탄 역시 가문 정치가 이뤄진 것이다.

베나지르 부토 역시 아버지 줄피카르 알리 부토의 후광으로 신드인들의 지지를 한 몸에 받았고 이를 바탕으로 PPP의 지도자가 되었다. 파키스탄 역사상 가장 전통 있는 정당 중 하나인 PPP는 부토 가문에 의해 사유화되었다. 이러한 정치 운영 방식은 파키스탄의 민주주의가 발전하지 못하도록 가로막는 주요 요인 가운데 하나였다.

베나지르 부토는 1986년 귀국 후 그동안 지아 정권의 탄압 속에서도 PPP를 지켜왔던 원로 활동가들을 몰아내고 당의 요직을 자신에게 충성하는 인물들로 교체함으로써 PPP를 장악했다. PPP는 현대적 정당이 아니었다. 당 사무처도 없었고, 당내 경선도 존재하지 않았다. 모든 것은 부토의 뜻에 따라 움직였다. 경쟁 정당도 마찬가지였다. 나와즈 샤리프는 1988년 총선에서 IDA가 PPP에게 패배한 후 당내 경쟁자들을 몰아내고 당권을 장악했으며, 1993년 총선 전에 파키스탄무슬림연맹-N(PML-N)[65]을 창당한다. 부토가 PPP에 대해 그러한 것처럼 PML-N 역시 나와즈 샤리프가 패트론 역할을 하는 정당으로 제도나 시스템이 아니라 샤리프 개인에 의해 운영되었다.

베나지르 부토 정권 1기(1988.12~1990.08)는 지아 정권의 속박으로부터 벗어나려는 몸부림이었다. 부토는 지아 정권이 금지했던 각종 결사의 자유를 허용하고, 특히 노조의 권리를 인정했으며, 언론에 대한 검열도 대폭 완화했다. 또한 군부를 통제하기 위해 군의 주요 간부들에 대해 인사권을 행사하려 했으나 당시 대통령이었던 굴람 이스하크 칸(Ghulam Ishaq Khan)의 반대로 대부분 실패했다. 굴람 이스하크 칸 대통령은 관료로 승승장구하다가 지아에게 발탁되어 재정부 장관을 역임한 인물로서 친군부 인사였다. 이로 인해 베나지르 부토 1기에는 부토 총리와 칸 대통령 간의 대립이 계속됐다.

굴람 이스하크 칸 대통령은 갓 총리직에 취임한 베나지르 부토에게 군부와 파키스탄 정보부(ISI)의 기득권을 침범하지 말 것을 경고했다. 특히 군부는 국방과 외교 분야의 정책 결정에 있어 부토 내각보다 우위에 서고자 했다. 부토는 군부의 허락을 얻지 않고서는 기존의 국방·외교 정책을 바꾸거나 이 분야의 요직에 있는 인물에 대한 인사를 단행할 수 없었다. 이 시기는 인도의 핵 개발에 대항해 파키스탄도 핵 개발에 몰두하던 시기였다. 칸 대통령과 군부는 핵 개발에 대한 자세한 정보를 부토 총리에게 제대로 공유하지 않았다.

부토는 국민들에게 경제 성장과 교육 및 보건 서비스 개선, 주택 공급 등을 약속했지만 어느 것 하나 제대로 이행되지 않았다. 당시 파키스탄 재정은 거의 파산 직전이었기 때문이다. 지아 정권기에는 가장 큰 산업 부문인 농업에 대해 과세를 하지 않던 관행을 유지했다. 정권과 결탁한 기득권 지주 엘리트들의 이익을 보호해 주기 위해서였다. 그나마 있는 재정 역시 군과 정부 관료들의 사익 추구로 새어 나갔다. 이를 물려받은 부토 정부는 정책을 추진할 수 있는 재원이 거의 없었다.

1990년 8월, 굴람 이스하크 칸 대통령은 부패 혐의로 베나지르 부토와 그의 남편 아시프 알리 자르다리(Asif Ali Zardari)를 고발하고 부토를 총리직에서 해임했다. 부토 부부가 파키스탄군 공군기 구매 건과 관련해 프랑스 다쏘 그룹으로부터 뇌물을 수수해 스위스 계좌로 자금 세탁을 한 것이 주요 혐의 내용이었다. 지아 집권기인 1985년 공포된 헌법 개정안에서는 대통령에게 총리 해임 권한이 있었다. 지아 정권 시기의 기득권 세력과의 싸움을 집권 명분으로 내세웠던 부토가 결국 본인의 부정부패에 발목이 잡힌 것이다. 이어 치러진 총선에서 PML-N이 주도하는 이슬람민주동맹(IDA)이 승리했고 나와즈 샤리프가 총리에 취임했다.

샤리프 정권 1기(1990.11~1993.7)에도 파키스탄의 대통령은 여전히 굴람 이스하크 칸이었다. 그는 베나지르 부토 정권 1기와 마찬가지로 여전히 친군부 성향을 드러내며 국정 운영과 각종 주요 인사에 개입했다. 이를 견딜 수 없었던 샤리프는 1993년 대통령의 권한을 제한하는 내용을 담아 헌법을 개정하고자 했다. 그러자 칸 대통령은 부토 때와 마찬가지로 나와즈 총리를 부패 혐의로 고발하고 총리직에서 해임하려 했다. 나와즈 총리 역시 권한 남용 혐의로 칸 대통령을 맞고발했다. 대법원은 대통령의 총리 해임이 부당하다며 나와즈의 손을 들어주었으나 칸과 샤리프의 정치적 갈등이 격화되어 정부가 마비되자 결국 두 사람 모두 사임하도록 판결했다. 이에 다시 총선이 실시되었으며 베나지르 부토가 이끄는 PPP가 재집권한다.

베나지르 부토 정권 2기(1993.10~1996.11)는 새 대통령 선출로 시작한다. 부토는 지난 1기 때의 실패 경험을 거울삼아 PPP 소속인 파루크 레가리(Farooq Leghari)를 대통령으로 밀어 당선시켰다. 베나지르 부토가 미국 빌 클린턴 대통령과 친분이 있었기 때문에 미군의 군사 원조를 희망했던 군부도 부토의 요구를 일단 수용했다.

안정적인 통치 환경을 만든 부토는 본격적으로 권력 독점을 추진한다. 남편 자르다리를 투자부 장관이자 연방수사국장 자리에 앉혔고 총리인 부토는 재정부 장관을 겸직했다. 베나지르 부토 총리는 레가리 대통령의 지지를 바탕으로 육·해·공군 참모총장을 민간 정부에 협조적이고 민주주의를 지지하는 인물들로 임명했다. 권력을 완전히 장악했다고 여긴 부토 부부는 불법적으로 재산을 모으는 데 혈안이 되었다. 지난 집권기의 실패를 또다시 반복한 것이다. 자르다리는 국가 재정을 이용한 각종 사업 진행 과정에서 알뜰하게 뒷돈을 챙겼다. 계약할 때마다 10%의 리베이트를 받는다고 하여 자르다리의 별명이 '미스터 10%'일 정도였다. 또한 부토와 자르다리는 탈세와 해외 자금 도피 등 각종 부정행위를 저질렀다.

파루크 레가리 대통령은 베나지르 부토 덕분에 당선됐음에도 불구하고 총리 부부의 전횡을 더 이상 묵과할 수 없었다. 결국 1996년 레가리 대통령은 부패 혐의로 부토 부부를 고발하고 총리직에서 해임했다. 부토 부부가 이때 고발당한 금액은 총 1억 달러 수준이었다. 부토는 영국으로 도피했고 자르다리는 체포되었다.

자르다리는 부패 혐의 외에도 베나지르 부토 총리의 남동생인 무르타자 부토(Murtaza Bhutto)에 대한 살인을 지시했다는 혐의도 받았다. 무르타자 부토는 지아가 아버지 줄피카르 알리 부토를 사형시키자 지아 정권에 저항하는 반란군을 조직해 테러와 비행기 납치 등의 급진적인 투쟁을 전개했다. 누나인 베나지르 부토가 집권한 후 집권당인 PPP가 점차 변질되자 이에 반발하며 '개혁·민주주의·사회주의'의 기치를 높이 든 개혁파이기도 하다. 베나지르 부토의 어머니이자 PPP 공동의장이었던 누스라트 부토(Nusrat Bhutto) 역시 아들 편에 서면서 부토 남매간의 갈등은 최고조에 달했다. 줄피카르 알리 부토의 진정한 계승자가 누구인가를 두고 누나와 남동생이 대결을 벌이는 양상이 전개된 것이다. 하지만 1996년 9월 20일 무르타자 부토는 카라치의 자택에서 총에 맞아 숨진 채 발견됐다. 이 살인 사건에 대해 무르타자의 매형인 자르다리가 배후라는 주장이 제기됐지만 결국 증거 부족으로 자르다리에게 무죄가 선고되었다. 이 사건은 PPP라는 정당이 어떻게 부토 가문에 의해 사유화되었는지를 단적으로 보여주는 사례라고 하겠다.

부토 정권 2기가 무너진 후 잠시 동안의 과도 정부 체제를 거쳐 1997년 선거가 실시되었고 다시 나와즈 샤리프가 집권했다. 샤리프 정권 2기(1997.2~1999.10)는 대통령 권한을 제한하는 개헌으로부터 시작한다. 1997년에 통과된 제13차 헌법 개정안에서는 대통령의 총리 해임권(정부 해산권) 조항이 삭제되었다. 이는 베나지르 부토 정권 1·2기와 샤리프 정권 1기가 모두 대통령에 의해 총리가 해임되면서 막을 내렸던 경험으로부터 얻은 교훈을 샤리프 총리가 충실히 따른 것이다.

1998년 파키스탄은 핵실험을 강행함으로써 국제 사회로부터 고립됐다. 이는 경제 성장률이 1~3%대에 머물 정도로 파키스탄의 경제 상황을 악화시켰다.[66] 샤리프는 군부를 견제하는 한편 자기 당파의 이익을 추구하는 데 관심이 쏠려 있었다. 샤리프 정권 2기에 대한 국민들의 지지도는 낮았다.

샤리프 정권 2기의 몰락은 외부로부터 시작되었다. 1999년 파키스탄은 인도령 카슈미르의 카르길에 병력을 침투시켜 잠무·카슈미르의 서쪽 지역을 실효 지배하는 작전을 세웠는데, 인도의 적극적인 반격으로 많은 사상자를 낸 채 후퇴하고 말았다. '카르길 전쟁'을 지휘한 사령관은 당시 합참의장이었던 페르베즈 무샤라프(Pervez Musharraf)였다.

샤리프 총리는 전쟁 패배로 국민들의 여론이 악화되자 그 책임을 무샤라프에게 물어 해임하려 했다. 하지만 무샤라프가 먼저 눈치채고 쿠데타를 일으킬 우려가 있었기에 그를 불시에 체포하려는 계획을 세웠다. 그런데 군부의 친무샤라프 세력들이 먼저 병력을 이끌고 이슬라마바드에 진입해 샤리프 총리를 자택에 가두어버렸다. 당시 스리랑카 콜롬보를 방문하고 있던 무샤라프는 급히 귀국했고 이후 전국 각지의 군 병력이 방송사, 주요 행정 관청, 전력, 통신시설 등을 장악한 채 샤리프 내각 각료들을 강제 연행했다.

이렇게 샤리프 정권 2기가 막을 내리고 무샤라프의 시대가 시작되었다. 샤리프는 가택연금 후 본인의 요청에 따라 사우디아라비아로 망명했다. 부토와 샤리프가 번갈아 집권하던 민간 정부의 시대가 실패로 끝나고 다시 군부가 정치의 중심에 섰다.

무샤라프, 그리고 테러와의 전쟁

무샤라프는 비상사태를 선포한 후 스스로 최고 행정관이 되어 국정을 장악했다. 그는 국가의 경제적 어려움을 쿠데타의 명분으로 내세우고 국가를 위해서는 헌법 질서를 잠시 유예할 수 있다고 주장했다. 그럼에도 불구하고 무샤라프는 아유브 칸이나 지아 울 하크와 달리 계엄령을 선포하지는 않았다. 또한 쿠데타 직후부터 민간 정부로 복귀할 것을 약속했다. 하지만 '낡은 정치'를 일소해야 파키스탄이 새로워질 수 있다는 것이 그의 신념이었다. 무샤라프는 요직에 군 인사들을 대거 포진함으로써 군 명령 체계와 엄격한 기율로 정부를 이끌어가고자 했다. 파키스탄 정부가 민주주의와 헌정 질서를 파괴하고 다시 군부 권위주의로 회귀하자 미국과 서방 세계는 이를 강력하게 비난했다. 물론 미국을 정말 화나게 한 것은 파키스탄의 핵 개발이었다. 무샤라프 정권 초기에 파키스탄과 미국의 관계는 매우 악화되었으며 미국의 경제 제재로 인해 파키스탄의 경제난은 가속화되었다.

무샤라프는 당시 대통령이었던 라피크 타라르(Muhammad Rafiq

Tarar, 1929~2022)에게 사퇴를 강요하고는 2001년 6월 20일 스스로 대통령직에 올랐으며, 2002년 10월 총선을 앞두고 부패 척결을 명분으로 야당 정치인들에 대해 대대적인 조사를 벌여 대거 기소하는 칼바람을 일으켰다.[67] 이처럼 국가 권력을 앞세워 선거를 치른 끝에 2002년 총선에서 친무샤라프 정당인 PML-Q(파키스탄무슬림연맹-콰이디아잠파)[68]가 원내 제1당이 되었으며 다른 우파 정당들과 동맹을 맺고 정부를 구성했다.

무샤라프는 민간인 출신 정치인인 자파룰라 칸 자말리(Zafarullah Khan Jamali)를 총리로 내세운 후 최고 행정관의 권한을 그에게 넘겼다. 형식적으로 민간 정부로의 권력 이양이 이루어진 것이다. 그러나 무샤라프는 곧 제17차 헌법 개정에 나서는데 "대통령은 대법원 동의하에 의회 해산권을 가진다"는 항목을 포함시켜 대통령의 권한을 강화했다. 무샤라프는 지아 울 하크의 예를 따라 대통령 임기 내내 군복을 벗지 않고 육군 참모총장을 겸직했다. 결국 민간 정부 권력 이양은 겉포장에 지나지 않았고 실질적으로 군부의 정권 장악이 계속된 셈이다. 이후에도 완전한 민정 이양을 요구하는 여론이 높았지만 무샤라프는 계속 공허한 약속만 남긴 채 군권을 포기하지 않았다. 단지 군권 장악뿐이 아니라 무샤라프 집권 기간 내내 군 출신의 이권 챙겨주기는 그 이전에 비해 훨씬 심해졌다. 전·현직 군 인사들을 대학이나 연구기관 등에 낙하산으로 마구 꽂았다. 군 출신 대학 총장도 다수였으며 정부 내에만 4,000~5,000명의 군 출신 공직자들이 존재했다. 국가의 안정과 안보를 명분으로 군부가 국가 기관을 통해 집단 이익을 추구한 것이다.

이러한 와중에 파키스탄은 외부로부터의 격랑에 휩싸이게 된다. 미국에서 '9·11 테러'가 일어난 것이다. 2001년 9월 11일 미국으로 향하던 4대의 여객기가 일단의 무리들에게 납치된 후 뉴욕 세계무역센터 및 워싱턴 D.C.의 펜타곤에 충돌하는 테러 공격이 벌어진다. 이로 인해 2,977명이 희생됐고 2만 명이 넘는 부상자가 발생했다. 미국의 부시 행정부는 사상 초유의 사태에 분노하며 어떻게든 보복을 하고자 했다. 미국 정부는 테러 공격의 배후로 알카에다를 지목했는데, 당시 오사마 빈 라덴을 비롯한 알카에다 지도부는 탈레반 정권의 보호 아래 아프가니스탄에 머물고 있었다. 미국은 탈레반 정권에게 알카에다 지도부를 넘기라고 요구했으나 탈레반의 지도자 오마르는 이를 거절했다.

2001년 10월 7일 미국은 아프가니스탄 침공을 개시한다. 21세기 첫 20년간 세상을 떠들썩하게 만들었던 '테러와의 전쟁'이 시작된 것이다. 미국이 아프가니스탄에서 군사 작전을 실시하기 위해서는 국경을 접하고 있는 파키스탄의 협조가 절실했다. 문제는 파키스탄 정부가 아프간의 탈레반 정권과 긴밀한 관계를 유지하고 있다는 점이었다. 아프간 침공 전 미국의 리처드 아미티지 국무부 부장관은 파키스탄 고위 당국자에게 전화를 걸어 협조를 요청했는데, 훗날 무샤라프의 증언에 따르면 아미티지 부장관이 "협조하지 않으면 폭격을 해서 파키스탄을 석기시대로 되돌려 놓을 것"

이라고 협박했다고 한다.[69] 결국 무샤라프는 '국익을 위해서' 미국의 '테러와의 전쟁'에 협조하기로 결정했다. 파키스탄은 미군에 파키스탄정보부(ISI)가 수집한 아프가니스탄 및 탈레반 관련 정보를 제공했으며 비행기 이·착륙 권한을 부여하고 아프간 접경 지역의 병참 시설을 공유했다. 그리고 파키스탄 내에서 활동하는 탈레반과 알카에다 관련 인물들을 체포했다.

당시 파키스탄은 군부 쿠데타와 핵 보유로 인해 미국과 UN으로부터 강력한 제재를 당하는 등 어려움을 겪고 있었다. 하지만 미군에 협조하면서 이 문제를 깔끔하게 덮을 수 있었다. 게다가 파키스탄에 주둔하는 미군으로부터 상당한 외화가 유입됐다. 미국 부시 행정부는 파키스탄에 대한 경제 제재를 철회하고 6억 달러 수준의 경제 지원을 재개했다. 2000년 파키스탄의 외환 보유고는 9억 8백만 달러에 그쳤지만 미국에게 협조한 이후인 2004년 외환 보유고가 110억 달러로 급증했다. 무샤라프가 집권한 후 첫 5년간 경제 성장률이 2~3%대를 오르내리는 수준이었으나, 2003년 5.78%, 2004년 7.55%, 2005년 6.52% 등으로 경제 상황이 크게 개선되었다.[70] 파키스탄의 경제 호황을 보여주는 일례로, 2000년도에는 파키스탄의 휴대전화기 사용자가 31만 명이었으나 2007년에는 6천 280만 명으로 크게 늘었다.[71]

경제 호황에도 불구하고 파키스탄 국내의 보수 이슬람주의자들은 정부의 친미 행보에 크게 분노했다. 그들이 보기에 무샤라프 정권은 자신들의 이익을 위해 이교도 미국에게 빌붙어 아프간의 무슬림 형제를 배신한 것이다. 이슬람주의 대의를 추종한 수천 명의 파키스탄 청년들이 아프가니스탄으로 건너가 반미 항전에 가담했다. 더 큰 문제는 미군에게 쫓긴 탈레반 패잔병들과 난리를 피해 고향을 등진 아프간인들이 국경을 넘어 파키스탄으로 밀려 들어온 것이다. 주로 파슈툰족들이 모여 사는 북서변경주와 FATA(연방직할부족자치지역)[72]에 아프간인들이 넘어왔는데 이 가운데에는 탈레반과 알카에다 외에도 여러 급진 이슬람주의 세력이 섞여 있었다.

미국 정부는 무샤라프에게 "국내 이슬람주의 세력을 진압하라"고 압력을 넣었고 파키스탄군은 와리지스탄 지역에서 파슈툰 부족 민병대 진압 작전을 펼쳤다. 그러나 파슈툰 부족들은 강력하게 저항했고 파키스탄군의 장교와 사병들 역시 적극적으로 이들을 공격하지 않아 성과는 미미했다. 이에 무샤라프는 당황했다. 만일 대대적으로 파슈툰 부족을 공격할 경우 파키스탄 내 파슈툰족들의 광범위한 저항을 불러일으켜 파슈툰 분리 독립운동의 불씨에 기름을 끼얹을 터였다. 또한 무샤라프 정권의 탈레반 공격으로 가뜩이나 화가 나 있는 국내 울라마들과 보수 이슬람 세력들이 정부의 파슈툰 부족 탄압을 명분 삼아 본격적으로 반정부 운동에 나설 수도 있다. 무샤라프로서는 미국의 강압에 못 이겨 친미 반탈레반 노선을 선택했으나 이로 인해 자칫 국내 집권 기반이 흔들릴 위기였다. 파키스탄 정부는 대체로 탈레반 소탕 작전에는 뜨뜻미지근한 태도로 임한 반면 미국의 주 타깃인 알카에다 소탕에는 적극적으로 나섰다.[73] 국내 여론과 미국 사이에서 눈치를 보면서 절충점을 찾은 셈이다.

이러한 혼란 상황은 파키스탄 내 급진 이슬람주의 조직들에게 오히려 기회였다. 1980년대 소련에 대항했던 무자헤딘 멤버들이 주축이 되어 만들어진 LeT나 JeM 등의 지하드 조직들은 카슈미르에서 활발한 테러 활동을 전개했으며, 심지어 2001년 12월에는 인도 뉴델리의 국회의사당까지 침투해 테러 공격을 감행했다. 인도에 반감을 가지고 있던 많은 파키스탄인들이 이 사건을 통쾌하게 여겼지만 무샤라프는 큰 걱정거리를 안게 됐다. 그동안 파키스탄 정부는 ISI를 통해 이 지하드 조직들을 지원해 왔는데, 인도 국회의사당 테러 공격이 국제 사회의 주목을 받게 되자 무샤라프는 이들에 대한 지원을 끊을 수밖에 없었다. 만일 파키스탄이 '테러 지원국' 리스트에 오를 경우 미국을 통해 쏟아져 들어오던 지원금이 막히게 될 것이기 때문이다. 하지만 군과 ISI 내부에는 지하드 조직들에게 동조하는 이들이 상당수 있었다.

정부에 의해 활동이 금지된 이슬람주의 조직들은 이름을 바꾸고 활동을 이어 나갔다. 조직 간판을 교체한 이후 이들은 기존의 무장 투쟁보다는 국가가 해주지 못하는 여러 사회 서비스들을 제공하면서 민심을 얻는 데 주력했다. 활동을 그만두고 고향으로 돌아가는 전직 조직원들에게 일자리를 구해 주었고, '지하드' 중 전사한 이의 가족들에게는 물질적 지원을 베풀었다. 특히 2005년 카슈미르 대지진과 2010년 파키스탄 대홍수 때 이러한 조직들이 앞장서 피해자들에게 인도주의적 지원을 제공하기도 했다. 도움을 받은 피해자들은 이러한 이슬람주의 조직들을 제대로 된 사회안전망을 제공해 주지 못하는 정부보다 더 나은 존재로 인식했다. 가장 대표적인 사례가 흔히 '파키스탄 탈레반'으로 불리는 '테리키 탈레반(TTP)'[74]이다. 2007년 파키스탄 내 친탈레반 무장 조직들이 통합해 만들어진 조직으로, 만들어질 당시 TTP라는 '우산' 아래 40여 개의 이슬람주의 조직이 모였으며 아프가니스탄 전쟁에 개입했던 경험을 토대로 활동 범위를 넓혀 점차 파키스탄 정부에 대한 '반란'의 성격을 띠는 활동을 전개했다. 2007~2008년 겨울에 와리지스탄 남부 지역에서 정부군을 상대로 치열한 전투를 벌이기도 했다. 한동안 미군의 드론 공격과 파키스탄 정부군의 군사 작전으로 세력이 위축됐으나 2020년 탈레반이 미국과 협상을 하면서 아프가니스탄에서 다시 세력을 키우자 TTP도 파키스탄에서 여러 조직들을 흡수해 다시 위협적인 반정부 조직으로 떠올랐다. 파키스탄 내부에서 TTP의 테러 공격으로 민간인 피해가 발생하면서 이들에 대해 곱지 않은 시선도 있지만, 파슈툰족 집단 거주 지역의 가난한 이들에게 식량이나 의료 서비스를 제공해 줌으로써 지역민들의 인심을 얻고 있는 것으로 알려져 있다. 또한 최근에는 오랜 기간 반정부 투쟁을 벌여온 발루치스탄(Baluchistan, 파키스탄, 아프가니스탄, 이란에 걸쳐 있는 고원 지대)의 분리주의 세력과 결탁하면서 파키스탄 정부를 긴장시키고 있다.

역대 파키스탄 정부의 오랜 숙제였던 발루치스탄 분리 독립운동은 무샤라프 정권에서도 계속됐다. 2005년 부그티 부족의 저항을 시작으로 발루치스탄에서 대대적인 반정부 무장봉기가 일어났다. 풍부한 천연가스와 철광석 매장지를 가지고 있음에도 불구하고 늘 펀자브인들에게 수탈을 당한다는 반감을 가지고 있던 발루치인들의 축적된 울분이 폭발한 것이다. 발루치 반군들이 천연가스 수송관을 공격하자 정부군은 폭격기와 공격용 헬기까지 동원해 대대적인 진압 작전에 나섰다. 발루치인들도 주변에 사는 펀자브 출신 민간인들을 살해하는 것으로 응수하면서 상황은 크게 악화됐다.

무샤라프는 중국의 '일대일로(一帶一路, 시진핑이 선언한 21세기형 실크로드 경제 벨트 계획)' 프로젝트에 참여하여 발루치스탄 남부의 과다르항(港)을 남아시아의 물류 허브로 만든다는 계획을 의욕적으로 추진했다. 중동의 석유가 과다르항을 거쳐 중국 신장이나 중앙아시아로 수송되도록 하겠다는 것이다. 하지만 그동안 타지인들에게 정당한 몫을 빼앗겨왔다는 박탈감이 강했던 발루치인들은 과다르항 건설을 반기지 않았다. 과다르항에서 발생하는 소득이 발루치인들의 몫이 아니라고 여겼으며 과다르항 건설 과정에서 정부가 토지를 싼값에 수용한 데 대해서도 커다란 반감을 드러냈다.

급기야 2004년 5월 3일 과다르항 건설 사업에 참여한 중국인 기술자 3명이 원격으로 조종된 폭탄에 살해당하는 사건이 발생했다. 파키스탄 정부는 즉시 450여 명의 중국인 기술자들에게 신변

안전 조치를 제공하고 대대적으로 범인 색출에 나섰다. 이 테러리즘의 배후는 '발루치스탄 해방군'으로 알려진 반정부 조직이었다. 발루치 반군 조직들은 무샤라프 정권의 강력한 탄압으로 점차 세력이 약화되었으나 현재까지도 명맥을 이어가고 있다.

이처럼 파키스탄의 정치는 펀자브와 신드의 갈등, 펀자브·신드 등 주류 종족과 발루치스탄이라는 비주류 종족의 갈등 등 지역에 기반한 종족적 정체성의 선으로 분열되어 있다. 게다가 파슈툰족은 종족 정체성과 이슬람 정체성이 결합한 독자적인 정체성을 형성하고 있다. 인도처럼 파키스탄 역시 복잡하게 얽힌 내부의 선이 국민들을 나누고 갈등으로 몰아넣는다. 정치 엘리트들은 이 선을 이용해 정치적 이득을 추구하고 권력을 잡는다. 선은 패트론과 클라이언트를 낳고, 군부의 영향력을 보존하며, 파키스탄의 민주주의가 발전하는 것을 끊임없이 방해한다.

'테러와의 전쟁'으로 여론이 악화된 상황에서 무샤라프는 의회 선거인단을 통해 자신의 임기를 연장하는 신임 투표를 실시했다. 2004년 1월 1일 의회 선거인단은 56%의 지지로 무샤라프의 임기를 2007년까지 연장했다. 친무샤라프파가 의회에서 다수를 점하고 있던 상황에서 예상 가능한 결과였다. 하지만 무샤라프 정권의 붕괴의 결정적 계기는 사법부와의 싸움에서 비롯되었다. 2007년 3월 무샤라프는 전임 대법원장들과는 달리 군부와 무샤라프에게 고분고분하지 않고 사법부의 독립성을 지키려 들었던 차우드리(Iftikhar Muhammad Chaudhry) 대법원장에 대해 파키스탄 역사상 전무후무한 '대법원장 직무 정지' 조치를 내렸다. 차우드리 대법원장의 부패와 권한 남용이 그 이유였다. 하지만 상황은 무샤라프의 뜻대로 흘러가지 않았다. 전국의 판사와 변호사들이 업무 거부와 집단 시위로 정부의 전횡에 저항하기 시작한 것이다. 경찰은 이들의 시위를 무자비하게 진압했으나 오히려 야당들과 이슬람 반정부 세력들까지 판사와 변호사들의 저항에 동참하도록 이끄는 역효과를 낳았다. 결국 2007년 7월 무샤라프는 차우드리를 대법원장에 재임명했다. 하지만 이는 무샤라프의 꼼수였다. 계속 여론이 나빠질 경우 10월에 치러질 대통령 선거에 악영향을 미칠까 우려해 한발 물러선 것이다. 10월 6일 의회 선거인단을 통해 실시된 대통령 선거에서 무샤라프는 다시 압도적으로 당선됐다. 무샤라프에게 도전할 만한 샤리프나 부토 같은 거물 정치인들이 모두 해외에 있었기 때문이었다. 재선 직후 무샤라프는 차우드리 대법원장에 대한 반격에 나섰다. 2007년 11월 긴급 사태를 선포하고 임시헌법령을 발표한 후 차우드리를 다시 해임했다. 반정부 시위에 나섰던 60여 명의 판사들도 함께 쫓아냈다. 법조계와 야당, 그리고 시민들은 이번에도 한데 뭉쳐 반정부 시위에 나섰다.

이러한 와중에 2007년 10월 18일 베나지르 부토가 귀국했다. 그는 파키스탄을 극심한 혼란으로 몰고 간 무샤라프를 비난하며 2008년 2월에 치러질 총선을 통해 정계 복귀를 할 계획을 세웠다. 그러나 12월 27일 방탄 차량 해치를 열고 일어서서 자신을 둘러싼 군중들에게 인사하던 부토는 무리 속의 한 남성이 터뜨린 폭탄에 사망하고 만다. 테러범 자신도 함께 숨졌고 주변의 여러 시민들 역시 죽거나 부상을 당했다. 파키스탄 정부는 TTP가 부토 암살의 배후라고 발표했다. 하지만 이 사건에 무샤라프 정권이 개입했다는 의혹이 제기됐다. 훗날(2013년) 파키스탄 법원은 당시 위험을 사전에 인지하고 있었음에도 부토에게 충분한 경호 조치를 제공하지 않은 혐의로 무샤라프에게 가택연금을 선고했다.

긴급사태를 선포한 무샤라프는 2008년 2월에 치러질 총선을 연기하려 했으나 시민들과 야당, 법조계가 이에 완강하게 저항하자 결국 2월 18일 선거를 실시했다. 총선에서 베나지르 부토의 안타까운 죽음에 대한 동정표가 몰리며 PPP가 원내 제1당이 되었다. 부토의 남편인 아시프 알리 자르다리가 대통령에 선출됐고 PPP의 유수프 라자 길라니(Yousuf Raza Gilani)가 총리가 되었다. 이때 PPP를 이끄는 명목상의 지도자는 베나지르 부토의 아들인 빌라왈 부토 자르다리(Bilawal Bhutto Zardari)였으나 실질적인 당권은 부토의 남편이자 대통령인 아시프 알리 자르다리에게 있었다. 어쨌거나 PPP에 대한 부토 가문의 영향력은 여전했다.

총선에서 승리한 PPP는 다른 정당들과 손잡고 무샤라프 탄핵 절차에 들어갔다. 무샤라프 집권기의 비상사태 선포 등 위헌적 조치들과 불법 정치 공작, '테러와의 전쟁'을 빌미로 국민들에게 행한 억압 정책 등이 탄핵 사유였다. 2008년 8월 무샤라프는 대통령직에서 사임한 후 런던으로 망명했다. 훗날 파키스탄으로 돌아와 정치적 재기를 도모했으나 법원은 무샤라프의 과거 불법 행위에 대해 유죄를 선포하며 그의 정계 복귀를 막았다. 사법부의 독립성을 훼손하려 했던 그에게 법원이 엄정한 잣대를 들이댄 것은 당연한 결과였다.

파키스탄 민주주의는 발전하고 있는가

자르다리 대통령은 무샤라프의 친미 노선을 이어갔다. 하지만 그것이 자르다리의 정치적 굴레가 되었다. 미군은 2008년 FATA 지역에서 대대적인 드론 공격 작전을 폈다. 이 지역에 숨어든 탈레반·알카에다 게릴라를 토벌하는 것이 목표였다. 이 군사 작전으로 많은 민간인 사상자가 발생하면서 미군에 대한 여론이 나빠졌음에도 미군의 드론 공격은 계속됐다. 그러자 파키스탄 국민들은 이를 묵인하는 정부에 비난의 화살을 돌렸다. 특히 이슬람계에서 비난의 목소리가 컸다. 파키스탄 정부는 공식적으로 "미군의 군사 활동은 파키스탄의 주권 침해"라고 성토했으나 상황은 별로 달라지지 않았다.

2011년 5월 미군 특수부대가 이슬라마바드 인근 아보타바드에 은신 중이던 알카에다 지도자 오사마 빈 라덴을 사살했다. 이로 인해 파키스탄 정부는 곤란한 처지에 놓이게 됐다. 미국은 파키스탄 정부가 오사마 빈 라덴이 자국 내에 숨어 있다는 사실을 알면서도 미국에게 알리지 않았다고 의심했다. 물론 파키스탄 정부는 이를 부인했다. 반면 오사마 빈 라덴에게 동정적이었던 파키스탄 내 이슬람주의자들은 정부가 미군의 군사 작전을 허용했다며 맹비난했다. 자르다리는 안팎으로 인기를 잃었다.

    자르다리 정권의 인기가 시들했던 데에는 저조한 경제 실적도 크게 작용했다. 자르다리가 집권할 시기 파키스탄은 디폴트 위기에 놓여 있었고 결국 IMF로부터 구제금융을 받아야 했다. 게다가 미국과의 관계가 어정쩡해지면서 지원 규모도 크게 줄어들었고, 2010년 7월 펀자브 지역 및 북서부 지역에서 발생한 대규모 홍수 사태로 파키스탄 전체가 커다란 타격을 입었다. 72시간 동안 계속해서 폭우가 쏟아지면서 몬순 기간 평균 대비 최고 4배에 달하는 강우량을 기록했다. 이로 인해 1천5백 명 이상이 사망했고 2천만 명 이상이 피해를 입었다. 식량난과 전염병이 파키스탄을 덮쳤다. 교통 및 통신 인프라가 파괴되고 곳곳에서 약탈과 폭력이 자행됐다. 특히 주요 수출 품목인 농작물이 10억 달러 상당의 피해를 입으면서 경제도 어려워졌다. 자르다리 집권 기간 내내 경제 성장률은 1~3%대에 머물렀다.

    자르다리 집권 내내 파키스탄 정치권은 PPP와 PML-N 간의 경쟁 관계가 유지되었다. 소모적인 정치 투쟁에 매몰되는 등 두 정당의 대립 구도는 문제도 많으나 군부가 정치에 개입하지 못하도록 막는 데는 서로 협력했다. PML-N이 보수 정당이며 상대적으로 군부와 가까운 관계를 유지했음에도 PPP 정권을 이기기 위해 군부를 끌어들여 정권 붕괴를 도모하는 행태를 반복하지는 않았다.

오히려 군부의 정치 개입에 대해 분명한 반대 메시지를 지속적으로 내놓았다. 이를 통해 파키스탄의 정치는 더디게나마 한 걸음 전진하고 있다고 평가할 수 있다.

자르다리 대통령은 베나지르 부토 2기 집권기에 저질렀던 부정부패 혐의와 관련해 야당으로부터 사퇴 압력을 받았다. 자르다리는 대통령 권한을 축소함으로써 정치적 위기를 벗어나고자 했다. 이에 2009년 11월 길라니 총리에게 군 통수권과 핵무기 감독 권한을 이양했으며 대통령 권한을 축소하는 제18차 헌법 개정안을 수용했다. 2010년 4월 의회에서 통과된 제18차 헌법 개정안은 대통령의 의회 해산권, 총리 해임권, 참모총장 임명권을 박탈하고 대통령을 의례적인 지위로 국한시키는 반면 정부를 이끄는 실권을 총리에게 몰아주는 것이 주요 골자였다. 이 개정안은 의회에서 만장일치로 통과되었으며 지아 울 하크 시대의 족쇄로부터 파키스탄 민주주의가 벗어나는 첫걸음으로 평가할 만하다.

그럼에도 불구하고 자르다리 정부는 여전히 군부에게 신경을 쓸 수밖에 없었다. 무샤라프 정권 말기인 2007년 국방 예산이 53억4천만 달러였으나 자르다리 정부에서는 경제적 어려움에도 불구하고 2011년 69억5천만 달러, 2013년은 76억5천만 달러로 국방 예산이 계속 증가했다. 이처럼 빠른 국방 예산 증가 추세는 자르다리 정부 이후의 다른 민간 정부에서도 계속돼 2018년 파키스탄의 국방 예산은 115억3천만 달러에 달했다.[75] 파키스탄은 만성적인 전력난과 식수난에 시달리고 있으며 열악한 사회기반시설로

갖가지 문제가 발생하고 있으나 이에 대한 투자보다 국방비에 돈이 쏠리는 상황이다. 민간 정부는 군부의 정치 개입을 막기 위해서 오히려 군부의 이익을 안정적으로 보장해야 하는 딜레마에서 벗어나지 못했다. 이익이 침해당하는 순간 군부가 언제든지 정치 권력을 노릴 수 있다고 우려했기 때문이다.

 2013년 총선에서 나와즈 샤리프가 이끄는 PML-N이 승리했다. PPP가 부토 가문의 정당이듯이 PML-N은 여전히 샤리프에게 충성했다. 무샤라프에게 밀려나 해외에 머물던 샤리프는 2008년 파키스탄으로 돌아와 정계에 복귀했으며 2013년 총선 승리를 통해 세 번째 총리직에 올랐다. 그러나 나와즈 샤리프 3기 역시 부패 스캔들로 막을 내렸다. 파나마 페이퍼스(Panama Papers)가 그것이다. 파나마 페이퍼스는 2016년 국제탐사보도언론인협회(ICIJ)가 폭로한 파나마의 로펌 모색 폰세카(Mossack Fonseca)의 내부 문서로, 이 문서에 나와즈 샤리프의 자녀들과 그의 동생 셰바즈 샤리프의 자녀들이 해외에 수백만 달러치의 부동산을 소유하고 역외 기업을 세워 거액의 세금을 탈루했다는 내용이 포함되어 있었다. 이것이 알려지자 파키스탄의 야당들이 일제히 샤리프 총리의 사임을 요구했다. 샤리프는 코너에 몰렸다. 2017년 7월 28일 법원은 샤리프가 공직을 담당할 수 있는 자격을 상실했다고 판결을 내렸다. 2018년 7월 나와즈 샤리프 총리는 10년형 선고를 받고 수감되었으며 부패에 연루된 다른 일가친척들도 금고형과 벌금형에 처해졌다. 나와즈 샤리프 3기 정부는 이렇게 비극적으로 마무리되었다. 하지만 처벌을 면한 나와즈의 동생 셰바즈 샤리프(Shehbaz Sharif)가 PML-N의 당수직을 이어받았으며 2022년 총리가 되었다. 여전히 PML-N은 '샤리프 가문의 정당'이라는 틀을 탈피하지 못한 것이다.

군부 정권으로부터 벗어났지만 파키스탄의 민주주의는 여전히 많은 과제를 안고 있다. 무엇보다도 파키스탄 사회 전체를 얽어매고 있는 패트론-클라이언트 네트워크가 제도나 법에 의한 국가 운영이 아니라 개인의 영향력에 의한 비공식적 운영 방식을 부채질하면서 민주주의 발전을 힘들게 하고 있다. 민간 정부 지도자였던 부토 가문이나 나와즈 샤리프 가문 역시 패트론-클라이언트 문화에 기대어 정치적 영향력을 유지해 오고 있다는 점에서 해결 방안을 찾기가 무척 어려워 보인다.

게다가 오랫동안 민주주의를 짓눌렀던 군부가 여전히 영향력을 보유하고 있다는 점 역시 파키스탄 민주주의의 커다란 리스크로 남아 있다. 군은 파우지 재단과 같은 군 복지기금을 통해 거대한 기업 집단을 만들어냈으며 막강한 경제력을 통해 정관계에 군 출신 인사들이 진출할 수 있도록 지원하고 있다. 또한 파키스탄 군부는 법조계와의 커넥션을 형성해 자신들의 이익을 적극적으로 방어하고 있다. 군부 정권이었던 무샤라프 정권은 쿠데타에 성공한 이후인 2000년에 임시헌법명령(Provisional Constitutional Order)을 발동하여 파키스탄의 헌정질서를 중단시켰다. 이때 모든 판사들에게 임시헌법명령에 대한 충성 서약을 강요했는데 이를 거부한 대법원장 등은 해임되었고, 충성 서약을 한 판사들은 오히려 승진했다. 이처럼 파키스탄 군부는 사법부 내에 친군부 세력을 양성하면서 사법부에 대한 영향력을 키워왔는데, 이는 무샤라프가 물러나고 민주화된 현재까지도 상당 부분 유지되고 있다는 것이 일반적인 분석이다. 파키스탄에서 어떠한 정치인도 군의 강력한 기득권에 손을 대지 못하고 있다. 파키스탄의 민주주의에는 여전히 군부의 그림자가 드리워 있다.

**아시아 신생 독립국들과
대한민국의 근대화는 무엇이 다른가?**

∴

약 1만 8천 개의 섬으로 이루어진 인도네시아는
자연 조건상으로도 강력한 중앙정부가 발달하기 어려운 환경이다.
일단 바다가 사람들을 갈라놓는다.
섬과 섬 사이에는 다른 문화와 정치 단위가 형성되기 쉬우며
육지라 하더라도 수많은 강과 정글이 거대 국가의 등장을 방해한다.
중국과 인도라는 거대 문명 세계 사이에 끼여서
양측으로부터 상이한 영향을 받는 동시에 남태평양의 바다 문명이 혼합되어
지구상에서 인종·언어·종교가 가장 복잡한 지역으로 꼽힌다.

Indonesia

Chapter 3

인도네시아

복잡한 정체성이 낳은 KKN의 그늘

인도네시아는 아마도 세계에서 가장 많은 종족 정체성의 선을 가진 나라일 것이다. 1만8천 개에 달하는 섬과 울창한 열대 정글로 사람들의 거주 지역이 갈라진 인도네시아는 환경적으로 중앙집권적인 거대 국가가 등장하기 어려웠다. 이러한 환경은 700개 이상의 언어와 250개 이상의 종족 집단이라는 복잡한 인적 구성을 만들어냈다. 게다가 네덜란드 지배하에서 이주민을 대거 받아들임으로써 정체성의 혼란은 더더욱 가중되었다. 당연히 20세기에 건국한 인도네시아가 하나의 민족 정체성으로 이들을 통합하는 것은 험난한 작업이었다.

인도네시아는 건국 과정에서 치열한 독립 투쟁과 내전을 거쳤다. 자연스럽게 이념적·정치적 대립이 종족 정체성의 선과 겹치면서 현대사에서 매우 높은 수준의 갈등을 경험했다. 전쟁을 통해 네덜란드로부터 독립한 인도네시아공화국은 친네덜란드-반(反)자바 성향의 지역 반란을 진압하고, 공산주의 및 이슬람주의 세력과도 싸워야 했으며, 동시에 이 모두를 하나의 인도네시아 국민으로 흡수하고자 했다. 인도네시아공화국 정부는 내부의 선을 지우고 하나의 인도네시아 국민을 만들기 위해 특정 종교나 이념이 아니라 '빤짜실라(Pancasila, 인도네시아 건국 5대 원칙)'에 기반을 둔 국가 이념을 제시했다. 또한 다수 종족인 자바인 정체성 대신 인도네시아 정체성을 새로 만들고자 말레이어를 공용어로 채택했다. 하지만 지역, 종족, 종교 등에 따라 여러 갈래로 나뉜 인도네시아의 복잡한 선 안에서 도처에 패트론-클라이언트 관계가 싹을 틔웠다. 인도네시아공화국 정부는 초기부터 지역의 유력 인사들과 결탁을 했다. 워낙 다양한 정체성을 한데 모아야 했기에 각 지역과 커뮤니티를 대표하는 인사들이 정치에 참여했다. 수카르노 정부의 국회의원과 장관, 군 고위 간부들은 각 지역의 유력 가문 출신들이 다수였다. 이러한 상황은 수하르토의 신질서 정부에서 더욱 강화되었다. 수하르토는 정당의 정치 활동을 제한하는 한편 사회와 경제의 각 부문별로 기능 조직을 만들어 국민을 통제하려 했다. 이 기능 조직의 수장은 대체로 친정부 성향의 유력 가문 출신이었는데 이들은 특정 산업이나 특정 직업에서 막강한 영향력을 발휘했다. 수하르토 가문이라는 거대한 패트론 밑에서 여러 작은 패트론들이 생겨난 것이다.

　인도네시아는 건국을 주도한 세력이 힘과 무력을 통해 내부의 선을 지우려고 시도했으며 그 결과 외형적으로 국민국가의 모습을 갖추었다. 하지만 영토 내에 거주하는 이들을 실제 인도네시아 국민으로 통합하는 것은 또 다른 문제였다. 통합의 중심은 군이었다. 인도네시아의 군은 중앙정부의 통제로부터 일정한 자율성을 가진 세력으로 성장했다. 인도네시아 군부는 한동안 정치에 깊이 관여했으나 수하르토 정권이 무너지면서 정치로부터 물러났다. 그러나 여전히 정·관계에서 군 출신 인사들은 강력한 영향력을 행사하고 있다. 민주적으로 선출된 정부도 군의 기득권을 건드리기보다는 군 고위 인사들과 타협했다. 인도네시아의 군 지역 사령부는 초기부터 자신들에게 필요한 예산의 상당 부분을 해당 지역에서 자체적으로 조달했다. 정부의 군 예산 지원 비중이 꾸준히 늘었음에도 이 관행은 현재까지도 남아 있으며, 이는 지역의 유력 인사와 군 지역 사령부의 고위층 간에 패트론-클라이언트 관계를 형성하는 계기가 되었다. 이는 다시 중앙 정·관계로 진출한 군 출신 인사들과 연결되어 거대한 후견주의 정치를 만들었다.

수하르토 정권이 무너지고 인도네시아가 민주화의 길을 갔음에도 불구하고 이러한 패트론-클라이언트 구조가 약해질 기미는 별로 보이지 않는다. 오히려 수많은 정치 가문들이 등장하고 정당이 사유화되는 모습을 쉽게 찾아볼 수 있다. 부모의 후광과 지역구의 사적 네트워크를 물려받아 정치권에 진입하는 2세들도 많다. 정치 세습 관행이 널리 자리를 잡은 것이다.

기존 정치인들과는 꽤 다른 스타일과 커리어로 유권자들에게 개혁 기대감을 불어넣었던 조코 위도도(조코위, Joko Widodo) 대통령 역시 집권 후반기에 기존 정치인들의 패턴을 따라갔다. 그의 자녀들이 정치권에 쉽게 입문한 데 이어, 조코위 대통령이 퇴임하는 시점에 정치에 입문한 지 얼마 되지 않은 그의 아들이 부통령이 된 것이다. 이러한 행태는 변화를 바라는 많은 인도네시아인들을 실망시키기에 충분했다.

    KKN은 부패(Korupsi), 결탁(Kolusi), 정실주의(Nepotisme)라는 인도네시아가 안고 있는 문제를 축약한 단어이다. 인도네시아는 많은 인구와 풍요로운 자원을 가져 국가의 성장 가능성이 높게 점쳐진다. 하지만 KKN으로 인해 극소수 패트론들이 성장의 결실 가운데 대부분을 가져간다면 성장 가능성은 그저 가능성으로 그치고 말 것이다. 또한 이를 개혁할 수 있는 강력한 중앙집권국가가 등장하는 데 어려움을 겪는 현실에서 복잡하게 얽힌 정실주의의 실타래를 어떻게 풀 것인가는 여전히 미지수로 남아 있다.

말레이제도의 정치와 문화

1850년 이전까지 '인도네시아'라는 개념은 세상에 존재하지 않았다. 1850년대 영국의 인류학자들이 처음으로 '인도네시아('nesia'는 '섬'을 뜻하는 말로, 인도네시아는 인도양의 섬들이라는 뜻)'라는 단어를 만들어냈으나 당시 말레이제도(동남아시아, 아시아 대륙과 오스트레일리아 대륙 사이에 있는 섬들)를 지배하던 네덜란드는 이 표현을 안 썼다. 20세기 들어 '인도네시아'라는 개념을 적극적으로 수용한 사람들은 오히려 네덜란드의 지배를 받던 원주민들이었다.

고대 자바어에서는 현재의 인도네시아와 그 주변 섬들을 포함하는 말레이제도를 '누산타라(Nusantara)'[76]라고 불렀다. '누산타라'는 '섬'이라는 지리적 의미이며 이 지역을 하나의 정치적 권역으로 정의한 단어가 아니다. 인도네시아는 '네덜란드령 동인도'가 되기 이전까지 하나의 국가였던 적이 없다. 아니, 애초에 말레이제도의 역사를 국가 중심으로 서술하는 것 자체가 매우 어색하다. 유럽인들이 몰려오기 전까지 말레이제도를 주름잡던 사람들은 강력한 군주나 제국의 군대가 아니라 무역상과 뱃사람들이었다. 말레이제도의 원주민들은 기원전부터 인도차이나반도 및 인도아대륙과 교역을 하면서 다양한 규모의 공동체를 이루며 살아왔다. 중국과 아라비아반도에서도 많은 상인들이 오고 갔다. 자연스레 끊임없이 혼혈이 탄생해 기존의 공동체에 섞였다. 그래서 '말레이 문명'은 거대한 혼혈 문명이기도 하다.

하지만 말레이제도에 규모가 다양한 국가들은 분명히 존재했다. 말레이제도는 아시아 해상 무역의 중심지였으며 이는 항구가 발달했다는 의미이다. 주요 무역항은 이를 관리할 인력과 치안·질서를 담당할 무장 병력이 필요하다. 따라서 무역항의 발달은 이를 관장하는 국가 권력의 발달로 이어졌다. 말레이제도의 무역항을 중심으로 소규모 국가들이 만들어졌다. 간혹 내륙에 중심지가 발달한 국가 역시 해안에 무역항을 가지고 있었다. 그러나 13세기 이전 국가들의 기록은 많이 남아 있지 않다. 고대 자바 지역에서는 극소수의 지배층과 승려들이 산스크리트어를 기록한 팔라바 문자[77]와 자바어를 기록한 카위 문자를 사용했으나 일상이나 사건을 기록하는 것이 아니라 왕의 명령을 구술하거나 왕권의 신성함을 선언하는 등의 목적으로 400여 점의 비문을 남긴 것이 문자화된 기록의 대부분이다. 고대 수마트라 지역에서는 단지 10여 점의 비문이 남아 있을 뿐 문자 기록이 훨씬 더 적다. 중앙집권국가가 존재하기 위해서는 중앙의 명령과 의지를 전달할 공문서가 반드시 필요하다. 하지만 문자를 사용하는 사람들이 적었고 이를 체계적으로 기록하지도 않았다는 점은 말레이제도에서 중앙집권국가가 등장하기 어려웠음을 암시한다.

약 1만8천 개의 섬으로 이루어진 인도네시아는 자연 조건상으로도 강력한 중앙정부가 발달하기 어려운 환경이다. 일단 바다가 사람들을 갈라놓는다. 섬과 섬 사이에는 다른 문화와 정치 단위가 형성되기 쉬우며 육지라 하더라도 수많은 강과 정글이 거대 국가의 등장을 방해한다. 중국과 인도라는 거대 문명 세계 사이에 끼여서 양측으로부터 상이한 영향을 받는 동시에 남태평양의 바다 문명이 혼합되어 지구상에서 인종·언어·종교가 가장 복잡한 지역으로 꼽힌다. 최소 250개 이상의 종족 집단과 700개 이상의 언어가 존재한다. 자연스레 지역별 소규모 세습 왕국이 발달한 반면 중앙집권적인 제국은 나타나지 않았다.

이러한 조건 속에서 말레이제도에는 중세 유럽의 봉건제와 닮은 정치 시스템이 형성되었다. 일명 '만달라 체제'[78]라고 하는데, 산스크리트어로 '동그라미'를 의미하는 '만달라(Maṇḍala)'는 특별히 힌두교의 세계관을 담은 동심원을 일컫는다. 동남아시아의 정치 시스템을 '만달라'라고 부르는 것은 이 지역의 권력 관계가 왕궁을 중심으로 왕도·주변부·속국이 네 겹의 동심원 구조로 형성되어 있기 때문이다. 각 지역별로 세습 소왕국이 발달했는데 이들 가운데 누군가 강력한 힘을 가지게 되면 주변의 다른 소왕국들을 자신의 속국으로 삼는다. 강력한 왕국을 중심으로 가까운 지역은 직접 지배권이 행사되는 영향권을 형성하는 반면, 멀리 떨어진 주변부 소왕국들은 중심부 왕국에 충성 서약을 하고 조공을 바치면서 자치권과 독립성을 유지하는데 이러한 영향권을 연결해 놓으면 마치 동심원처럼 보인다. 만달라 체제는 마치 중세 유럽의 봉건제와 유사한 계약 관계라고 할 수 있다.

해상교역이 중요했던 말레이제도에서는 주로 항구를 중심으로 도시국가가 발달했다. 그러다가 힘이 강해지면 주변 국가들에게 조공을 받고 동맹을 형성하는 것이 만달라 체제의 일반적인 모습이었다. 이는 느슨한 형태의 지배-종속 관계로서 중앙집권적인 성격이 약했다. 이 지역의 왕국들은 '영토'가 아니라 '영향력'을 확대하기 위해 세력을 확장했다. 강력한 국가가 등장한다고 해도 바다 건너 섬과 정글 너머 부족 국가를 직접 통치하기는 어려웠기 때문이다. 그래서 만달라 체제의 패권 국가는 다른 소왕국의 영토를 점령하지 않는 대신 속국으로부터 사람과 물건을 제공받았다. 특히 인력이 부족한 이 지역의 특성상 노동력이나 병력을 동원할 수 있는 힘을 확보하는 것이 패권 국가의 주된 목표였다. 하지만 충성 서약을 했던 패권 국가의 국왕이 사망하고 새로운 국왕이 등극하면 기존의 서약은 무효화되고 새로운 서약을 맺어야 했다. 따라서 왕위 계승 시기가 오면 만달라의 영역은 변화를 맞이했다.

8세기 이후에는 말레이제도에 큰 규모의 국가들이 등장했다. 특히 14세기경 동부 자바 지역을 중심으로 수마트라 북동부와 칼리만탄 남부 지역을 넘어서 말레이반도 중남부까지 영향권으로 두었던 마자파힛(Majapahit) 왕국을 오늘날 인도네시아의 원형으로 보기도 한다. 마자파힛은 힌두교와 불교를 바탕으로 한 국가인데 전성기에는 100개에 달하는 소왕국들을 속국으로 거느린 해양 제국을 형성했으며 그 영향력은 중국 명나라가 견제할 정도로 막강했다. 이후 자바는 현대에 이르기까지 말레이제도의 정치적 중심지 역할을 했다. 16세기 후반부터 18세기 중반까지 자바를 지

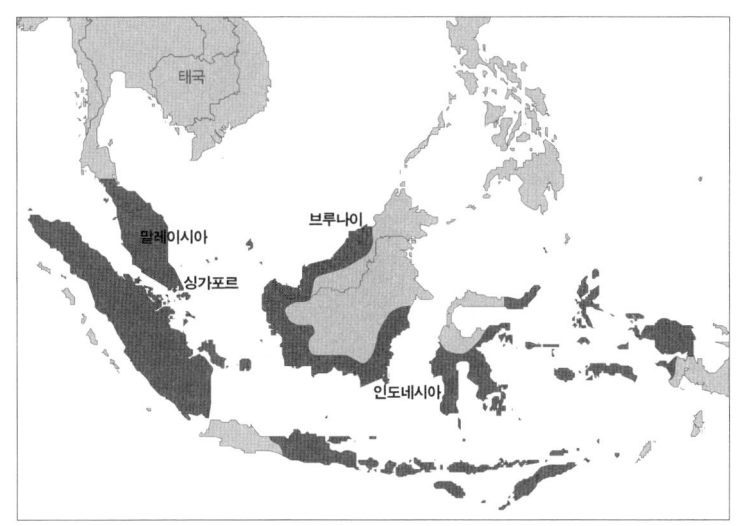

마자파힛 왕국

배했던 마타람(Mataram) 술탄국은 이 지역에 등장한 유럽 세력과 대결하며 인도네시아의 정신적 근원으로 자리매김했다. 하지만 자바를 중심으로 성장했던 마자파힛이나 마타람 등도 중국이나 유럽과 같은 중앙집권국가가 아니라 근본적으로 만달라 체제의 형태를 벗어나지 못했다. 마자파힛 왕국이나 마타람 술탄국은 중앙정부가 전문적인 관료 집단을 지방에 파견하지 않았다. 왕국 중심부와 가까운 지역은 주로 왕족이나 귀족이 다스렸고, 먼 지역은 해당 지역의 세습 통치자들이 자율적으로 다스렸다.

말레이제도에서 이슬람의 전파는 국가의 성장에 상당한 영향력을 미쳤다. 본래 말레이제도는 힌두교와 불교 및 여러 토속 종교가 발달했다. 13세기경 이 지역에 이슬람교가 전파되었는데 구체적으로 언제 누구로부터 전해졌는지는 불확실하지만 동서 교역의 허브였던 말레이제도에 이슬람교가 전해진 것은 자연스러운 현상이다. 당시 인도, 아랍, 페르시아의 상인들은 향료와 후추를 말레이제도에서 구입해 지중해 지역에 내다 팔았다. 따라서 바다를 건너온 이슬람 상인들과 말레이제도의 주민들은 자주 접촉했다. 말레이제도 현지의 상인들이나 소왕국 통치자의 입장에서는 이슬람 상인들의 교역 네트워크와 연결될 경우 큰 이익을 볼 수 있었기에 어떻게든 그 상인들과 친해지고자 노력했고 그 과정에서 이슬람교로 개종하는 이들이 생겨났을 것으로 추정된다.

말레이제도에서 이슬람으로 처음 개종한 지역은 북부 수마트라의 파사이(Pasai) 술탄국이다. 이후 15세기까지 말레이제도 대부분 지역에 이슬람이 전파되었다. 기독교나 이슬람과 같은 일신교는 지역과 관계없이 보편적인 의례를 가지고 있다. 이는 토속 종교나 다신교에 비해 국가가 성장하는 데 도움이 된다. 그렇게 이슬람의 전파로 인해 말레이제도에 복장과 의례가 통합되면서 단일한 말레이 문명이 등장할 수 있는 여건이 마련되었다. 또한 산스크리트어를 대체해 말레이어를 아랍 문자로 표기하기 시작했다. 이슬람 경전의 문자인 아랍 문자를 사용한다는 점에서 말레이어는 이 지역 이슬람을 상징하는 언어로 자리매김했다. 이 과정에서 아랍어 어휘가 대거 말레이어에 들어왔는데 말레이어 어휘의 약 15%가 아랍어에서 파생되었다.[79] 만일 유럽 열강이 이 지역에 등장하지 않았더라면 이를 바탕으로 강력한 국가가 형성되었을 수도 있다. 하지만 역사는 다른 방향으로 흘러갔다.

네덜란드의 지배를 받다

15세기 중반 오스만제국이 지중해를 장악하자 유럽 상인들은 이슬람 상인들의 중개 무역을 통하지 않고 직접 동인도 지역과 교역을 하기 위해 새로운 항로를 찾아나섰다. 그 결과 아프리카 남단의 희망봉을 돌아 인도양으로 들어오는 항로가 개척되었고 이후 유럽은 본격적으로 동인도에 진출하기 시작했다.

가장 먼저 나타난 포르투갈은 말레이반도 남부에 기지를 세우고 말라카 해협(the Strait of Malacca, 말레이반도와 수마트라 섬 사이에 있는 해협)을 장악해 한때 큰 세력을 형성했으나 뒤이어 네덜란드 상인들이 말레이제도에 도착하면서 상황이 달라졌다. 네덜란드가 말레이제도에 진출한 17세기 초는 유럽에서 가톨릭과 개신교 세력 간 전쟁이 한창이었는데 이 상황이 말레이제도에서도 재현된다. '개신교' 네덜란드는 먼저 이 지역에 진출한 '가톨릭' 포르투갈을 몰아내는 데 역량을 집중했다. 그 결과 17세기 중반 무렵에는 네덜란드 동인도회사가 포르투갈 세력을 대부분 축출하고 말레이제도의 최강자로 등극했다.

네덜란드 동인도회사는 네덜란드 의회로부터 아시아 무역에 대한 독점 사업권을 부여받았다. 암스테르담에 위치한 이사회에서는 회사의 주요 정책을 결정하고 '직원'들을 채용했는데 이 '직원'에는 상인과 선원, 군인들은 물론이고 총독을 비롯해 군대를 지휘할 장교, 현지의 정보를 수집할 학자, 종교를 주관할 목사 등이 포함되었다. 네덜란드 동인도회사의 직원에는 네덜란드인만 있는 것이 아니었다. 배를 운항하는 선장과 선원들은 항상 네덜란드인으로 구성했지만 군인들은 유럽의 여러 도시에서 모집되었다.

동인도회사의 배를 타고 말레이제도를 향하는 이들은 절대 다수가 남성이었다. 대부분의 남성 직원들은 유럽으로 되돌아가지 않고 현지화되었다. 풍토병에 걸려 숨지는 이들도 많았고 용병으로 참전했다가 전투 중 사망하는 경우도 적지 않았다. 아시아에 남은 직원들은 현지 여성과 결혼해서 정착했다. 이렇게 동인도회사는 현지화에 성공했다. 회사의 급여는 박봉이었지만 아시아에 도착한 직원들은 현지에서 다양한 이권 사업에 뛰어들어 크게 성공하는 삶을 꿈꾸었다. 회사가 지급하는 급여 이외에 가장 일반적인 수익은 밀무역이었는데, 말레이제도에서 상품을 싣고 네덜란드로 돌아가는 상선에 회사가 정한 물량 이외에 사적으로 거래하기 위한 물품들을 몰래 실어 보내 별도로 수익을 챙기는 수법이었다. 이 때문에 네덜란드로 향하는 동인도회사의 선박은 늘 규정을 초과한 과적 상태였다.

네덜란드는 인도네시아를 전격 침략해 정복한 것이 아니다. 약 200년에 걸쳐 네덜란드 동인도회사 소속의 상인과 군인들이 무역항을 중심으로 현지 정치에 개입하면서 자신들의 영향권을 서서히 확대해 나간 결과 이 지역에 광대한 식민지를 보유하게 된 것이다. 네덜란드인들은 술탄의 용병이 되거나 동맹군이 되어 인도네시아 역사에 꾸준히 개입했다.

네덜란드가 이 지역에 진출할 당시 말레이제도는 다양한 규모의 왕국들끼리 서로 경쟁하는 상황이었다. 또한 강력한 왕국 내에서 왕위 계승을 둘러싸고 내전이 벌어지는 경우도 많았다. 이처럼 치열한 경쟁에서 앞서기 위해서는 군사력과 무역망 확보가 중요했다. 해외 무역망을 장악한 네덜란드 동인도회사가 이 틈을 노리고 용병을 제공하면서 빠르게 영향력을 확대했다. 일부 술탄이나 왕위 계승 후보자들이 경쟁에서 승리하기 위해 동인도회사와 손을 잡았고, 동인도회사는 자신들이 군사력을 제공해 승리한 술탄으로부터 지역의 독점적 이권을 확보하며 점차 통제 영역을 늘려나갔다. 말레이제도의 술탄들과 네덜란드 동인도회사는 종종 서로 잇속이 맞아떨어졌다. 동인도회사는 후추나 주석 같은 물품을 독점적으로 구매하는 권한을 요구하는 대신 술탄에게 그 지역의 기축통화라고 할 수 있는 은을 제공했다.

네덜란드 동인도회사는 문자 그대로 '회사'였기 때문에 처음부터 동인도 지역의 영토를 정복하는 것이 아니라 자신들의 경제적 이익을 극대화하는 것이 목표였다. 따라서 대체로 내륙 지역에는 관심을 보이지 않았고 해상 무역로를 통제할 수 있는 해안 도시들을 장악하는 데 사업의 초점을 맞추었다. 종종 네덜란드 동인도회사는 변두리 섬 지역을 무력으로 장악했다. 주변 국가 술탄의 권력이 주변부 군도 지역까지 미치지 못했고 이 틈새를 네덜란드 동인도회사가 파고들어 자신들이 보유한 군대를 통해 정복에 나선 것이다. 이때 동인도회사가 정복한 섬들은 주로 향신료를 비롯한 주요 수출품들의 생산지였다. 네덜란드 동인도회사는 이 지역에 영향력을 확대하는 과정에서도 철저히 기업답게 굴었다. 지배자로 군림하는 지역에 본국인 네덜란드의 언어나 문화, 사상, 체제 등을 이식하려 하지 않았다. 동인도회사의 직원들은 돈을 버는 것이 목적이었기 때문에 자신들이 말레이어를 습득해 현지인들과 사업을 진행했다. 따라서 동인도회사의 오랜 지배에도 불구하고 네덜란드어는 이 지역에 뿌리를 내리지 못했다. 영국이 지배하는 동안 영어가 공용어로 자리 잡은 인도의 경우와 비교된다.

중앙집권국가가 부재한 말레이제도에는 각 지역을 기반으로 다양한 무장 집단이 존재했다. 이들은 밀림이나 농촌을 기반으로 세력을 형성하기도 했고, 바다를 주무대로 삼기도 했다. 술탄들이 경쟁하는 상황에서 무장 집단들은 특정 술탄의 동맹 세력이 되기도 하고 종종 반란 세력이 되기도 했다. 인도네시아의 역사에서 지역 무장 집단의 영향력은 술탄 못지않게 중요하다. 중앙 권력이 허약한 정치 환경에서 민초들은 늘 술탄이 자신들의 보호자가 되어줄 것으로 기대할 수 없었기에 때때로 이러한 무장 집단을 기반으로 성장한 토호들에게 의존했다. 당시 말레이제도의 원주민들은 동인도회사를 해외 제국주의 세력이라기보다는 이러한 토호 세력

중 하나로 인식했다. 동인도회사가 현지 토호들과 달랐던 점은 멀리 암스테르담에 본부가 존재했으며 이들을 통해 사업의 연속성이 부여되었다는 점이다. 네덜란드 동인도회사는 한때 강력해졌다가 몰락하는 현지 토호들과는 달리 꾸준히 자신의 영향권과 세력을 확대해 나갔다.

말레이제도의 왕국들이 동인도회사에 일방적으로 주도권을 빼앗긴 것은 아니다. 오히려 17~18세기에 걸쳐 자바를 중심으로 이 일대 최강국이었던 마타람 술탄국은 한때 네덜란드 동인도회사를 심각한 위기로 몰아넣기도 했다. 마타람의 제4대 술탄 아궁(Agung, 재위 1613~1645)은 원래 마타람의 근거지인 중부 자바를 기반으로 자바의 거의 전 지역과 마두라 섬을 정복했다. 자바섬에서는 서부 자바의 반텐 술탄국과 동인도회사의 근거지인 바타비아(지금의 '자카르타')만이 마타람에 복속되지 않고 있었는데, 1628년 술탄 아궁은 대군을 파견해 바타비아를 수개월간 포위했다. 하지만 네덜란드인들은 절멸의 위기 속에서도 버텨냈고 결국 장기간 포위전에 지친 마타람의 군대가 철수함으로써 위기를 넘겼다. 이후에도 마타람의 술탄들은 종종 동인도회사의 영향력이 너무 커진다 싶으면 기존의 조약을 깨고 이들을 공격해 힘의 우위를 지키려 했다. 하지만 동인도회사는 이러한 위기들을 잘 관리했고 왕위 계승을 둘러싼 내분이나 술탄들 간의 경쟁, 반란 등을 기회로 삼아 꾸준히 자신들의 영역을 늘려나갔다.

동인도회사가 강해지는 만큼 마타람의 술탄은 약해졌다. 왕권이 쇠락하자 18세기 들어 마타람의 봉신이었던 소왕국들이 잇달아 반란을 일으켰고 마타람의 치안은 무너졌다. 결국 1749년 술탄 파쿠부워노 2세(Pakubuwono II)가 사망하자 왕위 계승을 둘러싸고 또다시 내전이 벌어졌는데 1755년 기얀티 조약(Treaty of Gyanti)을 통해 마타람 술탄국은 수라카르타 왕국과 욕야카르타 왕국으로 분열되고 말았다. 이 조약에서 동인도회사는 '양국의 신하이자 동맹'의 지위를 자처했으나 사실상 양국의 후견인이 됨으로써 자바의 통제권을 완전히 장악했다.

오늘날 인도네시아인들은 기얀티 조약을 자바가 공식적으로 네덜란드의 식민지로 전락한 시점으로 여긴다. 하지만 동인도회사가 말레이제도의 공식적 최강자로 우뚝 서는 동안 정작 회사의 경영 상태는 크게 악화되었다. 직원들의 밀무역 행위는 더욱 심해졌고, 동인도회사의 대성공에 고무된 네덜란드 관료들과 유럽의 자본가들은 회사의 성장보다 높은 배당금을 우선시함으로써 기업 가치를 갉아먹었다. 결정타는 영국으로부터 왔다. 해외 무역의 새로운 경쟁자로 떠오른 영국과 네덜란드 간 '제4차 영국-네덜란드 전쟁(1780~1784)' 과정에서 네덜란드 동인도회사의 선박이 대거 파괴되면서 회사는 회복 불능 상태가 되었다. 결국 1799년 12월 31일자로 네덜란드 동인도회사는 막을 내렸고 이후 네덜란드 정부가 직접 말레이제도를 관할하기 시작했다. '네덜란드령 동인도'의 시작이다.

네덜란드는 동인도에서의 식민지 경영을 두고 영국과 경쟁했

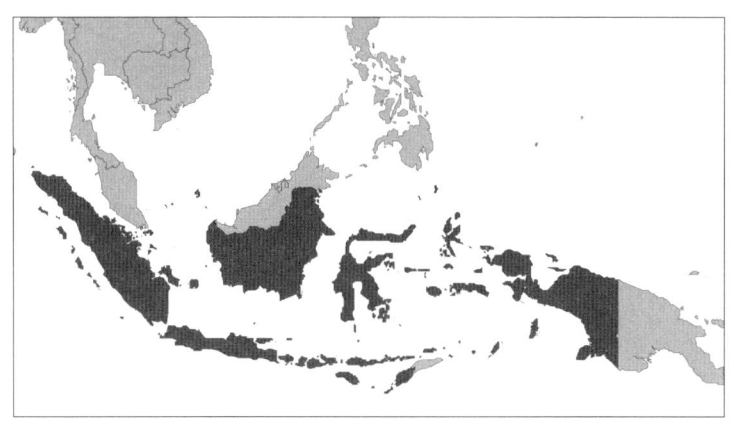
1800년대 이후 네덜란드령 동인도

는데, 19세기 초 유럽이 나폴레옹 전쟁에 휩쓸리면서 네덜란드 본국이 위기에 처하자 그사이 영국은 네덜란드의 해외 영토를 차지해 버렸다. 나폴레옹이 몰락한 이후 네덜란드는 영국에게 해외 식민지를 돌려달라고 요구했는데, 유럽의 라이벌인 프랑스나 신흥 강대국인 미국을 견제해야 했던 영국은 네덜란드를 자기편으로 끌어들이기 위해 협상에 응했다. 1815년 협상을 통해 영국은 남아프리카, 실론, 말라카 등은 반환하지 않는 대신 네덜란드 동인도회사가 기존에 차지한 나머지 말레이제도 지역에서는 물러나기로 양보했다. 1824년 양국은 또다시 조약을 체결해 아직 누구의 식민지도 아니었던 말레이제도의 서부 군도를 나눠 가졌다. 이는 두 나라 이외의 다른 유럽 국가들에게 이 지역을 넘보지 말라고 '영역 표시'를 한 것이다. 이 두 조약은 오늘날 역사적·문화적·종족적으로 공통 분모가 많은 동인도 지역에서 인도네시아와 말레이시아라는 두 개의 국가가 만들어지게 된 근원적 사건이다.

이후 네덜란드는 19세기 내내 말레이제도에서 급속히 세력을 팽창했다. 자바를 비롯해 파푸아뉴기니, 발리, 보르네오 남부, 수마트라, 티모르까지 네덜란드령 동인도에 포함되었다. 이 광범위한 지역이 처음으로 하나의 국가 통치권 안에 포함됨으로써 훗날 인도네시아공화국의 범위가 대략적으로 정해졌다. 그러나 네덜란드령 동인도는 20세기 초까지 단일 국가가 아니었다. 상당 지역에서 술탄제가 폐지되었으나 여전히 수많은 술탄들이 명목상의 왕위를 보존하고 있었기 때문에 행정상으로 네덜란드령 동인도는 네덜란드 직할지와 여러 왕국의 집합체였으며 네덜란드의 식민 통치에도 불구하고 종족 집단들은 개별적인 정체성의 선으로 나뉘어 있었다. '단일 인도네시아'로 가는 길에는 이 선들을 지우기 위한 근대화와 무력 동원이라는 과정이 수반되어야 했다.

네덜란드의 동인도 지배는 이 지역에 커다란 변화를 가지고 왔다. 동인도회사는 말레이제도 지역 진출의 거점을 마련하기 위해 1619년 자바 북서부 해안에 신도시 바타비아를 건설했는데 이에 필요한 노동력을 확보하기 위해 대량으로 중국인 이주를 받아들였다. 이때 건너온 중국인들은 대부분 바타비아에 정착했다. 중국계 이주민들이 동인도제도로 대거 건너옴으로써 가뜩이나 다양했던 이 지역의 종족 정체성이 보다 더 복잡해졌다. 17~18세기에 걸쳐 네덜란드 식민 정부는 많은 중국계 이주민들을 중간 관리자로 채용했다. 이들은 인도네시아 현지인들인 '쁘리부미(pribumi, 인도네시아 현지인)'가 광산에서 채굴하는 것을 감독하거나 외국과의 교역에 대한 관세를 관리했다. 인도네시아 화교(중국계 이주민)들은 이를 통해 부를 획득했지만 그만큼 '쁘리부미'들은 화교들에 대해 분노를 쌓아갔다.

19세기 이후 네덜란드가 말레이제도를 직접 통치한 이후의 변화는 보다 극적이었다. 이 시기 네덜란드는 기존 동인도회사의 상업적 면모를 탈각하고 식민 종주국의 면모를 보이기 시작하면서 근대화의 물결이 이 지역에 밀려왔다. 근대적인 행정 조직과 군대가 도입되었다. 네덜란드가 동인도 지역을 지배하기 위해 새롭게 창설한 네덜란드동인도군(KNIL, Koninklijk Nederlands-Indisch Leger)은 네덜란드인과 현지인으로 구성된 군대였는데 이를 통해 인도네시아인들이 근대적 군사 훈련과 무기를 접할 수 있었다. 또한 증기선이 정기적으로 운항되면서 섬과 섬 사이를 연결해 주었고, 근대적 우편 시스템의 도입과 더불어 소식과 정보가 증기선을 타고 네덜란드령 동인도 각지로 전파되었다. 대부분의 증기선 항로는 수도인 바타비아를 경유했다. 사람과 정보가 바타비아로 몰렸으며 이를 통해 바타비아는 '인도네시아'라는 정체성을 키워내는 인큐베이터 역할을 담당했다. 이와 함께 헌법, 의회주의, 민족주의 등 서구 문화와 사상이 함께 전해지면서 말레이제도의 지식인들에게 큰 영향을 미쳤다. 무엇보다 '인도네시아'라는 통일된 정체성이 서서히 윤곽을 드러내고 있었다.

인도네시아 건국과 독립 전쟁

19세기 네덜란드가 동인도 지역에서 실시한 강제 경작 등 억압적인 수탈 정책은 동인도 민중들의 삶을 피폐하게 만들었다. 이에 저항하는 반란이 도처에서 일어나자 네덜란드 국민들 사이에서 식민 통치에 대한 윤리 문제가 제기되었다.

1901년 네덜란드 왕위에 오른 지 얼마 되지 않은 빌헬미나(Wilhelmina) 여왕은 "식민지 신민들의 복지 증진을 위한 도덕적 책임을 받아들여야 한다"며 '윤리 정책'을 선언했다. 빌헬미나 여왕의 윤리 정책은 식민지의 생활 여건 향상을 목표로 근대화를 실시하는 것이었는데 특별히 교육을 강조했다. 이로써 인도네시아에 유럽식 근대 교육 기관이 확산되었고 여기에서 교육을 받은 젊은 세대들이 인도네시아 민족주의에 눈을 뜨게 된다. 이전에는 소수 지식인 위주로만 공유되었던 반네덜란드 인도네시아 민족주의가 네덜란드에 의해 추진된 식민지 근대화 정책의 결과로 오히려 널리 퍼지게 된 것이다.

인도네시아 민족주의 운동은 여러 방향에서 진행되었다. 가장 먼저 움직인 것은 상인들이었다. 중국계 상인들과의 경쟁에 맞서 자바 상인들의 이익을 도모하기 위한 모임이 점차 민족주의적인 색채가 강해지면서 1912년 민족주의 정치 조직인 '사레캇 이슬람(Sarekat Islam)'이 설립되었다. 사레캇 이슬람은 네덜란드 식민지 정부에게 참정권을 요구하는 운동을 전개했으며 여기에 참여했던 이들은 이후 공산주의 운동, 민족주의 운동 등 여러 방면으로 갈라져 인도네시아 독립운동을 이끈다.

오늘날 인도네시아 이슬람 조직의 양대 산맥 가운데 하나인 '무함마디야(Muhammadiyah)'도 1912년 욕야카르타에서 출범했는데 이슬람을 근대화하여 서구의 사상에 맞서고 인도네시아를 개혁하겠다는 목표를 지향했다. 양대 산맥의 또 다른 한 축인 '나흐다뚤 울라마(Nahdlatul Ulama)'는 1926년 전통주의적 이슬람을 수호하는 한편 인도네시아의 무슬림 상인들의 이익을 도모하기 위한 모임으로 만들어졌다. 나흐다뚤 울라마는 이후 세계 최대의 이슬람 단체로 성장했다.

1927년 인도네시아국민당(PNI, Partai Nasional Indonesia)이 설립된 것은 별도로 언급할 필요가 있다. 이 정당의 설립을 주도한 인물인 수카르노(Sukarno)는 인도네시아 독립운동의 중심이었으며 인도네시아 건국의 아버지로 추앙받고 있다. 인도네시아의 건국과 민주주의의 굴절 과정은 수카르노를 빼놓고 이야기할 수 없다. 이외에도 공산주의와 민족주의 진영에서 여러 독립운동이 전개되면서 네덜란드령 동인도의 현지인들은 '인도네시아 독립 국가'라는 역사상 최초의 정체성을 만들어나가고 있었다.

영원할 것만 같던 네덜란드의 동인도 지배를 끝낸 것은 아시아의 신흥 강자 일본이었다. 1941년 12월 8일 미국 하와이의 진주만을 공습하고 태평양전쟁을 일으킨 일본은 곧바로 동남아시아로 진격해 들어갔다. 빠른 속도로 싱가포르와 필리핀의 연합군을 격파한 일본은 네덜란드군을 비롯한 연합군이 상주하고 있는 인도네시아를 침공했다. 1942년 2월 27일 자바 해상에서 일본 해군과 연합군 간의 해전이 벌어졌고 뒤이어 순다 해협에서도 양측 간 전투가 이어졌는데 두 번의 해전에서 연합군은 일본군에게 패배하고 호주로 달아났다. 1942년 3월 8일 연합군 소속 네덜란드군 사령관이 일본군에게 항복하면서 일본은 인도네시아의 새로운 지배자가 되었다. 이로써 네덜란드 동인도회사가 1619년 서부 자바 지역을 점령하고 식민 도시 바타비아를 건설한 지 320여 년 만에 네덜란드의 인도네시아 지배는 끝나게 된다.[80]

일본의 인도네시아 점령은 야누스의 얼굴과도 같다. 한편으로는 오랜 기간 지속된 네덜란드의 통치를 종식시켰다는 점에서 인도네시아 독립에 한 걸음 다가서게 한 획기적인 사건이었다. 상당수 인도네시아인들은 네덜란드를 물리치고 말레이제도로 진주해 들어오는 일본군을 환영했다. 그들은 일본이 네덜란드로부터 자신들을 구해 준 고마운 나라라고 여겼다. 하지만 인도네시아인들은 해방이 아니라 새로운 외세의 지배를 맞이해야 했다. 일본의 인도네시아 통치는 짧았지만 혹독했다.

빌헬미나 여왕의 윤리 정책이 실시된 이후 네덜란드 식민 정부는 비교적 온건하게 인도네시아를 통치했다. 반면 태평양전쟁을 일으킨 일본은 인도네시아인들을 전시 동원 체제로 내몰아 전쟁을 위한 각종 건설 사업에 강제 징용했고, 석유·석탄·광물자원·목재 등 전쟁 물자를 징발했다. 대략 4백만 명에서 1천만 명가량이 강제 노동에 동원되었는데 이 가운데 10% 정도는 여성이었다. 이들은 인도네시아 여러 지역뿐만 아니라 버마(미얀마)나 태국 등 일본군이 진주한 다른 지역으로 차출되기도 했다.

강제 징용을 통해 전쟁 도구가 된 인도네시아인들에 대한 처우는 열악했다. 처음 모집할 때 내걸었던 임금은 제대로 받지 못했고 고된 노동에 시달려야 했다. 강제로 징용된 이들 가운데 가혹 행위, 질병, 굶주림 등으로 많은 이들이 사망했다. 1942년부터 1945년까지 일본이 점령한 3년 5개월 동안 4백만 명 넘는 인도네시아인이 사망했는데, 이들 중 상당수가 강제 징용된 이들이었다. 강제 징용자의 사망률은 동남아 지역에서 일본군에 억류되어 있던 연합군 포로들의 사망률보다 훨씬 높았다. 일본은 인도네시아인들 가운데 전투 수행을 위한 병력인 PETA(향토방위의용군, Pembela Tanah Air)를 모집했다. 일본 지배 기간 동안 자바와 수마트라에 총 69개 대대, 5만7천 명의 PETA 병력이 존재했다. 일본은 또한 현지인들로 구성된 일본군 보조부대 헤이호(Heiho, 兵補)도 조직했다.

네덜란드에 대항해 인도네시아 독립운동을 이끌었던 수카르노는 일본의 인도네시아 점령을 환영하는 편에 섰다. 그는 네덜란드의 지배를 종식시킨 일본의 공로를 높게 평가했으며, '인도네시아인들이 일본을 돕는다면 전쟁이 끝난 후 인도네시아를 독립시켜 줄 것'이라는 일본의 약속을 믿었다. 그래서 수카르노를 비롯한 여러 인도네시아 민족주의자들이 일본에 협력했다. 수카르노는 일본의 강제 징용과 PETA 모병에 앞장섰는데 이 부역 행위는 두고 두고 수카르노의 '흑역사'로 남는다.

　수카르노처럼 일본의 지배에 협력한 민족주의자들이 있는가 하면 반대로 목숨을 걸고 일본에 저항한 이들도 있다. 레지스탕스 조직을 이끌면서 무장 항일 운동을 전개한 수탄 샤리르(Sutan Sjahrir)가 대표적인 인물이다. 수탄 샤리르는 훗날 인도네시아공화국의 초대 총리이자 내무장관과 외무장관을 역임한 민족주의 지도자이다.

　인도네시아공화국은 친일 전력이 있는 이들과 항일 운동을 한 이들이 함께 손을 잡고 건설했다. 칼리만탄 지역에서는 친네덜란드 성향의 술탄들이 일본에 대항해 반란을 도모하다가 대거 처형되기도 했고, 이슬람주의 정서가 강한 아체 지역의 이슬람 지도자들도 수차례 반란을 일으켜 일본군을 긴장시켰다. 이뿐만 아니라 일본의 가혹한 징발 정책으로 인해 인도네시아 각지에서 일본군과 현지인들 간에 잦은 충돌이 발생했고 대규모 봉기로 이어지는 일도 있었다.

　점차 전쟁 상황이 불리하게 돌아가자 일본은 인도네시아의 독립을 약속했고 1945년 4월 29일 이를 추진하는 독립준비작업조사위원회의 의장에 수카르노를 임명했다. 일본으로서는 어차피 전쟁에서 패하여 인도네시아를 지배할 수 없는 것이 현실이라면 차라리 일본에게 협력한 수카르노를 중심으로 인도네시아 독립 국가가 만들어지는 게 나았다. 이후 히로시마에 이어 나가사키마저 원자폭탄으로 초토화되자 일본은 아예 인도네시아 독립국 건설 권한을 수카르노에게 완전히 넘겼다.

일본이 연합군에게 항복한 후 이틀이 지난 1945년 8월 17일 수카르노와 민족주의 지도자들은 자카르타에서 인도네시아의 독립과 인도네시아공화국 수립을 선포했으며, 하루 뒤에는 대통령제와 삼권 분립을 인도네시아공화국의 기본 정치 체제로 삼은 '인도네시아 헌법'을 공포했다. 초대 대통령은 수카르노, 부통령은 모하메드 하타(Mohammad Hatta)였다. 수카르노를 포함해 인도네시아 독립을 이끈 주역들은 대부분 자바 출신이다. 자바인들은 네덜란드의 식민 지배 이전부터 자바인 왕국을 지속적으로 이어왔다. 비록 자바 전체가 하나의 중앙집권적 왕권의 통치하에 놓인 적은 없지만 종족과 언어가 매우 다양한 인도네시아에서 자바인들이 민족주의 운동을 주도하는 것은 자연스러웠다. 그러나 이 때문에 자바 밖의 지역에서는 인도네시아공화국이 자바인들의 정체성을 담은 국가라는 선입견을 가진 이들이 많았다. 이러한 약점을 보완해 주는 인물이 수마트라 출신인 부통령 하타였다. 수카르노 대통령과 하타 부통령은 인도네시아가 자바인만의 국가가 아니라 네덜란드령 동인도 전역을 포괄하는 국가라는 이미지를 만들어주는 훌륭한 조합이었다. 일본이 물러간 뒤 수카르노는 연합군의 보복을 우려해 일본군의 앞잡이 노릇을 한 PETA의 해체를 공식 선언했다. 그러나 일본군에게 훈련받은 PETA 출신 장교들과 병사들은 독립 이후의 인도네시아공화국에서 여러 반란을 막아내는 주역으로 활약한다. 이로 인해 PETA에 대한 인도네시아인들의 평가는 오늘날에도 긍정과 부정이 엇갈린다.

제2차 세계대전이 끝나고 인도네시아인들이 한창 독립의 꿈을 키워나갈 무렵 유럽의 식민주의 세력들은 다른 꿈을 꾸고 있었다. 그들은 전쟁 기간 식민지 인민들에게 독립을 약속했음에도 불구하고 막상 전쟁이 끝나자 순순히 식민지를 포기하지 않으려 했다. 네덜란드 역시 다시 동인도 지역을 차지하려고 했다.

1945년 9월 미국으로부터 자바와 수마트라의 지휘권을 넘겨받은 영국군은 먼저 인도네시아로 진주해 자카르타에 입성한 후 주요 도시들을 점령했다. 영국은 네덜란드 군대를 다시 인도네시아로 불러들였다. 이렇게 들어온 네덜란드군은 일본군에게 포로로 잡혀 있다 석방된 네덜란드군을 무장시켜 식민지 수복에 나섰다. 네덜란드군은 인도네시아의 외곽 도서 지역과 주요 항구들을 점령해 나갔다. 연합군 산하에서 영국군의 지휘를 받던 호주군도 네덜란드군의 군사 작전에 가세했다. 이에 수카르노는 인도네시아 독립을 지지하는 내부 역량을 모아 인도네시아군을 조직했다.[81] PETA의 장교였던 29세의 수디르만(Sudirman)[82]이 인도네시아군의 총사령관이 되었다. 일본군이 인도네시아를 점령하고 현지인들로 조직했던 PETA 및 헤이호 출신이 중심이 되었으나 과거 네덜란드군(KNIL)에 몸담았던 이들 중에도 인도네시아군에 지원한 이들이 상당수 있었다. 인도네시아공화국 정부로서는 네덜란드의 재침공을 막아내고 독립을 쟁취하기 위해서는 과거를 묻지 않고 하나가 되어 싸워야 했다. 수카르노는 연합군과의 관계 개선을 위해 항일 투쟁에 앞장섰던 수탄 샤리르를 총리로 임명하고 국정 권한을 대거 이양했다. 수탄 샤리르는 일본의 인도네시아 점령기에 지하 조직을 이끌면서 항일 운동을 전개한 이력이 있었기에 일본에 부역한 혐의를 받고 있는 수카르노에 비해 연합군에게 호감을 줄 수 있었다.

이렇게 항전 태세를 갖춘 인도네시아공화국 정부는 안정적으로 독립 전쟁을 수행하기 위해 영국군이 진주한 자카르타를 떠나 욕야카르타로 수도를 옮겼다. 하지만 모든 인도네시아인들이 독립 전쟁을 지지한 것은 아니었다. 내부에서는 반네덜란드파와 친네덜란드파 간의 대립도 전개되었는데, 네덜란드 식민 지배하에서 특권층 대접을 받았던 지역 소왕국의 술탄들은 대체로 네덜란드 편에 섰다.

네덜란드군은 화력과 전투력 면에서 인도네시아군보다 월등히 앞섰다. 대부분의 전투에서 인도네시아군의 사상자가 훨씬 많았다. 네덜란드군의 공세에 남부 칼리만탄, 술라웨시, 인도네시아 군도 동부 지역이 네덜란드 통제권에 들어갔다. 하지만 네덜란드군의 결정적인 약점은 병력 부족이었다. 제2차 세계대전이 막 끝난 상황에서 전후 복구가 시급했던 네덜란드 본국에서는 인도네시아 점령에 집중하기 어려웠다. 병력을 대규모로 증파할 수 있는 상황도 아니었고 막대한 전쟁 비용을 부담할 여유도 없었다. 이에 네덜란드군은 인도네시아 점령지에서 병력을 모집해 KNIL(네덜란드 동인도군)을 재건했다. 여기에 본국에서 추가 파병한 병력까지 더해 1947년 7월 인도네시아군이 장악하고 있는 자바와 수마트라에 대한 대대적 공세를 통해 서부 자바 지역과 자바 북부 항구 지역 및 수마트라 일부를 장악했다. 인도네시아공화국 정부는 네덜란드군의 공세로 인해 고립될 위기에 처했다. 이에 어쩔 수 없이 인도네시아공화국 대표단은 미군 군함 USS렌빌호에서 네덜란드군과 협상을 벌였다.

1948년 1월 17일 렌빌 조약(Renville Agreement)이 체결됐는데 휴전의 조건으로 네덜란드군이 장악한 서부 자바 대부분과 동부 자바의 일부 및 마두라가 네덜란드 관할로 넘어갔다. 이 조약으로 만들어진 휴전선은 네덜란드 총독 대행 요하네스 판 무크(H. J. van Mook)의 이름을 따 '판 무크 라인'으로 불렸는데, 조약의 내용에는 판 무크 라인 건너편에서 상대방에 대한 모든 적대 행위를 중단한다는 내용도 포함되어 있었다. 이는 서부 자바 지역의 정글에서 네덜란드군을 상대로 게릴라전을 펼치던 급진 이슬람주의 저항 조직 '헤즈볼라와 사빌릴라'[83]를 격분케 했다. 이 조직의 지도자인 카르토수위르요(Kartosoewirjo)는 인도네시아공화국이 네덜란드에 굴복해 렌빌 조약을 맺고 서부 자바를 넘긴 것을 '배신'으로 규정했다. 그는 인도네시아공화국으로부터 탈퇴할 것을 선언한 후 독자적으로 네덜란드군에 대한 전투를 지속했다.

렌빌 조약 이후에도 전쟁 양태는 소모전으로 흘렀다. 인도네시아에서 네덜란드의 지위는 점점 더 불안정해졌다. 우선 점령지의 민심이 네덜란드를 따라주지 않았다. 엄연히 독립을 선포한 인도네시아공화국이 존재하는데 네덜란드가 다시 식민 통치를 하겠다는 데 반발하는 여론이 늘어나는 것은 당연했다. 네덜란드 본국으로서도 제2차 세계대전으로 망가진 국내 경제 여건으로 인해 전쟁 비용을 부담하기 어려웠다. 당시 서유럽은 마셜 플랜에 의한 미국의 원조에 기대 전후 복구 사업을 벌이고 있었다. 이 와중에 네덜란드는 그 돈을 인도네시아 전쟁에 쓰는 상황이었다. 국제 여론은 물론이고 네덜란드 국내 여론도 점차 비판이 거세어졌다. 다급해진 네덜란드군은 또 한 차례 대대적인 공세를 전개했다. 아예 인도네시아군을 궤멸시켜 인도네시아공화국 정부를 없애버리고 네덜란드의 식민 통치를 재건하는 것이 목표였다.

네덜란드군은 인도네시아공화국 정부의 수도인 욕야카르타로 공격을 집중했다. 네덜란드군이 밀려오자 승산이 없다고 판단한 수카르노는 죽음을 무릅쓰고 싸우느니 차라리 네덜란드군에 순순히 체포된 뒤 국제 여론에 기대어 상황을 바꿔보고자 했다. 반면 인도네시아군 총사령관 수디르만 장군은 적에게 항복할 생각이 없었다. 그는 욕야카르타에서 정면 승부를 하는 대신 정글로 들어가 게릴라전을 벌이는 편이 낫다고 판단했다. 수디르만은 수카르노 대통령에게 함께 탈출해 게릴라전을 전개할 것을 제안했지만 수카르노는 이를 거절하고는 네덜란드군의 포로가 되었다. 수카르노를 비롯한 공화국 수뇌부들은 방카로 유배되어 열악하지만 안전한 저택에 연금된 상태로 7개월가량을 지냈다. 반면 수디르만은 폐결핵이 매우 악화된 상황이었음에도 동부 자바의 산악 지대에 본부를 설치하고 자바 전역의 반네덜란드 게릴라전을 지휘했다. 수카르노는 쉬운 길을, 수디르만은 어려운 길을 선택했다.

수카르노가 이끌던 인도네시아공화국 정부가 네덜란드군의 수중에 떨어지면서 인도네시아 독립운동은 절벽 위에 서게 되었다. 하지만 돌연 미국이 딴지를 걸었다. 2차 대전 이후 냉전 시대로 접어들면서 국제 정치 패권을 둘러싸고 미국과 소련 간 경쟁이 치열해졌다. 관건은 전쟁이 끝난 후 독립한 아시아와 아프리카의 신생 국가들이었다. 대부분 식민지 경험을 한 이 국가들은 인도네시아 재점령을 시도하는 네덜란드의 군사 행동을 강력하게 비판했다. 미국은 이러한 국제 여론을 등에 업고 네덜란드에 인도네시아공화국 정부 복원을 요구하는 동시에 이를 따르지 않을 경우 경제 원조 중단을 검토하겠다고 압박했다. 네덜란드는 어쩔 수 없이 인도네시아공화국 정부 수뇌부를 석방하고 욕야카르타에서 물러났다. 이제 네덜란드에게 남은 카드는 인도네시아공화국을 인정하고 협상을 통해 최대한의 이익을 확보하는 것뿐이었다. 수카르노는 욕야카르타로 돌아왔다. 반네덜란드 항쟁을 전개하고 있던 수디르만도 수카르노의 요청에 따라 다시 정부에 합류했다.

1949년 8월 헤이그에서 인도네시아 독립 국가의 인정을 둘러싸고 인도네시아와 네덜란드 사이의 협상이 시작됐다. 70여 일간의 협상을 통해 양측은 헤이그 협정(Hague Agreement)을 체결한다. 그 결과 네덜란드는 1949년 12월 27일 네덜란드령 동인도의 주권을 인도네시아공화국에 이양했다. 하지만 인도네시아공화국에게는 상당한 제약이 가해졌다. 우선 서뉴기니는 주권 이양 대상에서 제외되었다. 게다가 인도네시아공화국은 네덜란드-인도네시아 연합(Netherlands-Indonesian Union)의 일원이 되어야 했으며 네덜란드가 인도네시아에서 지고 있는 부채 43억 길더(유로화 통합 이전 네덜란드의 화폐 단위)를 대신 떠안아야 했다. 인도네시아에서 영향력을 계속 유지하려는 네덜란드의 의도가 포함되어 있었음에도 수카르노는 일단 인도네시아의 독립 주권 확보가 중요하다고 판단해 이를 받아들였다. 이후 1956년 인도네시아 의회는 헤이그 협정을 공식적으로 파기함으로써 네덜란드의 잔재를 완전히 청산하고 인도네시아 국민국가를 건설하겠다는 의지를 천명했다.

정체성의 대립과 내부 반란

인도네시아인들은 치열했던 인도네시아 독립 전쟁을 '인도네시아 국민 혁명(Indonesia National Revolution)'이라고 부른다. 이 전쟁이 '혁명'일 수 있는 이유는 세계사에서 제2차 대전 이후 식민지 인민들이 전쟁을 통해 식민 종주국을 물리치고 스스로 독립을 쟁취한 몇 안 되는 사례에 속하기 때문이다. 네덜란드 국왕의 신민이었던 인도네시아인들은 스스로 인도네시아 국민으로 다시 태어났다. 또한 이 '혁명'을 통해 술탄과 부족장들이 다스리던 인도네시아의 여러 소왕국들이 정치적 소속감의 선을 지우고 인민 주권을 내세운 인도네시아공화국으로 통합되었다. 인도네시아인들에게는 자랑스러운 역사임에 틀림없다.

그러나 네덜란드가 물러난 이후에도 인도네시아공화국은 선을 지우고 온전히 하나의 국가를 이루는 데 성공하지 못했다. 독립 국가를 만들기 위해서는 독립 국가의 정체성을 대표할 집단과 세력이 존재해야 한다. 그러나 다양한 종족 집단과 문화적·역사적 배경을 가진 섬들로 이루어진 인도네시아의 독특한 환경은 정체성의 대표 집단을 만드는 데 걸림돌이었다. 이로 인해 인도네시아공화국은 독립 전쟁과 건국 과정에서 사방의 적을 맞이해야 하는 환경에 놓여 있었다. 수카르노 정부는 무력을 앞세워 선을 지워나가고자 했다.

독립 전쟁이 진행되는 동안 네덜란드 편에 섰던 이들은 인도네시아가 주권을 완전히 넘겨받은 이후에도 여전히 수카르노 정부에 저항했다. 이들 가운데에는 인도네시아공화국이 사실상 자바인들이 중심이 된 자바 정부라고 여긴 이들도 있었다. 신생 인도네시아공화국에 통합되는 것이 '독립'이 아니라 '자바의 지배를 받는 것'이라고 받아들인 것이다. 오랫동안 자바인들과 정체성의 선을 긋고 살아온 이들에게는 네덜란드의 지배와 자바의 지배가 크게 다르지 않았다. 수카르노 정부를 거부하는 이들 가운데에는 인도네시아가 공산주의 국가가 되어야 한다고 믿는 이들이나 이슬람 국가가 되어야 한다고 주장하는 이들도 존재했다. 이들 역시 서구적 의회민주주의와 세속주의를 채택한 인도네시아공화국에 합류할 뜻이 없었다. 인도네시아공화국은 내부의 선을 지우고 하나의 정체성으로 인도네시아인들을 모으는 데 어려움을 겪었다.

인도네시아를 갈라놓은 이념의 선은 강력했다. 공산주의 반란인 '마디운 사태'는 독립 전쟁이 진행되는 와중인 1948년에 일어났다. 공화국의 두 번째 총리인 아미르 샤리푸딘(Amir Sjarifuddin)이 반란의 주역이었다. 그는 인도네시아공화국 정부에 참여하는 내내 군과 마찰을 빚었다. 샤리푸딘은 일본이 동인도를 점령했던 시기에 완강하게 항일 투쟁을 벌였던 인물로 이후 공화국 정부 내각에 참여한 뒤에도 일본군에게 부역한 PETA 출신 장교들을 '배신자'라고 몰아붙였다. 이는 PETA 출신 장교가 다수인 군과 갈등을 빚는 요인이 되었다.

샤리푸딘은 강력한 마르크스주의자였으며 인도네시아공화국이 소련과 동맹을 맺어야 한다고 주장했기에 군부 내 반공 성향 장교들에게는 위험한 인물로 낙인찍혔다. 그는 1947년 수탄 샤리르에 이어 공화국의 두 번째 총리가 되었다. 수카르노는 샤리르와 마찬가지로 샤리푸딘 역시 항일 투사 출신이라는 점에서 연합군과 소통에 유리하다고 판단했기 때문에 그를 총리로 밀었다. 하지만 렌빌 조약 체결을 주도한 샤리푸딘은 정부 안팎에서 이에 대한 비판이 거세지자 총리직에서 물러날 수밖에 없었다.

샤리푸딘에 이어 총리가 된 하타는 초대 부통령이었던 인물로 국방부 장관도 겸임했는데, 장관직에 앉은 후 군의 정예화를 명분으로 개편을 추진하는 과정에서 좌익 성향의 장교들을 요직에서 쫓아냈다. 하타 내각에서 퇴출당한 좌익 군 장교들이 샤리푸딘 주변으로 몰려들었고 샤리푸딘은 좌익 정당인 인민민주전선(FDR, Front Demokrasi Rakyat)을 결성해 세력을 키워나갔다. 마침 1948년 8월 수리프노(Suripno)라는 청년 공산주의자가 인도네시아공화국 대표로 체코 프라하에서 소련 대사를 만나고 욕야카르타로 돌아왔다. 이때 소련에서 활동하던 인도네시아공산당(PKI, Partai Komunis Indonesia)의 거물 지도자 무나와르 무쏘(Munawar Musso)가 수프리노의 비서관으로 위장하여 함께 들어왔다. 무쏘는 인도네시아공화국을 공인해 줄 준비가 되어 있는 소련과 손을 잡아야 한다고 주장하며 공화국 내 모든 좌익 세력들이 인도네시아공산당으로 통합될 것을 제안했다. 이에 샤리푸딘의 인민민주전선 역시 조직을 해산하고 인도네시아공산당에 합류했다. 인도네시아공산당은 군 내부의 불만 세력까지도 흡수하면서 정부를 위협하는 강력한 반대 세력으로 떠올랐다.

자바 곳곳에서 공산당 지지 세력과 정부군 사이에 물리적 충돌이 발생했다. 급기야 인도네시아공산당은 1948년 9월 18일 동부 자바의 마디운 지역을 점령하고 '인도네시아공화국 정부 타도와 소비에트 정부 수립'을 목표로 반란을 일으켰다. 그들은 라디오 방송을 통해 전국의 공산주의 및 반수카르노 세력이 함께 봉기할 것을 촉구했지만 실제로 마디운의 반란 세력에 동조한 움직임은 미미했다. 정부군이 긴급히 마디운에 투입됐고 좌익 세력의 반란은 예상외로 손쉽게 진압되었다. 반란의 중심이었던 무쏘는 정부군을 피해 도망하던 중에 사살되었고 한때 공화국의 총리였던 샤리푸딘은 체포된 후 총살당했다. 하지만 마디운 사태 이후에도 인도네시아공산당은 살아남아 다시 세력을 회복해 나갔다.

인도네시아에 이슬람 국가를 건설하자는 급진 이슬람주의 세력의 반란인 다룰 이슬람(Darul Islam) 사태도 인도네시아공화국에 심각한 위협이었다. 앞서 언급한 강성 이슬람주의자 카르토수위르요는 1948년 렌빌 조약이 체결되면서 서부 자바 지역이 네덜란드군의 관할로 넘어가게 되자 이를 '공화국의 배신'이라고 규정하고 네덜란드는 물론 인도네시아공화국과도 싸우겠다고 선언했다. 1949년 8월 7일 카르토수위르요는 공식적으로 '이슬람 국가(다룰 이슬람)' 수립을 선포했다. "이제 독립 투쟁은 끝났다. 지금부터는 전 인도네시아의 완전한 이슬람 국가가 세워질 때까지 지하드(성전)를 전개할 것이다!" 1948년 네덜란드가 두 번째 총공세를 벌여 욕야카르타를 함락시키고 수카르노와 하타를 포로로 잡자 카르토수위르요는 "인도네시아공화국은 더 이상 존재하지 않으며 이제 다룰 이슬람만이 인도네시아를 대표하는 독립 국가"라고 주장했다. 이후 다룰 이슬람은 서부 자바에서 중부 자바로 확산되었고, 다시 남술라웨시, 칼리만탄, 아체까지 이슬람 국가 건설 운동이 퍼져 나갔다.

수카르노 정부는 다룰 이슬람을 심각한 위협으로 규정하고 이를 토벌하기 위해 많은 노력을 기울였다. 결국 1962년 6월 카르토

수위르요가 체포되었고 많은 다룰 이슬람 멤버들이 정부군에 항복했다. 카르토수위르요는 체포된 후 사형에 처해졌다. 하지만 수카르노는 이슬람이 사회 저변에 넓게 깔린 인도네시아에서 이슬람주의 세력을 박멸하는 것은 불가능하다는 사실을 알고 있었다. 그는 다룰 이슬람의 이념을 버리고 인도네시아공화국에 충성을 바치기로 서약한 일부 다룰 이슬람 지도자들을 사면해 줌으로써 이슬람주의 세력을 자신의 지지자로 만들고자 했다.

이외에도 자바 외부 지역에서는 일종의 '반(反)자바 정서'에 기반한 크고 작은 반란들이 이어졌다. 대표적인 반란은 크리스 수모킬(Chris Soumokil)이 주도한 '남말루꾸공화국 반란'이다. 수모킬은 네덜란드 레이든 대학교에서 법학 박사 학위를 받은 친네덜란드 성향의 유학파 지식인이었다. 그는 자바인들이 주도하는 인도네시아공화국을 인정하지 않았으며 독립 전쟁 시기에 네덜란드가 세운 괴뢰 자치주인 동인도네시아주의 법무부 장관을 역임하기도 했다. 네덜란드가 인도네시아공화국에게 주권을 넘기고 떠나자 수모킬은 1950년 남말루꾸공화국 수립을 선포하고 암본을 중심으로 인도네시아공화국에 대한 반란을 일으켰다. 하지만 정부군의 공격에 암본이 함락되자 그는 주변의 다른 섬으로 도망가 게릴라전을 전개하며 저항하다가 1963년에 체포된 후 처형되었다.

남말루꾸공화국 반란은 암본인들을 비롯한 말루꾸 지역인들이 인도네시아공화국을 '자바인의 나라'라고 여기는 반감에 기반해 일어났다. 게다가 반자바 정서는 친네덜란드 정서로도 표출이 되었는데, 암본인을 비롯한 말루꾸 지역에서는 네덜란드가 통치하던 시기 KNIL(네덜란드동인도군)에 입대한 이들이 많았다. 이들은 네덜란드가 떠난 후 수카르노 정부가 자신들에게 보복할 것이라고 우려해 대거 반란에 가담했고, 반란이 실패한 후에도 네덜란드 정부에 청원하여 1만2천 명이 넘는 암본 출신 KNIL 대원들이 네덜란드로 이주했다. 이들은 끝까지 인도네시아공화국을 인정하지 않았으며 계속해서 남말루꾸공화국의 분리 독립을 요구했다.

KNIL 대원들과 반자바 지역 정서가 결합한 반란은 수마트라와 술라웨시에서도 일어났다. 심지어 서부 자바의 반둥에서도 네덜란드군의 지원을 받은 KNIL 대원들이 반란을 일으켰다. 네덜란드의 오랜 지배 기간 동안 동인도 지역에서는 '인도네시아 민족주의'와 '네덜란드령 동인도 정체성'이 동시에 성장해 왔으며 독립 국가 건설 시기에 이 두 세계관이 정면충돌한 셈이다. 또한 다르게 해석하자면, 인도네시아 민족주의가 자바인들 사이에서 강하게 타올랐지만 다른 지역에서는 상대적으로 그만큼 대중적으로 널리 퍼지지 않았다는 의미도 된다. 계속되는 반란에 직면한 수카르노에게는 인도네시아인들을 갈라놓는 정체성의 선을 지우고 인도네시아공화국에 대한 소속감을 국민들의 마음에 깊이 심는 것이 지상 과제였다. 그는 반란군 최고 지도부를 제외한 대부분의 가담자들을 사면해 줌으로써 민심을 얻고자 했다. 심지어 수카르노 자신에 대한 암살 시도에 대해서도 관용을 베풀었다. 공화국 정부가 힘으로 억누른다고 해서 '인도네시아 국민'이라는 정체성이 만들어지지는 않는다는 점을 간파했기 때문이다.

　인도네시아공화국은 내부적으로 끊임없이 분리주의적 반란에 직면했고 언제나 이를 최종적으로 해결하는 주체는 공화국의 군대였다. 네덜란드와의 독립 전쟁을 승리로 이끌고 인도네시아를 분리하려는 내부 반란까지도 진압하면서 인도네시아공화국 내에서 군부의 위상은 더욱 높아졌다. 하지만 군부의 성장은 또 다른 문제를 초래했다. 네덜란드에 맞서 독립 전쟁을 벌이는 인도네시아공화국 지도부로서는 자신들의 세력을 키우기 위해 각 지역의 영향력 있는 인사들과 협력 관계를 형성할 수밖에 없었다. 특히 독립 전쟁을 벌이는 군대에 인도네시아공화국 정부가 예산을 제대로 지원해 줄 수 있는 형편이 아니었고, 공화국 군은 지역별로 예산을 자체 조달해야 했다. 이 과정에서 지역 군사령관은 돈줄을 쥐고 있는 해당 지역의 유력 인사들과 친분 관계를 맺었다. 인도네시아의 현대사에서 군은 정치에 깊숙이 관여했는데 군을 매개로 지방의 유력자들은 정치권과 결탁했다. 이 결과 인도네시아공화국은 건국 초기부터 패트론-클라이언트 관계에 빠지게 되었다.

선 지우기에 실패한 수카르노 정치

　여러 반란을 물리치고 건국을 수행하는 과정에서 수카르노 정부는 서서히 민주주의에서 벗어나 권위주의적 정치 행태를 보이기 시작했다. 또한 내부의 결속을 다지기 위해 외부의 적을 만드는 통치 전략을 사용했는데 이로 인해 '반(反)제국주의' 노선이 뚜렷해졌다. 복잡한 정체성의 선으로 갈라진 인도네시아에서 어느 정치 세력도 정국을 완전히 주도하지 못하는 상황이 벌어졌고, 시간이 흐를수록 군부와 공산주의 세력이 상호 경쟁하는 양상으로 정치가 흘러갔다.

　인도네시아공화국 정부는 각지에서 일어나는 반란을 진압하는 한편 새로운 인도네시아 국민 정체성을 만들어야 할 필요성을 절실하게 느끼고 있었다. 종족 정체성의 선을 지우고 하나의 국민을 만들기 위해서는 언어를 통합하는 게 기본이다. 수카르노와 하타를 비롯한 건국 주도 세력들은 인도네시아공화국의 공식 언어 지정을 놓고 고민했다. 인도네시아에서 가장 많은 이들이 사용하는 언어는 자바어였으나 사용자들이 총인구의 40%[84]에 미치지 못했기에 인도네시아공화국을 대표하는 절대 다수의 언어라고 하기 어려웠다. 또한 자바어를 국어로 지정할 경우 가뜩이나 자바인들이 주도하는 건국에 대해 곱지 않게 보는 이들을 하나의 인도네시아 국민으로 통합하는 작업이 더욱 힘들어질 것이 뻔했다.

　이에 정부는 1945년 인도네시아공화국 헌법령 제35조에 의거해 말레이어를 바탕으로 표준화한 인도네시아어를 공용어로 지정했다. 말레이어는 사용 인구가 자바어의 10분의 1 수준밖에 안 되지만 말레이제도 지역에서 오랫동안 이슬람의 언어로 인정받아왔으므로 이슬람 문화를 기반으로 하는 인도네시아에서 말레이어가 갖는 상징성은 무시할 수 없었다. 또한 네덜란드가 지배하던 시절 교역의 필요성에 따라 말레이어를 네덜란드령 동인도의 공용어로 채택했기에 신생 인도네시아공화국은 새로운 공용어를 지정해 복잡한 인도네시아의 정체성 갈등을 부추기기보다는 기존의 식민지 유산을 물려받는 실리적인 선택을 한 것이다.

사실 인도네시아의 공용어로 인도네시아어를 채택하자는 움직임은 네덜란드의 지배를 받던 시절에 시작되었다. 인도네시아 민족주의 운동이었던 1928년 청년회의 폐막식에서 발표한 '청년의 맹세(Sumpah Pemuda)'는 인도네시아의 아들과 딸은 하나의 조국을 가지고, 하나의 민족이며, 인도네시아어라는 통일 언어를 사용한다는 내용을 담고 있다. 이 선언은 이후 인도네시아 민족운동의 정신적 좌표가 되었으며 인도네시아공화국은 이 선언의 정신을 계승한 것이라고 볼 수 있다. 인도네시아 정부는 인도네시아어를 공용어로 지정한 이후에도 자바어, 순다어, 마두라어 등의 지역 언어를 일상생활에서 사용할 수 있도록 허용했다. 이에 인도네시아인들은 대부분 두 개의 언어(공용어와 지역 언어)를 구사한다.

수카르노와 하타를 비롯한 초기 인도네시아 독립운동 지도자들이 생각한 또 하나의 인도네시아 국민 정체성의 근간은 '이슬람'이었다. 인도네시아 민족주의자들이 생각하기에 주변 동남아 지역에서 다수를 차지하는 불교, 힌두교 문화와 차별성을 가지면서 동시에 식민 지배 세력인 기독교와도 구별되는 인도네시아만의 고유한 정체성은 '이슬람'일 수밖에 없었다. 심지어 이들은 독립운동의 정신도 이슬람적 가치로부터 찾고자 했다. '신 앞에 모든 인간은 평등하다'는 이슬람의 가르침이 반식민주의 운동의 사상적 뿌리였다.

그러나 인도네시아 건국을 주도한 이들은 '이슬람을 대표하는 국가'가 아니라 '이슬람을 믿을 자유를 보호하는 국가'를 만들어야 한다고 믿었다. 이슬람적 가치를 버리지는 않지만 유럽 국가들처럼 세속 국가의 모델을 따르고자 한 것이다. 이것이 오로지 이슬람의 원리대로 운영되는 국가를 세워야 한다고 주장한 다룰 이슬람 세력과 인도네시아공화국 건국 세력이 갈등할 수밖에 없었던 이유이다. 실제 인도네시아가 품고 있는 엄청난 다양성과 복잡성을 이슬람만으로는 전부 포괄할 수 없었던 것이 인도네시아 정부가 맞닥뜨린 현실이었다.

인도네시아에는 이슬람 이외의 종교를 따르는 커뮤니티도 많고, 이슬람도 다양한 스펙트럼이 존재한다. 결국 수카르노는 이를 보완할 국가 이념으로 '빤짜실라(Pancasila, 인도네시아의 건국 이념으로 '다섯(Panca)'과 '원칙(Sila)'을 의미한다)'를 내세웠다. 인도네시아의 국장(National emblem)인 '가루다 빤짜실라'만 봐도 빤짜실라가 응축한 인도네시아 정체성의 복잡함이 드러난다. 가루다는 힌두교 신화에서 비슈누 신이 타고 다니는 성스러운 새다. 이슬람 문화권인 인도네시아의 국가 상징물에 힌두교에서 유래한 가루다가 등장한다는 것 자체가 인도네시아의 복잡성을 알려준다. 국장 속 가루다는 가슴팍에 방패를 달고 있는데 거기에는 인도네시아

가루다 빤짜실라

의 빤짜실라 5대 원칙을 상징하는 다섯 가지 상징물이 그려져 있다. 빤짜실라는 전지전능한 신에 대한 믿음, 공정하고 문명화된 인류애, 인도네시아의 통합, 합의제와 대의제로 운영되는 민주주의, 모든 인도네시아 국민을 위한 사회정의의 총 5가지 항목으로 이루어졌는데, 다양한 인도네시아의 정체성을 국가 중심으로 통합시키기 위해 고안된 독특한 이념이다. 국장 속 가루다는 발톱으로 'BHINNEKA TUNGGAL IKA'라는 고대 자바어 문장을 움켜쥐고 있는데 "다양하지만 하나됨"이라는 의미이다. 특히 빤짜실라의 제1원칙에서 종교를 특정하지 않은 채 '유일신에 대한 믿음'이라고 언급한 것은 이슬람적 가치와 세속 국가 사이의 타협의 산물이다.[85]

독립 전쟁과 각지의 반란을 진압하고 어느 정도 안정을 찾은 인도네시아공화국이 마주한 또 다른 문제는 정부를 주도할 확실한 구심점이 없다는 것이었다. 비록 수카르노가 독립 투쟁의 중심축 역할을 했지만 그가 이끄는 인도네시아국민당(PNI)은 4개의 주요 정당들 가운데 하나일 뿐이었다. 1955년 총선은 그 실상을 적나라하게 보여준다. 선거 결과, 민족주의 정당인 인도네시아국민당은 22.3%로 원내 1위를 했으나 과반에는 한참 미치지 못했다. 이슬람주의 정당인 마슈미가 20.9%로 2위를 차지했고, 전통주의 이슬람 정당인 나흐다뚤 울라마는 18.4%로 3위를 차지해 이슬람 계열의 정당들이 강세를 보였다. 인도네시아공산당은 16.4%로 4위를 차지해 과거 마디운 사태를 겪고서도 여전히 건재함을 과시했다. 이렇듯 1950년대 중반까지 인도네시아 정치권에는 정부를 이끌고 나갈 강력한 주도 세력이 존재하지 않았다.

이러한 상황에서 수카르노는 서구적 의회민주주의가 인도네시아의 현실에 적합하지 않다는 생각을 가지게 된다. 그리고 새로운 대안으로 '교도민주주의(Guided Democracy)'를 제안한다. 교도민주주의란 마을 회의의 모델을 국가의 정책 결정 절차에 적용한 것으로, 마을 회의에서는 마을 원로의 지도하에 다수결보다 대화와 토론을 통해 합의에 이르는 것을 추구하는 것처럼 국가 정책도 정당들 간의 경쟁과 투표 대결이 아니라 대통령의 지도하에 심의를 통해 합의에 이르는 것을 목표로 하자는 것이다. 이는 견제와 균형 및 다수결의 원리를 따르는 대신 대통령에게 가부장적인 권위를 부여해 의사 결정을 하도록 설계한 것으로 사실상 권위주의 체제였다.

수카르노의 제안에 대해 당시 부통령이었던 하타는 "이는 민주주의가 아니다"라며 반대 의사를 밝혔다. 그러나 수카르노의 정치는 점점 더 반민주적으로 흘렀다. 하타는 독립 투쟁과 인도네시아 공화국 건국을 위해 오랜 시간 함께 했던 수카르노에 대해 환멸을 느끼게 됐다. 1956년 12월 급기야 하타는 부통령직에서 물러나 정계 은퇴를 선언한다. 이는 인도네시아 정치에 일대 사건이었다. 당시 많은 인도네시아인들이 수카르노 정부를 '자바인의 정부'라고 여기고 있었다. 이러한 약점을 보완해 주는 인물이 수마트라 출신인 모하메드 하타였다. 그런 만큼 하타의 퇴진은 수카르노 정부의 입지를 좁혀놓았다. 자바 외부인들의 눈에 인도네시아공화국은 더더욱 자바인의 정부처럼 보이게 되었기 때문이다.

이에 자극을 받아 1958년 2월 수마트라 빠당에서 '인도네시아 혁명정부(PRRI, Pemerintahan Revolusioner Republik Indonesia)' 수립을 선포하는 반란이 일어났다. 비슷한 시기, 술라웨시에서도 반란의 깃발이 솟았다. 수카르노는 이를 진압한다는 명분하에 계엄령을 선포하고 의회와 헌법을 중지시켰다. 건국 이후 줄곧 유지됐던 의회민주주의는 이렇게 막을 내렸다. 수카르노는 1960년 의회를 해산하고 종신 대통령제를 도입하는 등 교도민주주의를 전면에 내세워 본격적인 권위주의 정치의 길로 들어선다.

수카르노는 민주주의를 유보하는 대신 인도네시아인들을 하나로 묶는 공통의 정체성을 만들어내려고 고심했다. 이를 위해서는 인도네시아인들이 공유하는 공통분모를 찾아내야 했다. 수카르노에게는 '반(反)제국주의'가 그것이었다. 네덜란드와 일본이라는 제국주의 세력에 의해 지배를 당한 공통의 경험과 기억이 인종과 종교와 이념을 초월해 인도네시아인들을 하나로 뭉치게 할 수 있다고 여긴 것이다. 이는 수카르노의 대외 정책인 '비동맹 외교'에서도 잘 드러난 것처럼 국내 정치에 적극 활용되었다. 대중들에게 가장 호소력 있는 이슈는 영토 문제였다. 수카르노는 네덜란드가 점유하고 있는 서파푸아(네덜란드령 서뉴기니)[86]에 대한 인도네시아의 영유권을 주장했다. 하지만 네덜란드는 이를 거부하고 서파푸아를 별개의 국가로 독립시키고자 했다.

인도네시아와 네덜란드 사이에는 다시 긴장이 고조되었다. 1957년 12월 수카르노 정부는 서파푸아 지역을 점유하고 있는 네덜란드에 대해 이른바 '보복 조치'를 단행했다. 인도네시아 내의 네덜란드인 소유 기업과 부동산을 빼앗아 국유화했으며 5만 명의 네덜란드인들을 강제 추방한 것이다. 정부의 반네덜란드 제스처는 강력한 대중 선동 효과를 나타냈다. 네덜란드 기업에 소속된 인도네시아 직원들이 회사 건물을 점거하고 '인도네시아 재산'임을 나타내는 붉은 깃발을 게양하는 소동이 빚어지기도 했다. 그러나 네덜란드 기업 국유화는 결과적으로 인도네시아 경제에 큰 타격을 주었다. 외국 자본이 대거 빠져나갔고 영국과 네덜란드 등 유럽의 보복 조치로 대외 교역에도 큰 어려움을 겪었다. 물론 정치적 이득을 계산하고 있던 수카르노는 경제 실적 악화에 아랑곳하지 않았다.

　수카르노가 강경책을 밀어붙이자 네덜란드는 서파푸아의 독립을 서둘렀다. 이에 수카르노는 네덜란드와의 군사적 대결을 각오하고 서파푸아 침공을 준비하는 한편 인도네시아의 지정학적 가치를 이용해 미국을 움직이고자 했다. 인도네시아는 글로벌 해양 유통의 요지인 말라카 해협을 끼고 있으며 석유와 광물 자원도 풍부하다. 미국과 소련 모두 인도네시아를 자신의 편으로 끌어들이고자 애썼다. 하지만 미국이 서파푸아 문제에 적극적으로 나서기를 꺼리자 수카르노는 소련에 군사 원조를 요청한다. 소련은 기꺼이 인도네시아에 대량으로 무기를 공급했다. 수카르노는 서파푸아 문제가 네덜란드 식민주의의 산물이라고 주장하며 비동맹 국가들의 지원도 이끌어냈다.

　1961년 12월 19일 인도네시아군은 서파푸아에 대한 군사 행동을 개시했다. 인도네시아의 서파푸아 침공 작전은 네덜란드군의 방어에 막혀 큰 성과를 거두지 못했지만 이를 지켜보던 미국을 움직이는 데 성공했다. 미국은 자칫 인도네시아가 소련 편으로 넘어갈 것을 우려했고, 결국 네덜란드를 압박해 서파푸아를 인도네시아에 넘기게 하였다. 1962년 8월 15일 뉴욕에서 인도네시아와 네덜란드는 서파푸아가 유엔의 감독 아래 서파푸아인들의 투표를 통해 인도네시아 합병 여부를 결정하는 것을 골자로 하는 협정을 체결했다. 수카르노의 줄타기 외교가 완벽하게 성공하는 순간이었다.

이후 서파푸아의 투표는 전체 주민들이 참여하는 형태가 아니라 각 부족 및 지역별 대표자들이 참여하는 형태로 진행되었는데 수카르노 정부는 이들 부족 지도자들을 포섭해 무난히 인도네시아 합병을 통과시켰다. 이로써 네덜란드령 뉴기니는 인도네시아의 이리안자야주로 편입되었다. 하지만 독립을 염원하던 파푸아 민족주의자들은 이를 받아들이려 하지 않았다. 파푸아인들의 독립 투쟁은 자유파푸아운동(OPM, Organisasi Papua Merdeka)이라는 조직을 통해 오늘날까지 계속되고 있다.

대외적인 성공에 반해 수카르노의 국내 정치 장악은 불안정한 상태였다. 무엇보다 인도네시아 독립과 통합에 중추 역할을 해온 군부의 힘이 막강했으며 대중적으로 큰 영향력을 발휘하는 이슬람 세력 역시 수카르노가 마음대로 주무르기 어려운 상대였다. 이에 수카르노는 공산주의 세력을 자신의 우군으로 만들어 군부와 이슬람 세력을 견제하고자 했다. 그렇게 탄생한 것이 수카르노 정부를 떠받치는 '나사꼼(NASAKOM)' 체제였다. 나사꼼이란 민족주의(Nasionalisme), 종교(Agama), 공산주의(Komunisme)의 앞 글자를 따서 만든 단어로 민족주의의 구현자로서 인도네시아의 성립과 유지를 가능케 하는 군부와 전국적인 정치 조직망을 갖춘 인도네시아공산당, 그리고 인도네시아인들의 일상생활에 깊이 스며든 이슬람이라는 세 기둥이 함께 국정 운영을 이끌어간다는 개념이다.

이 시기 인도네시아공산당은 당원 수 기준으로 중국공산당과 소련공산당에 이어 세계에서 세 번째로 큰 공산당이었다. 당 간부만 30만 명가량에 당원은 2백만 명에 달했다. 마디운 사태로 큰 타격을 입었음에도 불구하고 인도네시아공산당이 다시 부활할 수 있었던 데에는 이들이 '토지개혁'을 부르짖음으로써 인구의 다수를 차지하는 농민들에게 호응을 얻었기 때문이다. 또한 인민 대중은 군 지도부와 관료들에 대해 부패했다고 여기고 있던 반면에 상대적으로 인도네시아공산당에 대해서는 '청렴하다'는 인식을 가지고 있었다. 하지만 지주들과 이슬람 지도자들은 인도네시아공산당의 토지개혁 주장에 대해 반발했으며 공산주의 세력이 늘어나고 있다는 데 대해 강한 불안감을 가지고 있었다. 군부 역시 주류는 친미 반공주의 성향을 가지고 있었기 때문에 인도네시아공산당에 대해 매우 경계하는 상황이었다. 따라서 수카르노의 교도민주주의를 유지하는 데 필수적인 나사꼼 체제는 안으로부터 균열이 발생했다. 인도네시아공산당 역시 이를 잘 알고 있었다. 그들은 수카르노를 자기편으로 끌어들이고자 애썼다. 수카르노 역시 시간이 갈수록 미국을 비롯한 서방 국가들과 자주 충돌하며 친소련 노선으로 기울었다. 특히 영국이 말레이시아를 독립시키려 하자 물리적 충돌까지 벌이면서 이를 저지하고자 했으며 미국과 유엔이 말레이시아 독립을 지원하자 수카르노의 대외 정책은 뚜렷하게 친소련 성향을 띠었다. 미국은 이를 우려 섞인 눈으로 보았으며 인도네시아 군부와 이슬람 지도자들 역시 수카르노에 대해 불안해했다.

쿠데타와 대학살

1965년 9월 30일, 인도네시아 자카르타에서 쿠데타 시도가 발생했다. 6명의 고위 장성들이 일단의 무장 병력에게 살해된 사건이다. 훗날 '9월 30일 운동'으로 알려진 이 무장 병력의 주모자들은 대통령 경호대장을 중심으로 한 인도네시아 군부 내 인도네시아공산당 지지 세력으로서 10월 1일 새벽에 전격적으로 군 고위급 장성들 가운데 육군 사령관 아흐마드 야니(Ahmad Yani) 장군을 비롯해 친서방 인사로 분류되는 이들에게 들이닥쳐 충격을 가하거나 납치해 살해했다. 하지만 당시 인도네시아 군 총사령관이자 국방장관으로서 군부 최고 실력자였던 나수티온(Abdul Haris Nasution) 장군은 쿠데타 군의 공격에도 불구하고 살아남았다. 불시에 들이닥친 병사들이 쏜 총탄에 나수티온의 어린 막내딸이 중상을 입고 쓰러졌으나 나수티온은 이웃의 이라크 대사관으로 몸을 피했다.

'9월 30일 운동' 지도부는 거사를 단행한 직후 라디오 방송을 통해 "CIA의 지원을 받은 일부 장성들이 국가 전복을 시도했으나 우리가 이를 막고 수카르노 대통령을 보호하고 있다"고 주장했다. 실제로 수카르노 대통령은 '9월 30일 운동'에 가담한 장성들과 함께 할림 공군기지에 머물고 있었다. 하지만 이라크 대사관에서 빠져나온 군 총사령관 나수티온은 국방부로 이동한 후 해군과 해병대 및 경찰에 대한 지휘권을 발동해 자카르타를 봉쇄하고 전략예

비사령부의 수하르토 장군에게 사태 수습을 명령했다.

육군의 2인자였던 수하르토는 쿠데타 병력에게 살해당한 아흐마드 야니 장군을 대신해 육군을 통솔할 수 있는 정당한 권한을 가지고 있었다. 나수티온은 대통령이 쿠데타 세력들에 의해 납치되었다고 판단하고 수하르토를 사령관으로 삼아 대통령 구출 및 쿠데타 진압 작전을 개시했다. 그러나 이때 수카르노 대통령의 행동은 이후 논란거리가 되었다. 그는 할림 공군기지에서 '9월 30일 운동'의 주동자들과 함께 새로운 인사권을 발동해 쿠데타에 동조하는 프라노토(Pranoto Reksosamudro) 장군을 육군 사령관으로 임명한다는 명령서를 수하르토에게 전달했다. 수하르토는 갈등에 휩싸였다. 대통령의 명령을 따르면 육군 지휘권은 대통령의 측근인 프라노토에게 넘어갈 것이고 사실상 쿠데타 세력이 승기를 잡게 된다. 반면 대통령의 명령을 거부하면 자신과 나수티온 장군이 오히려 정당한 명령에 불응하는 쿠데타 세력으로 몰릴지도 모를 일이다. 고민 끝에 수하르토는 대통령의 인사 명령을 거부하고 육군에 대한 지휘권을 계속 발동하기로 결정한다.

수하르토는 할림 공군기지를 포위하고 수카르노 대통령에게 최후 통첩을 보냈다. "공항을 떠나라!" 이에 수카르토 대통령은 할림 공군기지를 떠나 대통령궁으로 급히 돌아갔다. 오마르 다니 공군 사령관을 포함한 '9월 30일 운동' 주동자들도 해외로 피신했다. 수하르토의 병력은 큰 충돌 없이 할림 공군기지를 접수했고 그렇게 쿠데타는 실패로 끝났다.

쿠데타를 진압한 직후 인도네시아는 사실상 권력 공백 상태가 되었다. 나수티온을 필두로 한 군부는 쿠데타에 연루되어 있다는 의혹이 제기된 대통령에게 다시 권력을 돌려줄 의사가 없었다. 나수티온 장군이 새로운 권력자로 등극할 기회였으나 그는 지난 쿠데타에서 총상을 입고 병원으로 실려간 막내딸에게 신경을 쓰느라 다른 일을 돌볼 겨를이 없었다. 중대한 국가 권력 공백기에 군 최고 실력자인 나수티온이 결단력 있는 모습을 보여주지 않는 사이 쿠데타 진압작전의 사령관이자 육군을 통솔하고 있던 수하르토가 군부 내 실권을 거머쥐었다. 수카르노 대통령은 군부 인사들의 강압에 못 이겨 수하르토를 육군 사령관에 임명했다. 이후 개각을 통해 수카르노는 나수티온을 국방장관 및 총사령관에서 해임했다. 한때 군의 최고 실력자였던 나수티온을 이미 껍데기만 남아 있던 힘없는 대통령이 쫓아낼 수 있었던 건 당시 군부를 장악한 수하르토가 영향력을 행사했기에 가능한 일이었다. 이리하여 나수티온까지 밀어낸 수하르토는 군부 최고 실력자로서 정국을 장악해 나갔다.

이후 수하르토는 군을 동원해 인도네시아 전역에서 '공산주의자 사냥'을 전개한다. 그는 쿠데타가 인도네시아공산당에 의한 국가 전복 음모라고 선전을 하는 동시에 자바와 발리 및 북부 수마트라를 중심으로 좌익 세력에 대한 대대적 학살에 들어갔다. '말살작전(Operasi Penumpasan)'이라는 작전명이 붙은 '공산주의자 대학살'은 1965년 10월부터 1966년 3월까지 진행되었으며 사망자만 50만~120만 명에 이르는 것으로 추정된다.

초기의 '말살'은 군이 주도했다. 9월 30일 쿠데타를 진압한 뒤 군은 인도네시아공산당에 동조하는 관료와 정치인들을 대대적으로 숙청하기 시작했다. 공산주의자뿐만 아니라 민족주의 정당 내의 좌파 성향 정치인들도 공격의 대상이 되었으며, 친수카르노 국회의원들이 체포되었고, 인도네시아공산당 지도부에게는 즉결 처형이 집행되기도 했다. 자카르타의 인도네시아공산당 본부는 불에 타 사라졌고, 자카르타와 서부 자바에서 1만 명의 인도네시아공산당 활동가들이 체포되었다. 군과 경찰 내에도 인도네시아공산당 조직원들이 있었는데 이들은 자신들을 검거하려 하는 인도네시아군과 충돌해 양측에서 많은 사상자가 발생했다.

그런데 10월 말경 과격 무슬림 집단들이 "인도네시아의 무신론자들을 일소하는 것이 우리의 사명"이라며 자경단을 조직해 학살에 대거 참여하면서 폭력의 규모가 갑자기 커졌다. 인도네시아는 인구의 절대 다수가 이슬람교를 믿지만 이들 가운데 다수는 이슬람과 힌두교·토속신앙을 혼합해 따르는 '아방안(abangan)'으로 분류된다. 반면 정통 이슬람교를 엄격하게 따르는 이들을 '산뜨리(Santri)'라고 하는데 산뜨리들은 아방안을 '무신론자'라고 비난해 왔기에 이들 간에는 해묵은 앙금이 있었다.[87]

자바에서 시작된 '공산주의 사냥'에 동참한 과격 무슬림들은 산뜨리였는데, 이들은 공산주의자뿐만 아니라 아방안도 공격 대상으로 삼았다. 또한 반공 청년 조직이 결성되어 폭력에 동원이 되었는데 10대들도 많이 가담했다. 이들은 인도네시아공산당에 가담했거나 좌익 단체에서 활동한 전력이 있는 이들만이 아니라 자신과 원한 관계에 있는 이들까지 '인도네시아공산당'으로 몰아 죽이기도 했다. 심지어 가족 가운데 인도네시아공산당 조직원이 한 명만 있어도 일가족이 몰살당하는 경우도 있었다. 누구든 '인도네시아공산당'으로 지목당하면 쉽게 목숨을 잃을 수 있는 위험한 상황이었다.

자바 지역에서는 화교들에 대한 공격도 자행되었다. 화교들 가운데 중국공산당을 지지하는 이들이 많다는 것이 공격의 명분이었지만 사실 경제권을 장악하고 있는 화교 상인들에 대한 오랜 분노와 시기심이 공격의 진짜 속내였다. 화교 상점이 약탈당하고 불에 탔으며 화교들은 살인과 폭력에 노출되었다. 많은 화교들이 이 탄압을 피해 중국으로 이주했으나, 이주 직후 중국에서 문화대혁명이 시작되면서 인도네시아에서 건너온 화교들은 '첩자' 혹은 '자본주의자'로 몰려 또다시 박해를 당했다.

발리에서는 힌두교도들이 학살에 앞장섰다. 당시 발리에서는 힌두카스트제도를 보존하려는 세력과 이를 개혁하고 타파하려는 세력 간의 갈등이 전개되고 있었다. 카스트 혁파를 주장하는 이들 가운데 인도네시아공산당 조직원들이 많았는데, 자바에서 대학살 정국이 펼쳐진 후 군부는 발리의 보수 힌두들에게 인도네시아공산당 공격을 부추겼고 이것이 학살로 이어진 것이다. 자바와 발리를 비롯한 인도네시아 곳곳에서 6개월에 걸쳐 이어진 '좌파 대학살'로 인도네시아공산당은 완전히 소멸되었고 수카르노 체제는 막을 내린다. 이어진 수하르토 정권하의 인도네시아는 철저한 반공 국가로 다시 태어났다.

인도네시아에서 일어난 광기의 집단 학살은 캄보디아에서 폴 포트 정권이 저지른 '킬링 필드' 집단 학살에 맞먹는 끔찍한 반인권 범죄였다.[88] 하지만 이 사건은 캄보디아에서 자행된 비극보다 덜 알려졌다. 인도네시아 내에서 오늘날까지도 이 사건을 공개적으로 언급하는 것이 금기시되어 있기 때문이다. 이 대학살을 주도한 수하르토가 이후 집권해 30여 년간 권좌에 있었다는 것이 중요한 이유이다. 수하르토 체제가 몰락한 이후에도 이 학살극의 주역인 군부가 여전히 막강한 영향력을 보유하고 있었으며 산뜨리를 비롯한 이슬람 세력도 학살에 참여했는데 오늘날 큰 영향력을 가지게 된 이슬람 단체들이 이 사건을 부각시키는 것을 극도로 꺼려왔다는 점도 인도네시아가 침묵하는 배경의 하나일 것이다.[89]

이 비극이 덜 알려진 데에는 국제 정치적 이유도 있다. 캄보디아의 대학살은 공산주의 세력 내에서 발생한 것으로서 미국을 비롯한 서방 세계가 이를 폭로하는 데 앞장섰다. 반면 인도네시아 대학살에는 미국·영국·호주 등이 연루되어 있다. 아직 미국 등 서방 세계의 개입 전모가 드러나지는 않았으나 비공개가 해제된 일부 미국 정부 문서들과 미국 언론의 관련자 인터뷰[90] 등을 통해 조금씩 실체가 알려지고 있다. 지금까지 밝혀진 것은 미국이 '작전'에 필요한 자금 5천만 루피아를 인도네시아 '숙청팀'에게 전달하고 수하르토에게는 비밀리에 작전 지휘를 할 수 있는 이동통신 장비 등을 지급했다는 사실과 CIA가 5천여 명의 인도네시아공산당 조직원 명단을 인도네시아 군부에게 넘겼다는 사실 등이다. CIA가 내부 정보원을 통해 확보한 이 명단에는 인도네시아공산당 최고위층부터 각 마을의 조직책까지 망라되어 있으며 자카르타 주재 미국 대사관은 이 명단에 있는 이들의 제거 현황을 파악해 이들이 죽을 때마다 명단에 표시하기까지 했다.[91]

수하르토와 신질서 정권

수하르토는 대통령을 위협해 강압적으로 전권위임장[92]을 받아내 이 대학살을 지휘했다. 이 위임장에 따르면 수하르토에게는 "인도네시아의 혼란을 잠재우고 질서를 회복하기 위해 필요하다고 여겨지는 모든 조치를 내릴" 권한이 주어졌다. 사실상의 국가 통치자인 셈이다. 결국 수하르토는 국회로부터 탄핵을 당해 물러난 수카르노를 대신해 1968년 인도네시아 제2대 대통령에 오른다.

수하르토는 수카르노보다 더 강력한 독재 정치를 폈다. 일명 '신질서(New Order) 체제'이다. 신질서 체제의 중심은 군부였다. 수카르노의 교도민주주의 체제에서 군부는 이슬람 및 인도네시아공산당과 더불어 세 축 가운데 하나였지만, 수하르토 집권기에 들어서 군부는 다른 세력을 압도하는 정치 주체로 떠올랐다. 수하르토는 군부의 '이중 기능(Dwi fungsi)'을 정당화했는데, 이중 기능이란 군 본연의 국방·안보 기능에 더해 인도네시아의 정치·경제적 안정을 위해 군이 정치 활동에 참여해야 한다는 것이다. 이후 군부의 영향력은 인도네시아 정치 전반에 깊숙이 뿌리를 내렸다. 수하르토 자신이 군 장성 출신이었고 내각에 군부 출신을 다수 임명했다. 중앙정보부(BAKIN)의 수장, 검찰총장 등 핵심 권력 요직에 현역 및 퇴역 군 장성들이 두루 포진했다. 지방 주지사에는 현역 군인들을 배치해 행정을 군부가 장악할 수 있도록 했다.

수하르토는 인도네시아공산당을 불법화해 일체의 활동을 금지시켰고 다른 정당들은 국가 통제하에 두고자 했다. 선거제도도 중지했으나 이에 대해 이슬람 세력 등이 크게 반발하자 1971년 선거를 실시하되 정당을 통폐합해 3개의 정당으로 간소화한 후 이 정당들만 선거에 참여하도록 제도를 개편했다. 그리하여 인도네시아에서 정당은 친정부 정당인 골카르당(Golkar), PPP(Partai Persatuan Pembangunan, 연합개발당), PDI(Partai Demokrasi Indonesia, 인도네시아민주당)로 축소되었다. 이슬람 계열의 정당들은 PPP로, 민족주의 계열의 정당들은 PDI로 통합된 것이다. 수하르토 대통령은 당적을 가지지 않았지만 군부·관료·기업가 등의 지지를 받은 골카르당이 신질서 정권 기간 내내 실질적 여당의 역할을 했다. 국회가 존재했지만 국회의원 중 5분의 1은 대통령이 임명했다. 이때 임명직 국회의원은 모두 군부 출신이었다. 또한 헌법상 최고 권력기관인 국민협의회(Majelis Permusyawaratan Rakyat)는 국회의원과 직능 대표 및 지역 대표로 구성되었는데 이 가운데 직능 대표와 지역 대표 역시 대통령이 임명했다. 대통령은 국민의 직접 선거가 아닌 국민협의회에서 간선제로 선출했는데 위와 같은 구조에서 권력을 장악한 수하르토에게 대통령 당선은 땅 짚고 헤엄치기였다.

수하르토는 정당이 지역에서 정치 활동을 하지 못하도록 제한했다. 따라서 선거 시기 후보자들이 지역 유권자들과 공식적으로 만나 소통하며 선거 운동을 할 수 없었다. 이러한 조치는 부작용을 키웠다. 정치인들이나 후보자들은 지역의 종교 지도자나 기업인 등과 비공식적·개인적 접촉을 했으며, 이를 통해 은밀한 커넥션이 형성되었다.

한편 신질서 정부는 각 사회 부문과 산업 부문별로 기능 조직들을 결성했다. 수많은 관변 단체들이 만들어졌고, 수하르토는 이 단체를 통해 인도네시아 전체를 통제했다. 부문별 기능 조직의 수장은 대체로 유력 가문 출신들이었다. 이들에게는 특정 산업이나 직업을 통제할 수 있는 독점적 권한이 주어졌다. 기능 조직의 수장들에게 패트론의 지위를 부여한 것이나 마찬가지였으며 이는 부패의 온상이 되었다. 인도네시아 건국 초기부터 싹을 틔웠던 정권과 유력 가문의 결탁은 수하르토 정부에서 더욱 강화되었다. 이러한 과정을 통해 유력 가문들은 정치 엘리트로 자리 잡았고 이는 훗날 인도네시아가 민주화된 이후에도 민주주의 발전을 방해하는 요인이 되었다.

수하르토는 자신의 집권 이념으로 빤짜실라를 내세웠다. 신질서 정부는 전지전능한 신에 대한 믿음(종교), 공정하고 문명화된 인류애(휴머니즘), 인도네시아의 통합(민족주의), 합의제와 대의제로 운영되는 민주주의(민주주의), 모든 인도네시아 국민을 위한 사회 정의(사회정의)라는 빤짜실라의 5대 원칙 안에 인도네시아에 필요한 모든 이념이 다 포괄되어 있다고 주장했다. 수하르토 정부는 모든 정당 및 사회 단체들이 빤짜실라 이외의 이념이나 가치를 조직 원리로 삼을 수 없도록 강제했다.[93] 정부가 나서서 민족주의 단체에게는 빤짜실라 내의 민족주의 조항을, 이슬람 단체에게는 빤짜실라의 종교 조항을, 민주주의 운동 단체에게는 빤짜실라의 민주주의 조항을 들이밀면서 다른 이념은 필요 없으니 이것만을 받아들이라고 강요한 것이다. 이리하여 국민 통합을 위한 인도네시아의 건국 원리였던 빤짜실라는 수하르토 체제에서 사상의 자유와 표현의 자유를 억압하는 어용 이념으로 전락하는 '흑역사'를 써내려갔다.

민주주의의 후퇴에도 불구하고 수하르토는 집권 기간 동안 경제 성장을 이루었으며 늘 이를 자신의 주요한 치적으로 내세웠다. 전임 대통령인 수카르노는 민족주의의 논리로 경제 정책을 이끌었다. 민간·외국인 기업을 국유화해 국영 기업을 만들고 이를 중심으로 제조업을 발전시켜 외세의 영향으로부터 자립하는 수입 대체 산업화가 핵심 목표였다. 수카르노 집권기의 인도네시아 경제는 극심한 인플레이션과 만성적인 재정 적자로 큰 어려움을 겪었다. 국영 기업도 비효율적이고 방만하게 경영되면서 낮은 생산성과 경쟁력을 보였다. 이에 반해 수하르토는 '경제 자유화'를 내세웠다. 시장 경제를 강화하고 민영화를 도입했으며 외국 자본을 끌어들였다. 수카르노가 반서방 노선을 지향하면서 탈퇴한 국제통화기금(IMF)과 세계은행에 재가입함으로써 다시금 미국이 주도하는 글로벌 자본주의 경제에 편입되었다. 1970년대 '오일 쇼크'를 거치면서 석유 가격이 급등하자 석유 수출에 주력하면서 경제 지표가 눈에 띄게 개선됐다. 농업 현대화에 착수해 식량 증산에도 성공했다. 1960년대 초반 평균 2%대였던 경제 성장률이 1982년 7.7%로 크게 상승했다. 경제 성장은 수하르토의 국내 입지를 안정시켜주었다. 하지만 석유 의존도가 높은 탓에 1980년대 중반 국제 유가가 떨어지면서 인도네시아 경제가 타격을 입었고 수하르토 경제 정책에 한계가 노출됐다.

군부 출신인 수하르토였지만 그는 오히려 군부의 힘을 약화시키고 대신 이슬람 세력을 지원했다. 1인 통치 체제를 만든 수하르토에게 유일하게 남은 불안 요소는 물리력을 가진 군부였다. 이에 1980년대 후반부터 수하르토는 군부의 역할과 기능을 축소하기 위해 노력한다. 군부의 정보·치안 조직이었던 콥캄팁(Kopkamtib)을 해체해 안보 기능을 경찰로 이관하고 나머지 기능은 대통령 비서실로 넘겨 대통령 친정 체제를 강화했다. 1993년에는 지금까지 늘 군부 출신 인사가 맡아오던 골카르당의 의장에 최초로 민간인 출신을 임명했다. 군부 인사가 권력의 요직에서 배제된 것이다.

신질서 정권이 강조해 온 군의 '이중 기능'은 말만 남았을 뿐 점차 입지가 좁아지고 있었다. 수하르토는 자신의 둘째 사위인 프라보워 수비안토(Prabowo Subianto)를 대령에서 준장으로 진급시킴과 동시에 특전사령관으로 임명함으로써 군 장악을 위한 포석을 깔았다. 이러한 친족 인사에 대해 군 내부에서 비판이 제기됐는데 수하르토는 비판자들을 모조리 해임했다. 이후 군부 내에서는 수하르토에 대한 지지가 점차 사그라들었고 군이 정치적으로 중립을 지켜야 한다는 목소리가 높아졌다.

수하르토는 약해진 군부의 지지를 대체할 대안으로 이슬람 세력에게 눈길을 주었다. 1970년대 후반부터 중동의 이슬람권은 종교적 열정으로 타오르기 시작했다. 1979년 이란에서 이슬람 혁명이 일어났고, 개방 정책으로 나아가던 사우디아라비아는 강경 와하비즘(Wahhabism)으로 복귀했으며, 소련이 아프가니스탄을 침공하면서 급진 이슬람주의자들이 아프간 무자헤딘 전사로 참전하는 등 일련의 사건들이 연쇄적으로 발생했다. 이는 동남아시아에도 영향을 미쳤다.

1980년대 인도네시아에서는 정통 이슬람을 따르는 '산뜨리' 정체성이 크게 증가했다. 인도네시아 무슬림들 가운데 메카로 성지 순례를 떠나는 이들이 늘어났고, 라마단 기간에 단식에 참여하는 것이 사회적 유행이 되었으며, 금요일 저녁 모스크는 예배에 참여하는 사람들로 꽉 들어찼다. 수하르토는 군부를 견제하기 시작하면서 이슬람 지도자들을 정부 관료로 등용하고 이슬람 사원 건립과 이슬람 교육 확산을 지원했다. 수하르토 자신도 메카 성지 순례에 참여하고 이슬람식 정장 차림을 하는 등 경건한 무슬림 이미지를 강화해 나갔다.

하지만 1990년대 들어서면서 수하르토 체제의 약점이 부각되기 시작했다. 가장 큰 문제점은 경제 성장의 과실이 국민들에게 고르게 돌아가기보다는 수하르토의 일가친척과 측근들에게 집중된 것이었다. 수하르토의 둘째 아들이 차린 기업은 10년 만에 인도네시아 10대 그룹으로 성장했고, 셋째 아들의 기업은 20대 기업군에 이름을 올렸으며, 수하르토의 장녀 역시 30대 그룹의 소유주가 되었다. 수하르토의 사돈과 처가 역시 거대 기업의 소유주 명단에 이름을 올렸다.

정경유착도 문제였다. 우선 금융이 수하르토 일가친척의 수중에 있었다. 1990년대 초반 인도네시아의 16개 시중 은행 가운데 수하르토 가족이 3개 은행을 소유하고 있었으며 금융권은 수하르토의 가족 및 측근들에게 특혜 대출을 남발했다. 그 덕분에 수하르토 일가와 그 주변 사람들은 거대한 부를 쌓을 수 있었지만 인도네시아의 은행은 점점 부실해졌다. 대통령이나 그 측근인 정계 실력자들의 전화 한 통에 불확실한 사업에 대해 무담보 은행 대출이 이뤄지는 비상식적인 일이 수시로 벌어졌다.[94] 그러나 이를 바로잡으려는 개혁 시도는 수하르토와 권력 핵심에 의해 번번이 좌절됐다. 경제 개혁은 곧 수하르토 일가의 경제 지배를 막는다는 의미였기 때문이다. 수하르토 정부는 정경유착, 금융의 부실화, 기업의 경쟁력 약화 등으로 이어지는 인도네시아 경제 악순환의 고리를 끊어낼 능력도 의지도 없었다. 그렇게 인도네시아는 속으로 곪아갔다.

1997년 5월 태국에서 외환 위기가 발생하며 순식간에 동남아시아 전체가 경제 위기에 몰렸다. 인도네시아에서도 루피화의 가치가 폭락했다. 1997년 초에 1달러당 2,300루피아 수준이던 환율이 그해 10월이 되자 4,000루피아에 근접했다. 인도네시아 정부는 IMF에 구제금융을 받아야 하는 상황이 되었다. 하지만 위기에 직면해서도 인도네시아 정부는 기민하게 대응하지 못했다. 수하르토 정부와 IMF 간 협상은 1997년 10월 31일부터 1998년 4월 10일까지 무려 6개월 가까이 끌었다.

IMF는 구제금융의 조건으로 긴축 재정 정책, 금리 인상, 부실 은행 폐쇄, 정실자본주의 청산 등을 요구했다. 특히 구체적인 조건 가운데 수하르토 일가의 기업 경영권 포기 및 족벌 경영 체제 해체와 중하층 국민들에게 지급하던 식량 및 전기료 보조금 철폐가 포함되어 있었다. 이는 수하르토 정부가 쉽게 받아들일 수 없는 부분이었다. IMF는 석유와 전기 사업을 수하르토 일가가 하고 있기 때문에 보조금 지급은 결국 수하르토 가족의 호주머니에 세금을 몰아주는 격이라며 비판했지만, 가뜩이나 생활고로 시달리던 인도네시아 국민들로서는 계속 지급되던 보조금이 중단되면 당장 어려움을 겪을 게 분명했다. 그로 인한 불만과 반발은 정권을 위협할 것이었다. 또한 수하르토 족벌 경영 체제 철폐 역시 인도네시아 경제를 위해서 꼭 필요한 개혁임에도 불구하고 수하르토 대통령이 수용하기 어려운 조건이었다.

개혁이 미뤄지는 사이 인도네시아의 경제는 점점 더 힘들어졌다. 1998년 1월 루피아 환율은 1달러당 1만 루피아로 치솟았다. 인도네시아는 파산 직전으로 내몰렸다. 외국 자본의 이탈은 계속됐고 해외 은행들은 인도네시아 은행에 빌려준 돈을 회수해 갔다. 인도네시아 금융기관들은 대부분 자본 잠식 상태에 돌입했다. 불안해진 시민들은 은행으로 달려가 예금을 인출하느라 정신이 없었다. 물가가 폭등하고 실업자가 늘면서 사회도 불안정해졌다. 대정부 시위가 확산되었고 점차 그 양상도 폭력적으로 변해갔다.

대중의 불안과 불만은 어딘가 분출할 곳을 찾았는데 주로 화교 상인들이 타깃이 되었다. 중국계 인도네시아인들이 운영하는 상점에 몰려가 약탈을 하고 불을 지르는 사례가 빈번해졌다. 인도네시아 사회 저변에서 사람들을 갈라놓던 정체성의 선이 결국 폭력으로 이어진 것이다. 이러한 상황에서 수하르토는 어떻게든 국내외 투자자들과 국민들에게 신뢰를 주고 안심을 시켜야 했다. 하지만 76세 늙은 독재자의 욕망은 정반대로 향했다. 32년간 집권해온 수하르토는 1998년 3월 11일 7년 임기의 대통령직에 또다시 취임했다. 물론 국민 직선제가 아니라 꼭두각시나 마찬가지인 국민협의회에 의한 간선제로 당선됐다. 처음부터 수하르토는 또 한 번의 대통령직에 오를 때까지 IMF의 개혁 요구를 미루는 것이 목표였는지도 모른다. 일단 재집권에 성공한 후 국민들을 어르고 달래서 어떻게든 권력과 부를 유지할 수 있으리라 여겼을 것이다.

　인도네시아 정부는 결국 4월 10일 IMF의 요구 조건을 수용했다. 이미 국민들의 마음은 수하르토를 떠나 있었다. 특히 IMF 구제금융의 대가로 육류와 전기에 대한 보조금 지급이 폐지되자 여론은 급속히 악화됐다. 보조금 중단으로 휘발유 가격은 하루아침에 70%나 올랐다. 전기료도 2개월에 걸쳐 40% 인상될 것이라는 계획이 발표되었다. 성난 시민들이 수하르토 퇴진을 요구하며 거세게 시위를 벌였다. 지속적으로 민주화 투쟁을 벌여오던 대학생들뿐만 아니라 생계에 쪼들리던 노동자들이 가세해 시위대의 규모는 빠른 속도로 커졌다.

　시위가 격해지자 이를 진압하던 군경들이 발포를 해 사망자가 발생했다. 이는 불난 데 기름을 끼얹은 격이었다. 시위는 삽시간에 전국으로 번졌다. 자카르타에 있는 트리삭티 대학교 학생들의 시위 도중 강경 진압으로 6명이 사망하자 도시는 통제 불능 상태에 빠졌다. 자카르타에서 상점과 은행에 대한 공격과 약탈이 자행되었고 곳곳에서 화재가 일어났다. 사망자가 5백 명이 넘는 대규모 폭동이었다. 도시는 무정부 상태로 변했다. 이때 대통령은 15개 개도국 정상회의에 참석하기 위해 이집트를 방문하고 있었는데 사태의 위중함을 보고받고는 급히 자카르타로 돌아왔다.

　수하르토가 귀국해서 맞이한 상황은 암담했다. 트리삭티 대학생들에게 발포를 명령한 인물은 수하르토의 둘째 사위 프라보워

였는데 이는 수하르토의 입지를 더욱 좁혔다. 프라보워의 빠른 승진과 특별 대우에 불만을 품고 있던 군부 내 인사들이 프라보워에 대해 비판하며 수하르토에게 등을 돌렸다. 대통령의 인기가 곤두박질치자 공멸의 위기감을 느낀 골카르당 내부에서도 수하르토의 하야를 촉구하는 목소리가 나올 지경이었다.

궁지에 몰린 수하르토는 5월 21일 사임을 전격적으로 선언하기에 이른다. 대통령의 권한은 하비비(B. J. Habibie) 부통령에게 이양되었다. 32년간의 수하르토 철권 통치가 막을 내렸지만 아직 인도네시아에 민주주의가 찾아왔다고 말하기는 어려웠다. 대통령 직선제도, 정권 교체도 이뤄지지 않았기 때문이다. 무엇보다 사회 발전을 근본적으로 저해하는 패트론-클라이언트 구조가 여전히 힘을 발휘하고 있었다. 이제 강력한 독재자가 물러간 자리에 기득권 옹호를 위해 야합하는 패트론들이 주인공으로 등장한다.

중앙집권이 무너진 뒤에

하비비 정부는 수하르토 신질서 체제의 대안으로 지방 차지를 강화했다. 신질서 체제는 고도로 중앙집권화된 정부 관료제를 통해 국정을 운영했다. 수하르토 정권하에서 지방은 실질적인 권한을 지니지 못했다. 수하르토가 무너진 인도네시아에서 민주주의는 곧 자유로운 선거와 더불어 지방 분권의 의미를 지녔다. 하비비 정부는 1999년부터 2002년 사이에 헌법을 네 차례 개정했다. 헌법 개정의 주요 내용은 대통령 직접 선거, 대통령 임기 제한, 자유로운 정당 활동 보장, 의회의 권한 강화, 지방자치제 실시 등이었다. 특히 지방자치제는 수하르토 체제를 대체할 새로운 거버넌스였다. 1999년 입법을 통해 중앙정부와 의회의 권한이 대거 지방정부와 지방의회로 이양되었다.

그런데 새로운 문제가 등장했다. 지방 분권이 국가의 법체계를 파편화하는 결과를 가져온 것이다. 인도네시아공화국의 건국을 주도한 수카르노와 그의 동료들은 다종족·다문화 사회인 인도네시아에 하나의 국민을 만들기 위해 많은 노력을 했다. 그 뒤를 이은 수하르토 정부도 하나의 법체계 안에서 일관성 있게 운영되는 국가를 만들고자 했다. 이는 권위주의 정치라는 부작용을 낳았으나 종족과 문화가 다른 여러 지역과 집단을 하나의 인도네시아인으로 만드는 데 일정한 효과가 있었다. 하지만 수하르토 체제 몰락 이후 지방의 권한을 강화하자 국가에 통일성을 부여하는 중앙정부의 능력이 퇴보하고 말았다. 지방자치가 확대되자 각 지방정부는 대거 지방 조례를 제정했는데, 조례의 상당 부분이 상위 법률이나 헌법의 기준과 충돌했다. 특히 이슬람 종교 규범의 영향이 지방 조례에 반영되는 사례가 많았다. 서수마트라 파당에서는 무슬림이건 아니건 모든 여성이 히잡을 착용해야 한다는 규정을 만들었는데 이는 비무슬림에 대한 차별 논란을 불러 일으켰다. 또한 탄게랑에서는 성매매 방지를 이유로 밤 10시 이후 여성의 통행을 단속하는 조례를 제정했는데 이 또한 인권 침해 논란이 제기되었다. 서수마트라 사와룬토에서는 결혼하기 전 이슬람 경전인 꾸란을 읽고 이해할 수 있는 능력을 의무적으로 증명하도록 했으며, 타식말라야에서는 주류 소비 및 판매를 제한하는 규정을 통과시켰다. 이러한 지방 조례는 공식적으로 세속주의를 표방하고 종교의 자유를 허용한 인도네시아 헌법과 충돌하는 것들이다.

인도네시아의 법체계를 파편화시키는 것은 지방 조례뿐만이 아니다. 수하르토 체제 붕괴 이후 등장한 인도네시아 정부들은 분리주의 성향이 강한 지역과 타협을 추구해 독자적인 법체계를 허용했다. 대표적인 것이 아체주의 카눈(Qanun)이다. 분리독립운동을 벌이며 인도네시아 정부와 충돌했던 아체주는 2001년 특별자치법을 통해 인도네시아 헌법과 다른 법체계를 통해 주정부를 운영할 수 있는 권한을 획득했다. 이슬람주의가 강한 아체주는 이슬람 종교법인 샤리아에 기반해 만든 카눈을 아체주의 종교·사법·사회규범에 적용했다. 이 카눈은 음주, 도박, 성범죄 등을 다루며 처벌에는 벌금이나 징역형뿐만 아니라 태형이 포함되어 있다.

역시 분리주의 성향이 강한 파푸아 지역에도 아체 지역처럼 특별자치법을 통과시켜 인도네시아 헌법의 적용을 받지 않는 자치 권한을 부여했다. 파푸아 지역의 자원 개발 수익 가운데 80%를 파푸아 지역에 되돌려주도록 했으며, 공공기관 등에서 파푸아 토착민을 우선적으로 채용하고 교육과 보건 등에서도 파푸아인들에게 폭넓은 자치권을 주었다. 하지만 예산 배정은 여전히 중앙 정부가 통제했고 인도네시아군은 계속 파푸아 지역에 주둔했다. 파푸아 분리주의 단체에 대한 체포와 폭력 진압도 크게 달라지지 않았다. 결국 파푸아인들은 이러한 자치권에 만족하지 못했다. 2021년 7월과 8월에 걸쳐 자야푸라와 마노크와리 등 파푸아의 주요 도시에서 '특별 자치법' 연장 반대와 파푸아인의 완전한 자결권을 요구하는 시위가 벌어졌다. 이에 인도네시아 당국은 최루탄과 물대포를 동원해 600명이 넘는 인원을 체포하는 등 강경 진압을 했다.

권위주의 정치가 무너지고 민주화로 나아가는 길목에서 인도네시아의 법체계는 파편화되었다. 물론 지방의 자치권 강화는 주민들의 참여와 민주적 의사 결정을 강화하는 장점이 존재한다. 하지만 법의 일관성이 사라지는 것은 국가 전체적으로 부정적인 영향을 끼친다. 우선 지방에서 패트론의 영향력이 강화되고 부정부패가 늘어날 확률이 높아진다. 지역에 따라 규정이 다르기에 지방 공무원의 각종 권한이 늘어나며 그만큼 지역의 패트론과 지역 공무원이 결탁할 기회도 늘어난다. 과거 인도네시아의 부패 구조가 자카르타의 중앙정부에 집중되어 있었다면 이제는 인도네시아 지역 정부로 광범위하게 퍼진 것이다. 게다가 이러한 법체계 파편화는 인도네시아 경제 성장도 저해한다. 동일한 사업이라도 지역마다 다른 규제와 허가 기준이 적용된다면 외국 기업이나 다국적 자본 입장에서는 예측 불가능하다고 여겨 투자를 꺼릴 수밖에 없다. 실제로 2017년 칼리만탄 등 일부 지방정부가 중앙정부의 허가를 무시하고 광산 허가를 취소하여 다국적 기업들이 철수하기도 했

다.[95]

지방 자치가 확대되기 이전부터 인도네시아는 주로 민법 분야에서 국가법과 관습법 및 종교법이 병존하는 구조였다. 국가법 이외에도 지역 부족의 전통에 기반한 관습적 판결이나 종교적 관례를 부분적으로 인정하는 것이었다. 하지만 각 지역의 자치 조례가 대거 제정되면서 인도네시아 법체계의 일관성이 크게 훼손되었다. 물론 이를 조정하는 헌법재판소가 존재하지만 근본적인 문제는 사라지지 않고 있다. 정치권에서 득표에 도움이 된다는 이유로 지방 조례에 대해 우호적인 입장을 취하고 있기 때문이다. 특히 인도네시아에서 여론에 강력한 영향력을 행사하는 이슬람 종교계에서는 샤리아를 반영한 조례 제정을 옹호한다. 따라서 이를 비판하는 후보자나 정당은 선거에서 불이익을 감수해야 한다. 인도네시아에서는 헌법재판소에서 헌법불합치 판정이 난 조례도 내용을 약간 수정하여 다시 제정되는 사례가 많다.

살아남은 구체제

수하르토 체제가 몰락한 이후 새로운 정치 세력들이 등장했다. 비록 정권 교체가 일어난 것은 아니었지만 자유로운 정당 활동과 선거가 보장되면서 정치권은 활발하게 움직였다. 이들은 군부나 종교계의 실력자이거나, 지역 유력 가문의 일원이

거나, 성공한 사업가 출신이었다. 정치 참여의 기회가 열리자 이렇게 정치권에 발을 들인 이들은 빠르게 자신들만의 기득권 네트워크를 형성했다. 이 과정에서 수하르토 체제에 몸담았던 구체제 인사들은 살아남았고, 군부의 영향력도 보존되었으며, 새롭게 떠오른 정치인들은 새로운 정치 패트론이 되어 정당을 사유화하고 정치 세습 구조를 고착화시켰다. 지역에서 뿌리를 내린 패트론-클라이언트 문화가 중앙 정치 무대까지 확대된 것이다.

수하르토 체제가 무너진 이후 개혁이 필요한 시점에 하비비 대통령은 첫 단추를 잘못 끼웠다. 수하르토의 최측근이었던 하비비는 대통령이 된 이후에도 국민들에게 인기가 없었다. 수하르토 체제에서 드러난 문제점을 체제 내 인사였던 하비비가 개혁할 것이라고 기대하는 이들은 거의 없었다. 그럼에도 불구하고 하비비는 변화에 대한 국민의 열망에 어느 정도는 부응하려 했다. 그는 우선 내각에서 수하르토의 장녀인 시티 하르디얀티(Siti Hardiyanti Rukmana) 사회부 장관을 비롯한 수하르토 최측근 인사 일부를 퇴출시켰다. 하지만 이는 상징적인 조치였을 뿐이고 내각의 핵심 인물들은 수하르토 정권 시절의 내각 구성원들이 대체로 유임되었다. 또한 각종 부패 스캔들에 연루된 인사 41명을 국민협의회에서 퇴출하기도 했는데 이때도 수하르토의 자녀 4명은 포함시키지 않는 한계를 보였다.

하비비 개혁 가운데 가장 긍정적인 영향을 미친 것은 정치 제도 개혁이었다. 그동안 골카르당, 연합개발당(PPP), 인도네시아민주당(PDI)의 세 정당만 허용하던 것을 바꾸어 일정 요건만 갖추면 정당을 설립할 수 있도록 했다.[96] 또한 국회의원 가운데 대통령이 5분의 1을 임명하던 것을 개정해 선출직 의원 수를 늘리고 임명직 의원 수는 38명으로 줄였다.[97] 그리고 총선에 적용되던 각종 규제를 대거 풀어주어 자유로운 선거가 실시될 수 있도록 했다. 하지만 대통령 직선제가 포함되지 않았고, 38명의 임명직 국회의원은 여전히 군부의 몫으로 남겨둠으로써 아직 민주주의로 가기 위해서는 풀어야 할 과제가 많았다.

수하르토 체제의 인물이었던 하비비는 개혁을 추진하면서도 군부와 갈등을 일으키지 않으려 애썼다. 그는 선거를 자유화하는 동시에 그동안 수하르토 체제하에서 제도적으로 보장해 왔던 군의 정치 참여를 대폭 제한했다. 하지만 군부가 민감해하는 부분은 건드리지 않았다. 대표적인 것이 군의 지역 사령부(Kodam) 제도였다. 지역 사령부란 인도네시아를 권역별로 나눠 한 개 군사령부가 통제하는 군 행정 조직 체계를 의미한다. 예컨대, 서부 자바는 실리왕이 사령부가 관할하고 중부 자바는 디포네고로 사령부, 동부 자바는 브라위자야 사령부가 각각 담당하는 것이다. 이러한 군 행정 체계는 자연스럽게 지역 군 사령관이 해당 지역의 엘리트들에 대한 강력한 영향력을 행사할 수 있도록 해주었으며 부실한 중앙정부의 행정력을 보완해 군이 지역 행정을 담당하는 관행이 자리 잡도록 했다. 이는 수많은 섬으로 이뤄진 인도네시아에서 중앙정부의 행정 조직이 전국을 일사불란하게 통제하기 쉽지 않았으며 그 공백

인도네시아 지역 사령부

을 군 행정 조직이 메워주었다는 점에서 긍정적인 측면도 존재한다.[98] 하지만 이 제도를 통해 지역 정치에서 군의 존재감과 영향력이 유지되어 왔으며 군 장교들은 지역 패트론들과 결탁해 이권을 추구할 수 있는 여지가 만들어졌다. 군은 각 지역의 패트론과 네트워크를 형성하며 경제적 이권과 중앙정부로부터의 자율성을 도모한 반면, 지역 패트론들은 군의 비호 아래 자신들의 영향력을 이어갈 수 있었다.

하비비는 군의 예산 자체 조달 관행에도 손을 대지 않았다. 인도네시아군은 1940년대 중반 창설 초기부터 기업, 협동조합, 재단 등과의 연계를 통해 필요한 돈을 자체적으로 조달했다. 그 시기 중앙정부는 네덜란드에 대항해 독립 전쟁을 벌이는 한편 각지에서 일어나는 반란을 진압하느라 군에 대해 충분한 예산 지원을 할 수 없는 상황이었고 인도네시아군 지휘관들은 자체적으로 이를 해결할 방법을 모색했다. 이 관행이 이후에도 계속 이어진 것이다. 위에서 언급한 지역 사령부 제도는 군의 예산 자체 조달을 가능하게 하는 연결 고리로 작동한다. 지역 정치와 행정에서 강력한 영향력을 가진 지역 사령부는 해당 지역의 기업 및 자본과 네트워크를 형성한다. 지역 사령부가 패트론이 되고 지역의 기업들이 클라이언트가 되는 구조이다. 이를 통해 인도네시아군은 정부 예산에 의존하지 않는 독립적인 지위를 가질 수 있게 된다. 수하르토 체제가 무너진 이후의 정권들에서는 군 예산에 대한 정부의 통제 비율을 꾸준히 늘려갔지만 여전히 군의 자체 조달 시스템은 견고하게 유지되고 있으며 하비비 정부 이후의 새로운 정치 세력들 역시 군 개혁에 한계를 보여왔다.

1997~1998년 수하르토 정권을 무너뜨리는 과정에서 야권의 두 세력이 수하르토 체제의 대안으로 떠올랐다.

첫 번째는 초대 대통령 수카르노의 장녀 메가와티 수카르노푸트리(Megawati Sukarnoputri)를 필두로 한 민족주의 계열이었다. 메가와티는 1993년 PDI(인도네시아민주당)의 당의장으로 선출됐으며 이후 반수하르토 민주화 운동을 이끄는 지도자 중 한 사람이 되었다. 수하르토 정권에게 '수카르노'라는 이름은 커다란 위협이었다. 신질서 정권은 수카르노에게 '공산주의자'라는 이미지를 덧씌워왔는데 이로 인해 메가와티 역시 색깔론에 시달렸으며 정권의 집중적인 견제를 받았다. 수하르토 정권은 메가와티를 인도네시아민주당 의장 자리에서 끌어내리려 했으며 그 과정에서 PDI가

친메가와티파와 반메가와티파로 분열됐다. 하비비의 개혁에 의해 정당 설립이 자유화되자 1998년 10월 메가와티는 친메가와티파 의원들 및 지지자들과 함께 PDI-P(인도네시아민주투쟁당)를 새로 창당했다.

수하르토 체제에 대한 두 번째 대안은 이슬람 계열 정치 세력들이었다. 신질서 정권하에서 이슬람 세력의 양대 산맥은 전통주의 이슬람 단체인 나흐다뚤 울라마와 개혁주의 이슬람 단체인 무함마디야였다. 나흐다뚤 울라마의 지도자 압두라흐만 와히드(Abdurrahman Wahid)는 대체로 수하르토 정권에게 협조적이었던 인물이었던 반면, 무함마디야의 지도자 아미엔 라이스(Amien Rais)는 신질서 체제에 정면으로 도전했던 반정부 인사였다. 민주화 운동 과정에서 와히드와 라이스 간 대립과 경쟁이 심해졌고 이는 이슬람 세력의 분열로 이어졌다.

하비비의 정치 개혁으로 1999년 6월 총선이 실시되었다. 인도네시아 국민들은 수카르노의 교도민주주의 체제 이후 무려 44년 만에 자유로운 정치 참여가 보장되는 선거를 경험했다. 이 선거에서 그동안 수권 정당 자리를 유지해 오던 골카르당이 22.4% 지지를 얻어 2위로 내려앉은 반면, 메가와티가 이끄는 PDI-P(인도네시아민주투쟁당)가 33.7%로 1위를 기록했다. 이슬람 계열에서는 와히드가 이끄는 PKB(국민각성당)와 라이스가 이끄는 PAN(국민수권당)이 각각 12.6%와 7.1%를 얻어 3위와 5위를 차지했다.

총선으로 국회가 새로 구성됐으니 이제 대통령을 선출할 차례였다. 앞서 언급했듯이 대통령은 국회와 임명직 직능 대표 및 지역 대표로 이루어진 국민협의회(MPR)에서 선출했다. 이때 이슬람 계열 정당들이 의기투합을 한다. 라이스는 와히드와 라이벌 관계였음에도 불구하고 메가와티에 대항해 정치 동맹을 맺고 국민협의회의 대통령 선거에서 와히드를 지지했다. 군부도 상대적으로 보수적이고 온건한 와히드를 지지했다. 반면 총선에서 1위를 차지한 메가와티는 대중 지지에서 앞서 있다는 자신감을 가지고 있었기에 다른 정치 세력과의 동맹을 추구하지 않았다. 대통령 선거 결과 와히드가 메가와티를 누르고 인도네시아공화국 제4대 대통령으로 선출되었다. 메가와티는 부통령에 당선되었다. 이로써 수하르토와 하비비로 이어졌던 구체제는 이슬람 계열 정치 세력에게 평화적으로 정권을 이양하고 역사 속으로 사라졌다.

와히드 대통령은 수하르토의 불법·부패 행위를 조사해 부정축재 혐의로 기소하는 등 나름대로 국민들의 개혁 요구를 이행하려 했다. 특히 인도네시아 정치의 최대 기득권 세력인 군을 개혁하고자 했다. 와히드 대통령은 그동안 늘 육군에서 군 총사령관이 임명되던 관행을 타파해 처음으로 해군 출신인 위도도(Widodo) 제독을 인도네시아군 총사령관으로 임명했다. 군 개혁에 가장 강력한 저항 세력인 육군을 약화시키려는 의도였다. 또한 수하르토 체제하에서 등용됐던 군 인사들을 대거 요직에서 배제시켰다. 대표적으로 신질서 정부에서 군 총사령관이었으며 하비비 정부의 국방부 장관이었던 위란토(Wiranto) 정치안보조정 장관을 3개월 만에 경질시킨 것이다. 와히드는 지역 사령부 제도와 군의 예산 자체 조달 관행도 개혁하고자 했으나 군부의 반발로 실패했다. 당시 국방 예산의 70% 이상이 군의 자체 조달로 충당되고 있었기에 군은 정부의 통제로부터 독립성을 유지할 수 있었다.

  군에 대한 민간 정부의 통제가 실패한 또 다른 이유는 정·관계 요직에 군 출신 인사가 다수 포진해 있었다는 점을 들 수 있다. 수하르토 시절부터 정치권과 정부 기관 곳곳에 깊숙하게 뿌리를 내린 군 출신 인사들이 정책 결정에 상당한 영향을 미쳤는데 이들이 와히드 정부의 군 개혁을 가로막는 가장 커다란 장애물이었다. 게다가 인도네시아에서 지속적으로 발생하는 분리주의 운동이 정부와 국민들로 하여금 군이 얼마나 필요한 존재인지 일깨워주는 역할을 했다. 아체와 파푸아, 말루꾸, 칼리만탄, 술라웨시 지역에서 분리주의 반란이나 폭동이 끈질기게 이어졌다. 인도네시아에서는 한 지역의 분리주의 운동이 다른 지역을 자극해 연쇄 작용을 일으키는 행태를 보였다. 일단 반군 세력이 커질 경우 인도네시아 정부는 다급하게 군의 투입을 요청할 수밖에 없었다.

  결정적으로 개혁의 발목을 잡은 것은 와히드 대통령의 부패 혐의였다. 그는 조달청 공금 4백만 달러를 유용한 혐의(Bulog Gate)와 브루나이 국왕이 아체 지역을 돕기 위해 기부한 돈 2백만 달러를 착복한 혐의(Brunei Gate)로 정치적 위기에 몰렸다. 게다가 1997년 경제 위기 이후 계속되던 인도네시아의 경제난으로 민심도 악화됐다.[99] 이에 정치 동맹을 맺었던 아미엔 라이스와 PAN이

와히드 정부에 등을 돌리면서 2001년 7월 결국 국민협의회에서 탄핵되고 말았다. 그리고 부통령 메가와티 수카르노푸트리가 대통령 권한을 물려받았다.

와히드에 이어 대통령직을 승계한 메가와티는 수카르노 전 대통령의 딸로서 아버지의 후광을 입어 이 자리까지 오를 수 있었다. 수카르노를 제거하고 대통령직에 오른 수하르토는 메가와티가 권력을 가지게 될 경우 자신에게 보복할 것을 두려워해 갖은 탄압을 가하기도 했다. 그런 만큼 인도네시아 국민들은 메가와티가 대통령 취임 이후 개혁의 선두에 설 것으로 기대했다. 하지만 메가와티는 임기 내내 무능과 우유부단함으로 비판을 받았다. 경제 회복도 더뎠고 실업률은 계속 올라 2004년에는 연 7%를 넘었다. 개혁의 칼날은 더욱 무뎠다. 지나치게 비대한 공기업을 민영화하는 것이 인도네시아의 핵심 국정 과제였으나 메가와티 정부는 그 충격을 우려해 결단을 내리지 못한 채 시간을 흘려보냈다. 권력 엘리트층의 부정부패 고리를 끊고 정부와 사회를 투명하게 바꾸는 작업 역시 거의 손을 대지 않았다. 특히 군부에 대한 개혁을 요구하는 민심이 높았음에도 불구하고 메가와티는 오히려 군부와 타협을 해 기득권을 유지하고자 했다.

메가와티 정권은 이전과는 또 다른 도전에 직면했다. 급진 이슬람주의 테러리즘이 그것이었다. 2001년 미국에서 '9·11 테러'가 일어난 이후 미국은 세계 각국에 '테러와의 전쟁'에 동참하도록 압력을 넣었는데 이는 동시에 세계 곳곳의 급진 이슬람주의 조직이나 그 사상에 영향을 받은 개인들에게 자극을 주어 또 다른 테러리즘을 발생시키는 기폭제 역할을 했다. 미국은 메가와티 정부에게도 '테러와의 전쟁'에 나설 것을 종용했다. 이는 인도네시아의 급진 이슬람주의 세력에게 영향을 미쳤는데 '제마 이슬라미야(Jemaah Islamiyah, 이슬람공동체)'가 대표적인 사례이다.

    제마 이슬라미야는 이슬람 국가 건설을 목표로 하는 급진 이슬람주의 조직으로서 인도네시아 건국 초기에 강력한 도전 세력이었던 '다룰 이슬람 운동'을 사상적 근원으로 삼았다. 군사 대결을 통해 인도네시아공화국을 타도하고 이슬람 국가를 세우려던 다룰 이슬람 운동이 '위로부터의 혁명'을 목표로 했다면 제마 이슬라미야는 '아래로부터의 혁명'을 꿈꾸었다. 이들은 대중 속에 침투해 이슬람주의를 학습하는 소규모 세포 조직을 만들었다. 하지만 9·11 테러는 이들에게 강렬한 자극이 되었고 제마 이슬라미야는 투쟁 방식을 극단적 테러리즘으로 바꾸었다. 이들은 2002년 인도네시아의 대표적인 휴양지인 발리에서 폭탄 테러를 일으킨다. 이 사건으로 202명이 사망하고 209명이 부상을 당했는데, 사망자 가운데 호주인이 88명이었다. 제마 이슬라미야는 "미국이 인도네시아 정부의 '테러와의 전쟁'을 지원하는 데 대해 응징하는 것이며 또한 호주가 동티모르의 분리 독립을 지지한 데 대해서 보복한 것"이라고 테러리즘의 배경을 밝혔다. 이후에도 제마 이슬라미야는 2004년 자카르타의 호주 대사관에 테러 공격을 가해 9명이 사망하고 150여 명이 부상을 당했다. 또한 2005년 발리에서 다시 테러 공격을 저질렀고, 2009년 자카르타의 JW매리어트리츠칼튼 호텔 폭탄 테러를 벌이기도 했다. 인도네시아 정부는 제마 이슬라미아에 대해 강력한 검거 작전을 펼쳤으며 대부분의 주요 지도부가 체포되거나 사살되었다.

이러한 이슬람주의 테러리즘을 진압하고 예방하는 데 있어서도 인도네시아군은 핵심적 역할을 했다. 메가와티 집권기에는 아체 지역의 분리주의 조직인 자유아체운동(GAM, Gerakan Aceh Merdeka)의 분리 독립 투쟁이 다시 거세어졌다. 이를 제압하는 것 역시 군의 역할이었다. 메가와티 정부는 군에 보다 더 의존적이 되어갔다. 군부는 "군 개혁이 군의 능력을 약화시켜 분리주의와 테러리즘이 기승을 부릴 것"이라며 여론전을 폈는데, 이러한 주장이 대중에게 먹혀들었다. 메가와티 집권기에도 군 개혁은 사실상 이뤄지지 못했다.

계속되는 부패와 정치 세습

2004년 대통령 선거에서 인도네시아는 건국 이래 첫 대통령 직선제를 도입했다. 5년 임기에 연임을 허용하되 3선을 금지했으며 정·부통령 러닝메이트 제도였다. 선거는 1차 투표에서 과반 이상을 득표한 후보가 없을 경우 2차 결선 투표를 진행하는 방식이었는데 원내 제1당인 골카르당의 위란토 후보와 제

2당이자 현직 대통령인 메가와티 간의 경합이 벌어질 것으로 예상됐다. 하지만 전직 육군 장성이자 민주당(PD)의 대선 후보로 나선 수실로 밤방 유도요노(Susilo Bambang Yudhoyono)가 돌풍을 일으키며 메가와티와 결선 투표에서 맞붙었고 결국 유도요노가 대통령에 당선됐다.

수하르토 체제가 무너진 이후 들어선 와히드 대통령과 메가와티 대통령이 모두 부패 스캔들로 비판을 받은 데 비해 유도요노는 '깨끗한 후보'의 이미지를 가지고 있었으며, 군 출신이지만 온건하고 합리적이라는 평가를 받고 있었다. 유도요노 대통령은 2009년 대선에서도 메가와티와 재대결을 벌여 승리함으로써 수하르토 체제 붕괴 이후 첫 재선에 성공한 대통령이 되었다.

유도요노 정부의 업적 가운데 하나는 그동안 가장 강력한 반군 세력이었던 아체 지역의 자유아체운동(GAM)과의 타협을 이끌어 낸 것이었다. 아체 지역은 인도네시아 지역에서 가장 먼저 이슬람이 전파된 곳으로 오늘날까지 보수주의적 이슬람 문화가 강하게 남아 있다. 역사적으로 아체 지역에서 강성한 왕국을 이루었던 아체 술탄국은 자바에 뿌리를 둔 왕국들과 별개로 독립된 왕조를 유지했다. 아체인들은 반네덜란드 독립 투쟁에도 열정적으로 나섰지만 인도네시아공화국 건국에 반대해 '다룰 이슬람 운동'에 참여하는 이들도 많았다. 인도네시아공화국의 입장에서는 골치 아픈 반란 지역이었다.

1970년대 중반 자유아체운동이 이끄는 아체 분리주의 운동이 급성장했다. 이는 보수적 이슬람을 추구하는 지역 문화나 종교적 분위기가 인도네시아 정부가 추구하는 방향과 갈등을 빚었기 때문이기도 하고 석유와 천연가스 등 아체 지역의 천연자원이 중앙정부에 유출되는 데 대한 반감이 컸기 때문이기도 하다. 중앙정부는 아체의 자원을 팔아서 경제적 부를 얻는 반면 아체는 계속 가난한 지역으로 남아 있었다. 1989년 인도네시아 정부는 아체를 '특별 군사작전 지역'으로 공식 선포한 후 인도네시아 정부군이 아체에 상시 주둔하면서 모든 소요 사태를 강경하게 진압했다. 이에 정부군이 철수하는 1996년까지 아체 반군은 지속적으로 정부군과 충돌했다.

  1990년대 후반 인도네시아 정부군이 '반군을 뿌리 뽑기 위해' 다시 아체에 진주하면서 아체는 무차별 폭력의 소용돌이에 휘말리게 되었는데 이 사태가 2000년대 초반까지 지속되었다. 하지만 유도요노 정부가 출범한 후인 2004년 12월 인도양의 아체 앞바다에서 진도 9.1의 해양 지진과 쓰나미가 발생하면서 아체 지역이 엄청난 피해를 입었다. 아체 지역의 사망자 및 실종자만 해도 5만 명이 넘는 대규모 재난이었다. 이에 아체 반군은 일방적으로 휴전을 선언했으며 이를 인도네시아 정부가 받아들여 평화 협상에 돌입했다. 2005년 헬싱키 양해각서에 서명한 이후 아체는 인도네시아에서 준자치 지위를 부여받았다. 인도네시아 정부와 아체 반군 사이의 이러한 타협은 국내 정세를 안정시켰으며 군의 국내 정치 개입 가능성을 줄였다고 평가받는다.

이러한 실적들에도 불구하고 유도요노 대통령의 집권 후반기는 여러 부패 스캔들로 얼룩졌다. '센츄리 은행 스캔들'이 대표적인 사건이다. 2008년 미국발 글로벌 금융위기의 여파로 부실화될 위험이 있는 센츄리 은행에 인도네시아 정부가 6.7조 루피아(약 7조 달러)의 공적 자금을 긴급 투입했다. 하지만 이후 센츄리 은행이 이 정도 거액을 지원해야 할 만큼의 위기 상태가 아니었으며 센츄리 은행 부실화가 인도네시아 경제에 결정타를 날릴 이슈가 아니었다는 지적이 일면서 이 공적 자금 지원 결정에 대한 의혹이 일었다. 야당에서는 회계 감사를 통해 센츄리 은행에 투입된 돈 가운데 일부분이 2009년 총선 및 대선을 위한 집권 민주당의 선거 자금으로 흘러 들어갔다는 주장을 제기했다. 또한 2011년 8월에는 여당인 PD(민주당)의 재무위원장 무함마드 나자루딘(Muhammad Nazaruddin)이 뇌물을 받은 사실이 드러나면서 유도요노 대통령은 정치적 위기에 몰렸다. 이에 정권 교체 요구가 맞물리면서 2014년 대통령 선거를 맞이하게 되었다.

2014년 대통령 선거는 거대 정당 연합 간의 대결이었다. 골카르당을 필두로 한 보수-이슬람계 정당 연합에서는 위대한인도네시아운동당(Gerindra)의 당수이자 수하르토의 사위인 프라보워 수비안토를 후보로 내세웠다. 이에 맞서 중도-민족주의 정당 연합을 이끄는 인물은 PDI-P의 메가와티였다. 하지만 이미 지난 두 번의 대선에 출마했다가 낙선한 경험이 있는 메가와티는 자신이 유권자들에게 인기가 없다는 사실을 알고 있었다. 그래서 경쟁력이 있으되 독자적인 세력이 없는 인물을 찾아 그를 대통령으로 만들고 본인은 막후 실력자로 실권을 행사하는 전략을 세웠다. 그렇게 대선 후보감을 찾던 메가와티의 눈에 들어온 인물이 당시 자카르타 지사였던 조코 위도도(Joko Widodo)였다. 애칭인 '조코위(Jokowi)'로 더 잘 알려진 그는 당시 중앙 정계에서 낯선 인물이었다.

자바의 수라카르타(솔로) 출신인 조코위는 원래 가구 회사를 세워 자수성가한 기업인으로서 '조코위'라는 애칭은 해외의 사업 파트너가 붙여준 이름이었다. 그는 유력 가문 출신도 아니었고, 군 출신도 아니었으며, 굴지의 대기업을 소유한 재벌도 아니었다. 2004년 메가와티가 이끄는 PDI-P에 입당한 그는 2005년 수라카르타 시장 선거에 출마해 당선되었다. 수라카르타 시장으로서 개혁적이면서도 청렴한 일 처리로 시민들의 호평을 받았다. 이러한 실력을 눈여겨본 메가와티는 그에게 더 큰 기회를 부여했다. 2012년 선거에서 자카르타 지사 선거에 나서도록 한 것이다. 일개 수라카르타 시장과 수도 자카르타 지사는 격이 달랐다. 정치 경험이 짧은 조코위로서는 큰 모험이었다. 하지만 결과는 대성공이었다. 그는 현직 자카르타 지사를 물리치고 당선됨으로써 일약 전국적 인물로 이름이 알려졌다.

메가와티는 자카르타 지사 선거에서 민심이 원하는 바를 읽었다. 인도네시아 국민들은 새로운 인물로 새로운 정치를 열어가기를 희망했다. 이에 메가와티는 대선을 앞두고 이제 18개월가량 자카르타 지사직을 수행하고 있던 조코위를 대선 후보로 지목했다.

보수-이슬람계 정당 연합이 구세대 인물인 프라보워[100]를 후보로 내세웠다면 메가와티는 중앙정계에서 신인이나 마찬가지인 조코위로 맞불을 놓아 바람을 일으키겠다는 승부수였다. 게다가 보수-이슬람계 정당 연합에 속한 골카르당 출신의 노정객인 유수프 깔라(Jusuf Kalla)를 조코위의 러닝메이트로 영입해 보수적이지만 참신한 인물의 등장을 원하는 유권자의 표심도 공략했다.

노련한 메가와티의 계산은 완전히 적중했다. 조코위는 '친서민·반부패·개혁'을 선거 모토로 내걸고 선거 기간 내내 돌풍을 일으켰으며 결국 53.15%를 득표해 제7대 인도네시아 대통령에 당선되었다. 2019년 대선에서도 현직 대통령인 조코위와 프라보워 간의 리턴 매치가 이뤄졌으나 조코위가 무려 1천7백만 표 가까이 앞서며 재선에 성공했다.

조코 위도도 대통령은 집권 1기(2014~2019년)에 5%대의 경제성장과 경제적 실리를 추구하는 다자주의적 중립 외교 노선을 추구하며 무난한 국정 운영을 했다고 평가받았다. 하지만 부정부패를 척결하기 위한 강력한 개혁 조치나 군부에 대한 민간 통제를 강화하기 위한 정책들은 별로 시도되지 않았다. 많은 이들은 메가와티에 의해 '얼굴 마담' 격으로 영입된 조코위가 구세대이자 기득권 정치인인 메가와티의 그늘에서 벗어나지 못하고 있는 것 아닌가 우려했다. 실제로 집권 2기에 들어선 조코위 정부는 군부의 영향력에 보다 더 의존적이 되었다. 과거 신질서 정부에서 등용됐던 군부의 인물들을 내각이나 자문역에 임명한 것이 가장 뚜렷한 증거이다. 심지어 대선 경쟁자이자 구체제의 인물인 프라보워를 국방장관에 임명하기까지 했다. 여기에는 코로나19라는 초유의 팬데믹 사태도 한몫했다. 코로나19 방역을 하려면 전국적으로 행정력이 일사불란하게 동원되어야 하는데 섬이 많은 인도네시아 특성상 중앙정부의 행정력만으로 이에 대응할 수 없었다. 어쩔 수 없이 군 지역 사령부가 병력을 동원해 방역에 나섰다. 중앙정부가 군에 의존하게 된 것이다. 자연스레 군의 입지 또한 넓어졌다.

또한 중국과 해상 영유권을 놓고 분쟁이 벌어지면서 군의 역할 또한 강조되고 있다. 인도네시아는 2016년부터 남중국해 나투나 제도 주변 해역의 어업권 등을 놓고 중국과 신경전을 벌여왔다. 중국의 해안경비선이나 어선 등이 인도네시아의 배타적경제수역(EEZ) 안으로 침범하는 사례가 늘면서 인도네시아인들의 대중 경계심이 높아지고 있으며 주권 수호에 대한 요구 역시 높아지고 있다. 외국과의 안보 이슈가 부각되면 군의 존재감도 커질 수밖에 없다. 애초에 군부와 결탁되지 않은 아웃사이더 이미지로 대통령이 된 조코위가 갈수록 군부와 가까워지는 행태를 보이자 개혁을 바라던 이들은 실망감을 표했다. 조코위 정부 스스로도 보수화의 길을 걸었다. 2020년 형법 개정안을 도입했는데 혼외정사·낙태·대통령 모욕 등을 불법화하는 내용을 담고 있다. 이는 조코위의 강력한 지지층이었던 젊은 세대들의 반발을 불러왔으며 여러 도시에서 대규모 시위로 번지기도 했다.

하지만 조코위 정부의 진짜 문제점은 '정치 세습'이었다. 수하르토 체제가 무너지고 자유로운 총선이 실시되면서 과거 권위주의 시절의 문제점이었던 군부의 정치 개입이나 언론 및 표현의 자유 제한 등의 문제점들은 어느 정도 해소되었다. 수하르토 일가의 족벌 지배 체제도 막을 내렸다. 하지만 '족벌주의'는 다른 형태로 변형되어 부활했다. 정치 세습 현상이 그것이다. 정치 세습 현상은 기본적으로 인도네시아 사회의 뿌리 깊은 패트론-클라이언트 문화에 기인한다. 패트론 역할을 하는 유력 인사의 배우자나 자녀가 남편 혹은 아버지의 패트론 지위를 물려받는 일은 인도네시아 사회에서 흔하다. 이러한 문화에 익숙해진 인도네시아 국민들은 정치인들이 패트론처럼 굴어도 강력하게 반발하기보다는 당연하다는 듯이 받아들이는 경향이 있다.

먼저 정치 세습이 나타난 것은 대통령 선거와 같은 중앙 정치 무대가 아니라 시장, 주지사 등 지방선거 무대였다. 이 선거에서 현직 지자체장의 자녀나 배우자가 현직자의 뒤를 이어 해당 지역 지사 및 시장 선거에 출마하여 당선되는 사례가 늘어나기 시작한 것이다. 이들은 현직인 부모나 남편의 선거 조직을 물려받아 선거에 활용한다. 처음부터 새로 조직을 만들어야 하는 다른 후보에 비해 유리할 수밖에 없다. 현직의 인지도에 기대기 때문에 이름을 알리는 데에도 유리하다. 경쟁 후보의 입장에서는 선거 자체가 '기울어진 운동장'이 되고 만다. 이러한 불공정 현상에 분개한 이들이 "지방자치단체장 후보자는 현직자와 이해 충돌을 가지고 있지 않아야 한다"는 2015 헌법 8조 7항을 근거로 '현직에 있는 공직자의 혈연이나 혼인 관계에 있는 사람들의 출마를 제한해 달라'며 헌법 소원을 제기했는데 이에 관한 판결이 2015년 7월 8일에 내려졌다. 법원은 "충실한 공직 수행을 위해 공직 선거 과정에 일정한 제약이 필요하다고 하더라도 그것이 시민의 기본권인 선거권과 피선거권을 제한해서는 안 된다"며 해당 조항을 폐지하라고 판결했다.[101] 다시 말해, 현직에 있는 공직자의 가족이 해당 선거구를 물려받아 출마할 수 있게 된 것이다. 수하르토 시절부터 시작된 족벌 정치 현상이 지역구 세습으로 변형되어 되살아난 셈이다. 2015~2018년 기간 동안 인도네시아에서 지방자치단체장 선거를 통해 117명의 세습 정치인이 당선됐으며[102] 이 숫자는 계속 늘어날 전망이다.

물론 인도네시아 국민들이 정치 세습 현상을 무비판적으로 수용하는 것은 아니었다. 달라지지 않는 정치에 대한 비판 여론도 적지 않았고 정치인들도 이를 잘 알고 있었다. 이에 조코위는 대통령에 취임하면서 자신의 가족들을 정치권으로부터 멀리 떼어놓겠노라 선언했다. 하지만 2019년 온 국민을 충격과 실망으로 몰아넣은 뉴스가 전해졌다. 조코위의 장남 기브란 라카부밍 라카(Gibran Rakabuming Raka)가 수라카르타 시장 선거에 출마하겠다고 선언한 것이다. 수라카르타는 아버지인 조코 위도도 대통령이 처음 정치 커리어를 시작한 곳이다. 그러니 정치 신인인 기브란은 현직 대통령인 아버지의 정치적 고향에서 '아빠 찬스'를 써서 출마하는 셈이다. 이에 대해 비판의 목소리가 높았으나 기브란은 2020년 지방선거에서 34세의 젊은 나이로 수라카르타 시장에 당선된다. 조코위의 사위인 바비 나수티온(Bobby Nasution) 역시 메단 시장으로 출마해 당선되었다. 이 역시 '장인 찬스'를 쓴 것이 아니라고 말하는 사람은 거의 없을 것이다.

조코위 대통령은 여기서 한 발 더 나아갔다. 2024년 2월에 치러진 대통령 선거에서 조코위는 라이벌이기도 했던 프라보워 수비안토와 손을 잡았다. 대중적 인기가 높았던 조코위의 인기를 프라보워에게 빌려줘 대통령으로 밀어주는 대신 조코위의 장남 기브란을 부통령 후보로 내세우는 것이다. 이러한 과정을 통해 조코위는 메가와티의 영향력에서 벗어나 독자적인 정치 세습 가문으로 우뚝 섰다. 조코위 대통령에게 개혁을 바랐던 많은 이들이 실망할 수밖에 없는 행보였다.

정당에서도 정치 세습 현상이 나타나고 있다. 일단 메가와티가 창당한 PDI-P는 메가와티가 '소유주'라고 해도 틀린 말이 아니다. 원내 제1당인 PDI-P의 공천을 받거나 당내 주요 보직을 맡으려면 메가와티의 '지지와 축복'을 받아야 한다. 조코위가 대통령으로 재선을 한 이후 메가와티는 차기 권력으로 자신의 딸 푸안 마하라니(Puan Maharani)를 내세우려 했다. 푸안은 조코위 정부 1기 시절 인적개발문화조정 장관직을 역임했다. 그 당시 푸안은 국회의원 선거에 한 번 당선된 것 이외에 뚜렷한 경력이 존재하지 않았다. 또한 2019년 총선에서 승리한 뒤 PDI-P는 겨우 재선 의원이 된 푸안을 국회의장으로 밀어 당선시켰다. 많은 이들이 메가와티가 자신의 딸을 차기 혹은 차차기 대통령으로 만들고자 하는 욕심을 품고 있다고 보았다.

정치 세습이 조코위나 메가와티에게 국한된 것이 아니다. 수실로 밤방 유도요노 전 대통령의 장남 아구스(Agus Harimurti Yudhoyono) 역시 선출직에 당선된 경력이 없음에도 불구하고 2020년 아버지가 창당한 PD(민주당)의 당의장으로 선출되었다. 메가와티가 PDI-P의 '소유주'이듯이 PD는 유도요노의 '소유물'인 셈이다. 유도요노 전 대통령의 셋째 아들인 에디(Edhie Baskoro Yudhoyono)는 2009년 총선에서 정계에 진출해 커리어를 쌓아나가고 있다. 압두라흐만 와히드 전 대통령의 딸 예니(Yenny Wahid)도 정계에 진출해 전통주의 이슬람 단체인 나흐다뚤 울라마를 대변하는 정치인으로 활동 중이다. 조코위는 2기 정부를 시작하면서 "젊은 내각을 꾸리겠다"고 선언했다. 그리고 대선에서 도와준 정당 연합의 지도자들에게 "젊은 세대 가운데 내각 후보자를 추천해 달라"고 제안했다. 이 과정에서 각 당의 유력 정치인들의 자녀가 입각했다. '젊은 내각'이 개혁의 도구가 아니라 정치 세습의 도구가 된 것이다.

정당의 사유화는 정치 부패로 이어진다. 정당의 공천을 받으려면 정당의 '보스'에게 정치 헌금을 바쳐야 하며 이는 궁극적으로 인도네시아 사회의 패트론-클라이언트 구조를 고착화시키는 결과를 낳는다. 각 지역의 클라이언트들이 지역 정치인에게 청탁과 뇌물을 바치면 이는 다시 각 정당의 보스들에게 흘러들어가는 패턴의 부패 고리를 형성하기 때문이다. 그로 인한 폐해는 고스란히 인도네시아 국민들의 부담으로 남는다. 정치 부패는 합리적인 자원 배분을 왜곡시켜 경제 성장을 저해하고 정부의 효율성을 떨어뜨리며 인권 침해로도 이어진다.

인도네시아는 민주화 투쟁을 통해 긴 군부 독재를 청산하고 민주주의 이행의 길로 들어섰다. 1998년 이후 쿠데타가 발생하지 않고 점진적으로나마 자유로운 선거와 정당 정치가 뿌리를 내리는 듯 보인다. 이는 인도네시아가 여러 불리한 여건에도 불구하고 이룩한 성과이다. 하지만 갈 길은 여전히 멀다. 인도네시아 사회 내부의 선은 패트론-클라이언트 구조를 고착화시켰으며, 이는 민주화 이후 정치 문화를 왜곡시키며 민주주의 발전을 저해하고 있다. 인도네시아군의 지역 사령부와 지역 패트론의 유착, 정당의 사유화, 정치 세습 등을 통해 군부와 정치권의 엘리트들은 자신들의 기득권 유지를 위해 선을 지우기보다는 유지하려 든다. 패트론-클라이언트 구조가 허물어지지 않는 한 정치와 정책의 목표는 인도네시아 국민의 이익이 아니라 선 안의 이익을 도모하는 방향으로 흘러가기 쉽다. 국가가 선을 지우지 못하면 정치가 부패와 비효율을 낳는다는 점을 분명하게 보여주는 사례가 인도네시아이다.

**아시아 신생 독립국들과
대한민국의 근대화는 무엇이 다른가?**

∴

영국령 말라야를 통치했던 영국 식민 정부는
굳이 말라야인들을 갈라놓는 정체성의 선을 지우려 하지 않았다.
오히려 종족 커뮤니티별로 나뉘어져 서로 적당히 갈등하는 편이
영국의 전통적인 식민지 지배 전략인 분할 통치 원칙에 부합했다.
연방말레이주(FMS, Federated Malay States) 정부는
인도계, 중국계, 말레이계 등으로 구분해 종족 커뮤니티별 초등 교육을 실시했다.
'말라야인'이라는 정체성이 아니라 각각 말레이인, 중국인, 인도인이라는
종족적 선을 긋는 방향으로 교육 정책을 추진한 것이다.

Malaysia

Chapter 4
말레이시아
위로부터의 타협에 의한 보수적 근대화

말레이시아는 종족 정체성의 선이 복잡하게 나뉘어 있다는 점에서 인도네시아와 닮은 점이 많다. 하지만 말레이시아가 이 문제를 해결하기 위해 채택한 해법은 인도네시아와 전혀 다르다. 인도네시아가 군사력을 앞세워 선을 지우려 했다면, 말레이시아는 선을 지우는 것이 아니라 제도권 안으로 끌어들였다. 그 덕분에 말레이시아의 정치적 변동성이나 갈등의 폭력성은 인도네시아에 비해 훨씬 낮은 수준으로 유지되었다. 하지만 기득권은 더 강력한 철옹성을 구축했다.

말레이시아의 건국 과정은 온건하고 보수적이었다. 말레이시아의 건국을 주도한 이들은 영국 식민 지배의 유산을 적극적으로 물려받았다. 식민 종주국이었던 영국과 말레이시아 건국 세력은 서로 협조적인 관계를 유지하며 단계적으로 독립을 추진했다. 영국은 영국령 말라야연방을 그대로 독립시켰으며, 독립 이전에 말라야공산당의 뿌리를 뽑아 말레이시아의 보수적 이념 기반을 닦았고, 친영 말레이계 상류층과 친영 중국계 상류층의 정치 동맹을 주선해 동맹당-국민전선의 장기 집권 기틀을 마련했다. 이처럼 말레이시아가 식민 종주국과 우호적 관계를 유지하면서 독립을 추진한 동시에 위로부터 종족 집단 간 타협을 이룬 점은 네덜란드와 전쟁을 벌이고 역내 세력들의 반란을 무력으로 진압해 건국한 인도네시아와 분명한 차이를 보이는 대목이다.

말레이시아는 말레이계를 대표하는 정당인 UMNO(United Malays National Organisation, 통일말레이국민기구)가 지배 체제의 최상위에 자리 잡고 말레이계의 정체성을 국가 정체성의 핵심으로 삼는 한편, 말레이계에게 경제적 특혜를 제공하는 경제 정책을 폈다. 중국계를 대변하는 MCA(Malayan Chinese Association, 말라야중국인협회)와 그라깐(Gerakan, 말레이시아민중운동당)은 UMNO의 지배를 수용하면서 자신들의 정치적 지위와 중국계 커뮤니티에 대한 대변자의 위치를 보장받으려 했다. 선을 지우기보다는 기존의 선을 인정하되 서로 타협하는 시스템을 만들어낸 것이다.

오랜 기간 말레이시아는 이러한 지배 체제를 유지하면서 종족 갈등을 최소화하는 한편 상당한 경제 성장을 이루어냈다. 또한 영국이 세팅한 보수적 타협 구조를 유지하면서 안정적으로 민주주의 제도를 이어갔다. 신생 국가 인도의 민주주의 유지에 국민회의라는 정치적 구심이 오랫동안 권력을 잡은 것이 중요한 원인이었던 것처럼 말레이시아 역시 UMNO 중심의 동맹당-국민전선 집권 체제가 장기간 유지되었던 것이 민주주의 유지의 핵심이다. 기득권 엘리트층의 연합이 민간 정부의 장기 집권을 주도했다는 점에서 말레이시아 집권 체제는 일본의 자민당 지배 체제와 유사한 면이 있다. 말레이시아와 일본은 입헌군주제를 채택했다는 점에서도 서로 닮아 있다.

그러나 말레이시아는 종족 정체성 간의 타협이 상당한 성과를 거두었음에도 불구하고 선을 지우지 않고 유지하는 정책으로 말미암아 사회적·정치적 갈등이 지속되었다. 시간이 갈수록 동맹당-국민전선의 장기 집권은 각종 부패와 비효율을 만들어냈으며, 말레이계 우위의 정책 집행에 대한 비말레이계 말레이시아인들의 불만도 커졌다. 다양한 종족 구성에서 비롯된 종족 갈등은 말레이시아의 민주주의 발전을 방해하는 주요인이었다. 1969년 5·13 사태 이후 종족 간 충돌을 방지한다는 명분으로 국내보안법과 같은 반민주적인 법이 오랫동안 존치된 것이 대표적인 사례이다. 21세기 들어 UMNO 중심의 기존 체제에 대한 개혁 열망은 꾸준히 말레이시아 정치의 기득권을 흔들었다.

영국 진출 이전의 말레이반도

말레이반도의 지리적·역사적 조건은 말레이시아 내부가 정체성의 선으로 갈라지기 쉬운 구조라는 점을 알려준다. 앞서 인도네시아를 소개하면서 언급한 만달라 체제는 말레이반도에도 적용된다. 말레이반도 역시 여러 소왕국들이 성장했다 소멸하기를 반복했다. 말레이반도 전체를 중앙집권적으로 다스리는 단일 국가는 존재하지 않았으며, 주변 지역의 흥망성쇠에 따라 강성한 제국의 영향권에 있거나 혹은 독립을 유지하는 여러 소왕국들로 존재했다. 자바나 수마트라 등 인도네시아 지역에서 성장한 해상 제국이 말레이반도로 진출해 그 영향권에 들어가거나 인도차이나반도의 강국인 아유타야(태국)의 영향권에 들어가기도 했다. 반면 이들이 약해질 때는 또다시 독립적인 세습 왕조로 남았으나 그럴 때도 말레이반도 전체가 하나의 왕조 아래에 편입되지는 못했다. 그러다가 15세기 초 말레이반도 서남부를 근거지로 한 말라카 술탄국(플라까 술탄국, Malacca Sultanate)이 성장하면서 역사상 처음으로 말레이반도 대부분이 하나의 왕권 아래 통합되었다. 말라카 술탄국은 수마트라의 동부 해안 지역까지 장악하면서 말라카 해협의 지배자로 등장했으며 오늘날 말레이시아연방의 원형으로 평가받는다.

원래 말레이반도 지역은 토착 종교와 힌두교·불교 등의 인도계 종교가 널리 퍼져 있었으나 15세기 말라카의 군주가 이슬람으로 개종하면서 인도 및 아랍·페르시아에서 온 무슬림 상인들과 우호적인 관계를 형성했고 이는 말라카 술탄국의 해상 무역을 활성화함으로써 커다란 번영을 가져다주었다. 마침 이 시기 유럽에서는 향신료의 수요가 크게 늘면서 말라카 해협은 국제 해상 무역의 중심지로 떠올랐다. 말라카 술탄국에서 술탄의 직할지에는 지방관이 파견되었다. 술탄이 임명하는 지방관은 해당 지역의 부족장이거나 유력 귀족인 경우가 많았다. 술탄이 지방의 토착 엘리트를 그대로 그 지방 통치자로 임명하는 것이므로 이러한 인사 행태는 중앙집권 강화에 도움이 되지 않았다. 하지만 항구 도시 등 주요 지역에는 술탄에 대한 충성도와 능력 면에서 검증된 인물들이 파견되기도 했다. 말레이시아에서는 이러한 지방 통치자들에게 '툰(Tun)'이라는 호칭을 붙였다.

 말라카 술탄국은 100년 넘게 전성기를 누렸다. 이 과정에서 인도, 중국, 아랍, 유럽 등 세계 각지에서 온 상인들이 말레이 현지인과 결혼하면서 끊임없이 혼혈이 생겨났다. 오늘날 말레이시아에서 '말레이'란 혈통으로 정의되는 종족 정체성이 아니다. 말레이시아 헌법 제160조 '말레이에 대한 헌법적 정의'에 따르면 '말레이'란 무슬림임을 공언하고, 습관적으로 말레이어를 말하며, 말레이 전통을 따르는 사람을 의미한다. 말레이반도 및 동인도제도에서 말레이의 역사는 혼혈의 역사라고 해도 과언이 아니다.

 국제 해상 무역의 중심지로 부상한 말라카 술탄국의 영화는 길지 않았다. 인도에 전진 기지를 구축하고 있던 포르투갈은 말라카 술탄국의 대성공 소식을 듣고 이를 빼앗기로 결심한다. 1511년 포르투갈 군대가 말라카를 점령했고 왕국은 갑작스럽게 붕괴되었다. 하지만 포르투갈의 공격으로부터 살아남은 말라카 술탄의 아들 알라우딘 리아얏 샤 2세(Alauddin Riayat Shah II)가 말레이반도 남부로 이동해 조호르 술탄국을 세우면서 그 명맥을 이어갔다. 포르투갈의 위협에 시달리던 조호르 술탄국은 17세기에 뒤늦게 이 지역에 진출한 네덜란드와 손을 잡고 포르투갈령 말라카를 공격해 포르투갈을 쫓아냈다. 이후 네덜란드는 말라카를 차지하는 대신 조호르 술탄국을 침범하지 않겠다는 조약을 맺었고 이 덕분에 영국이 동인도 지역에 진출하기까지 약 2백 년간 조호르 술탄국은 해상 무역으로 번성할 수 있었다. 조호르 술탄국은 세계 각지에서 몰려드는 무역 상인들에게 치안과 질서 유지를 제공한다는 차원에서 반드시 필요한 존재였고, 이를 인정한 네덜란드는 조호르 술탄국이 무역을 관장하면서 벌어들이는 막대한 부가 탐이 났음에도 조호르 술탄국의 안전을 보장했다.

이후 19세기 초반 네덜란드와 식민지 경쟁을 벌이던 영국이 동인도 지역으로 진출하면서 이 지역에 긴장 관계가 조성됐다. 나폴레옹 전쟁으로 네덜란드 본국이 위태로워지자 동인도 지역에 파견돼 있던 네덜란드 군대는 식민지 점령을 포기하고 모두 본국으로 송환됐다. 영국은 이 틈을 타서 동인도 전체를 장악했다. 하지만 나폴레옹 전쟁이 끝난 후 네덜란드는 영국에 자신들의 식민지를 돌려달라고 요구했고, 영국은 이를 받아들여 1814년 조약을 맺었다. 이를 통해 자바를 비롯한 동인도제도에 대한 네덜란드의 지배가 확립됐다. 하지만 말레이반도 및 수마트라 일부 지역에 대한 영국과 네덜란드 사이의 관할권 문제는 결론을 짓지 않았기 때문에 여전히 갈등의 불씨가 존재했다.

조호르 술탄국과 영국령 말라야

네덜란드가 말레이반도를 지배하는 동안 말라카 해협의 무역은 오히려 활기를 잃었다. 네덜란드가 무역을 독점하고자 했기 때문이다. 이 지역을 영국이 장악한 이후 네덜란드의 보호무역에 피해를 입은 영국 상인들은 영국 동인도회사에 영국 선박이 말라카 해협에서 자유롭게 무역을 할 수 있도록 새로운 항구를 설치해 달라고 요구했다. 영국 동인도회사는 이 요구를 수용해 래플스(Sir Thomas Stamford Bingley Raffles)에게 새 식민지를 건설하도록 했다. 래플스는 말레이반도 남단에 위치한 테마섹(Temasek, 뜨마섹)을 새 항구의 적임지로 눈여겨보고 테마섹의 주인인 조호르 술탄과 협상을 벌였다. 1819년 2월 6일 영국의 래플스와 조호르 술탄 간에 조약을 맺고 테마섹에 영국 상관을 개설하기로 합의했다. 이것이 싱가포르의 시작이다.

'테마섹'은 말레이어로 '어촌'이라는 의미인데 한낱 고기잡이 마을에 불과했던 싱가포르가 이후 오늘날까지 국제 해상 무역의 허브로 눈부시게 성장하는 발판이 이렇게 마련되었다. 1826년 영국은 싱가포르, 페낭, 말라카를 하나로 묶어서 해협 식민지(Straits Settlements)로 통합했다. 영국은 조호르 술탄국 내부의 왕위 계승 다툼 과정에서 친영파 계승자를 지원해 사실상 조호르 술탄국을 장악했다.

그런데 영국이 조호르 술탄국과 조약을 맺고 싱가포르를 세우자 네덜란드가 이에 제동을 걸고 나섰다. 네덜란드는 조호르 술탄국이 네덜란드 관할 지역이며 따라서 해당 조약이 무효라고 주장했다. 이는 1814년 영국-네덜란드 조약 이후 모호한 상태로 남아 있던 말레이반도 일부 지역에 대한 권리 관계의 문제가 수면 위로 드러난 것이기도 하다. 영국은 1824년 또다시 네덜란드와 조약을 체결하고 말레이반도에 위치한 조호르-싱가포르 및 파항은 영국의 영향권 아래에, 리아우 제도(리아우링가 술탄국)와 수마트라의 인드라기리는 네덜란드 영향권 아래에 두기로 약속했다. 영국과 네덜란드가 맺은 1814년 조약과 1824년 조약은 '말레이 세계'가 인도네시아와 말레이시아라는 두 개의 국민국가로 갈라지는 시발점이 된다.

영국은 조호르와 말라카뿐만 아니라 말레이반도 전체로 팽창해 나갔다. 이미 언급했듯이 말레이반도 지역은 만달라 체제가 작동하고 있었다. 만달라 체제의 지배 국가는 영향권 아래의 소왕국들로부터 조공이나 노예 등을 상납받았지만 피지배 소왕국들은 자치권을 거의 완전하게 누릴 수 있었다. 말레이 소왕국들은 국제 정치를 만달라 체제로 이해하고 있었기에 영국이 자신들의 자치권을 보장해 줄 것이라고 여겼다. 이는 영국의 지배에 대해 말레이반도의 술탄국들이 강력하게 저항하지 않았던 배경이기도 하다. 하지만 영국은 말레이반도를 식민지로 만들어버렸다. 1874년 팡코르 조약(Pangkor Treaty)을 통해 말레이반도 북부의 페락까지 사실상 지배하게 된 영국은 1896년 페락, 슬랑고르, 파항, 느그리슴빌란 등 4개 주를 연방말레이주(Federated Malay States)로 통합해 하나의 행정 단위로 묶었다. 또한 영국은 1909년 시암(태국)과 조약을 맺고 말레이반도 북부의 클란탄, 트렝가누, 케다, 페를리스에 대한 지배권을 확보한 후 조호르를 포함한 이 5개 주를 비연방말레이주(Unfederated Malay States)로 통합했다. 이로써 해협 식민지, 연방말레이주, 비연방말레이주라는 세 개의 개별적인 행정 단위로 이루어진 '영국령 말라야'가 탄생했다. 연방말레이주는 전체가 하나의 행정 단위로서 영국의 직접 통치 성격이 강했던 반면, 비연방말레이주는 5개 주가 개별 보호국이었고 각 주의 자율성이 상대적으로 컸다. 각 지역 사람들이 역내 다른 지역(주)에 대해 느끼는 유대감은 높지 않았으며 이 지역 전체를 통합해 장래에 하나의 나라를 만들어야 한다는 의식도 희박했다.

영국령 말라야의 통치를 위해서는 영국 식민 정부를 도와줄 우수한 현지 인력이 반드시 필요했다. 이를 위해 근대적인 교육을 실시할 교육 기관이 설립됐는데 1905년 페락에서 개교한 쿠알라캉사르말레이 대학이 대표적인 사례이다. 이 대학에서 영어 교육을 받은 신세대 지식인들을 많이 배출했다. 영국은 이러한 교육 기관을 통해 식민 정부의 하급 관리를 양성하고자 했으나, 동시에 민족주의에 눈을 뜬 말레이계 지식인들을 키워내는 의도치 않은 결과를 낳기도 했다. 영국은 20세기 들어 말레이인의 문맹률을 낮추기 위해 초등학교를 대거 설립하기도 했는데, 이에 따라 말레이 교사도 많이 필요해져 사범대 설립도 증가했다. 물론 이 역시 민족주의 의식을 가진 젊은 지식인들을 만들어내는 통로 역할을 했다.

영국은 말레이반도에서 영국령 말라야를 건설한 것과는 별도로 보르네오의 북부 지역을 장악해 나갔다. 1888년 영국은 브루나이, 사라왁, 북보르네오를 보호령으로 선언했고, 1906년에는 공식적으로 보호 조약을 체결했다.

19세기 브루나이에서는 흥미로운 사건이 일어난다. 브루나이는 한때 보르네오의 북부 지역 전체는 물론 필리핀의 루손 섬까지 지배할 정도로 강성한 제국이었는데 영국 등 유럽 세력이 밀려오면서 점차 약해졌다. 1828년 오마르 알리 사이푸딘 2세(Omar Ali Saifuddin II)가 브루나이의 제23대 술탄이 되었는데, 당시 브루나이의 속국이었던 사라왁에서 반란이 일어나자 그는 영국에게 도움을 청했다. 이때 싱가포르 영국 총독의 대리인으로 브루나이에 와 있던 제임스 브룩(James Brooke)은 영국 해군의 협조를 얻어 이 반란을 진압했다. 술탄 오마르 알리는 이 공로를 기려 제임스 브룩을 사라왁의 총독 겸 왕으로 임명했다. 동남아시아 지역에서 일찍이 존재하지 않았던 백인 왕이 탄생한 것이다. 사라왁의 브룩 왕조는 제임스 브룩의 조카인 찰스 브룩에게 왕위가 계승된 이후 대를 이어 제2차 세계대전 이후까지 유지되었다. 하지만 심각한 재정난과 경제적 어려움을 겪다가 1951년 브룩 왕조의 마지막 국왕인 바이너 브룩은 사라왁을 영국에 양도했다.

중국계와 인도계 이주민의 성장

말레이반도의 영국인 통치자들은 원주민인 말레이인들을 미덥지 못하다고 여겼다. 1896~1901년 연방말레이주 총감을 역임했던 프랭크 스웨튼햄(Frank Swettenham)은 저서 《말레이 스케치(Malay Sketches)》에서 이렇게 묘사했다. "진짜 말레이인은 용감하다. 하지만 낭비벽이 있고 돈을 빌리기 좋아하는 반면 그걸 갚는 데는 둔하다. … 따라 하는 것을 금세 익히지만 다소 게으르며 시간을 중요시하지 않는다."[103] 영국인들의 눈에 비친 말레이인들은 경제 관념이 약하고 급여를 받기 위해 장시간 노동을 하는 것을 싫어했다. 영국인들은 말레이인들이 자본주의화된 노동력으로서 부적합하다고 여겼다. 대신 중국이나 인도 및 네덜란드령 동인도 지역으로부터의 이민을 받아들여 부족한 노동력을 확보하고자 했다. 그 결과 20세기 초에는 중국계와 인도계가 말라야 인구의 40%를 차지할 정도로 크게 증가했다. 초기에 이주한 중국계와 인도계는 말라야를 자신이 속한 터전이라고 여기지 않았다.

그들은 돈을 벌어 고국으로 돌아가는 게 꿈이었다. 하지만 시간이 흐를수록 말라야에 정착하는 이주민들이 늘어났다. 중국계 이주민과 인도계 이주민들이 늘어나면서 말레이반도에 종족 정체성의 선이 짙게 그어지기 시작했다.

사실 중국인들은 15세기부터 동남아시아에 진출했다. 이들은 대부분 현지인과 결혼하며 정착했고 현지에 동화되었다. 말라야에도 영국의 지배 이전부터 이주해 정착한 중국인들이 많았으며 그들 중 상당수는 동남아시아에 깊이 뿌리 내린 화교 상인 네트워크(竹網)를 통해 상당한 부를 쌓았다. 하지만 영국 식민 정부가 계획적으로 이민을 받아들인 19세기 후반의 중국인 이주민들은 그 이전의 이주 중국인들과 달랐다. 그들은 대부분 주석 광산이나 대농장의 노동자로 일했으며 직접 농장을 경영하는 이들도 있었다. 점차 도시에서 상업에 종사하는 중국계 이주민들도 늘어났다. 1891년 영국이 말라야에서 실시한 최초의 인구 총조사에 따르면 페락, 슬랑고르, 숭가이우중 인구의 절반가량이 중국인이었으며, 쿠알라룸푸르의 인구 4만3천 명 가운데 79%가 중국인이었다. 1893년 청나라 정부가 해외 이민에 대한 규제를 철폐하면서 말라야로 들어오는 중국 이주민들은 더욱 증가했다. 이에 따라 말라야에서 중국인 지역 사회가 성장했다. 이들은 말라야 현지에 동화되지 않고 자신들만의 커뮤니티를 유지했다. 중국어와 한자를 교육하는 중국인 학교가 곳곳에 세워졌으며, 교육받은 중국인들 가운데 영국 식민 정부의 하급 관료로 채용되는 이들도 늘어났다. 자신이 중국인이라는 정체성을 유지한 신규 중국계 이주민들은 그 이전부터 존재해 왔던 현지화된 화교들을 밀어내고 말라야 이주민 사회의 중심이 되었다. 말라야의 중국인 학교가 늘어남에 따라 부족한 교사를 중국 본토에서 충원하는 경우도 많아졌는데, 본토에서 건너온 젊은 교사들은 당시 중국에서 확산되고 있던 정치 이념을 말라야 중국인 사회에 전파했다. 반일 민족주의, 반제국주의, 사회주의 이념 등이 중국인 교사들을 통해 말라야 화교 커뮤니티에 확산된 것이다.

중국 내에서 국민당과 공산당 간 경쟁이 전개되면서 말라야와 싱가포르의 중국인 사회도 이념으로 분열되는 양상을 보였다. 중국계 이주민들은 중국 본토 정세에 따라 반청 운동과 반일 운동을 펴나갔으며 중일전쟁(1937~1945) 기간에는 말라야 화교들이 항일 투쟁 기금을 모아 본국을 지원하기도 했다. 처음에는 이러한 변화를 두고 보던 영국 식민 정부는 중국계의 정치적 활동이 점차 급진적인 색채를 드러내자 중국 본토로부터의 교사 충원을 막는 등 화교 사회를 경계하기 시작했다. 그런데 세대를 건너가면서 이러한 중국인 정체성은 약화되는 경향을 보였다. 19세기 후반 이후 말라야로 건너간 중국계 이주민들이 현지에서 낳은 자녀들은 중국보다 오히려 영국에 대한 소속감이 더 강했다. 그들은 영국식 대학 교육을 받고 전문 직업인 집단을 형성했으며 능숙하게 영어를 구사했다.

인도인들 역시 영국의 개입 이전부터 여러 세대 동안 꾸준히 말라야로 이주해 왔다. 그리고 영국이 이민 정책을 본격화하면서 영국령 말라야로 건너오는 인도인들이 급증했다. 영국령 말라야 정부의 적극적인 이민 장려 정책으로 인도의 인구 유출이 늘어나자 영국령 인도제국 정부는 말라야 이주를 인도 남부 지역에서만 허용하는 방식으로 제한했다. 이로 인해 말라야로 이주한 인도인들 가운데 타밀 지역 출신이 가장 많은 비중을 차지했다. 말라야를 통치하는 영국인들은 인도인들을 선호했다. 인도인들은 이미 영국의 지배를 받은 경험이 있기 때문에 영국식 규율과 영국식 자본주의 문화에 익숙했다. 급여를 받기 위해 시간에 맞춰 출근하는 것은 말레이인들에게는 생소하고 거북한 일이었으나 인도인들은 돈을 벌기 위해 규칙에 따라 일을 하는 데 거리낌이 없었다.

　말라야의 인도계 이주민들은 '인도인'이라는 단일한 카테고리로 묶을 수 있는 집단이 아니었다. 말라야의 인도인들은 카스트, 언어, 직업, 종교 등에서 서로 달랐다. 또한 말라야에서는 실론인(스리랑카인)도 인도인으로 분류했다. 말라야로 이주한 인도인 중 농장의 중간 관리자들은 주로 케랄라주 출신인 말라얄리인이나 실론인이 기용된 반면, 노동자들은 대부분 드라비다족 계통인 타밀인이나 텔루구인 출신이었다. 따라서 20세기 초까지 말라야의 인도계 이주민들은 중국계처럼 단일 정체성을 가진 커뮤니티를 형성하지 못했다.

　말라야의 영국 정부는 행정적 편의를 위해 주민들을 말레이계, 중국계, 인도계로 단순 분류했다. 그런데 인도에서 간디와 인도국민회의가 주도하는 민족주의 운동은 말라야의 인도인들에게 큰 영향을 미쳤다. 1930년대에 본국과 마찬가지로 말라야 인도인들 사이에서 '인도인'이라는 정체성이 자라나기 시작한 것이다. 이들도 점차 인도 본토의 독립운동에 많은 관심을 가졌으며 1936년 말라야의 인도인을 대표할 '말라야중앙인도인협회'라는 기구를 설립하기도 했다. 중국계 이주민들만큼 활발한 것은 아니었지만 말라야의 인도인들 역시 나름대로의 정체성과 정치 의식이 성장했다.

영국은 말라야 근대화 프로젝트를 중국계와 인도계 이주민을 통해 추진했다. 이들은 영국령 말라야 정부의 주요 수출 산업이었던 주석 광산 기업과 고무 산업의 노동자로 대거 채용됐다. 이 산업들은 말라야의 경제 성장과 근대화의 원동력이 되었다. 시간이 흐르면서 중국계가 도시에서 상업에 종사하거나 행정 관료로 진출하는 사례가 많아졌다. 인도계 중 일부는 도시 임금 노동자가 되었으며 또 일부는 고무 농장을 경영해 자립에 성공하기도 했다. 이처럼 영국령 말라야에서 중국계와 인도계 이주민들이 경제적으로 부를 축적하고 사회적 지위도 상승하는 동안 말레이인들은 하층 농민으로 일하거나 도시에서 저임금 노동자가 되었다.

말레이인들의 농업은 중국계나 인도계가 주로 하는 고무 농장처럼 고수익 상품이 아니었다. 말레이인들은 조상 대대로 해오던 일을 유지했다. 농촌에서는 쌀농사를, 어촌에서는 전통적인 고기잡이를 했다. 당연히 말레이인들은 중국계나 인도계 이주민들보다 소득이 낮았다. 영국 식민 정부도 원주민인 말레이인들의 전통을 지켜준다는 명목으로 말레이 사회의 근대화에 적극성을 보이지 않았다. 말레이인들은 자신들의 문화를 깨뜨리지 않는 영국에 대해서는 반감이 적었던 반면, 돈과 지위를 거머쥔 이주민들에 대한 반감은 계속 커졌다. 특히나 독자적인 커뮤니티를 이루고 있는 중국계는 말레이인들의 심기를 불편하게 만들기에 충분했다. 말레이인들의 입장에서는 유럽에서 온 정복자들이 대거 받아들인 이주민들이 원래 그 땅에서 살던 자신들보다 더 부유해지고 사회적 지위도 더 올라간 셈이었다. 경제적 불평등과 타 집단에 대한 질시는 정체성의 선을 강화한다. 말레이인들과 외부 이주민들 간에 그어진 선은 장차 말레이시아가 마주해야 할 정치적 갈등을 암시하고 있었다.

영국령 말라야 정부는 말레이인들을 우대하는 정책을 폈다. 가장 상징적인 정책은 말레이인들의 전통적 통치자인 술탄들을 존치시킨 것이다. 물론 술탄들에게서 정치적인 실권은 빼앗았지만 그들은 여전히 '술탄'이라는 직함을 유지했으며 영국 식민 정부가 제공하는 연금과 의전을 누렸다. 술탄이 계속 존재한 덕분에 농어업에 종사하던 말레이인들은 영국의 지배로 세상이 달라지고 있는 것을 잘 실감하지 못했다. 그들은 과거에 그랬던 것처럼 계속 자신의 술탄에게 복종했다. 하지만 술탄들은 영국의 식민 지배에 협력하는 꼭두각시에 불과했다. 영국은 술탄을 통해 말레이인들을 손쉽게 지배할 수 있었다. 또한 영국은 오직 말레이인들에게만 정치적 권리를 인정해 주었으며 말레이인의 종교인 이슬람 및 말레이인들의 전통과 언어 등에 대체로 손을 대지 않았다. 이는 중국계와 인도계 등 이주민들이 경제적 성공과는 별개로 말레이인들과 동등한 법적 지위를 누리지 못했음을 의미한다.

말레이 정체성의 성장

중국계 및 인도계 이주민들이 늘어나면서 영국령 말라야에 종족적 정체성의 선이 뚜렷해지기 시작했다. 이주민 사회의 성장은 오랫동안 말레이반도의 주인으로 살면서도 '말레이인'이라는 정체성으로 뭉쳐본 적이 없는 원주민들을 각성시켰다. 본격적인 시작은 1910년대부터 말레이계 교육 기관들이 세워지면서부터라고 할 수 있다. 이 시기 말레이 교육 기관들은 외래 사상과 문물에 대응해 말레이인 전통의 근간인 이슬람을 교육하는 데 초점을 맞추었다. 특히 1920년대에 들어서면서 말레이의 전통과 문화가 외부에서 들어온 영국·중국·인도 문화에 밀려 사라질지도 모른다는 위기 의식이 말레이계 지식인들 사이에서 확산되었고, 말레이계 교육 기관은 말레이계가 말라야의 중심이 되어야 한다는 의식을 전파하는 통로가 되었다. 하지만 이러한 교육이 커다란 사회적인 변화를 만들어내지는 못했다. 말레이인들 가운데 고등교육을 받는 이들이 적었기 때문이다. 상당수의 말레이인들이 농장에서 일을 했는데 낮은 임금 탓에 가족의 생계를 유지하기 위해서는 아이들도 노동을 해야 했다. 그래서 말레이인 부모들은 자녀들이 글자를 읽을 줄 알게 되면 학교를 더 이상 보내지 않는 경우가 다반사였다.

　이러한 와중에 1930년대 대공황이 시작되었다. 당시 영국령 말라야의 식민정부는 고무와 주석을 수출 산업으로 키우는 데 공을 들이고 있었는데, 대공황이 고무 가격을 폭락시키자 영국령 말라야 경제 전반은 큰 타격을 입었다. 대공황의 여파로 인해 말라야인 모두가 고통을 받았으나 상대적으로 중국계 이주민 사회는 위기를 잘 이겨냈다. 중국계 이주민들은 도시에서 가족 단위 자영업을 하는 비중이 높았다. 가족끼리 모여 사업을 했기에 대공황에도 불구하고 중국계 이주민들의 일자리 감소는 제한적이었으며 그만큼 생계를 유지하면서 위기를 버텨내는 힘도 강했다. 말라야의 화교 사회는 자신들만의 네트워크를 통해 대공황을 헤쳐 나갔고 시간이 지나면서 말라야에서 중국계의 경제적 우위는 한층 더 뚜렷해졌다. 반면 하층민이었던 말레이계 서민층 가운데 일자리를 잃고 극심한 빈곤에 시달리는 이들이 늘어났다. 가난한 말레이인들의 불만과 분노는 상대적으로 부유한 중국계 이주민들에게 향했다. '왜 남의 땅에 들어온 저들이 우리보다 잘 사나'라는 질투와 분노는 '말라야의 진짜 주인은 말레이인'이라는 공감대를 만들어냈다. 이주민 커뮤니티와의 갈등 속에서 '말레이 민족주의'의 초기 형태가 싹을 틔우고 있었던 것이다.

반면 말레이 상류층은 중국 상인들과 오랫동안 교류해 왔으며 이러한 인적 연계는 20세기에도 계속 이어졌다. 말레이 상류층은 대공황 시기에도 상대적으로 타격이 적었다. 따라서 중국계나 인도계 이주민 사회에 대한 분노가 크지 않았다. 오히려 말레이계 상류층과 중국계 및 인도계 상류층들은 어려서부터 영국이 설립한 영어 학교를 함께 다니며 종족 커뮤니티에 상관없이 '그들만의 리그'를 만들어갔다. 이는 훗날 '말레이시아인' 정체성이 위로부터 만들어져 아래로 전파된 근원이 된다. 그러나 인도와 동남아시아 지역이 민족주의 운동으로 뜨거워졌던 1930년대 후반에는 말레이계 엘리트들 중에서도 자신들이 말라야에서 주도적 역할 맡아야 한다는 의식이 성장했다. 상류층 말레이인들과 '보통 말레이인들' 사이에는 중국계 등 이주민 집단에 대한 정서의 차이가 존재했지만 적어도 말레이인이 말라야의 중심이 되어야 한다는 점에 대해서는 말레이계 사이에서 대체로 일치된 생각이 형성되었다.

영국령 말라야를 통치했던 영국 식민 정부는 굳이 말라야인들을 갈라놓는 정체성의 선을 지우려 하지 않았다. 오히려 종족 커뮤니티별로 나뉘어져 서로 적당히 갈등하는 편이 영국의 전통적인 식민지 지배 전략인 분할 통치 원칙에 부합했다. 예컨대, 연방말레이주(FMS, Federated Malay States) 정부는 인도계, 중국계, 말레이계 등으로 구분해 종족 커뮤니티별 초등 교육을 실시했다. 이들 교육 기관에서는 수학 등 공통된 교육 과목 이외에도 각 종족 커뮤니티의 언어와 문화 등을 교육했다. '말라야인'이라는 정체성이 아니라 각각 말레이인, 중국인, 인도인이라는 종족적 선을 긋는 방향으로 교육 정책을 추진한 것이다.

 반면 앞에서 언급한 대로 각 종족 커뮤니티의 상류층 자녀들만 다녔던 영어 학교는 종족 커뮤니티로 나누지 않고 한 교실에서 수업을 진행했다. 그리고 장차 그 교실에 있던 이들 중심으로 '말레이시아인'의 정체성이 만들어질 터였다. 영국은 영어 학교를 통해 영국의 식민 통치에 협력할 친영 세력을 만들고자 했으며 졸업생들에게는 부와 특권에 다가갈 기회를 부여했다. 이 정책은 성공적이었다. 실제로 이후 말라야의 독립을 주도하는 엘리트들은 주변의 다른 신생 독립 국가들과는 달리 식민 종주국인 영국과 우호적인 관계를 유지하며 독립을 추진했다.

 말라야에서는 다른 어떤 식민지 지역보다 식민 지배에 대한 저항이 약했다. 비슷한 인종적 기원을 갖는 인도네시아에서는 지배 세력인 네덜란드에 대항해 폭력적인 독립 투쟁이 전개된 반면 말라야인들은 비교적 영국의 지배에 순응했다. 이주한 중국인들이나 인도인들이 영국의 지배에 저항하지 않은 것은 당연하다. 그들은 영국의 지배 아래서 원래 그 땅의 주인이었던 말레이계를 밀어내고 말레이반도의 경제력을 장악했다. 영국령 말라야는 중국인들과 인도인들에게 기회의 땅이었다.

 그렇다면 말라야의 주인이었던 말레이인들은 왜 영국에 저항하지 않았을까. 앞에서 언급했듯이 말레이반도 소왕국들의 술탄들을 폐위시키지 않고 지위를 보존해 준 것이 말레이인들의 반발을 무마하는 데 커다란 역할을 했다. 영국은 연방말레이주와 비연방말레이주에 속한 총 9개의 술탄국들(페락, 슬랑고르, 파항, 느그리슴빌란, 클란탄, 트렝가누, 케다, 페를리스, 조호르)[104]의 술탄들에게 영토와 주권을 빼앗는 대신 명목상의 지위를 보장하고 일정한 연금을 제공했다. 어차피 힘으로 영국에게 이길 수 없다고 여긴 술탄들은 저항하지 않았다.

    술탄들은 자신들의 생존 및 금전적 보상만 보장받으면 그만일 뿐 영국으로부터 말레이계의 권리와 이익을 보호하는 일에는 큰 관심을 두지 않았다. 전통적으로 술탄을 어버이처럼 따랐던 말레이 민초들은 술탄의 선택에 복종했다. 술탄이 영국에게 머리를 숙였으니 말레이인들도 머리를 숙인 것이다. 애초에 만달라 체제에 익숙했던 그들은 자신들의 통치자가 더 강력한 이웃 지배자에게 복종하면 이를 따르는 것을 당연하게 여겼다. 말레이 민초들의 눈에 영국은 만달라 체제하의 새로운 강자였을 뿐이다. 그 결과 영국령 말라야에서 말레이인들은 계속 봉건적인 질서에 매여 있었고 자본주의에 눈을 뜬 중국계나 인도계 이주민들과는 달리 근대화에 뒤떨어졌다. 술탄이 권력을 잃었음에도 대부분의 말레이인들은 여전히 자신들이 정치에 참여할 수 있다는 생각을 가지지 못했다. 정치란 왕족이나 귀족의 전유물이라고 여긴 것이다. 그만큼 영국의 통치에 대한 말레이인들의 도전도 크게 일어나지 않았다. 영국이 술탄의 상징적 지위를 보존한 것은 말레이반도 지배를 용이하게 만드는 묘수였다.

일본의 말라야점령

일본이 미국에게 진주만 공습을 가한 바로 다음 날인 1941년 12월 8일 태국 남부와 말라야 북부를 일본군이 전격적으로 점령했다. 이후 12월 말까지 태국, 말라야, 보르네오가 일본군의 손아귀에 떨어졌다. 이듬해 2월 15일 싱가포르까지 점령한 일본은 싱가포르를 '쇼난(昭南)'으로 개명한 이후 말라야의 행정 중심지로 삼았다. 이후 파죽지세로 동남아시아를 석권한 일본은 3월에는 네덜란드령 동인도까지 차지했다.

영국의 패배와 철수는 동남아에서 영국의 위신을 크게 떨어뜨렸다. '백인 국가'가 패퇴하는 상황을 처음 목격하게 된 지역민들은 영원한 강자인 줄 알았던 영국에 대한 환상이 허물어졌고, 백인 우월주의에 대한 막연한 확신 역시 깨졌다. 특히 싱가포르의 중국계들은 영국의 철수를 '배신'이라고 여겼다. 태평양전쟁이 발발하기 전인 1937년부터 중일전쟁을 치르고 있던 상황에서 중국계들은 일본군 앞에 자신들을 버리고 도망가는 영국에 실망을 금치 못했다.

일본군은 전선과 멀리 떨어져 있는 말레이반도에 대규모 병력을 배치할 여유가 없었다. 그렇기에 현지인들과 충돌하지 않는 '부드러운 지배'가 일본의 초기 말레이반도 점령 정책의 기조였다. 현지의 관습을 존중했고 기존에 존재했던 단체나 기구 등을 가능한 한 그대로 유지하려 했다. 이처럼 온건한 지배의 이면에서 군에 필요한 물자와 인력을 원활하게 공급받으려는 의도가 깔려 있었다. 다만 말레이반도의 장래에 대해서는 어떠한 약속도 하지 않는 것을 원칙으로 했다. 영국이 물러난 상황에서 향후 말라야의 독립을 요구하는 목소리를 원천적으로 차단하기 위한 것이었다. 기본적으로 일본군은 말라야 상류층을 믿지 않았다. 영국 지배하에서 오랫동안 살아온 그들이 친영 세력일 가능성이 높다고 의심했기 때문이다.

일본의 '부드러운 지배'는 금세 한계를 드러냈다. 전쟁이 길어지면서 일본은 말라야인들을 전쟁에 동원해야 했다. 태국-버마 철로 개설에 말라야인 7만3천 명이 강제 동원되었는데 이 가운데 2만5천 명 이상이 이국 땅에서 사망했다. 일본은 말라야에서 중국계 이주민들을 특히 모질게 대했다. 중국계들이 본토의 국민당이나 공산당과 연계되어 항일운동을 지원한다고 여긴 탓이다. 이로 인해 말라야의 중국계들은 일본 점령하에서 심각한 차별을 겪었다. 중국계 학교들은 대부분 폐쇄됐으며, 본토의 국민당이나 공산당과 연계된 이들을 색출한다는 명목으로 말라야의 화교들에 대한 각종 인권 유린이 자행되었다.

반일 중국인 색출 과정에서 혐의가 있으면 재판도 없이 처형하는 일이 다반사였다. 말라야 곳곳에서 중국인 학살이 일어났다. 조호르에서만 2만5천 명 이상의 중국계가 일본군에 의해 살해당했고, 느그리슴빌란주 주룽룽 마을의 전체 주민 1천474명이 몰살당하기도 했다. 이는 말라야공산당(MCP)을 성장시키는 계기가 된다.

일본군에게 붙잡혀서 살해당하느니 차라리 말라야공산당에 가입해 저항하려는 이들이 늘어났기 때문이다. 하지만 중국계의 공산당 가입 증가는 다시 일본의 중국계 탄압을 강화하는 빌미가 되었다. 일본의 중국계 말라야인 탄압은 중국공산당과 연계된 말라야공산당의 성장으로 이어졌고 이후 말레이시아 건국 과정에서 이념의 선이 종족 정체성의 선과 연계되는 결과를 낳았다. 말라야에서 공산주의 운동에 대한 탄압은 화교 사회에 대한 탄압과 뗄 수 없는 관계가 되었다.

그럼에도 불구하고 일본의 입장에서 말라야를 통치하려면 결국 경제권을 장악한 화교들의 협력이 필수적이었다. 중국 본토에서 이주해 온 이민 1세대와는 달리 말라야에서 태어난 중국계들은 상대적으로 일본에 대해 덜 배타적이었는데 이들 중 일부는 일본 점령군에게 협력했다. 이것이 전후 말라야의 화교 사회를 분열시키고 반목하게 만드는 계기가 되었다. 일본의 말라야 점령 이전에는 부유한 화교들이 중국계 커뮤니티를 대표했지만 일본이 물러간 후에는 화교들이 친영 보수파와 급진파로 나뉘어 극심하게 대립했다.

중국계를 차별한 일본은 말레이계를 우대했다. 말라야 통치에 필수적인 경찰 보조 인력은 대부분 말레이계에서 충원했다. 전쟁 중 일자리가 절대적으로 부족한 상황에서 일부 말레이계는 일본에 협력해 식량을 얻고 사회적 지위도 얻을 수 있었다. 이처럼 말레이계를 우대하고 중국계를 차별하는 일본의 점령 정책은 말라야의 사회 내부에서 정체성의 선을 긋고 종족 갈등을 심화시키는 결과를 낳았다. 그러나 말레이계 주민들 가운데에서도 영국을 응원하는 이들이 더 많았다. 오랜 영국의 지배로 인해 일본보다는 영국에 대해 우호적인 감정을 갖는 이들이 다수였으며 갈수록 전황이 불리해진 일본이 점점 전쟁 동원을 강화하자 이에 대한 말레이인들의 반감도 상승했기 때문이다.

또한 일본은 의도치 않게 말레이 민족주의를 고양시켰다. 일본이 영국과 네덜란드를 차례로 물리치고 말라야와 인도네시아를 통합함으로써 말레이반도와 수마트라 간의 교류가 증가했다. 이는 범말레이 민족주의가 성장하는 계기가 되었다. 이 시기 말레이 소설가와 시인들은 말레이의 전통을 찬양하는 작품을 많이 내놓았다. 일본도 전황이 불리해지는 1943년 중반부터 말레이 민족주의를 장려했다. 말레이 민족주의가 반영국·반서구 정서와 통한다고 보았기 때문이다.

일본 점령기에는 중국계뿐만 아니라 말라야의 인도계들도 상대적으로 홀대를 받았다. 일본은 영국군에서 복무했거나 영국 경찰로 복무했던 인도계 주민들을 색출해 구속했다. 당시 영국령 인도는 영국 편에서 참전했다. 이 때문에 일본은 말라야 인도인들이 언제든지 영국 편에 설 수 있는 '잠재적인 적'이라고 여겼다. 하지만 인도 본토에서 간디와 국민회의가 이끄는 반영 민족주의 운동이 강하게 일어났기에 일본도 인도를 중국만큼 적대시하지는 않았으며 화교들을 학살한 것처럼 말라야 인도인들을 학살하는 사태 또한 발생하지 않았다.

1944년 영국에 망명 중이던 수바스 찬드라 보스(Subhas Chandra Bose)가 싱가포르에 도착했다. 찬드라 보스는 인도국민회의 의장 출신의 열혈 민족주의자로서 독일에서 나치와 손잡고 반영 운동을 전개했으며 '인도국민군'을 이끌고 연합군에 대항해 참전하기도 했다. 찬드라 보스는 싱가포르 도착 후 '자유 인도 임시정부'의 수립을 선포하고 인도국민군을 다시 모집했다. 그의 목표는 일본군의 도움을 받아 인도에서 영국을 몰아내고 독립을 쟁취하는 것이었다. 일본은 이러한 찬드라 보스를 전폭적으로 지원했다. 찬드라 보스의 활동 이후 말라야 인도인에 대한 일본의 태도는 완전히 우호적으로 변했다. 반면 말라야 인도계 중 부유층은 일본과 인도국민군 양측에게 '자발적 기부금'을 강탈당하는 처지에 놓이게 됐으며, 이로 인해 인도계 부유층들 사이에서 일본과 찬드라 보스에 대한 불만이 높아졌다.

일본 점령 기간 동안 말레이반도 북부의 케다, 페를리스, 클란탄, 트렝가누가 태국에 넘어갔다. 태국이 1942년 일본의 편에 서서 미국과 영국에 선전 포고를 하자 일본은 북부 4개 주를 태국이 병합하도록 허용했다. 하지만 해당 지역의 경제적 자원은 일본이 통제했다. 이는 말라야의 이슬람 사회에서 일본에 대한 인기가 크게 떨어지는 결정적인 계기가 되었다. 불교 국가인 태국은 새로 병합한 말레이반도 북부를 통치하면서 일부다처제 등 이슬람이 허용하는 일부 전통과 규범들을 금지했다. 태국 영토에 병합된 지역의 무슬림들 사이에서 자연스레 불만의 목소리가 높아졌다. 또한 일본 치하의 말라야 무슬림들 역시 그러한 일본의 조치를 비판적으로 바라보았다. 일본이 패망한 후 태국은 자신들이 병합했던 주들을 다시 말라야에 반환했는데 해당 주의 주민들은 이 반환 조치를 반겼다.

말라야인들이 결정적으로 일본에 등을 돌린 계기는 경제 파탄이었다. 일본이 말라야와 인도네시아를 점령하자 연합군은 일본 점령 지역을 봉쇄해 말라야가 외부와 교역을 할 수 없도록 막았다. 고무와 주석 등 수출로 경제를 이끌어가던 말라야에는 엄청난 타격이었다. 말라야의 경제가 수렁으로 빠져들자 일본은 이를 타개하기 위해 통화를 교체하고 돈을 찍어내기 시작했다. 기존에 통용되던 말라야달러 대신 일본 정부가 발행하는 달러로 교체한 것인데 문제는 제대로 된 통화 정책 없이 남발했다는 점이다. 그 결과 말라야 경제는 하이퍼 인플레이션에 시달렸다. 일본 점령 전 2억1천2백만 말라야달러가 시중에 유통되고 있었으나 일본 점령기 동안 70억~80억 달러가 발행되었다. 일본군은 심지어 화폐 인쇄기를 들고 다니면서 필요에 따라 즉석에서 돈을 찍어내기도 했다.

자연스럽게 말라야인들의 저항이 거세졌다. 일본 점령군에 대한 저항을 이끄는 중심은 말라야공산당이었다. 애초에 일본군이 말라야를 침공해 오자 말라야공산당은 영국군에게 일본에 대항해 손잡을 것을 제안했다. 영국은 이 제안을 받아들여 수감 중인 좌익 활동가를 모두 석방했으며, 영국군이 말라야에서 철수하기 전까지 열흘 남짓 말라야공산당원들을 대상으로 군사 훈련을 실시했다. 말라야공산당원들은 말라야인민항일군을 결성하고는 영국군이 제공한 무기로 항일 게릴라전을 전개했는데 게릴라군의 주축은 앞서 언급한 대로 중국계였다.

영국의 재점령과 말라야연합

1945년 8월 15일, 일본이 전쟁에서 패망하자 그동안 잠재해 있던 종족 정체성들이 갑자기 충돌하기 시작했다. 일본의 항복 직후부터 영국이 복귀한 9월 3일까지 19일간의 권력 공백기에 말라야에서는 종족 갈등이 폭발했다. 일본 점령기 동안 심각한 경제난으로 인해 종족 커뮤니티 간의 생존 경쟁이 치열해지면서 종족 간 불신과 반목이 극심해졌다. 말레이계는 일본군에게 협력해 비교적 어려움을 덜 겪은 반면 중국계는 일본의 모진 탄압을 견뎌내야 했다. 이 과정에서 양측 간 감정은 대단히 악화되었다. 일본이 항복하기 이전부터 이미 폭력 사태가 빚어졌다. 1945년 5월 조호르에서 말레이계가 중국계 상인들을 집단적으로 공격했는데 중국계 수천 명이 피난을 가야 할 정도로 상황이 심각했다.

일본의 패전이 임박하자 여기저기서 중국계가 주도하는 말라야인민항일군이 말레이계 친일 부역자들을 공격해 처단하는 사건이 벌어졌다. 하지만 코너에 몰린 일본군도 이를 막아줄 수 있는 상황이 아니었다. 일본 패망 후 19일간의 권력 공백기에 말라야 지역에서 유일한 무장 집단은 말라야인민항일군이었다. 이에 중국계는 자신만만해졌고, 말레이계는 영국이 복귀한 이후에도 중국계가 말라야에서 주도권을 쥘까 우려했다.

1945년 9월 3일, 영국군은 다시 말라야로 진입했다. 영국군의 지원하에 항일 게릴라 투쟁을 전개했던 말라야공산당은 내심 영국이 자신들을 우대할 것이라고 기대했다. 특히 인력이 부족한 상황에서 영국이 말라야인민항일군에게 말라야의 치안을 맡길 것이라는 소문이 자자했다. 하지만 말라야에 복귀한 영국군은 즉각 말라야공산당을 무장 해제하고 말라야인민항일군을 해체시켰다. 이후 영국과 말라야공산당의 관계는 악화일로로 치달았다.

영국은 말라야의 모든 것을 일본의 점령 이전 상태로 되돌리고자 했다. 우선 일본이 태국에게 넘겼던 케다 등 북부 4개 주를 말라야 영토로 회수했다. 잠시나마 일본 편에 섰던 태국 정부도 두말하지 않고 영국의 요구에 따랐다. 그러나 말라야는 영국이 떠나기 전으로 돌아갈 수 없었다. 우선 영국에 대한 말라야인들의 믿음이 깨졌다. 영국의 말라야 지배 근간은 영국이 외부의 침략으로부터 말레이 술탄국들을 지켜준다는 보호 조약이었다. 그런데 영국이 일본으로부터 말레이 술탄국들을 지키기를 포기하고 떠남으로써 기존에 맺은 보호 조약이 파기된 셈이었다. 하지만 영국은 전후에도 여전히 말레이반도에서 식민 통치를 이어가려 했다. 술탄들도 자신들의 지위가 보장되기만 하면 영국에 계속 복종하려 했다. 말라야 점령기 일본 역시 술탄들에게 연금을 지급했기 때문에 그러한 대우가 계속되기를 기대한 것이다. 예컨대, 조호르의 술탄은 일본으로부터 월 2만 달러의 연금을 받았는데 영국이 재점령하자 그 이상을 요구하며 영국과의 거래에 응했다. 술탄들에게 말레이계를 대표한다는 의식은 찾아보기 어려웠다. 반면 말라야 인민들은 달랐다. 각 종족 커뮤니티별로 권리 의식이 높아진 그들은 또다시 영국이 식민지화하는 것을 반대했다. 그러나 결과적으로 영국의 계획을 좌절시킨 것은 인민들의 독립 요구가 아니라 종족 갈등을 유발하는 정체성의 선이었다.

기존의 보호 조약이 사실상 파기된 상태에서 영국은 '말라야연합(Malayan Union)'을 결성해 이를 대체하고자 했다. 말라야연합은 말레이반도 9개 주에 페낭과 말라카를 합친 새로운 식민지였다. 영국은 말라야에 대한 통치권을 회복하되 자치 정부를 허용하는 방안을 구상했다. 문제는 '누구에게 어떤 권리를 부여할 것인가'였다. 영국령 말라야는 행정적으로 통합되지 않은 세 개의 정치 단위(연방말레이주, 비연방말레이주, 해협 식민지)로 구성되어 있었으며, 오직 말레이인들에게만 정치적 권리를 인정해 주었다. 영국은 이 단위들을 하나로 묶은 '말라야연합'을 추진하면서 말레이계뿐만 아니라 모든 종족 커뮤니티에게 동등한 시민권을 부여하려 했는데, 이는 크게 두 가지 목적을 띠고 있었다.

하나는 통합적인 '말라야 국민'을 창조하려는 것이었고, 다른 하나는 일본에 저항한 중국계를 우대하려는 것이었다.[105] 영국으로서는 자신들이 말라야를 버리고 떠난 사이에 일본군에게 핍박받으며 저항했던 중국계의 공로를 인정하지 않을 수 없었다. 일본과 싸운 것은 중국계였고 일본에게 협력한 것은 말레이계였다. 이러한 상황에서 말레이계에게만 특권을 줄 명분이 없었다. 하지만 기득권 세력인 말레이계들은 말라야연합을 장차 중국인들이 말라야를 지배하게 될 전조로 보았고 이에 강하게 반발했다. 이처럼 말라야연합 구상은 말라야에서 종족 커뮤니티 간 갈등이 커지고 있는 와중에 나왔다.

말레이계의 강한 반대에도 불구하고 영국은 1946년 4월 1일 말라야연합을 공식 출범시켰다. 말레이계들은 여기에 맞서 지금까지 볼 수 없었던 강력하고 단합된 반대 운동을 전개했다. 특히 술탄들이 연금을 받고 말라야연합 구상에 응하려 한다는 사실이 전해지면서 말레이계의 민심이 악화되었다. 말레이계 내부에서는 영국의 재식민화에 반대하며 말레이계가 주도하는 독립 국가를 요구하는 목소리도 높아졌다.

말레이계의 말라야연합 반대 시위는 점차 체계적으로 조직되었다. 1946년 3월 쿠알라룸푸르에서 전국 41개 말레이협회 대표단이 참석하는 전말라야회의(All Malaya Congress)가 소집되었다. 이 회의에서 말레이계 대표들은 말라야연합의 철회를 요구하며 말레이계의 전국적인 반대 운동을 전개하기로 결의했다. 그리고 향후 말레이계의 정치적 중심이 될 조직인 'UMNO(통일말레이국민

기구, United Malays National Organization)'가 1946년 5월 결성되었다. 말레이계 명문가 출신인 온 자파르(Datuk Onn Ja'afar)가 초대 UMNO 의장이 되었다. UMNO는 귀족, 관료, 급진파, 이슬람 지도자 등 말레이 사회의 각계각층으로부터 지지를 받았다. 말레이계의 시위 참여는 광범위하게 일어났다. 보수적인 이슬람 사회였음에도 불구하고 말레이 여성들도 UMNO가 조직한 시위에 참여했다.

반면 비말레이계들은 말라야연합에 비교적 무관심했다. 중국계 주민들에게 말라야 시민권은 그다지 매력적인 제안이 아니었다. 중국계 가운데 상당수는 본토의 국민당 혹은 공산당에 대한 소속감이 강했다. 또한 사업에 성공해 부유해졌거나 사회적 지위가 높아진 중국계들은 자신이 대영제국에 소속되어 있다고 여겼다. 영국이 제안한 말라야연합은 이중 국적을 허용하지 않았다. 말라야연합 시민권을 획득할 경우 중국 국적을 잃어버린다는 사실이 알려지면서 처음에 우호적인 시선을 보내던 중국계들 사이에서도 지지하는 열기가 식었다. 인도계 역시 말라야연합에 큰 관심을 보이지 않았다. 당시 인도에서는 영국으로부터의 독립이 구체적으로 추진되고 있었고 대다수의 인도계들은 본국에서 진행되고 있는 인도 독립 국가 건설에 더 큰 관심을 가졌다. 결국 영국은 말라야연합 추진을 포기하고 말았다. 영국이 말라야 식민 지배 과정에서 그었던 선에 영국이 걸려 넘어진 셈이다.

말라야연방과 UMNO

1948년 2월 1일, 영국은 말레이반도와 영국령 보르네오에 말라야연합을 대체할 새로운 국가 '말라야연방(Federation of Malaya)'을 선포했다. 말라야연방은 영국과 UMNO 간 협상의 결과물이었다. 말라야연방은 더 이상 식민지라는 정체성을 갖지 않는 과도기적 국가였다. 영국은 적절한 시기에 말라야연방의 독립을 약속했다. 게다가 말라야에 대한 지배력을 거의 상실한 영국은 말라야 내부의 선을 지우기보다는 기존의 선을 인정하는 편을 택했다. 말레이계의 주도권을 인정한 것이다. 상징적 권위로서 술탄의 지위를 유지하기로 했고, 말레이계의 특별한 지위를 보장했으며, 각 주의 자치를 허용하는 한편 강력한 중앙정부와 입법부를 수립하기로 했다.

영국은 말라야연방을 완전 독립시키기까지 15~25년의 이행 기간을 두기로 했다. 말레이계는 자동으로 말라야연방의 시민권을 획득한 반면 중국계와 인도계를 비롯한 이주민들은 최소 15년 이상 말라야에 거주했을 경우에만 시민권을 부여받았다. 이러한 조건에 따르면 중국계 말라야인들 가운데 시민권 획득이 가능한 이는 10% 미만이었기에 중국계 주민들은 말라야연방안에 크게 실망했다.

모든 말레이계가 말라야연방안을 전적으로 환영한 것은 아니었다. 말라야가 완전히 근대적인 국가로 탈바꿈하기를 원했던 말레이 지식인들은 술탄제를 형식적이나마 유지한 것에 대해 실망했다. 말라야 독립 국가 건설을 염원해 온 말레이 민족주의자들 역시 자치권이 즉시 주어지지 않는다는 데 실망했다. 그럼에도 불구하고 말라야연방은 말레이계의 주도권을 인정했다는 점에서 결국 말레이계의 승리였다.

영국 입장에서 말라야연방의 최대 위협은 말라야공산당이었다. 일본이 물러간 후 말라야에 재진주한 영국군에게 무장 해제를 당한 말라야공산당은 이후 노동조합을 통해 운동을 이어갔다. 공산주의 혁명이 목표였던 말라야공산당은 말라야연방 건설을 반대했다. 1948년 6월 급기야 말라야공산당은 반란을 일으켰다. 이 반란으로 1951년까지 1천 명 이상의 군인, 경찰, 민간인이 사망했다. 말라야공산당의 반란은 이념 대립의 문제에 그치지 않고 말라야 내부를 갈라놓은 종족 정체성의 선과 연결되어 있었다. 말라야공산당의 주도 세력은 중국계였기에 자칫 말라야공산당의 반란은 말라야를 종족 커뮤니티 간 물리적 충돌로 몰아넣을 수도 있었다.

영국은 말라야공산당에 맞서 중국계의 새로운 정치적 구심을 만들어내려 했다. 이에 보수 친영 중국계로 하여금 MCA(Malayan Chinese Association, 말라야중국인협회)를 결성하도록 지원했다. 부유한 보수 중국계들도 말라야공산당의 세력이 빠르게 성장하자 이에 충격을 받고 MCA를 중심으로 모였다. MCA의 중심 인물이자 초대 의장은 말라야 출신의 사업가인 탄쳉록(陳禎祿)이었다. 탄쳉록은 말라카 출신의 중국계 이주민 5세대로서 말레이어와 영어를 구사했으나 중국어는 할 줄 몰랐다. 혈통은 중국계였으나 말라야 정체성이 더 강한 인물이었다. 게다가 영국령 말라야에서 오랜 공직 생활을 했기 때문에 영국의 신뢰를 얻고 있었다.

MCA에 모인 이들은 중국계라는 공통점 이외에 반공주의라는 이념적 공통점도 가지고 있었다. 영국 식민 정부는 말레이공산당의 반란을 비롯한 각종 사회 현안을 논의하기 위해 말레이계 대표와 중국계 대표를 한자리에 모아야 한다고 여겼다. 이에 민족집단 유대위원회(CLC)라는 기구를 만들어 말레이계 대표 기구 UMNO와 중국계 대표 기구 MCA가 손을 잡고 반공 동맹을 결성하도록 이끌었다. UMNO 의장 다툭 온 자파르 역시 강력한 반공주의자였기에 두 세력은 금세 의기투합했다. 이렇게 시작된 UMNO와 MCA의 동맹은 이후 말라야(말레이시아)의 정부를 구성하는 초석이 된다.

말라야공산당의 반란에 대해 영국은 철저한 탄압 정책을 폈다. 비상사태를 선포하고 공산당 혐의자를 재판 없이 구속했으며 공산당 계열 게릴라들에 대해 가차 없이 무력 진압을 나섰다. 여기에 게릴라의 근거지인 말레이반도 북부의 정글 지대에 소개령을 내리고 해당 지역 주민들을 강제 이주시켰다. 이는 게릴라들의 보급을 차단함으로써 고사시키려는 작전이었다. 영국군과 말라야연방 정부의 대대적 공세로 말라야공산당의 사기는 크게 저하되었다. 1958년 500명 이상의 게릴라들이 투항하고 잔존 세력은 국경 너머 태국으로 도피하거나 정글로 숨어들었다.

1960년 6월 말라야연방정부는 국내보안법(Interanl Security Law)을 도입했다. 국내보안법은 국가 전복 세력으로 의심되는 사람에 대해 예방적 조치로 구속할 수 있도록 하는 권위주의적 법이었다. 비상사태는 1962년까지 지속됐으며 이 기간 동안 말라야에서 좌익 세력은 크게 약화되었다. 이후 말레이반도에서 공산당 게릴라는 1989년까지 활동하다 소멸했다. 이처럼 영국은 말라야연방 기간 동안 권위주의 체제를 운영하면서 반영 공산주의 세력을 철저하게 탄압했고 그 결과 말라야의 현실 정치 세력으로는 UMNO와 MCA 등 친영 세력만이 남았다.

영국은 말라야인들이 자치를 할 준비가 되어 있지 않다고 여겼으나 말라야공산당 세력을 제압하려면 말라야인들을 대표할 의회가 존재해야 한다고 판단했다. 이에 1952년 첫 지방선거를 실시했는데 이때 UMNO와 MCA가 처음으로 동맹을 맺어 동맹당을 결성하고 선거에 임했다. 이 동맹당이 쿠알라룸푸르 12개 의석 가운데 9석을 차지하는 등 각 지역에서 압승했다. 1952~1954년 각 지역별 자치 선거에서 총 268석 가운데 226석이 동맹당에게 돌아갔다. 말레이계와 중국계의 동맹이 선거에서 막강한 영향력을 발휘할 수 있음이 입증된 것이다.

자신감을 얻은 UMNO 지도부는 영국에게 전국 단위 총선을 실시하라고 요구했다. 이에 1955년 첫 총선이 실시되었다. 말레이계와 중국계가 손잡은 동맹당은 인도계를 대표하는 정당인 MIC(Malayan Indian Congress, 말라야인도인회의)까지 동맹 세력으로 끌어들였다. UMNO-MCA-MIC로 대표되는 말레이계-중국계-인도계 동맹이 만들어진 것이다. 이 대목에서 인도네시아의 수카르노 정부와 말라야연방을 이끈 UMNO의 차이점이 두드러진다. 선을 지우려고 했던 수카르노 정부와는 달리 UMNO는 말라야연방 내부의 종족 정체성의 선을 인정하고 종족 간 타협을 선택했다. 말레이계의 우월적 지위를 인정받는 대신 중국계와 인도계의 엘리트 집단을 지배 블록 안으로 끌어들여 일정한 이익을 보장해 주는 방식이다. 이것이 말레이시아의 장기 집권 세력인 동맹당(후에 국민전선) 체제이다.

말라야연방의 1955년 총선은 동맹당 체제의 출발점이다. 이 선거는 전국을 52개 선거구로 나눠 한 선거구에서 1명을 선출하는 소선거구제를 채택했다. 인구 분포상 한 지역구 안에 중국계나 인도계가 유권자의 다수인 지역은 거의 없었다. 만일 UMNO가 혼자서 의석을 독차지하기로 마음을 먹었다면 말라야연방의 의회는 온통 말레이계가 장악했을 것이다. 하지만 UMNO 지도부는 MCA와 MIC 후보들에게 일부 지역구를 양보했다. UMNO 지도부는 자신들을 지지하는 말레이계 유권자들에게 동맹 세력인 MCA의 중국계 후보와 MIC의 인도계 후보를 선출해 달라고 호소했다.

UMNO가 양보한 지역구에서 대부분의 말레이계 유권자들이 UMNO의 요청에 응해 MCA와 MIC 후보에게 투표했다. 이 선거에서 말레이계 이슬람 정당인 PAS(Parti Islam Se-Malaysia, 범말라야이슬람당, 훗날 말레이시아이슬람당)도 해당 지역구 선거에 뛰어들었으나 말레이계 유권자들은 이들 대신 UMNO가 밀어주는 중국계나 인도계 후보를 택했다. 이는 말레이계 유권자들이 UMNO를 자신들의 대표 정당으로 인식하고 있었기에 가능한 일이었다. 그 결과 1955년 총선에서 총 52석 가운데 동맹당이 51석을 차지했다. 그리고 UMNO 의장인 툰쿠 압둘 라만(Tunku Abdul Rahman)을 총리로 하는 정부가 수립되었다. UMNO 중심의 말레이계-중국계-인도계의 동맹은 향후 61년간 말레이시아 정부를 독점하는 지배 블록의 근간이 되었다.

하지만 인도계를 대표하는 MIC는 동맹당 내에서 입지가 좁았다. 우선 인도계 유권자가 중국계에 비해 소수였기에 인도계 지역 사회가 소외됐다. 1955년 총선은 총 52석이었는데 동맹당은 UMNO에 35석, MCA에 15석을 각각 할당한 데 반해 MIC에는 겨우 2석을 할당하는 데 그쳤다. 사실 MIC는 UMNO나 MCA에 비해 종족 커뮤니티를 대표할 만한 영향력이 약했다. 말라야의 인도계 커뮤니티는 중국계에 비해 내부 정체성이 다양하게 나누어져 있었다. 출신 지역과 종교와 카스트에 따라 각기 다른 커뮤니티를 이루고 있었기 때문에 '인도계'라는 정체성으로 단단히 뭉치지 않았다. 특히 인도와 파키스탄 사이에 '대분할'이 일어나면서 말라야의 인도계 커뮤니티 역시 친인도파와 친파키스탄파로 분열되었다. 따라서 UMNO와 MCA의 입장에서는 MIC가 인도계 유권자 전체를 대표할 수 있는지 확신하지 못했다. 또한 말라야에서 출생한 이주 인도계 2세 가운데에는 현지에 동화되어 말레이화된 이들도 많았다. 이들 역시 MIC에게 투표하지 않았음은 물론이다. 게다가 말라야의 인도계들 가운데 상당수는 MIC가 UMNO나 MCA와 대등한 정당이 아니라 이들에게 종속되어 있는 하위 파트너라고 간주했다. 이러한 입장을 가진 인도계들은 MIC가 인도계의 권익 수호가 아니라 UMNO가 주도하는 정부의 목표를 달성하기 위해 인도계의 이익을 희생시킨다고 비판했다. 그럼에도 불구하고, MIC의 지도자 삼반딴(V. T. Sambanthan)은 UMNO를 이끄는 툰쿠 압둘 라만과 개인적으로 친밀한 관계를 유지했으며 이를 이용해 동맹당 내에서 MIC와 인도계의 정치적 이익을 보장받으려 노력했다.

UMNO의 리더이자 말라야 초대 자치 정부의 총리인 툰쿠 압둘 라만은 케다주 술탄 가문 출신이었다. '툰쿠'라는 호칭은 말레이인들이 전통적으로 왕족 앞에 붙이는 칭호로서 말라야연방을 이끄는 말레이 지도자들이 대중에게 뿌리를 둔 인물들이 아니라 전통적 지위를 물려받은 상류층이라는 사실을 보여준다. 그러나 툰쿠 압둘 라만은 영국 케임브리지에서 공부한 유학파로서 민주주의와 의회정치에 대한 신념이 확고했다. 대중들 앞에서 자신의 신분을 내세우지도 않았다. 말레이인들도 애칭처럼 '툰쿠'라고 부르며 그에게 존경과 사랑을 보냈다. 2대 총리인 툰 압둘 라작(Tun Abdul Razak Hussein)은 파항의 귀족 가문 출신이었으며, 3대 총리인 후세인 온(Hussein Onn)은 조호르의 고위 관료 가문 출신이었다. 이처럼 UMNO는 영국 식민지하에서 고위층에 몸담았던 말레이계 인사들이 주도했으며 이들이 이끄는 말라야 정부는 자연스레 보수적인 친영 노선을 걸었다.

당시 세상은 달라지고 있었다. 세계는 미국과 소련을 양축으로 하여 둘로 갈라서는 냉전시대로 접어들었고, 아시아와 아프리카에서 민족주의 열기가 높아지면서 미국의 편에 선 유럽의 제국주의 국가들은 식민지를 유지할 능력을 상실했다. 특히 이웃 나라 인도네시아가 네덜란드를 상대로 전쟁을 벌여 독립을 쟁취했다. 이를 지켜본 말라야인들 사이에서도 독립 국가를 건설해야 한다는 목소리가 높아졌다. 영국은 말라야의 독립을 지원하기 위해 1956년 영국의 정치인이자 판사인 제임스 레이드가 이끄는 영국 대표부와 UMNO, MCA, MIC 등 말라야 정치인들을 한데 모아 구성한 말라야연방헌법위원회, 이른바 '레이드 위원회(Reid Commission)'를 출범시켰다. 레이드 위원회는 말라야 독립 국가의 헌법을 제정하는 것이 목표였는데, 그 과정에서 말라야 독립 국가의 성격과 방향을 정하는 민감한 주제들이 논의되었다. 여기서 UMNO를 중심으로 한 동맹당의 존재가 커다란 힘을 발휘했다. 독립 말라야에서도 말레이계의 특별한 지위가 유지된다는 점을 중국계와 인도계가 받아들이도록 설득한 것이다.

레이드 위원회에서 합의된 사항은 다음과 같다.

1)말레이계의 특별 지위 보장, 2)말레이어의 국어 채택("독립 후 10년간은 말레이어와 영어를 공용어로 사용하되 10년 후 말레이어가 유일 공식 언어가 된다"고 규정함), 3)독립 말라야에서 태어난 모든 이들에

게 자동으로 말라야 시민권을 부여하는 속지주의 채택, 4)비말레이계도 독립 이후 일정 기간 체류하고 말레이어를 습득할 경우 말레이계와 동등한 시민권을 부여할 것 등이다.

　UMNO, MCA, MIC는 모두 친영 엘리트 계층의 모임이라는 공통 배경이 있었다. 이들은 식민지 시기 영국이 세운 영어 학교 출신이라는 학연으로 연결되어 있었고, 이것이 자연스레 말라야 상류층 간의 교류로 이어졌으며, 이에 기반한 친분 관계가 이들이 상호 우호적으로 동맹을 맺을 수 있었던 가장 중요한 배경이었다. 말레이계의 특별 지위에 대한 중국계와 인도계의 양보도 이러한 분위기 속에서 나왔다. 하지만 중국계와 인도계 대중들을 설득할 수 있었던 국제적 배경도 존재한다. 중국이 공산화되면서 공산주의에 반대했던 중국계들은 본토로 돌아갈 길이 막혔다. 인도에서도 해외 이주민들의 본토 귀국을 제한했다. 따라서 말라야의 대다수 중국계와 인도계들은 어찌 됐든 말라야연방에 남을 수밖에 없었다. 이들은 말레이계의 우위를 인정하되 동맹당 체제를 통해 자신들이 속한 종족 커뮤니티의 이익을 보장받는 것이 현실적인 대안이라고 여겼다. 특히 1957년 3월에 발표한 '교육령'의 내용은 종족 커뮤니티 간 타협이 어떻게 이뤄졌는지를 분명하게 보여준다. 말라야연방에서는 초등교육 기관으로서 '국민학교'를 세우고자 했는데, 여기에서는 국어로서 말레이어를 가르치되 영어·중국어·타밀어를 병행하여 사용할 수 있도록 했다. 이는 말레이계-중국계-인도계가 타협을 이룬 결과물이다. 말레이계로서는 말레이어의 '국어' 지위를 관철시켰고, 중국계와 인도계는 자신들의 언어를 유지할 수 있게 된 것이다. MCA와 MIC는 자신들의 지역 사회에 중국어와 타밀어의 보존을 위해서는 어쩔 수 없는 타협이었다고 설득했다. 그럼에도 불구하고 중국계와 인도계 지역 사회에서는 궁극적으로 UMNO가 지배하는 동맹당이 말레이어 이외의 다른 언어를 말살하려 하지 않을까 하는 우려가 일기도 했다.

말레이계 중에서도 술탄들은 말라야의 독립을 불안해했다. 말라야연방이 선거를 통한 민주주의를 도입하는 동시에 영국으로부터의 독립을 추진하는 모습을 지켜본 각 주의 술탄들은 새로운 체제가 들어서면 그동안 자신들이 누렸던 지위를 잃게 되지 않을까 우려한 것이다. 만일 술탄들이 체제 전환에 저항할 경우 시골에서 그들을 따르는 말레이인들이 이를 추종할 것이고 결과적으로 말라야는 커다란 혼란에 직면하게 될 터였다. 하지만 평소 왕족 출신임을 내세우지 않던 툰쿠 압둘 라만은 이러한 상황에서 오히려 자신의 신분 배경을 강조하며 술탄들에게 다가갔다. 그는 "나와 같은 왕족이 주도하는 독립 말라야연방이 설마 술탄들에게 불이익을 주겠느냐"며 이들을 안심시켰다.

툰쿠는 이러한 술탄들의 불안감 해소를 위해 '입헌술탄제'를 도입했다. 각 주를 대표하는 9명의 술탄들이 순서를 정해 5년 임기로 말라야연방(이후 말레이시아연방)의 국왕이 되는 독창적인 제도였다. 이 국왕을 '양 디 페르투안 아공(Yang di-Pertuan Agong, 이하 '아공')'[106]이라 칭하기로 했다. 아공은 말레이시아의 국왕으로서 국가의 수장이자 이슬람의 수장이며 군 최고사령관이라는 헌법상 상징적 지위를 부여받는다. 국왕이 국가의 수장이자 말레이계의 종교인 이슬람의 수장이라는 의미는 말레이계가 말라야에서 특별한 지위를 갖는다는 점을 웅변하는 대목이다. 술탄들은 툰쿠의 제안을 받아들여 헌법상의 지위를 보존하는 데 동의했다.

1957년 8월 31일, 영국으로부터 말라야연방이 독립했다. 독립 말라야연방은 친영 정당인 UMNO-MCA-MIC의 삼자 동맹이 주도했다. 영국이 말라야에 친영파 집권 세력을 세팅해 놓고 물러난 셈이다. 또한 영국은 친영 세력에게 말라야를 넘겨주기 전에 체제에 가장 위협이 되는 말라야공산당을 토벌해 크게 약화시킴으로써 UMNO와 동맹당이 안정적으로 말라야를 통치하도록 포석을 깔아주었다. 독립 말라야연방은 이처럼 식민 종주국과 우호적인 관계를 유지하는 한편 군주제(술탄제)라는 전통적 질서를 유지하는 '거대한 보수 사회'로서 독립 국가의 첫발을 내디뎠다. 말라야연방은 '혁명 없이' 새로운 체제로 이행했다. 이는 네덜란드와 투쟁해 독립을 쟁취하고 공화정을 세운 인도네시아의 '유혈 혁명'과 선명하게 대조된다.

UMNO와 MCA의 동맹은 지속되었다. MCA 의장 탄쳉록이 건강 악화로 물러난 이후 양 정당 사이에 다소 잡음이 있었지만 동맹당의 결속 자체가 무너지지는 않았다. 1959년 총선에서도 동맹당은 압도적인 승리를 거두었다. 또다시 권력을 잡은 UMNO는 MCA 및 MIC와의 협상을 통해 말라야연방의 구체적인 틀을 세왔다. 동맹당 성명에서 말레이계를 '부미푸트라(bumiputra, 흙의 아들)'[107]로 명시하며 말라야연방에서 특별한 지위를 가진다고 명시했는데, '부미푸트라'란 말라야 본토에 원래부터 속한 이들이라는 의미로서 말레이계를 포함해 말레이반도 및 보르네오 북부 사바와 사라왁의 토착 종족을 포함하는 개념이다.

　말라야연방은 공직 선출에서 말레이계(를 포함한 부미푸트라)와 비말레이의 비율을 '4 대 1'로 확정했다. 이 비율은 말라야연방에서 이미 통용되고 있던 공직 임명 비율이었으나 MCA와 MIC가 이를 공식적으로 수용한 것이다. 반대 급부로 UMNO는 다른 두 정당에게 비말레이들의 자유로운 경제 활동을 보장했고 차별적 조세 및 사유 재산 몰수를 하지 않겠노라 약속했다. 이는 말라야의 경제권을 장악한 중국계와 인도계 상류층에게 가장 중요한 이해관계에 해당한다. 특히 이웃 인도네시아의 수카르노 정부에서 화교 상인들에 대한 폭동이 일어나는 등 불안한 주변 정세를 감안하면 말라야의 중국계·인도계 상류층에게 경제권을 보장받는 일은 말레이계의 우위를 인정해 주는 정치적인 손해를 감수하더라도 꼭 지켜내야 하는 사항이었다. 이처럼 종족 커뮤니티 상류층 연합인 동맹당은 말레이계의 정치적 우위와 중국계·인도계의 경제적 우위를 상호 인정해 주는 타협에 의해 유지되었다. 그리고 이를 통해 말라야연방에서 안정적으로 UMNO의 지위를 확보한 툰쿠 압둘 라만 총리는 싱가포르와 영국령 보르네오를 통합하려는 원대한 계획을 추진하기 시작했다.

싱가포르와 보르네오

싱가포르는 처음부터 영국의 전략적 요충지였다. 말라카 해협의 길목에 위치한 싱가포르는 지리적으로 동서 무역의 허브가 될 수밖에 없는 운명을 타고 났다. 영국은 싱가포르에 해협 식민지를 건설한 이후 무역항과 기반 시설을 세우기 위해 대규모 건설 사업을 벌였다. 이때 주로 중국인들을 노동자로 받아들였는데 중국 본토보다도 이미 말라카와 페낭, 보르네오로 이주해 있던 중국인들이 싱가포르에 각종 일자리가 생긴다는 소식을 듣고 몰려들었다. 그 결과, 싱가포르는 중국계 인구 비율이 꾸준히 늘어났으며 말라야연방이 독립한 이후인 1963년에는 싱가포르 인구 350만 명 중 4분의 3가량이 중국계였다. 전통적으로 말레이계가 살았던 지역 가운데 유일하게 중국계 인구가 더 많아진 지역이 된 셈이다.

영국은 1946년 말라야연합 출범시 싱가포르를 말라야연합에서 제외했다. 지정학적으로 중요한 만큼 싱가포르를 따로 떼어 영국의 직할 식민지로 분리한 것이다. 그러나 이념 대립의 선이 종족 갈등의 선과 연계된 것은 말라야의 상황만은 아니었다. 싱가포르 또한 비슷한 문제를 겪고 있었다. 1948년 선거 도입 이래 싱가포르는 점차 정치적으로 급진화되었다. 중국계 인구가 많았던 만큼 본토의 중국공산당 영향을 받은 이들도 많았다. 공산주의 세력만 늘어난 것이 아니라 다른 급진파들도 성장했다. 이 시기 싱가포르의 정치권은 친영 세력인 '영어 세계'와 친중 세력인 '중국어 세계'로 나뉘어 대립했다. 영국 식민 정부가 이들을 통제하기는 했으나 보수적인 말라야의 지배 세력들은 이러한 싱가포르의 상황을 우려의 눈으로 바라보았다. 혹여 싱가포르의 급진적 정치 이념이 말라야에 전파될지도 모른다고 여긴 것이다. 말라야에서 말라야공산당의 반란이 일어난 데 이어 1948년 6월 급기야 싱가포르에서도 비상사태가 선포되었다. 영국의 초강경 진압으로 인해 싱가포르 내의 '중국어 세계'는 약화되었고 '영어 세계'가 정국을 주도했다. 영국은 1958년 싱가포르에 자치권을 부여한 이후에도 싱가포르의 급진화 가능성을 우려해 1963년까지 치안과 국방을 계속 영국 관할로 남겨두면서 좌익의 득세를 차단했다.

영국이 싱가포르의 친중 세력을 탄압하자 풍선 효과로 인해 리콴유(李光耀)가 최대 수혜자로 떠올랐다. 리콴유는 해협 식민지 중국계 4세대로서 영국에서 유학한 이후 싱가포르로 돌아와 인권 변호사로 활동하면서 '영어 세계' 내에서 좌파의 중심이 된 인물이다. 그는 이러한 경력으로 인해 친영파였음에도 불구하고 친중 성향의 대중들을 끌어들일 수 있었다. 리콴유는 1954년 인민행동당(PAP, People's Action Party)을 창당했는데 이 정당은 중국계가 주도했고 인도계와 말레이계가 일부 포함되어 있었다. 1956년 9월, 싱가포르의 수석장관 림유혹(林有福)이 대대적으로 좌익 세력을 숙청하면서 중국어 세계의 정치 조직이 와해되었다. PAP 내부에서 공산주의자라는 의혹이 제기된 인물들도 구속되었다. 영국이 PAP

내 공산주의자를 숙청하면서 리콴유는 자신의 명성에 흠집을 내지 않고 라이벌을 제거했고 그 결과 PAP에서 독보적인 존재가 되었다. 1959년 싱가포르 자치 후 첫 총선에서 PAP는 총 51석 중 43석을 차지하며 압승을 거두었다. 친영 세력은 물론 정치적으로 몰락한 중국어 세계의 유권자들도 친영 좌파인 리콴유를 지지한 것이다. 이렇게 리콴유는 싱가포르 자치 정부의 총리가 되었다.

1959년 총선 때 리콴유는 싱가포르와 말라야연방 간의 통합을 공언했다. 리콴유는 말레이반도 및 보르네오의 중국계들과 연대해 말레이시아연방의 주도권을 차지하고자 했다. 1957년 당시 말레이반도의 인구는 말레이계 50% 이상, 중국계 30% 이상, 인도계 10% 수준이었기 때문에 만일 이때 싱가포르가 말라야연방과 통합했다면 통합 말라야연방은 말레이계 인구와 중국계 인구의 격차가 크게 줄어 거의 비슷해졌을 것이다. 리콴유의 야심은 싱가포르를 넘어 말라야연방 전체로 향했다.

브루나이, 사라왁, 북보르네오(지금의 '사바'주)로 이뤄진 보르네오는 말레이반도 및 싱가포르와는 상황이 전혀 달랐다. 영국령 보르네오 인구의 절반이 다약족이었는데, 다약족은 부족별로 흩어져 살았으며 정치적으로 조직되지 못했다. 따라서 다약족이라는 정체성으로 뭉치고자 하는 민족주의적 성향도 낮았다. 말라야연방과 보르네오의 통합이 논의되기 시작하자 사라왁 및 북보르네오는 통합에 찬성했다. 경제 상황이 열악했던 사라왁과 북보르네오에서는 말라야연방과의 통합이 경제와 안보에 이익을 줄 것으로 기대하는 목소리가 높았다. 무엇보다 이들과 보호령 관계를 맺고 있는 영국이 통합에 적극적이었다. 자칫 보르네오 전체가 반서구적인 수카르노 정권이 통치하는 인도네시아에 넘어갈지도 모른다고 우려했기 때문이다.

그러나 브루나이는 사라왁이나 북보르네오와는 사정이 또 달랐다. 브루나이는 한때 보르네오 전체에서 가장 강력한 제국을 이루었으며 필리핀의 루손 섬까지 지배했을 정도로 강성했다. 인구 구성도 54%가 말레이계였다. 그런 만큼 보르네오의 다른 지역에 비해 브루나이의 말레이들은 '브루나이 국가 정체성'이 강했다. 게다가 브루나이에서는 말레이반도와는 달리 강력한 전제적 술탄제가 유지되고 있었다. 1959년 신헌법을 제정해 입헌군주제를 도입했으나 실질적인 이행은 매우 느렸다. 이에 불만을 품은 공화주의 세력들이 1962년 12월 반란을 일으켜 브루나이 왕정을 타도하려 했으나 영국이 재빠르게 군대를 파견해 이를 진압했다. 이 사건을 계기로 브루나이 술탄 오마르 알리 사이푸딘 3세(Omar Ali Saifuddien III)는 말레이시아 연방 합류를 거부하기로 방침을 굳혔다. 그는 말레이시아 연방 합류가 브루나이 술탄의 지위를 약화시킨다는 것을 깨달았다. 말레이시아연방에 통합될 경우 술탄의 전제적 권력은 사라지고 말레야연방의 술탄처럼 상징적인 존재가 되고 만다는 것은 받아들일 수 없는 일이었다.

브루나이가 통합에 반대하는 또 다른 이유는 석유 때문이었다. 대규모 유전 발굴로 부유해진 브루나이 술탄은 다른 지역과 자신의 부를 나눌 마음이 없었다. 브루나이는 인구가 적었으므로 말라야연방과 통합할 경우 석유로 인한 부를 빼앗길 것이라고 생각한 것이다. 영국 역시 브루나이가 말라야연방에 흡수되는 것을 지지하지 않았다. 거대해진 말라야연방이 브루나이를 통합할 경우 브루나이의 석유에 대한 통제 권한이 말라야연방 정부로 넘어갈 것을 우려했기 때문이었다. 영국은 브루나이를 따로 분리하는 편이 자신의 영향력을 유지하는 데 유리하다고 판단했다. 이처럼 영국과 브루나이 술탄의 이해 관계가 맞아떨어진 결과 브루나이는 말라야연방과 통합하지 않고 전제적 술탄제를 유지한 채 영국의 보호령으로 남았다.

말레이시아의 탄생

말레이반도를 넘어서 싱가포르와 영국령 보르네오를 한데 묶자는 의견은 '대인도네시아' 혹은 '대말레이시아'를 추구하는 말레이 민족주의자들 사이에서 오래전부터 제기되어 온 주장이었다. 하지만 말라야연방 정부 내부에서 이를 공개적으로 밝힌 것은 1961년 5월 27일 툰쿠 압둘 라만 총리가 싱가포르 프레스클럽 연설에서 '말레이시아연방안'을 제안한 것이 처음이다. 툰쿠는 이 자리에서 말라야연방과 싱가포르·사라왁·브루나이·북보르네오를 하나로 합칠 것을 주장했으며, 영국을 향해서는 "싱가포르가 1963년 완전 독립을 한 이후 공산주의자들이 싱가포르를 장악해 말라야연방 내 좌익 세력을 선동하는 공산주의 전초 기지 역할을 하게 될 것"이라며 이를 막기 위해 싱가포르와 말라야를 통합해야 한다고 주장했다. 또한 '싱가포르를 통합할 경우 중국계의 수가 늘어 종족 균형이 깨진다'는 우려에 대해서는 "북보르네오, 브루나이, 사라왁까지 통합해 말레이계의 인구를 늘리면 균형이 유지된다"고 반박했다. 그러나 말레이계 정치 지도자들 중 상당수는 툰쿠의 제안에 부정적인 반응을 보였다. 중국계 인구가 많은 싱가포르를 말라야에 포함시킬 경우 UMNO가 동맹당 체제를 통해 애써 이루어놓은 '말레이 우위성'이 흔들릴 것이라 여긴 것이다. 또한 싱가포르의 급진 세력이 말라야로 넘어와 좌익이 다시 힘을 얻을까 우려하는 이들도 적지 않았다.

통합은 순조롭지 않았다. 싱가포르의 리콴유는 말라야연방과의 통합에 대해 내부 급진 좌파의 도전을 받고 있었다. 싱가포르가 '거대한 보수' 말레이시아연방에 포함될 경우 싱가포르의 좌파 세력이 약화될 것을 우려한 것이다. 리콴유는 내부 반발을 무마하면서 말라야연방과의 통합을 추진해야 하는 이중 과제를 떠안았다. 북보르네오와 사라왁에서도 통합을 하면 보르네오가 말레이반도에게 지배당할 것이라며 부정적 입장을 피력하는 이들이 적지 않았다. 이에 툰쿠는 보르네오인들에게 '반도 말레이와 동등한 특권'을 줄 것이며 보르네오의 발전을 위해 재정적 지원도 하겠다는 약속을 함으로써 보르네오인들을 안심시키려 노력했다. 그 결과 보르네오에서 통합을 지지하는 정당인 사바동맹과 사라왁동맹이 1963년 주 선거에서 각각 승리하면서 통합의 발판이 마련되었다.

  더욱 위협적인 것은 인도네시아였다. 인도네시아 수카르노 정권은 말레이시아연방 구상을 반대했다. 수카르노는 인도네시아령 칼리만탄(보르네오)과 영국령 보르네오를 통합해 '대인도네시아'를 만들고자 하는 야심이 있었다. 게다가 친서방적인 말레이시아연방이 보르네오를 합병할 경우 반서방 노선을 걷는 인도네시아에 위협적인 존재가 될 수도 있다고 경계했다. 수카르노는 말레이시아연방 통합이 공표되자 이를 저지하고자 하는 '대결 정책(Konfrontasi)'을 폈다. 그는 비동맹 국가들에게 "영국으로 대표되는 서구 식민주의 세력이 '꼭두각시' 말레이시아를 앞세워 말레이인들의 자주 국가인 인도네시아를 위협하려 한다"고 선전했다. 그리고 1963년부터 1966년까지 보르네오 섬의 인도네시아-말레이시아 국경 지대에서 군사적 도발을 감행해 영연방군과 소규모 충돌을 일으키기도 했다. 이러한 대결 정책은 수카르노 정권이 몰락하면서 중단되었다.

  필리핀도 말레이시아연방 출범에 반대했다. 필리핀은 북보르네오 일부에 자국의 영유권이 있다고 주장했다. 1878년 술루 술탄국(Sultanate of Sulu)에서 영국령 북보르네오에 술루 영토 일부를 넘겨주었는데 이는 매매한 것이 아니라 임대해 주었다는 것이다.[108] 술루 술탄국이 필리핀의 일부가 되었으므로 이 주장에 따르면 필리핀은 북보르네오에 대한 영유권을 주장할 수 있었다. 따라서 필리핀의 동의 없는 말레이시아연방 합병은 불법이라는 게 필리핀의 입장이었다.

    1961년 8월 툰쿠와 리콴유는 회담을 갖고 통합에 대한 기본 원칙을 정립했다. 리콴유에게 가장 중요한 원칙은 싱가포르가 통합 이후에도 자유항(free port)의 지위를 유지하는 것이었다. 자유항은 모든 나라의 선박이 자유롭게 드나들 수 있으며 무관세 원칙이 적용되는 곳으로서 말라야 수출 기업들이 자국 산업의 보호를 위해 관세 장벽을 세우려는 데 대해 싱가포르 무역업자들이 유리한 조건을 얻어낸 것이다. 또한 이 회담에서 싱가포르는 교육에서 특별 자치권 획득했다. 이는 말레이계 우위의 말라야연방으로부터 중국어 교육 및 중국어 학교 운영에 대한 권리를 수호한 것이다. 그리고 싱가포르 재정의 상당 부분을 싱가포르 내에서 지출하는 원칙에도 합의했다. 대신 말레이시아 연방의회에서 싱가포르에 할당되는 의석을 15석으로 제한하기로 했는데, 이는 인구 비례로 할당되는 의석보다 3~4석 적은 것이었다. 요컨대, 툰쿠와 리콴유는 말레이계가 주도하는 말라야가 정치적 우위를 지키는 반면, 중국계가 주도하는 싱가포르는 경제적·사회문화적 기득권을 지키는 타협을 이룬 것이다. 싱가포르는 이 원칙을 토대로 말레이시아연방 통합 찬반을 묻는 주민 투표를 실시했으며 71.7% 지지로 통합안이 통과되었다.

    1963년 9월 16일 말레이시아연방이 출범했다. 말라야연방 11개 주와 싱가포르, 사라왁, 사바(북보르네오)가 하나의 국가로 재탄생하는 순간이었다. 과거 '영국령 동인도'에서 브루나이를 제외한 나머지 전부를 하나로 통합하는 새로운 해양 국가가 등장한 것이다. 하지만 말레이시아연방은 탄생 직후부터 갈등에 휘말리기 시작했다. 갈등의 핵은 UMNO와 PAP 간의 주도권 다툼이었다.

1964년 말레이시아 총선에서 리콴유가 이끄는 PAP는 UMNO가 주도하는 동맹당에 도전했다. PAP는 동맹당의 들러리 역할에 머물 생각이 없었다. 리콴유는 UMNO에 대한 직접적 공격을 하지는 않았지만 중국계 대표 정당의 지위를 차지하고 있는 MCA를 무너뜨리고 PAP가 그 자리를 차지함으로써 동맹당 체제를 허물고자 했다. 총선에서 PAP는 선거 구호로 '말레이시아인의 말레이시아(Malaysian Malaysia)'를 내세웠는데, 이는 UMNO가 주장하는 '말레이인의 말레이시아(Malay Malaysia)'라는 구호에 도전하는 개념이었다. UMNO의 구호는 말레이시아가 말레이계의 정체성을 가진 국가라는 의미를 담고 있다. 반면에 PAP의 구호는 말레이계뿐만 아니라 중국계와 인도계를 포함한 모든 말레이시아인이 말레이시아의 주인이라는 의미이다. 이는 말레이계의 우위에 기초해 국가 정체성을 수립했던 동맹당 체제에 대한 심각한 위협이었다.

리콴유는 말레이시아연방의 주류 세력이 되고자 했다. 그는 말레이계의 우위를 인정한 채 타협을 이룬 동맹당 체제를 깨뜨리고 중국계와 말레이계가 경쟁을 벌이는 국가를 지향했다. 1964년 총선에서 동맹당은 총 159석 가운데 129석을 차지하면서 집권 정당의 지위를 지켰다. 하지만 싱가포르의 의석은 PAP가 모두 휩쓸었다. 말레이시아연방은 출범 직후부터 말라야의 중심인 말레이계와 싱가포르를 이끄는 중국계가 대립하는 모양새가 되었으며 이는 원래도 심각했던 종족 갈등을 더욱 증폭시킬 위험이 있었다. 말레이반도나 보르네오의 중국계는 대체로 말레이 사회에 동화되어 살아간 반면 싱가포르 중국계는 자신들만의 정체성을 버리려 하지 않았다. 그뿐만 아니라 리콴유와 PAP는 영구히 비주류로 남으라는 UMNO의 강요를 받아들일 마음이 없었다.

말레이시아연방이 출범하는 동시에 선을 사이에 둔 종족적·이념적 갈등이 커지자 말레이계 사이에서는 만일 싱가포르가 말레이시아연방에 잔류할 경우 중국계가 말레이시아의 주도권을 빼앗아 갈지도 모른다는 위기감이 고조되었다. 그러자 1965년 8월 9일, 말레이시아 의회에서 싱가포르의 연방 탈퇴를 가능케 하는 헌법 개정안이 통과되었다. 동맹당 정부는 리콴유에게 연방을 탈퇴하라고 강요했다. 동서 해상 무역로 최고의 요지에 위치한 싱가포르의 엄청난 잠재력에도 불구하고 UMNO는 말레이 우위의 정체성에 기반한 통합이 깨지는 것보다는 싱가포르를 잃는 게 더 낫다고 판단한 것이다. 이렇게 싱가포르는 말레이시아연방으로부터 강제로 분리되었고, '쫓겨난' 싱가포르는 어쩔 수 없이 독립 국가가 되었다.

이러한 UMNO의 선택에 대해 다양한 평가가 있을 수 있다. 하지만 앞 장에서 살펴본 인도, 파키스탄, 인도네시아 등이 신생 독립 국가를 건설하는 과정에서 내부의 정체성 갈등으로 전쟁이나 내전 및 반란 등을 경험한 것을 돌이켜본다면 UMNO의 결정이 더 큰 충돌을 막았다는 점에는 동의할 수밖에 없다. 말레이시아는 '말레이 우위'의 원칙을 지키기 위해 종족 커뮤니티 간 타협에 따른 '동맹당' 체제를 결성했으며, 싱가포르가 이 원칙을 위협하자 과감히 떼어버리는 방법으로 장래의 갈등을 뛰어넘고자 했다.

싱가포르를 배제한 이후에도 신생 말레이시아는 여전히 해결해야 할 문제가 남아 있었다. 궁극적으로 말레이시아연방은 하나의 국민 정체성을 가진 국민국가를 지향하는 것이 당연했다. 다시 말해, 동맹당 지도부는 내부 구성원들을 통합해 하나의 '말레이시아 국민'을 만들어야 했다. 그 핵심은 개개인들이 자신이 속한 종족 커뮤니티가 아니라 '말레이시아'에 더 소속감을 지니도록 유도하는 것이다. 하지만 말레이계의 우월적 지위에 기반한 동맹당 체제가 말레이시아연방을 지배하는 한 '말레이시아 국민 만들기'는 한계를 지닐 수밖에 없었다. 말레이반도에서는 말레이계의 특별 지위에 대해 반발하는 중국계 내부의 목소리가 점점 커지고 있었다. 특히 말레이어가 국어로 지정된 데 대해 중국계는 자신들의 언어를 상실하는 것이 결국 중국계의 해체로 이어질 것이라고 불안해했다. 반면 말레이계는 정부가 말레이어를 국어로 지정하지 않으면 말레이어와 말레이 문화가 영국과 중국의 언어 및 문화에 밀려 모두 사라질 것이라고 우려했다. 그래서 말레이어를 유일한 국어로 지정한 데 대해서 말레이 민족주의 진영의 지지는 매우 강력했다. 또한 말레이계는 경제권을 장악한 중국계에 대한 불만을 계속 쏟아냈다. 말레이계 사이에서는 말레이계에 대한 우대 조치가 없을 경우 중국계가 말레이계를 지배할 것이라는 두려움이 퍼져 있었다.

보르네오는 반도보다 언어와 정체성이 훨씬 복잡했다. 반도에서 일반화된 말레이계-중국계-인도계의 카테고리를 보르네오에서는 적용하기 어려웠다. 보르네오인들 사이에서는 '우리는 다약인' 혹은 '우리는 말레이인'이라는 관념이 약했다. '다약인'으로 분류되는 이들은 보르네오에서 수적으로 가장 많았음에도 불구하고 이들 사이에는 거대한 산과 울창한 밀림이 가로막고 있었다. 다약인들은 널리 흩어져 살면서 각기 서로 다른 전통과 문화를 발전시켜 왔기에 자신들을 하나로 묶는 '다약 민족주의'를 만들어내지 못했다. 그렇다고 수적으로 소수인 말레이계가 보르네오의 중심 정체성을 이뤄낼 수도 없었다. 이에 말레이어와 말레이 문화를 말레이시아 정체성의 근간으로 삼으려는 UMNO의 구상이 보르네오에서는 난관에 직면했다. 신생 말레이시아인들을 '말레이시아 국민'이라는 정체성으로 통합시키는 길은 멀고도 험난했다.

5·13 사태와 신경제정책

말레이시아연방 출범 이후 집권 정당인 동맹당의 지위는 계속 도전을 받았다. 특히 말레이계의 주도권을 수용한

MCA에 대한 중국계들의 불만이 높았다. 많은 중국계 유권자들이 MCA가 자신들을 대변하는 것이 아니라 말레이계의 이익을 대변한다고 여겼다. 동맹당 내 인도계 대표 정당인 MIC도 위기에 처했다. 원래부터 인도계의 전폭적인 지지를 받고 있지 못했던 MIC의 인기는 계속 내리막을 걸었다. 당시 대농장의 인수·합병이 여러 군데서 진행되었는데 이 과정에서 대농장의 노동자로 일하던 인도계들의 일자리가 줄어들었다. 당연히 인도계 노동자들의 불만이 높아졌으나 MIC는 이 문제에 적절하게 대처하지 못했다. 1969년 총선을 앞두고 중국계와 인도계들의 동맹당 지지가 약해졌으며 새로운 정치 세력이 등장하기를 바라는 대중들의 열망이 높아지고 있었다.

1968년 그라깐 라키얏 말레이시아당(Parti Gerakan Rakyat Malaysia, 말레이시아인민운동당, 이하 '그라깐')이 페낭에서 창당했다. 그라깐은 종족 커뮤니티가 아니라 정책과 노선을 통한 정당을 표방하고 나섰으며 여러 부문의 노동조합과 연대해 다종족 정당을 지향했다. 하지만 그라깐을 이끈 인물인 림총유(林蒼祐)는 중국계로서 MCA에서 '말레이계 우위 인정' 노선에 대항해 투쟁을 하다가 밀려난 인물이었고, 이 때문에 말레이계들은 그라깐을 중국계 정당으로 인식했다.

싱가포르 PAP의 말레이시아 버전인 DAP(Democratic Action Party, 민주행동당)도 중국계와 인도계로부터 상당한 지지세를 모으고 있었다. DAP는 문화 다양성과 종족 간 평등을 주장했다. 이처럼 중국계를 대표하는 MCA의 지위에 도전하는 중국계 정당들은 '모든 말레이시아인이 평등한 말레이시아'를 만들어야 한다는 강령을 내세우며 다른 종족 커뮤니티와의 연대를 모색하는 정책 노선을 펼쳤다. UMNO의 정체성인 '말레이인의 말레이시아(Malay Malaysia)'에 대항해 '말레이시아인의 말레이시아(Malaysian Malaysia)'라는 구호를 외친 싱가포르 PAP의 대립 구도가 말레이시아에서 재현되었다.

    1969년 5월 10일 치러진 총선에서 동맹당은 가까스로 승리했다. 총 144석 중 동맹당 74석으로 겨우 과반을 달성한 것이다. 1964년 총선 이후 총 159석 가운데 129석을 차지했던 동맹당의 위상이 크게 흔들렸다. 반면 DAP(민주행동당) 13석, PAS(범말레이시아이슬람당) 12석, 연합사바국민기구(UNSO) 13석, SNAP(사라왁국민당) 9석, 그라깐(Gerakan) 8석 등 여러 정당들로 말레이시아인들의 민심이 갈렸다. 유권자들의 반동맹당 정서가 크게 상승한 것이다. UMNO와 경쟁하는 말레이계 이슬람 정당인 PAS도 약진했다. 세속주의 말레이계 정당 UMNO는 이슬람주의 이념의 도전을 받은 것이다. 반면 동맹당의 한 축이자 중국계 대표 정당인 MCA는 13석에 머물렀는데 이는 1964년 총선에서 차지했던 27석의 절반에도 미치지 못하는 성적이었다. 반면 DAP가 MCA와 맞먹는 세력으로 성장했다. 또 다른 중국계 자유주의 정당인 그라깐과 DAP가 연합할 경우 MCA의 지위는 무너질 수밖에 없었다. 특히 반MCA 노선을 선명하게 드러낸 그라깐이 성장한 것은 동맹당 체제에 대한 중국계의 불만이 표출된 결과였다. 이렇듯 1969년 총선은 말레이시아에서 UMNO를 중심으로 한 동맹당 체제에 균열이 생겼다는 징후가 뚜렷하게 드러났다. 다시 말해, 말레이계 우위 노선에 경고등이 들어온 셈이다. 이러한 갈등은 결국 물리적 충돌로 이어졌다.

선거 직후인 1969년 5월 12일 저녁, 총선에서 좋은 성과를 낸 중국계 반MCA 지지자들이 쿠알라룸푸르 도심에서 공개적으로 이를 축하하는 모임을 가졌다. 이 모임에서 한껏 고무된 중국계들 가운데 일부가 말레이계를 조롱하는 발언과 행동을 했는데 이것이 알려지면서 말레이계 군중이 집결해 단체 행동에 들어갔다. 다음 날인 5월 13일 쿠알라룸푸르에서 말레이계와 중국계 간에 대규모 폭력 사태가 빚어졌다. 소위 '5·13 사태' 혹은 '69년 종족 폭동'으로 불리는 사건이다.

폭력은 도시 곳곳으로 번졌다. 수적으로 우세한 말레이계 군중들은 중국계 상인들이 운영하는 상점으로 몰려가 약탈과 방화 및 기물 파손을 저질렀으며 심지어 살인이 일어나기도 했다. 탈식민지 국가들 가운데 비교적 폭력 사태가 적었던 말레이시아에서 자칫 국가를 커다란 분열로 몰고 갈 수 있는 위기 상황이 전개된 것이다. 5월 14일, 국왕은 비상사태를 선포한 후 헌정 질서를 중지시키고 의회를 해산했다. 모든 행정 권력은 행정부가 아니라 임시 비상 기구인 국가운영회의에 위임했다. 부총리 툰 압둘 라작이 국가운영회의의 수반을 맡았으며, 전임 치안장관인 툰 이스마일(Tun

Ismail Abdul Rahman)이 공동 수반을 담당했다. 국가운영회의는 통행 금지를 실시하고 신문 발행을 중지하는 등 권위주의적 행정 조치를 단행했다. 사흘간의 유혈 폭동 및 약탈, 방화가 그치고 사태가 진정되었다. 그러나 이후 2달 동안 종족 커뮤니티 간 폭력 사태가 종종 발생했는데 공식적으로 총 196명이 사망하고 409명이 부상을 당했다. 물론 실제 사상자는 훨씬 많은 것으로 알려졌으며 희생자의 절대 다수가 중국계였다. 쿠알라룸푸르에서만 가옥 파괴와 재산 손실이 6천여 건에 달했는데 이 역시 주로 중국계가 피해를 입었다.

사태가 일단락된 이후에도 질서 유지를 명분으로 도입된 국가운영회의 체제는 계속되었다. 종족 커뮤니티 간 갈등을 유발할 수 있는 출판·연설·글쓰기 등은 금지되었고 과거 영국이 도입했던 국내보안법이 다시 시행되었다. 국내보안법은 종족 커뮤니티 간 갈등을 유발하는 사람을 영장 없이 구속할 수 있도록 허용했는데 불법 단체 연루 및 각종 범법 행위를 저질렀다는 이유로 9천여 명이 이 법을 통해 체포되었다. 말레이시아의 사회 분위기는 삼엄해졌다. 국가운영회의는 중국계의 집단적인 불만 표출 배후에 공산주의 세력이 있다고 보고 좌익 세력을 색출해 검거하는 데 총력을 기울였다. 또한 비상사태 기간 동안 국가운영회의는 말레이어 국어화 정책을 강력하게 밀어붙임으로써 영어·타밀어·중국어 수업 시간을 제외하고는 모든 초중고 수업을 말레이어로 실시하도록 강제했다.

5·13 사태는 말레이시아 정치의 중대한 전환점이 되었다. 이 사건은 국민들을 갈라놓는 종족 정체성의 선을 유지한 채 엘리트 집단 간 타협을 통해 갈등을 봉합하려 했던 동맹당 체제가 한계에 봉착했다는 증거라고 할 수 있다. 그 이전까지 말레이시아의 종족 커뮤니티 사이의 갈등이 얼마나 심각한지 표면적으로 드러나지 않았다. 하지만 이를 계기로 말레이시아의 집권 세력은 사회 저변에 흐르는 갈등의 실체를 목격했다. UMNO 지도부는 UMNO-MCA-MIC의 삼각 동맹을 기초로 한 동맹당 체제로는 안정적인 통치를 할 수 없으며 지배 블록을 확장해야 한다는 결론을 내리게 되었다. 이에 UMNO 지도부는 총선에서 약진한 다른 야당들을 포섭하기 시작했다. 1973년 7월, 기존 여당인 동맹당은 그라깐, PPP, PAS처럼 자신들에게 도전한 세력에 더해 사바와 사라왁의 주요 정당들까지 끌어들여 '국민전선(Barisan Nasional)'을 결성했다. 말레이시아의 주요 정당들이 UMNO와 손을 잡고 거대한 지배 블록에 결합한 것이다. 말레이시아의 지배 블록은 위기를 맞이해 선을 지우기보다는 기존처럼 선을 유지하되 타협의 대상을 늘리는 방식을 선택했다. 동맹당 체제가 보다 덩치가 커진 국민전선 체제로 전환되었지만 말레이계의 우월적 지위에 기반한 타협이라는 점에서 근본적인 변화는 일어나지 않았다. 그럼에도 이러한 전략은 상당한 효과를 거두었다. UMNO가 주도한 동맹당-국민전선이라는 정당 동맹은 1955년부터 2018년까지 무려 63년간 말레이시아의 집권당 지위를 이어갔다.

5·13 사태로 인해 UMNO 내부도 변화를 겪었다. 말레이시아 건국의 주역이었던 툰쿠 압둘 라만은 1970년 8월 30일 사태에 책임을 지고 총리직에서 물러났다. 후임 총리는 국가운영회의 의장인 툰 압둘 라작이었다. 툰 압둘 라작 총리는 비상시국의 국정 운영권을 장악하고 있었지만 어떻게든 민주주의 시스템을 복원하고자 했다. 그는 원래 정해진 차기 총선 일정을 그대로 치르고자 했다. 이에 1971년 2월 비상사태를 종료하고 국가운영회의를 해체했다. 다시 의회가 소집되었고 헌정 질서도 회복되었다. 1973년 총선도 원래 일정대로 실시하겠다고 발표했다.

2대 총리 툰 압둘 라작은 5·13 사태로 불거진 종족 커뮤니티 간 갈등을 해결하는 것이 국정 운영의 최우선 과제라고 판단했다. 특히 말레이계의 경제적 빈곤이 불만의 핵심이라고 보고 이에 대한 대안으로 신경제정책(NEP, New Economic Policy)을 추진했다. 종족적 선을 따라 빈부 격차가 확대되는 상황을 바로잡겠다는 것이 신경제정책의 핵심이었다. 신경제정책은 국가 주도의 경제 개발을 통해 두 가지의 목표를 달성하고자 했다. 첫째, 말레이시아 경제의 파이를 키우고 빈곤을 없애는 것이다. 둘째, 중국계가 주도하는 말레이시아 경제 구조에서 말레이계의 역량을 키워 중국계와 대등해지도록 만드는 것이었다. 특히 중국계와 인도계가 장악한 민간 기업 부문에서 말레이계의 비중을 늘리는 것이 주요한 과제였다. 당시 말레이시아의 기업 가운데 외국인 소유 기업이 60%, 중국계 소유 기업이 30%였던 반면, 말레이계 소유는 2% 미만이었다.[109] 대농장·무역회사·은행·제조업 등은 외국인들이, 도소매업·고무농장·주석광산 등은 중국계가 운영했다. 말레이계가 말레이시아 정체성의 중심이었음에도 불구하고 1970년 말레이반도 가구의 49.3%가 빈곤층이었으며 이 가운데 74%가 말레이계였다.[110] 전문직과 기술직에서도 말레이는 소수였다. 말레이계는 농업이나 저임금 노동에 종사하는 이들이 주류였다.

역사적으로 말레이반도의 주인은 말레이계였지만 말레이시아의 현실에서는 말레이계는 중국계를 비롯한 외부인들의 지배를 받는 것이나 마찬가지였다. 압둘 라작 총리는 각종 지원책을 통해 말레이계의 사업 진출을 도왔으며, 말레이계 기업에게 정부가 제공할 수 있는 각종 일감을 몰아주었다. 말레이시아 정부는 신경제정책을 도입하면서 기업의 비중을 외국인 소유 30%, 중국계 40%, 부미푸트라 소유 30%로 조정하는 목표를 세웠다.

정부의 친말레이 개입 정책은 비말레이계 사업가들 입장에서는 상당한 차별이자 규제였다. 특히 상당수의 중국계들은 신경제정책이 종족적 선을 더 짙게 긋고 중국계에게 불이익을 주는 정책으로 여겼다. 신경제정책이 발표되자 상당수의 중국계가 재산을 처분하고 해외로 이민을 떠났고 이 과정에서 중국계 자본이 대거 해외로 유출되었다. 1976~1985년 동안 약 20억 달러가 해외로 빠져나갔는데 이 가운데 절반가량이 중국계 자본이었다. 이들은 1960년대 인도네시아의 수카르노 정권이 네덜란드의 기업을 국유화했던 기억을 떠올렸다. 그러한 일이 말레이시아의 중국계들에게 일어날 수도 있다는 불안감이 엄습했다. 그러나 말레이시아 정부는 인도네시아의 모델이 아니라 일본과 한국의 모델을 따랐다. '룩 이스트(Look East) 정책'으로 알려진 말레이시아의 국가 주도 개발 정책은 높은 경제 성장을 이끌었고, 외국으로 빠져나간 자본보다 월등히 많은 해외 자본 유입으로 이어졌다. 이러한 추이를 지켜본 중국계들도 시간이 지나자 결국 신경제정책에 대해 안심하게 되었다.

말레이시아의 국가 주도 경제 개발은 신경제정책(1971~1990)과 국가개발계획(1991~2000)을 합쳐 총 30년에 걸쳐 추진되었는데, 이 기간 동안 말레이시아는 경제 성장은 물론이고 사회적으로도 거대한 변화를 가져왔다. 1970년 49.3%였던 빈곤율이 1999년 5.5%로 감소했다. 1인당 국민소득은 1970년 375달러에 불과했으나 1996년에 4,874달러로 크게 늘어났다. 이후에도 성장을 지속한 말레이시아의 경제는 2011년 1인당 국민소득이 1만 달러를 넘어서게 된다. 이는 싱가포르를 제외한 동남아시아 최고의 경제적 성과였다. 신경제정책의 성공은 국가의 프로젝트가 먹혀든 측면도 있지만, 1970년대 말 트렝가누와 사라왁에서 대규모 가스전 및 유전이 발굴되면서 경제가 탄력을 받은 것도 중요한 성공 요인이었다.

신경제정책과 그 후속편인 국가개발계획의 결과로 1990년대 말까지 말레이계와 비말레이계의 평균소득 차이가 줄어들었으며 말레이계가 소유한 사업체의 개수도 크게 늘었다.[111] 그렇다고 해서 중국계가 불이익을 받았다고 주장할 수는 없다. 말레이시아의 경제가 빠르게 성장한 결과 중국계가 운영하는 기업의 수도 늘어났고 그 기업들의 규모도 덩달아 성장했기 때문이다. 특히 중국계 대기업 소유주들의 재력은 훨씬 더 막강해졌다. 2011년 말레이시아의 상위 10대 부자들 가운데 8명이 중국계였는데, 이들이 말레이시아에서 차지하는 부의 비중도 시간이 지나면서 점점 더 늘어났다.[112] 결과적으로 말레이계와 중국계 모두 말레이시아 경제 성장의 혜택을 누렸다. 장기적으로 보면, 말레이계의 경제적 지위 상승은 말레이계의 우월적 지위를 보장하는 동맹당-국민전선 체제의 명분을 약화시켰다. 비말레이계 국민들의 입장에서는 '더 이상 경제적으로도 열악하지 않은 말레이계에게 왜 특혜를 주는가'라는 질문을 던지는 상황이 되었기 때문이다. 그러나 단기적으로 신경제정책의 성공은 국민전선 체제를 강화했다. 빠른 경제 성장을 경험한 중국계 유권자들 사이에 여당 지지가 늘어났다. 신경제정책의 성공은 중국계의 여당 지지로 이어졌다. 1995년과 1999년의 총선에서 UMNO가 주도하는 국민전선 내 중국계 정당인 MCA와 그라깐을 지지한 중국계 유권자가 증가했다. 사라왁과 사바에서도 국민전선에 대한 지지가 상승했다. 부미푸트라(Bumiputera, 말레이시아 토착민)에 대한 각종 지원 정책으로 사라왁과 사바의 비말레이 토착민들 역시 혜택을 받았기 때문이다. 말레이시아 정부는 말레이계를 포함한 부미푸트라의 경제적 지위 상승을 위해 1979년부터 부미푸트라에 대한 대학 입학 할당제를 도입했다. 이는 말레이계가 수준 높은 교육을 받아 기존에 종사하던 농어업이 아니라 금융업, 제조업, 무역업, 상업, 과학기술 등 다른 종족 커뮤니티가 주도하는 분야로 진출할 수 있는 힘을 길러주려 한 것이다. 이러한 과정을 통해 말레이계의 학력이 높아졌고 전문직으로 진출하는 이들도 크게 증가했다. 신경제정책을 실시하기 이전인 1970년 말레이계 가운데 의사는 79명이 전부였으며 회계사는 40명에 불과했고 엔지니어도 33명뿐이었다. 하지만 1997년에는 의사 4,508명, 회계사 1,776명, 엔지니어 11,481명으로 증가했다.[113]

마하티르와 안와르의 대립

1980년대와 90년대에 걸쳐 말레이시아의 성장을 이끈 주역 가운데 가장 중요한 인물 한 명을 꼽으라고 한다면 단연 말레이시아의 4대 총리였던 마하티르(Mahathir bin Mohamad)이다. 그는 1981년 7월부터 2003년 10월까지 22년간 말레이시아 총리직에 있었으며, 재임 기간에 말레이시아 국가 주도 경제 개발을 실질적으로 지휘해 고도 성장을 이끌었다. 말레이시아의 국민소득은 마하티르가 총리직에 취임한 1981년에 비해 그가 퇴임한 2002년 20배가량 증가했다. 마하티르는 국가가 경제 개발을 주도하면서도 민영화를 적극적으로 추진해 민간 경제가 활성화되도록 유도했다. 민영화의 혜택은 주로 말레이계에게 돌아갔는데 정부가 소유한 기업을 민영화할 때 말레이계가 사업을 인수하도록 정책적으로 지원한 것이다. 하지만 이 과정에서 공개 입찰이 이루어지기보다는 정부나 UMNO의 고위 인사들 입김에 의해 인수자가 결정되는 등 투명하지 않은 정책 집행이 이뤄지는 사례가 많았고, 이는 훗날 말레이시아 경제가 위기를 맞이하는 원인으로 작용했다.

왕족이거나 귀족 출신이었던 세 명의 전임자들과는 달리 평범한 가정에서 태어난 마하티르는 여러 면에서 이전의 총리들과 달랐다. 그가 총선에서 패하고 정치권 밖에 있던 1970년 출판한《말레이 딜레마(The Malay Dilemma)》는 말레이 우대 정책의 이념적 바탕을 제공한 책이었다. 하지만 총리가 된 이후의 마하티르는 전임 총리들과 달리 말레이계의 지도자가 아니라 말레이시아 전체의 지도자라는 이미지를 추구하려 노력했다. 말레이 우대 정책 이데올로그였던 정치인이 집권 후 '말레이 종족주의'가 아니라 '말레이시아 민족주의'를 자신의 정치적 좌표로 삼은 것이다. 그런 의미에서 마하티르의 집권은 세대 교체였다.

마하티르 집권 기간 동안 말레이시아의 종족 갈등은 꾸준히 낮아졌다. 경제 성장으로 모든 종족 집단이 더 많은 파이를 가져간 덕분이었다. 1969년과 같은 종족 갈등은 재현되지 않았고 종족 정치는 서서히 완화되었다. 마하티르의 탈종족 정치를 가장 뚜렷하게 드러낸 사례가 1990년대 추진된 '비전 2020'이었다. '비전 2020'은 '말레이를 위한 말레이시아'에서 '말레이시아인을 위한 말레이시아'로의 전환을 선언했으며, 종족 정치를 낡고 후진적인 정치 시스템으로 보고 선진국 수준의 정치·경제·사회·문화를 달성하겠다는 목표를 제시했다.

그러나 마하티르의 정치는 뒤로 갈수록 권위주의적 면모가 강해졌다. 마하티르가 장기 집권을 하면서 UMNO는 점차 총리 1인의 사유물로 전락하고 말았다. 원래 마하티르는 당내 기반이 허약했음에도 불구하고 3대 총리였던 후세인 온(Tun Hussein bin Dato' Onn)에 의해 전격적으로 발탁된 풍운아였다. 1980년대 중반까지 UMNO는 당내 세력 균형에 의해 운영되었다. 하지만 1987년 UMNO 당 총재 선거에서 간신히 승리한 이후 마하티르는 당을 해체해 재창당하기로 마음을 먹는다. 물론 이 과정에서 당내 라이벌들을 제거하려는 것이 목표였다. 1988년 마하티르는 사법부 독립을 지키고자 하는 의지가 강했던 당시 대법원장을 탄핵해 몰아내고 임시 대법원장을 임명했다. 그리고 임시 대법원장 체제하에서 마하티르의 의지대로 UMNO를 해체한 후 'UMNO 바루(UMNO baru, 새로운 UMNO)'라는 신당을 창당했다. 마하티르에게 도전하는 당내 반대파들은 신당에서 일제히 배제되었고 마하티르 충성파들로 채워진 '새로운 UMNO'가 과거의 UMNO를 대체했다. 이리하여 UMNO는 과거의 활력을 잃어버리고 마하티르 1인 지배 체제 정당이 되고 말았다.

마하티르는 이후 UMNO와 의회 내에서 충성심이 의심되는 이들은 누구든지 쫓아냈다. 더 큰 문제는 장기 집권을 하는 UMNO

를 중심으로 정경 유착을 비롯한 부패 구조가 고착되었다는 것이다. UMNO는 말레이 사회 패트론-클라이언트 생태계의 최상위 포식자였다. 마찬가지로 UMNO의 동맹 세력으로 국민전선에 참여한 그라깐, MCA, MIC 등도 여러 부패 구조의 한 축을 담당했다. 한 정당이 장기 집권을 하면 부패는 필연적으로 동반된다. 경제 성장과 더불어 안으로부터 곪아가는 말레이시아를 개혁해야 한다고 부르짖는 이들은 많았지만 그들의 눈에 UMNO와 국민전선은 강력한 철옹성처럼 보였을 것이다.

마하티르가 장악한 UMNO하에서 출세 가도를 달린 인물이 있다. 한때 마하티르의 후계자로 언급되던 안와르 이브라힘(Anwar Ibrahim)이다. 1947년생인 안와르는 청년 시절 달변가이자 열정적인 선동가로 이름을 알린 이슬람주의 운동권 리더였다. 그는 농촌 빈곤 문제에 항의하는 시위를 주도하다가 체포되기도 했다. 그랬던 안와르가 1982년 집권당인 UMNO에 입당하는 '전향'을 했다. 말레이시아의 이슬람 운동권은 이 소식에 큰 충격을 받았다. 마하티르 총리는 젊고 똑똑한 안와르를 마음에 들어 했다. 이후 그는 1983년 문화청년체육부 장관을 시작으로 농업부 장관, 교육부 장관, 재정부 장관을 거쳐 1993년 부총리가 되었다. 정치권에서는 안와르를 마하티르의 후계자로 꼽았다.

하지만 1997년 아시아 외환위기는 모든 것을 바꾸어놓았다. 1990년대 들어 말레이시아 경제는 시장 자유화와 탈규제 정책으로 자산 버블이 형성되었고, 정부는 여러 건의 대규모 사회간접자본 사업을 벌였는데 여기에 참여한 사업가들이 권력과의 사적 네트워크를 이용해 은행으로부터 거액을 대출받으면서 금융도 부실해졌다. 1997년 태국 바트화가 심각한 투기 압력에 시달리자 말레이시아 링깃화도 미국 달러 대비 50% 급락하며 대규모 외화 유출 사태가 빚어졌다. 말레이시아의 주식시장이 급락하며 자산 버블이 붕괴되었고 인플레이션과 실업률 급등으로 경기는 빠르게 침체되었다. 하지만 마하티르는 '서구 자본주의식' IMF(국제통화기금)의 처방에 반대하며 긴급구제금융을 받지 않았다. IMF가 긴급구제금융을 받는 조건으로 내놓은 처방에는 말레이시아 경제 정책의 근간이었던 말레이계 우대 정책 폐지가 포함되어 있었다. 이 제안을 수용한다는 것은 UMNO 지배 체제의 근간을 흔드는 일이었기에 마하티르는 이를 강경하게 거부했다. 말레이시아 정부는 대신 직접 자본 통제 정책을 실시했다. 단기 자본 유출을 중단하고, 링깃화의 해외 시장 거래를 중지하는 한편, 환율을 1달러당 3.80링깃으로 고정했다. 이 과정이 쉽지는 않았으나 결국 말레이시아 경제는 1999년 이후 회복되었으며 2009년까지 연평균 8% 가량의 고성장을 이어갔다. 대체로 이 시기 말레이시아 정부의 외환위기 대응은 태국이나 인도네시아에 비해 성공적이었다고 평가된다.

반면 안와르는 말레이시아가 IMF가 제시한 엄격한 경제 개혁을 실시해야 한다고 주장했다. 1997년의 외환위기는 말레이시아의 허약한 사법 시스템과 불투명한 정책 결정을 부각시켰는데 안와르는 이것이 장기적으로 말레이시아의 성장을 가로막을 것이라고 여겼다. 마하티르와 안와르 사이의 갈등은 단순히 국가 정책 결정에 대한 이견에 그치지 않는다. 안와르가 추구한 개혁안은 외환위기를 기회로 장기 집권 중인 말레이시아 집권 세력의 이권을 건드릴 수밖에 없었고 이 대목이 마하티르의 심기를 건드렸다는 시각이 지배적이다. 결국 1998년 안와르는 모든 공직에서 쫓겨나고 UMNO에서도 출당되었다.

잘나가던 집권당 정치인에서 하루아침에 재야 인사가 된 안와르는 말레이시아의 적폐를 개혁하기 위한 운동(Reformasi)을 전개했다. 그가 지적한 말레이시아의 문제점은 UMNO-국민전선의 장기 집권으로 인한 부정부패와 말레이계 우대 정책으로 인한 국민 분열이었다. 특히 후자는 건국 이래 종족 간 갈등을 위계적으로 해결한 UMNO의 방식을 부정하고 이에 대한 대안으로 말레이계·중국계·인도계 등 모든 종족 정체성이 동등한 대접을 받는 나라를 건설하겠다는 담대한 선언으로 이어졌다. '말레이계만을 위한 말레이시아'가 아니라 '말레이시아인 모두를 위한 말레이시아'를 만들겠다는 것이다. 이는 과거 싱가포르의 리콴유가 말레이시아 연방에 합류하면서 내세운 구호와 맥이 닿아 있다.

개혁 운동은 1999년 총선에서 대안전선(Barisan Alternatif)이라는 야당 동맹 결성으로 이어졌다. 대안전선의 인기몰이에 놀란 마하티르 정부는 심각한 게리멘더링(gerrymandering, 특정 정당이나 후보자가 유리하도록 선거구를 정하는 일)으로 대응했다. 야당의 지지세가 강한 도시의 지역구는 불합리하게 재획정해 의석수를 감소시킨 반면, 여당 지지세가 강한 농촌의 지역구는 의석수를 늘렸다. 그 결과 UMNO를 비롯한 국민전선은 총 193석 가운데 148석을 차지하며 압승했다.

안와르의 도전에 위기감을 느낀 마하티르 정권은 1999년 동성애와 부패 혐의로 안와르를 구속시켰다. 이슬람이 주류인 말레이시아에서 동성애라는 혐의는 사회적 매장을 의미한다. 이 사건은 마하티르에 의한 반인권적 정치 탄압으로 세계적인 비판을 받았다. 말레이시아에서도 안와르의 지지자들이 안와르에게 적용된 혐의가 조작과 날조라며 거리로 나와 격렬한 시위를 벌였다. 긴 재판을 통해 결국 안와르는 2004년 동성애 혐의에 대해 무죄 판결을 받고 석방됐다. 그에게 가해진 또 다른 죄목인 부패에 대한 형기는 2003년에 끝마쳤다. 하지만 말레이시아 법에 따르면 형기를 마친 이후 5년간 정치 활동이 금지되었기에 안와르는 석방에도 불구하고 정치 활동을 할 수 없었다.

정치 활동 금지 제한이 풀린 안와르가 2008년 보궐선거에서 승리하고 국회에 입성하자 또다시 안와르에 대한 동성애 시비가 일었다. 안와르의 개인 보좌관이 "안와르가 강제로 자신을 성폭행했다"며 고소를 한 것이다. 61세의 왜소한 안와르가 건장한 24세의 청년을 성폭행했다는 주장에 의문을 제기하는 목소리가 높았음에도 불구하고 2015년 안와르는 5년형이 확정되어 또다시 옥살이를 해야 했다. 그러나 정권과 보수 기득권층의 '안와르 죽이기'는 성공적이지 않았다. UMNO가 주도하는 국민전선과 기득권 엘리트 집단에 맞서는 안와르는 변화를 바라는 말레이시아 국민들, 특히 말레이계 기득권 체제에 비판적인 국민들에게 개혁의 아이콘으로 떠올랐다. 안와르와 개혁을 지지하는 여론이 강해진다는 것은 그만큼 UMNO와 국민전선의 지배 체제가 약화된다는 의미였다.

미완의 개혁, 선은 약해지고 있는가

마하티르는 2003년 총리직에서 물러났다. 그 뒤를 이어 부총리 압둘라 바다위(Abdullah Ahmad Badawi)가 총리가 되었다. 압둘라는 집권 후 국가의 부패 척결 및 투명성 제고를 내세웠으며 심지어 부패 혐의가 제기된다면 마하티르의 측근들도 조사해 법에 따라 엄정하게 처벌하겠다고 선언했다. 실제로 그는 공직자 재산 공개 법안을 통과시켰으며 고위층 부패 사범을 전격 체포했고 마하티르의 측근이었던 국토개발부 장관도 수사를 통해 기소했다. 이에 압둘라의 인기는 급상승했다. 하지만 거기까지였다.

압둘라의 개혁이 아직 몸통은 건드리지도 않았으나 UMNO와 국민전선 내부에서는 개혁에 대한 비판의 목소리가 터져나왔다. 심지어 은퇴한 마하티르까지 나서서 압둘라 정부를 공격했다. 기득권층을 개혁하려는 자그마한 시도에도 UMNO를 중심으로 한 구체제는 총체적으로 저항했다. 압둘라는 자칫 UMNO가 자신에게 등을 돌릴지도 모른다는 위기 의식을 느꼈고 막 시작한 반부패 개혁을 사실상 중지했다. 국토개발부 장관 수사 이후 이렇다 할 부패 척결 성과는 나오지 않았다. 압둘라는 개혁을 포기하는 대신 당내 지지를 받아 총리직에 남는 쪽을 택했다. 기대가 컸던 만큼 압둘라 정부에 대한 말레이시아 국민들의 실망도 컸다.

2007~2008년 미국발 글로벌 금융위기[114]가 닥쳤다. 이 여파는 말레이시아도 강타했다. 경제난과 물가 상승은 그렇지 않아도 하락세였던 압둘라 정부에 결정타가 되었다. 2008년 3월 총선에서 국민전선의 인기는 크게 떨어졌다. 2004년 총선에서 91%의 의석을 차지했던 국민전선은 2008년에 63.9%의 의석을 차지하는 데 만족해야 했다. 총 득표는 국민전선이 겨우 절반을 넘긴 51.3%인 반면, 인민정의당(PKR)이 이끄는 야당연합은 47.7%로 선전했다. 내용상 국민전선의 패배였고 인민정의당의 승리였다. 인민정의당의 설립자는 안와르 이브라힘이었다. 하지만 안와르는 2003년 이후 5년간 정치 활동을 금지당한 상태였기 때문에 그의 아내 완 아지자 완 이스마일(Wan Azizah Wan Ismail)이 당을 이끌었다. 사실상의 총선 패배로 압둘라 총리의 정치적 입지는 좁아졌다. 결국 압둘라는 2009년 총리직에서 물러났고 그의 잔여 임기는 부총리 나지브 압둘 라작(Najib Abdul Razak)이 승계했다.

나지브 총리는 말레이시아의 2대 총리 툰 압둘 라작의 아들이었다. 애초에 상류층 가문 간의 연합체였던 UMNO에 아버지의 정치적 후광으로 정치권에 입문한 이들이 존재하는 것은 놀라운 일이 아니다. 나지브 총리는 임기 초반 매우 신중하게 처신했다. 마하티르를 위시한 UMNO 내 기득권 세력에게 도전하지 않았다. 하지만 이러한 행보는 UMNO의 지지율을 떨어뜨리는 결과를 초래했다. 말레이시아 국민들은 과감한 개혁을 열망하고 있었다.

나지브 역시 스캔들에 연루되었다. 말레이시아 정부는 프랑스 DCNS사로부터 잠수함 2정을 구매했는데, 이 과정에서 해당 거래를 담당한 나지브 총리의 측근이 프랑스어 통역사였던 몽골 여성의 살인을 교사했다는 혐의를 받았다. 게다가 프랑스 법원은 나지브 총리가 DCNS사로부터 커미션을 받았다는 혐의를 제기했다. 프랑스 법원은 통역사가 이를 알고는 입막음의 대가로 거액을 요구하다가 경찰관 두 명에게 살해당한 것으로 추정했다. 하지만 말레이시아 법원은 나지브 총리의 측근을 무혐의 처분했다. 살인 혐의가 적용된 경찰관 두 명은 3심에서 유죄가 선고됐지만 이미 해외로 도피한 상황이었다. 나지브 총리는 뇌물 수수 혐의를 강하게 부인했지만 국민들의 지지는 싸늘하게 식었다.

세상을 떠들썩하게 만든 스캔들은 나지브 정부에서 또 일어났다. 이른바 '1MDB 사건'이다. 말레이시아 국부 펀드인 1MDB(1 Malaysia Development Berhad)에서 나지브 총리와 펀드 운용 책임자 조 로우(Jho Low) 및 말레이시아·사우디아라비아·UAE의 몇몇 관료들이 45억 달러가량의 자금을 개인 계좌로 빼돌린 것이다. 나지브 총리 부부와 조 로우는 이렇게 횡령한 돈으로 사치스러운 생활을 했다. 조 로우는 횡령 자금 일부를 미국 내 정치 후원금과 로비 자금으로도 사용했다. 이 사실이 알려지자 나지브 총리의 사퇴를 요구하는 대규모 반정부 시위가 전개되었으며 마하티르도 나지브 비판에 앞장섰다.

1MDB 사건은 나지브 총리뿐만 아니라 UMNO를 중심으로 한 국민전선의 지배 체제를 궁지에 몰았다. 이미 2013년 총선에서 국민전선은 득표율이 47%에 그쳤지만 농촌에 유리하게 획정된 선거구 덕분에 과반인 133석을 차지해 집권을 유지했다. 안와르가 이끄는 야당 연합은 51%의 득표율을 기록했지만 의석은 89석에 머물렀다. 이 선거에서 말레이계의 UMNO 지지는 하락은 상대적으로 크지 않았던 반면 중국계를 비롯한 비말레이계는 대거 국민전선에 대한 지지를 철회했다. 비말레이계 말레이시아인들은 더 이상 국민전선의 부패와 전횡을 참을 수 없었으며 말레이계가 지배하는 정부도 원하지 않았다. 그런데 1MDB 스캔들이 불거지면서 2018년 총선에서는 건국 이래 동맹당-국민전선이 처음으로 패하고 정부를 안와르가 이끄는 야당에게 넘겨주었다. 61년 만에 UMNO 지배 체제가 무너지고 정권 교체가 이루어진 것이다.

안와르가 두 번에 걸쳐 거의 10년간 수감되어 있는 동안에도 그가 추진했던 개혁 운동은 움츠러들지 않았다. 안와르가 두 번째 구속된 직후 그의 아내인 완 아지자 여사는 새로운 야당 동맹인 PH(Pakatan Harapan, 희망동맹)를 결성했다. 2018년 총선에서 PH

는 돌풍을 일으키며 장기 집권을 해온 국민전선을 무너뜨리고 집권에 성공한다. 이 총선을 앞두고 전임 총리 마하티르와 그의 측근 무히딘 야신(Muhyiddin Yassin)은 국민전선에서 탈당해 신당 버사뚜(Bersatu)를 창당했는데 선거 막판에 안와르가 이끄는 PH에 합류했다. 그리하여 결국 말레이시아에서 역사적인 정권 교체가 일어났다. 당시 옥중에 있던 안와르는 마하티르와 2년씩 교대로 총리직을 수행하기로 했는데, 안와르는 마하티르가 먼저 총리직을 수행하도록 양보하는 대신 사면을 약속받았다.

PH는 애초에 DAP(민주행동당), PKR(인민정의당), AMANAH(국가신뢰당) 등 다종족 정당들이 주축이 된 정치 동맹이었다. 많은 국민들은 PH가 집권하자 UMNO로 대표되던 말레이계의 독주가 막을 내리고 모든 종족이 동등한 대우를 받는 새로운 세상이 열릴 것으로 기대했다. 하지만 UMNO에서 갈라져 나온 버사뚜는 말레이계의 특권을 포기하는 데 반대했다. 안와르가 총리직을 이어받기로 한 시점이 다가오자 버사뚜의 실권자인 무히딘 야신은 동맹을 깨버렸다. 그리고 말레이계 정당 및 과거 국민전선 소속 정당들과 연대해 새로이 PN(Perikatan Nasional, 국민동맹)을 결성했다.

UMNO는 PN에 참여하진 않았으나 이를 지지하겠노라고 선언했다. 그리하여 무히딘 야신은 새로운 집권 연정을 통해 총리직에 오르는 데 성공한다. 안와르의 집권이 임박하자 모든 기득권 세력들이 총단결해 이를 저지한 것이다. 무히딘 야신 정부는 코로나19 팬데믹을 이유로 2020년에 예정된 선거를 연기하고 이듬해에는 국가 비상사태를 선포해 정상적인 의회 활동마저 중지시켰다. 그렇게 구세력의 결집하에 말레이시아의 민주주의는 후퇴했다.

2022년 11월 19일 말레이시아는 2021년 비상사태 선포 이후 처음으로 총선을 치렀다. 이번 선거에서도 안와르 이브라힘이 이끄는 PH가 단독 과반을 차지하지 못했으나, 이번에는 과거의 정적이었던 국민전선이 안와르와 손을 잡았다. 진보와 보수의 연정이 이뤄진 셈이다. 안와르는 UMNO에서 쫓겨난 지 약 25년 만에 총리가 되었다. 하지만 '말레이시아인을 위한 말레이시아' 개혁에 대해 온도 차가 존재하는 두 정치 세력의 전략적 연대에 대해 불안한 눈으로 바라보는 시각이 많다.

신경제정책의 성공으로 말레이계의 경제적 지위가 상승하면서 말레이시아 내에서 말레이계 우대 정책에 대한 비판의 목소리도 높아지고 있다. 이는 비말레이계와 진보 세력 내에서 주로 나오고 있는데, 이들이 안와르 이브라힘의 핵심 지지층이다. 하지만 안와르는 이들의 지지만으로는 집권이 어려웠다. 말레이 기득권 세력인 UMNO와 손을 잡았기에 안와르의 집권이 가능했다. 따라서 '말레이를 위한 말레이시아'라는 구호로 집약되는 말레이 우대 정책을 안와르 총리가 전면적으로 폐지하는 것은 불가능에 가깝다. 안와르는 종족에 기반한 현재의 지원 정책에서 벗어나 수요에 기반한 지원 정책(Needs-based approach)으로 전환하겠다고 공언했다. 말레이계(를 포함한 부미푸트라)냐 아니냐와 상관없이 정부의 지원이 필요한 저소득층에게 적절한 지원을 하겠다는 것이다. 안와르 총리는 건국 이래로 종족 정체성의 선을 유지해 온 정부 운영 기조에 조심스러운 변화를 모색하는 중이다. 하지만 말레이계를 비롯한 부미푸트라가 인구의 70%를 차지하는 상황에서 이들의 기득권을 폐지하는 담대한 개혁 정책이 성공하기란 매우 어렵다. 말레이시아가 선을 지우고 앞으로 나아갈 수 있을 것인가는 더 지켜봐야 하는 문제이다.

Part 3

한국 예외주의

⠸

역사적으로 국가의 중앙집권 능력이 발달했다는 것은
곧 국가가 구성원들 사이의 선을 지울 힘을 가졌다는 의미이다.
중앙집권이 발달한 국가의 피지배 백성들은
국왕이 파견한 관료들이나 국가의 행정 체계 및 지배 이념의 학습을 통해
국가에 대한 소속감을 최상위 정체성으로 여겼다.
그만큼 중앙집권이 발달한 국가에서는 민족을 형성하는 것이 수월해진다.
고려는 당대의 유럽이나 중동, 동남아시아 지역의 국가들에 비해
훨씬 중앙집권적인 국가였다.
그리고 조선의 중앙집권 수준은 그보다 한 걸음 더 나아갔다.

Korea

Chapter 1
오래된 신세계
천 년 중앙집권국가의 전통

한국인들은 흔히 메이지유신을 통해 자립적 근대화에 성공한 일본과 비교해 조선의 낙후성을 비판하는 주장에 익숙해 있다. 그러한 주장들이 일정 정도 설득력을 갖기도 하지만, 비교의 대상을 바꾸면 조선의 또 다른 면모가 보인다. 인도아대륙의 국가들이나 인도차이나반도 및 동인도제도의 국가들과 비교하자면 조선은 분명한 특징을 가진다. 바로 전근대적 민족국가가 완성되어 있었다는 사실이 그것이다.

한국인들이 자립적이고 중앙집권적인 전근대적 민족국가를 오랫동안 운영해 본 경험은 식민 지배를 경험했던 다른 신생 국가들과 구별되는 특징이다. 이는 일본의 식민 지배가 다른 제국주의 열강들의 식민 지배와 달라지도록 만드는 요인이었고, 향후 경제 성장과 민주주의 발전을 이끄는 데 커다란 자산이었다.

영국이나 네덜란드가 물려준 식민지를 기반으로 세워진 인도아대륙과 동인도제도의 신생 국가들은 그 지역에 사는 주민들에게 생소했다. 이 나라들은 하나의 민족으로 존재한 적이 없는 여러 종족 집단을 하나의 국민으로 통합하기 위해 커다란 노력을 기울였으며 그 과정에서 상당한 진통을 겪었다. 국민(민족) 정체성이 새로 창조되어야 했다는 의미이다. 그 과정에서 반란이나 폭동 등 유혈 충돌이 발생하고 사회 곳곳에 패트론-클라이언트 관계가 만연해졌다.

일본이 영국 등 다른 식민 종주국의 아시아 지배와 달리 조선을 병합하려 한 이유는 조선이 다른 식민지와 달랐기 때문이다. 유럽 열강이 지배했던 아시아와 아프리카 등지의 식민지들은 유럽 열강과 역사와 문화가 완전히 달랐다. 19세기 세계 최강국이었던 영국인들의 눈에 인도아대륙이나 말레이반도의 토후국들은 자신들과 너무나도 이질적인 존재였으며 문화적으로도 차이가 컸다. 국민이 되기 위해서는 자신들과 어느 정도 동질성을 가지고 있어야 한다. 잉글랜드가 스코틀랜드나 아일랜드와는 하나의 국가로 합쳤지만 인도아대륙이나 동인도 지역의 식민지에 대해서는 그리하지 않았던 이유이다. 이에 반해 조선인들은 중앙집권적인 독립 왕국을 세계에서 가장 오랫동안 유지함으로써 민족 정체성을 형성했다. 유럽 열강은 다양한 종족적 정체성으로 이루어진 식민지의 상황을 이용해 분열을 통한 지배를 추구했는데, 일본은 이미 강력한 민족 정체성을 지닌 조선인을 대상으로 유럽 국가들처럼 종족적 분열을 통한 지배를 추구할 수 없었다. 물론 이러한 이유에 더하여, 일본과 조선의 지리적 근접성이나 인종적 유사성도 일본이 조선을 흡수 합병하는 방향으로 식민지 정책을 운영했던 배경이었다.

앞에서 살펴본 인도, 파키스탄, 인도네시아, 말레이시아는 모두 이질적인 정체성을 가진 종족 집단을 하나의 국민으로 통합하는 데 어려움을 겪었다. 이 국가들이 마주한 질문은 '우리가 왜 하나가 되어야 하는가'였다. 건국에 저항하는 분리주의 운동도 일어났다. 이에 대응해 네 나라는 나름의 방식으로 새로운 국민을 형성하기 위해 노력했다. 이들 국가의 노력을 대변하는 것이 국가를 대표할 언어를 정하는 문제이다. 국가 구성원들이 종족 집단별로 사용하는 언어가 다른 경우 국가가 공용어를 정하는 데 어려움을 겪는다. 인도는 힌디어와 영어를 공용어로 정하되 각 지역별로 총 22개의 지정 언어를 별도로 인정함으로써 다양한 언어를 포용했고, 파키스탄은 실제 사용자가 많지 않은 우르두어를 공용어로 지정해 펀자브 정체성을 회피하려고 노력했으며, 인도네시아 역시 사용자가 적은 말레이어를 기반으로 한 인도네시아어를 공용어로 지정함으로써 새로운 인도네시아 정체성을 만들고자 했다. 말레이시아는 말레이어를 공용어로 하되 다른 종족 커뮤니티에서 해당 종족 언어를 말레이어와 병행 사용할 수 있도록 허용했다.

반면 대한민국은 국가의 대표 언어를 지정하기 위한 노력이 필요하지 않았다. 서울말이 표준어로 당연시되었기 때문이다. 일제강점기에 이미 조선어의 맞춤법 규정은 서울말을 기준으로 삼았다. 1912년 조선총독부가 공포한 '보통학교용 언문철자법 대요(普通學校用諺文綴字法大要)'에서 "용어는 현대의 경성어(京城語, 서울말)를 표준으로 함"이라고 명시했다.[115] 일제하에서 우리말을 연구해 온 조선어학회는 1933년에 한글 맞춤법 통일안을 제시하면서 "표준말은 대체로 현재 중류 사회에서 쓰는 서울말로 한다"고 규정했다. 1936년 조선어학회에서 '사정한 조선어 표준말 모음'을 만들었는데 1948년 대한민국 정부 수립 이후에도 이 원칙을 이어받았을 뿐 별다른 표준어 정비 작업을 진행하지 않았다. 한국 정부에서 표준어 정리 작업을 시작한 것은 1970년이었으며, 여러 우여곡절 끝에 1988년 1월에 새로운 표준어 규정이 공포되어 1989년 3월부터 시행되었다. 정부 차원의 표준어 정비 작업이 정부 수립 이후 40년이 지난 후에서야 이루어진 이유는 국가의 기준이 되는 언어를 규정하는 문제가 시급하지 않았기 때문이다. 서울 사람들이 구사하는 언어를 기준으로 표준어를 정하는 것에 대해 특별한 논란이 일어나지도 않았다. 이유는 간단하다. 서울은 조선왕조가 세워진 이래 500년간 한민족이 속했던 국가의 중심이었고, 조선의 국왕을 비롯한 왕가가 서울말을 썼으며, 강력한 중앙집권국가인 조선에서는 국왕이 사용하는 언어인 서울말이 다른 지방 사투리보다 권위를 지녔다. 조선은 표준어를 지정하지 않았지만 서울말이 아닌 지방의 토속어를 일컫는 '사투리'라는 개념이 존재했다. 서울말이 아닌 다른 지방 언어를 구별해서 사투리로 통칭했다는 것은 굳이 지정하지 않아도 서울말이 표준어의 기능을 하고 있었다는 의미이다. 그래서 일제강점기를 거쳐 대한민국에 이를 때까지 서울말을 기준으로 한국어의 표준어를 정하는 것에 대해 한국인들은 의문을 제기하지 않았다. 게다가 대한민국 내에서 서울말과 다른 지역 언어는 모두 의사소통이 가능한 같은 계통의 언어였다.

통일신라 이래로 천 년이 넘는 한반도 단일 국가 체제를 겪으면서 민족이 만들어졌기 때문이다.

1948년 독립 정부가 수립된 대한민국은 서구 국가들이 흔히 말하는 '신생 독립 국가'가 아니라 '오래된 신세계'였다. 일본에 국권을 빼앗기기 전에 존재했던 조선의 국경과 조선인의 언어 및 민족 정체성이 새로운 독립 국가 건설의 밑바탕이었다. 조선인이 곧 한국인이 되었다는 것이다. 신생 대한민국에게 던져진 질문은 '하나였던 우리는 왜 분단되어야 하는가'였다. 이 질문을 받은 건 북한도 마찬가지였다. 다른 탈식민지 독립 국가들에서 분리주의자들이 '왜 우리가 하나의 국가로 묶여야 하는가'라는 질문을 던진 것과 정반대되는 상황이다. 1950년 북한의 남침으로 시작된 한국 전쟁도 '한반도 2국가 체제'를 원래의 단일 국가 체제로 되돌려놓겠다는 의지의 발로였다. 그리고 그 의지는 북한만 가진 것이 아니었다. 한반도 전체가 대한민국의 영토라는 점은 대한민국 헌법에도 명시되어 있다.

남북 간 대립의 근본 원인은 분단과 재통합에 있다. 상대방이 우리 체제를 무너뜨리고 자신들의 뜻대로 흡수 통일을 하려는 의도를 가졌다는 의심과 우려가 남과 북 모두에게 존재하는 것이다. 이것이 한국 현대사에 미친 영향은 엄청나다. 한국인들에게 통일 문제는 수면 아래에서 잠자고 있을 뿐이며 정치적 상황이 달라진다면 언제든 깨어날 수 있다. 대부분의 신생 독립 국가들이 분리주의 문제로 골머리를 앓는 동안 한국인들은 재통합 문제로 고민했다. 이는 하나의 국가를 만들고 유지했던 중앙집권적 전근대 민족국가의 경험이 그만큼 강력한 힘을 지녔다는 의미이다.

천 년이 넘는 중앙집권국가의 경험

제2차 세계대전에서 일본이 패망한 이후 남한에 진주한 미군을 이끈 인물은 존 하지(John R. Hodge) 중장이었다. 유능한 전투 지휘관이었던 하지는 당시 미군 24군단을 이끌고 일본 오키나와에 있었는데, 전투만 담당했을 뿐 정치와 행정에 대해서는 경험도 능력도 부족했던 그가 미국 트루먼 행정부에 의해 남한 미군정 책임자로 선임되었다. 한국의 역사에 대해서 아는 바가 전혀 없었던 하지는 일본의 식민지였던 한국인들이 스스로 국가를 운영할 능력을 갖추지 못했을 것이라는 선입견을 가지고 있었다. 하지는 "우리가 접촉하는 현지인들은 부유하고 미국식 교육을 받은 한국인이 아니라 일본 통치 40년의 강한 영향을 받은, 보잘것없는 훈련을 받고 거의 준비되지 않은 동양인들"이며 보통의 한국인들이 교육과 경험 부족으로 자신의 최고 이익이 무엇인지 결정할 줄 모르는 충동적인 어린애와 같다고 여겼다.[116] 이러한 시각은 서구 국가들이 제2차 세계대전 이후 독립한 아시아-아프리카의 신생 국가들을 볼 때 공통적으로 가지는 프레임이다. 그러나 하지가 간과한 것이 있다. 한국은 다른 식민지들과는 달리 천 년이 넘는 기간 동안 중앙집권적인 전근대 민족국가를 유지해 온 경험이 있다. 이는 유럽에서 가장 먼저 전근대 민족국가를 형성했다고 평가받는 잉글랜드보다 훨씬 오래된 것이다.[117]

어떤 민족이 오랫동안 중앙집권적 국가를 운영했다는 사실은 단순히 '유구한 전통'이 있다는 것 이상의 의미를 내포한다. 중앙집권을 오랜 기간 유지한 국가에서는 그만큼 민족이 형성될 가능성이 높다. 국가가 중앙집권 능력을 발달시킨다는 것 자체가 구성원들 사이의 선을 지우는 행위이기 때문이다. 향촌의 토착 지배층보다 국가가 파견한 관료가 더 강력한 힘을 가진다는 것은 향촌의 백성들이 자신들을 다스리는 왕권에 대한 소속감을 공유한다는 의미이다. 대부분의 중앙집권국가는 단순히 강력한 물리력만 동원하는 것이 아니라 종교와 이념을 통해서도 백성들을 지배한다. 백성들은 같은 왕권에 대한 소속감과 더불어 비슷한 관념을 집단적으로 공유한다.

한국인은 관료제를 비롯한 중앙집권적 통치 기구를 만들고 유지해 왔다. 이는 강력한 힘을 가진 중앙정부가 관료를 지방에 파견했을 뿐만 아니라, '공(公)'의 개념을 가진 관료 조직이 국가를 운영하고 통제했으며 백성들 사이에는 이러한 통치를 받아들이는 태도가 형성되어 있음을 의미한다. 성리학적 관점에서 공(公)이란 사적 이익이나 욕망에 치우치지 않고 천리(天理)에 따른다는 뜻이다.[118] 앞서 이라크 사담 후세인의 경우에서 보듯이, 통치자가 자신이 속한 부족에게 특권과 특혜를 주는 방향으로 국정을 운영한다면 공을 따르는 정치라고 할 수 없다. 유교에 기반한 조선 관료제의 전통하에서 관료 개개인이 실제 행동과는 별개로 정부가 소수 특권층의 사익을 위하는 것이 아니라 하늘의 도리를 따라 백성들을 위해 공평하고 공정하게 국정을 행해야 한다는 관념은 부정할 수 없는 대원칙이었다. 실제 조선에서는 지배층의 약탈이 횡행했지만 공의 관념은 국가의 완전한 타락을 방지하고 부분적으로나마 자정 작용을 함으로써 조선왕조가 오랫동안 지속될 수 있는 버팀목이 되었다.

공의 관념이 존재하는 국가는 피지배층에게도 영향을 미쳤다. 조선의 백성들은 지주들의 횡포나 지방 수령의 수탈을 경험하면서도 국왕이 '백성의 어버이'라는 믿음을 버리지 않았다. 국왕을 가부장의 연장선상에서 이해하려 했던 군사부일체(君師父一體)의 유교 관념은 왕권에 윤리적 절대 가치를 부여했다. 종종 발생하는 농민들의 저항은 대체로 지방 수령에게 향할 뿐 왕권에 맞서거나 그 정당성을 부정하지 않았다.

중앙정부는 관념적으로도 백성들에게 침투했다. 피지배 백성들은 정부의 권위에 동의하고 그에 따라 질서를 유지하는 것을 당연시했다. 국가는 누군가 국경을 그어놓고 임의로 정부를 구성한다고 저절로 운영되지 않는다. 백성들이 통치자의 지배를 받아들이는 것은 국가의 강제력에 대한 굴복을 넘어서 통치의 정당성에 대한 동의가 바탕에 깔려 있어야 한다. 지배에 대한 동의는 동질적인 집단 내에서 더 잘 형성된다. 외부 종족 집단의 지배에 저항하는 행태는 동서고금을 막론하고 보편적으로 나타난다. 그래서 오스만제국과 같은 다종족 국가는 피지배 종족 집단에게 지배층의 정체성을 강요하기보다는 일정 정도 자율권을 부여하는 밀레트(Millet) 제도[119]를 운영했다. 조선에서 공의 관념에 기반한 국가 운영

원칙이 존재했으며 이를 통해 지배-피지배 관계가 비교적 안정적으로 유지되었던 것은 동질적인 민족이 형성되었기에 용이했다. 한반도에서 500년 가까운 단일 왕조가 두 번이나 이어질 수 있었던 이유는 단순히 중앙집권체제가 강했다는 주장만으로 전부 설명되지 않으며 일찍 민족이 만들어졌다는 점에 주목해야 한다.

물론 1945년의 한국인들이 자유민주주의라는 근대적 정치제도를 제대로 운영할 수 있을 것인가에 대해서 외국인인 하지 중장이 의문을 품는 것은 당연하다. 한국인들이 역사적으로 오랜 기간 경험한 제도는 전제왕정이었지 헌법과 의회가 존재하고 국민이 주권을 행사하는 민주주의 제도는 아니었기 때문이다. 그러나 근대 민주주의의 선구자라고 할 수 있는 영국과 프랑스도 오랫동안 극심한 혼란과 격렬한 내부 갈등을 거치며 민주주의 국가로 성장해 왔다. 민주주의의 수호자를 자처한 미국조차도 전 국민이 동등한 참정권을 얻기까지 남북전쟁과 흑인 민권운동 등 상당한 진통을 겪었다. 이처럼 대부분의 나라에서 민주주의가 자리를 잡기까지는 상당한 비용을 치른다. 이는 선진국이냐 아니냐와는 무관하다. '발전된' 민주주의를 운영하는 미국에서 온 하지 중장의 눈에 이제 막 식민지의 질곡을 벗어난 한국인들은 자기 스스로 문제를 해결할 수 없는 어린애처럼 보였을 수도 있다. 그러나 한국인들은 민주주의 제도 도입 후 보편적으로 발생하는 위기와 도전에 맞대응할 능력을 빠르게 학습했다. 소수의 권력 장악과 부패를 막아낸 '민주주의' 이념과 경제 성장을 위해 국가 기구를 효율적으로 동원하는 능력 등이 그것이다. 천 년이 넘는 중앙집권적 자립 국가 운영을 통해 민족이 형성되었다는 점이 이를 가능케 한 핵심이다. 근대화 과정에서 다른 신생 국가들이 민족(국민) 형성에 엄청난 에너지를 소비하는 동안 한국은 그만큼 품을 덜 들이고 산업화와 민주화에 집중할 수 있는 시간을 벌었다.

한반도의 전근대 민족국가 : 신라에서 조선까지

민족이 국가의 산물이라면 한민족은 어떤 국가를 통해 만들어졌는가. 7세기 중반 중국 당 제국과 손잡고 백제와 고구려를 멸망시킨 신라는 당과도 전쟁을 벌여 676년 최후의 승자가 되었다. 신라가 한반도 중남부 전체와 북부 일부를 지배하는 유일의 통치 왕국이 된 것이다. 후대인들이 '통일신라'라고 부르는 이 왕국은 한반도 민족국가의 원형이 되었다.

8세기 들어서면서 당 제국의 패권이 확립됨으로써 동아시아의 국제 환경이 안정되었다. 당과의 관계 회복 이후 신라 왕정은 내부를 안정시킬 여유가 있었다. 그에 걸맞게 8세기의 신라는 전쟁이 그치고 인구와 생산력이 늘어나는 등 안정적인 성장을 이어갔다. 신라는 중앙집권체계를 발전시켰다. 전국을 9주(州)로 나누고 그 아래 군(郡)과 현(縣)을 두었는데, 모든 주·군·현에 중앙정부의 관리를 파견했다. 동시에 주·군이 몇 개의 현을 관할하는 군-영현

(郡-領縣) 체계를 운영했다. 중앙정부의 명령을 받은 파견 지방관은 관할 지역을 직접 다스리며 조세를 거두고 주민들의 노동력을 동원했다. 이는 한반도 주민 전체가 단일 왕권의 통치를 직접 체감하는 계기였으며, 동시에 동일한 군주의 지배를 받는 구성원이라는 자각이 만들어지는 출발점이었을 것이다. 또한 신라 조정은 중앙에서 파견된 지방관의 비리를 관리·감시하기 위해 지방 감찰관인 외사정(外司正)을 별도로 파견했다. 통일신라는 늘어난 영토를 장악하기 위해 관료 기구를 늘렸고 한반도 중앙집권국가의 원형을 만들어냈다.

하지만 신라가 백성들을 '민족'으로 통합하는 데는 한계를 드러냈다. 무엇보다 엘리트층의 통합에 실패한 것으로 보인다. 신라 특유의 폐쇄적인 신분제도인 골품제를 통일 이후에도 유지했다는 사실이 주요 원인 가운데 하나이다. 신라는 박·석·김씨 부족장들의 연합체로 시작했다. 또한 역사적으로 금관가야와 대가야 등 주변 국가들을 정복하면서 성장했다. 초기 부족장들의 권력 다툼도 존재했겠지만 이후 병합된 가야의 지배층들이 신라의 진골로 편입되면서 자연스럽게 왕권과 핵심 권력을 두고 귀족 집단 내부의 경쟁이 치열했던 것으로 보인다. 권력을 장악한 세력은 다른 경쟁자들이 왕권을 비롯한 최고 권력에 접근하지 못하도록 신분의 벽을 만들었는데 이것이 골품제다. 고위 관직에는 귀족 중에서도 진골만 오를 수 있었으며, 왕위 계승권은 진골 내에서도 구별된 혈통인 성골에게만 허용되었다. 4~6두품 귀족들은 관직에 진출하더라도 각기 자신의 신분 내에서 정해진 지위까지만 오를 수 있었다. 이 골품제가 법제화된 것은 6세기 신라 제23대 왕인 법흥왕 때였다. 법흥왕과 그 직계의 권력이 다른 진골 귀족들의 힘을 압도할 정도로 강력해졌음을 의미한다. 골품제 아래에서 신라의 지방 호족들은 대부분 신분 상승의 기회가 막혀 있었다. 지역 엘리트들이 향촌에 미치는 영향력은 컸고, 중앙정부가 지역 엘리트들을 통합하지 못하면 백성들을 하나로 통합하는 것도 어려웠다. 신라는 중앙집권적 관료 기구를 운영했지만 골품제의 벽을 넘지 못했다. 특히 백제인들에 대한 차별이 있었음을 짐작게 할 만한 정황들이 존재한다. 삼국 통일 이후 신라에 투항한 일부 고구려 귀족 출신들에게는 6두품의 지위가 주어졌으며, 특히 고구려 보장왕의 외손자였던 안승은 신라에 투항한 이후 신라 고위층의 딸과 결혼하고 진골로 인정받기도 했다. 반면 백제 부흥 운동을 벌이며 끝까지 저항했던 백제 귀족 출신들은 한 단계 아래인 5두품으로 편입되었다. 오히려 신라는 고구려와 백제인 포로를 많이 잡아 삼국 통일에 공을 세운 신라 귀족들에게 포로들을 노비로 나누어주기도 했다. 신라는 고구려·백제인들을 같은 민족이 아니라 피정복민으로 대우했다.[120] 이는 신라 왕조에 대한 충성심이나 소속감을 높이는 데 커다란 장애물이었다.

진골 귀족 내부에서 왕위를 둘러싼 내분이 격렬해지면서 신라 왕권은 점차 약해졌고, 9세기 말 진성여왕(진성왕) 대에 이르면 지방에 대한 중앙의 통제력이 느슨해짐에 따라 지방에 근거를 둔 유력자들이 독자적인 세력을 형성하기 시작했다. 통일신라 후기의 지방 세력은 4가지 유형으로 나뉜다. 생활 형편이 어려운 농민이나 초적(草賊) 등을 규합한 세력, 촌주 등의 토호 또는 지방으로 이주한 중앙 귀족 세력, 대외 무역을 통해 부를 축적한 세력, 지방관으로 파견되었다가 독립한 세력 등이 신라 후기에 독자적인 지방 세력이다.[121] 지방 호족의 대표적인 인물이 '해상왕' 장보고이다. 그가 옛 백제 지역 출신이라는 것이 대체적인 설인데,[122] 골품제의 적용을 받지 못하는 낮은 신분이었던 것으로 추측되며 중앙 정계로의 진출 대신 해상 무역에 집중해 거대한 세력을 구축했다. 훗날 고려 태조가 된 왕건도 옛 고구려 유민 가문 출신으로 신라의 왕권이 약해지자 고구려의 정체성을 드러낸 고려를 통해 새로운 왕조를 세웠으며, 견훤이 옛 백제 지역인 완산주를 거점으로 후백제를 세웠다는 사실도 신라가 옛 고구려와 백제 지역의 백성들을 '신라인'으로 통합하는 데 한계가 있었음을 드러낸다. 삼국시대는 700년가량 지속되었으며 고구려, 백제, 신라는 각기 이질적인 정치·사회·문화를 유지하며 대립했다. 따라서 이들을 신라인으로 통합하기 위해서는 상당한 시간 동안 효율적인 중앙집권체제가 작동했어야 하는데 신라는 이를 해결할 만한 충분한 능력을 보여주지 못했다.

고려는 신라(935년)와 후백제(936년)를 잇달아 멸망시키며 두 번째 한반도 통일 왕조로 등극했다. 건국 초기부터 비대해진 지방 호족들로부터 복종을 받아내야 하는 과제를 안고 시작한 고려는 특히 호족들로부터 새로운 왕권의 정당성을 인정받아야 했다. 호족들이 과거에 신라 왕조에서 경험했던 왕권은 아무나 가질 수 있는 것이 아니라 성골·진골이라는 신라 왕족 혈통에게만 허용된 특별한 지위였다. 그런 만큼 호족들은 신라의 왕권에 대해 범접 불가한 권위를 느꼈을 것이다. 하지만 고려 태조 왕건은 혈통의 자격 면에서 다른 호족들과 다를 바가 없었다. 신생 고려의 국왕은 그들보다 강력한 군사력을 지니고 있었을 뿐이다. 다시 말해, 군사력이 약해진다면 언제든지 왕권이 위협받을 수도 있다는 의미가 된다.

태조 왕건은 왕권을 강화하기 위한 수단을 총동원했다. 호족들과의 혼인 정책을 통해 유대 관계를 강화하는 한편, 주요 정복지와 군사적 거점에 군사적 성격을 겸한 행정 구역인 도호부와 도독부를 설치하고 중앙에서 군과 관료를 파견함으로써 지방 세력을 통제하려 노력했다. 대표적인 지역이 경주였다. 935년 신라 경순왕이 고려에 스스로 항복하자 당시 경주에는 이에 대해 불만을 품은 귀족 세력들이 존재했다. 이들을 사전에 제압하고 통제해야 할 필요성을 느꼈던 고려 태조는 경주에 군사 기능과 행정 기능을 겸한 안동대도호부를 설치해 신라 왕조의 거점인 경주를 견제했다. 고려는 후백제를 통합한 이후에도 후백제의 수도인 전주에 안남도호부를 설치했다. 무력으로 복속된 후백제 지역민들이 세력을 모아 반란을 일으킬 것을 우려했기 때문이었다.[123]

태조 이후에도 고려의 중앙집권화 노력은 계속됐다. 성종 2년(983)에는 중앙집권을 강화하기 위해 12목을 설치하고 지방관을 파견했다. 그런데 친왕 관료 대신 주로 지역의 대표적인 호족을 각 주의 수령인 주목(州牧)으로 임명했다. 언뜻 보면 중앙집권화에 역행하는 조치인 것 같으나 사실 이는 지방 호족을 견제하기 위한 숨은 목적이 있었다. 주목들은 계속 지방에 머무는 것이 아니라 국왕이 있는 개경에 입조해야 했다. 따라서 성종은 지방 호족들에게 벼슬을 주어 회유하는 동시에 자연스럽게 중앙에 머물게끔 하여 왕의 감시 아래에 둠으로써 지방 통제 효과를 노렸다.[124]

이러한 노력에도 불구하고, 고려 중앙정부의 지방 통제력은 상대적으로 부족했다. 통일신라가 모든 주·군·현에 지방관을 파견한 것에 비해, 고려 조정은 일부 주읍에만 관리를 파견하여 인근의 속군현까지 아울러 다스리게 했다.[125] 이는 지방 구석구석까지 통제할 만큼 왕권이 강력하지 않았고 관료 조직도 작았다는 의미이다. 통일신라가 건국 이후 상당 기간 당 제국의 패권이라는 안정된 국제 질서하에서 내치에 집중할 여유를 얻었던 반면, 고려가 건국할 즈음에는 당 제국이 붕괴되고 뒤이어 발해가 멸망하는 등 동아시아 정세가 매우 불안정해졌다. 동시에 북방 유목 제국이 성장하고 있었기에 고려는 늘 안보 문제로 긴장 상태였다. 결국 고려의 왕권이 아직 국내 지방 호족들을 제대로 통제하기도 전인 10세기 후반과 11세기 초반에 거란이 침입했다. 거란과의 전쟁은 고려 왕권의 약화를 불러왔다. 2차 고려-거란 전쟁 당시 개경을 버리고 남쪽으로 피난을 떠난 현종을 일부 신하들이 박대하였으며 심지어 전주절도사 조용겸이 국왕을 무시하여 무례한 행동을 하기도 했는데,[126] 이 사례에서 보듯이 고려 전기의 지방 수령들은 조선의 사대부 관료들과 달리 국왕에 대해 절대적 충성을 보이지 않았다. 조선왕조의 강력한 중앙집권 및 유교적 군신 관계가 고려 초기에는 아직 뿌리 내리지 못한 것이다.

고려의 중앙집권화와 관련해 주목해야 할 부분은 과거제의 도입이다. 고려 광종 9년(958)에 일종의 국가고시인 과거를 통해 관료를 선발하는 제도가 처음 채택되었다. 이 제도는 고려 왕조는 물론 조선왕조에서도 내내 이어졌다. 과거제 도입은 국가 관료의 충원 방식이 신라의 골품제를 벗어나 능력주의에 토대를 두는 방식으로 전환되었음을 의미한다. 또한 과거제는 응시자의 출신 배경을 고려하지 않고 국가가 주관하는 시험을 통과한 사람들에게 관료가 될 기회를 부여함으로써 양인 이상의 신분을 가진 이들에게 관직에 오를 기회를 열어주었는데 이는 귀족의 영향력을 제어함으로써 왕권 강화에 기여했다.

고려에서 과거제를 통해 관료가 된 이들이 국정을 주도하게 된 시기는 11세기 현종 때로 본다.[127] 현종 치세기에 국정의 주도권을 잡은 과거제 출신 관료들은 거란의 침략을 물리치는 과정에서도 커다란 역할을 했다.[128] 여전히 고려에서 고위 관료나 왕족의 자제를 등용시키는 음서제도가 실시되었으나 과거제 출신의 비중과 존재감이 상승하면서 차츰 엘리트들이 국왕 중심으로 통합되었다. 이는 골품제로 신분 상승의 기회를 제한한 신라에 비해 고려에서 호족과 중간 계층들이 국가에 대한 소속감을 강하게 가지도록 만들었을 것이다.

고려는 3차 고려-거란 전쟁(1018~1019) 이후 100여 년간 안정기를 맞이한다. 왕권의 기틀이 잡힐 즈음인 예종과 인종을 거쳐 5도양계(伍道兩界)[129] 체제가 확립되면서 어느 정도 지방제도가 안착했다는 평가를 받는다. 고려는 부족한 지방관을 보완할 여러 방법을 발달시켰다. 5도에는 예외 없이 정기적으로 안찰사가 파견되었는데, 그는 6개월의 임기 동안 관할 지역 안의 군현을 순찰하여 백성들의 어려움을 살피고 수령의 업무를 평가하여 중앙에 보고하는 감찰을 수행했다. 고려 조정은 또한 인구가 많고 영역이 넓은 대읍(大邑)에 계수관[130]을 파견해 그 주변 여러 군현의 관리를 감찰하도록 했다. 그만큼 고려의 중앙집권체계도 발달하고 있었다.

고려의 중앙집권 발달 정도를 알 수 있는 대목은 공문서 체계이다. 고려의 행정 구역은 규모 및 서열과 계통이 다양했는데, 국왕의 입장에서 지방 행정에 관여하고 지방관에게 중앙정부의 의지를 관철시키기 위해서는 공문서가 정확하고 신속하게 전달되는 것이 중요했다. 고려에는 별도의 공문서 규정과 공문서 담당 관리가 존재했으며, 공문서의 포장 방식도 규격화되었다. 예컨대, 공문서 발송은 개경의 역참 시설인 청교역(靑郊驛)을 반드시 거치도록 함으로써 청교역에서 모든 공문서 발송을 일원화하여 파악하고 관리했다.[131] 이처럼 고려는 강력한 지방 세력을 통제하기 위한 여러 방편을 도모하는 과정에서 국가의 행정력이 발달했다. 그 결과 고려인들에게 단일한 왕권 아래 있다는 소속감이 성장했다. 앞서 고려의 중앙집권 수준이 낮다고 언급했지만, 이는 조선에 비해 그러하다는 의미이다. 각 영주 단위로 지배 영역이 잘게 쪼개졌던 유럽의 봉건제나 부족 단위 정치체가 일반적이었던 중동 혹은 만달라 체제가 널리 퍼져 있던 동남아시아 지역과 비교하면 당대 고려의 중앙집권 수준은 압도적으로 높았다.

한동안 안정적으로 성장하던 고려 왕권은 이자겸의 난(1126), 무신정변(1170), 몽골의 침입 등이 이어지면서 다시 약해졌다. 특히 원 간섭기에는 고려의 군사 조직이 붕괴되고 군권을 원나라가 장악하면서 고려 조정은 영토에 대한 자주적인 통제력을 상실한다. 이민족인 원나라의 침략과 지배는 고려인들에게 민족적 동질감을 일깨우는 계기가 되기도 했지만, 왕권이 약화되면서 안찰사들 가운데 공납을 빙자해 백성들로부터 거둔 물자를 착복하거나 원나라에 빌붙은 권세가에게 뇌물을 바치고 자신의 지위를 보장받으려는 이들이 늘어나는 등[132] 내정이 혼탁해지고 백성들의 삶이 곤궁해지는 결과를 초래했다. 이처럼 고려 후기 내내 왕권의 추락 및 권세가들의 횡포를 목격한 신진사대부들은 유교를 통치 이념으로 삼아 왕권을 강화하고 국가를 개혁하려는 꿈을 꾸었다. 마침 중국에는 고려를 지배하던 원 제국이 무너지고 성리학을 배경으로 하는 명 제국이 들어섰다. 1392년 고려를 대체한 조선은 이러한 분위기에서 건국되었다.

조선은 명 제국의 동아시아 패권 장악이라는 안정적인 국제 질서하에서 세워졌다. 건국 이후 임진왜란이 일어나기 전까지 약

200년간 평화를 누리며 왕권 강화를 추진했다. 조선왕조의 지방 통제력은 고려보다 한층 강화되었다. 조선은 유교에 바탕을 둔 강력한 관료제를 구축해 중앙집권적 행정 체계를 추진해 나갔다. 도(道) 아래에 전국을 330개 군현으로 편성하고 중앙정부에서 모든 군현에 지방관을 파견하여 통치했다. 군현 아래에는 면(面)과 리(里)를 설치하여 지방 곳곳에까지 중앙정부의 영향이 미치도록 행정제도를 정비했다. 그 결과 도-군-현-면-리로 이어지는 행정 단위 체계가 완성되었다. 엘리트 그룹이라고 할 수 있는 사대부들은 유교를 국가와 가족, 그리고 개인에게까지 적용되는 윤리적 근본으로 삼아 조선왕조를 이념적으로 떠받쳤다. 이러한 시도는 상당히 성공적이어서 조선은 임진왜란과 병자호란이라는 두 번의 치명적인 전란을 겪고서도 300년 가까이 더 버텼다. 중앙정부의 장악력이 지방 통제 수준을 넘어 백성들의 사상까지 침투했기에 가능한 일이었다.

    조선은 지속해서 중앙집권을 강화했다. 조선의 중앙집권화 수준을 가늠할 척도는 크게 두 가지이다. 하나는 해당 지역에 몇 명이 살고 조세와 병역 자원은 얼마나 있는가에 대한 기본 자료인 호구 파악이며, 다른 하나는 전국에서 거둬들인 조세를 중앙정부에서 모아 관리하는 시스템이다. 조선 중기까지 호구 파악은 나름대로 체계를 갖추었으나 일원화되지 못하고 두 계통으로 운영되었다. 행정 기관인 군현, 군사 기구인 군영, 교통 기구인 역도가 각각 지방 거점에서 관할 범위를 확보하고 운영에 필요한 호구를 자체적으로 파악했다. 군현에서 파악된 호구는 호조에, 군영과 역도에서 파악된 호구는 병조에 보고되었다.[133]

조선은 재정을 중앙집권화하는 데에도 많은 공을 들였다. 중앙집권적 왕정국가에서 가장 이상적인 재정 체계는 모든 영역의 재원이 중앙정부로 모였다가 공공 업무의 수행을 위해 중앙정부가 다시 일원적으로 배분하는 방식이었다. 조선은 18세기 균역법을 실시하여 정부 재정의 근거를 토지에 집중하는 한편 조세 수입에 대한 관리를 호조 및 산하 기관으로 일원화하는 개혁을 추진했다. 국가기관이 호조 및 산하 기관을 통하지 않고서 마음대로 재정 수입을 만들고 사용하는 것을 통제해 중앙정부가 얼마를 벌고 얼마를 쓰는지 효율적으로 파악하고자 한 것이다.[134] 하지만 당시의 행정 능력으로는 각 지방 관아에서 필요한 재정을 중앙정부가 신속하게 파악해서 조달하는 데 한계가 있었기 때문에 지방 관아가 자립적 재원으로 활용하는 것을 부분적으로 허용해야 했다. 이처럼 지방 관아의 재량권이 컸기에 지방 수령이 재정을 어떻게 사용하는지 감찰하는 것은 중앙정부의 주요한 업무 가운데 하나였다.

1894년 갑오개혁은 정부의 중앙집권을 강화하는 데 주안점을 두었다. 이를 위해서는 재정 개혁이 필수적이었는데, 정부는 국가 재정 담당 기구인 탁지아문을 설치하고 전국에서 거둬들이는 상납 재원을 모두 관리하도록 했다. 이로써 지방 관청이 여러 국가기관에 분산적으로 재원을 상납하는 것을 막아 중앙정부가 국가의 전체 재정을 파악하고 집행할 수 있게 되었다. 물론 탁지아문이 정부의 재정 관리를 제대로 하기 위해서는 어디에서 얼마를 거둘 수 있는지 정확하게 파악해야 한다. 이는 토지와 호구에 대한 파악과 징수를 일원화하는 작업으로 이어졌다. 정부는 왕실과 개별 국가 기관이 직접 운영할 수 있도록 했던 면세 토지들을 모두 국가 산하의 조세지로 일원화했다.[135] 아울러 호구 파악 체계의 한 축을 담당하던 군영과 역도가 폐지되고 기존의 호조에서 담당하던 업무까지 포함해 호적과 관련한 업무를 내무아문에서 총괄하게 되었다. 갑오개혁을 통해 조선의 행정 체계를 보다 효율적으로 재편함으로써 정부의 재정을 충실히 하고 국가 권력이 지방 행정을 확고히 장악할 수 있도록 한 것이다. 그러나 갑오개혁은 국가가 주권을 상실하고 일본의 식민지로 전락하면서 빛이 바랬다.

한반도는 본디 중앙집권에 유리한 지리적 이점을 타고났다. 우선 삼면이 바다로 둘러싸인 반도이기에 백성들이 국경 너머로 이탈하기가 매우 어려웠다. 백성들로서는 설혹 마음에 들지 않아도 국경을 넘어 도망갈 데가 없기에 그저 중앙정부의 지배를 감내하면서 살아야 하는 환경인 셈이다. 국토의 크기도 지나치게 크지 않아 고려의 개경이나 조선의 한양처럼 수도가 중앙부에 위치하는 경우 영토 전체를 직접 지배하는 것이 어렵지 않았다. 한반도의 지형도 중앙집권에 유리하다. 북부와 동부는 산악 지형으로 이루어진 반면, 평야는 한반도의 서부와 남부에 집중되어 있다. 이는 인구의 다수가 서부와 남부에 몰려 산다는 의미이며 그 규모에 있어 중앙부의 수도에서 백성들을 지배하기에 안성맞춤이었다. 그러하기에 한반도 전체를 다스리는 단일 왕국이 등장하면 늘 높은 수준의 중앙집권이 이루어졌다.

역사적으로 국가의 중앙집권 능력이 발달했다는 것은 곧 국가가 구성원들 사이의 선을 지울 힘을 가졌다는 의미이다. 중앙집권이 발달한 국가의 피지배 백성들은 국왕이 파견한 관료들이나 국가의 행정 체계 및 지배 이념의 학습을 통해 국가에 대한 소속감을 최상위 정체성으로 여겼다. 그만큼 중앙집권이 발달한 국가에서는 민족을 형성하는 것이 수월해진다. 앞서 언급했듯이 고려는 당대의 유럽이나 중동, 동남아시아 지역의 국가들에 비해 훨씬 중앙집권적인 국가였다. 그리고 조선의 중앙집권 수준은 그보다 한 걸음 더 나아갔다. 한반도에서 살았던 이들은 이러한 중앙집권적인 국가를 오랫동안 경험했다. 한정된 공간에서 같은 지배 권력의 통치를 받으며 살아가는 동안 한반도인들은 언어와 문화가 강력하게 동질화되고 같은 군주의 백성이라는 소속감도 공유했다. 한민족이라는 동질적 정서는 통일신라에서 씨앗을 뿌리고, 고려에서 뿌리를 내렸으며, 조선시대를 거치면서 공고한 줄기를 만들었다. 이것이 근대적 민족주의로 발전한 것은 대한제국과 일본의 식민 지배를 거치는 과정에서 일어났지만, 그 이전에 한반도에 존재했던 왕정국가들이 한반도에 거주하는 이들을 동질적인 집단으로 만듦으로써 민족의 본체를 형성했다.

한민족이 형성된 시기는 특정하기 어렵지만 유럽의 잉글랜드나 프랑스보다 훨씬 먼저 만들어졌고 전근대 민족국가를 꾸준히 유지해 왔다. 그 결과 한반도에서는 고려 왕조 성립 이후 국가 단위의 정체성보다 우위에 있는 지역적·부족적·종교적 정체성이 발달하지 않았다. 한반도에 사는 사람들 가운데 압도적인 다수가 한반도 전체를 하나의 국가가 다스려야 한다는 사실에 의문을 제기하지 않았다. 다른 정체성을 가진 집단이 분리주의 운동을 벌이거나, 종교 갈등으로 심각한 내부 분열과 충돌이 발생하지도 않았다. 동아시아를 제외한다면 세계사적으로 드문 경우이다.

한민족이 근대 이전에 형성되었다는 시각에 대해서는 다음과 같은 반론도 존재한다.

조선의 엘리트층인 사대부들은 중국의 전통적 화이관을 따라 스스로를 오랑캐가 아닌 '소중화(小中華)'라고 자처했다. 소중화 관념을 가능케 했던 것은 사대부들이 중국의 문자인 한자를 익혀 중국의 사상과 문화를 수용할 수 있었기 때문이다. 그 결과 조선의 엘리트층은 '조선인'이라는 민족적 구별성이 아니라 중국의 중화 세계관의 일부라고 여긴 것으로 해석할 수 있다. 그런데 이러한 선민의식을 조선의 일반 백성들은 공유하지 않았다. 대부분이 농민이었던 조선 백성들은 한자 대신 토박이 언어를 사용하고 고유의 전통 문화를 유지했다. 그들은 중화를 경험해 볼 기회가 없었고 그저 조선인이었다. 따라서 이러한 시각에 따르면, 조선의 엘리트층과 일반 백성들은 그 정체성이 서로 달랐다.

위와 같은 주장은 서구 중심의 민족 이론을 한국에 무리하게 대입한 결과이다. '소중화'는 정치 이념이지 종족적·민족적 정체성이 아니다. 중화사상에 따라서 국제 사회를 중화와 오랑캐로 나누고, 조선이 중국의 패권에 대립하는 야만적인 오랑캐가 아니라 중화 질서와 조화를 이루는 문명 국가라는 자부심이 '소중화'라는 관념에 응축되어 있다. 따라서 조선인들에게 '소중화'는 '문명 국가'의 다른 표현이며, '야만'의 상대어인 셈이다. 현존하는 문헌 자료를 보면 '소중화'라는 명칭은 조선인들이 붙인 것이 아니다. 고려 문종 대(1046~1083) 중국 북송의 지식인들이 고려의 사신들에게 붙여준 명칭이다. 당시 고려와 북송 간의 외교 관계가 재개되고 사신 왕래가 빈번해지면서 고려 사신들이 지은 시문을 보고 감탄한 송나라 지식인들이 고려에 대해 '소중화'라고 불러주었다.[136] 중국인들이 한자와 한문학에 대한 이해와 실력으로 '중화'에 포함되느냐 아니냐를 평가했다는 것 자체가 '중화'란 종족·민족적 개념이 아니라 문화적 개념임을 알 수 있다.

고려인이 '소중화'를 어떻게 인식했는가는 1287년에 편찬된 이승휴의 《제왕운기》에서 다음과 같이 드러난다. "요동에 하나의 별천지가 있으니 땅이 중조(中朝)와 구분되어 나뉘었다. 큰 파도 물결이 3면을 둘렀고, 북으로는 실과 같이 대륙과 이어졌다. 그 가운데 천리가 조선이니, 강산의 형승은 천하에 이름 높다. 농사짓고 우물 파는 예의의 나라니, 화인(華人)이 이름하여 소중화라 하였다."[137] 고려인인 이승휴가 '조선'이라고 명명한 것은 고조선을 칭하며 궁극적으로는 이를 물려받은 고려를 의미한다. 이승휴는 소중화라고 불리는 고려가 중국(중조)과 구분되어 나뉘었다고 밝혔다. 소중화는 중국의 일부가 아니라는 것을 고려인들도 명확히 인식했다.

조선의 사대부들도 자신들을 조선인이 아닌 '중국의 아류'라고 여기지 않았다. 조선인 엘리트들 스스로 언어가 중국인과 다르다는 자각이 분명했다. 이는 정체성의 차이를 자각하고 있었다는 의미이다. '나랏말씀이 중국과 다르다'는 '훈민정음 서문'의 선언은 조선 엘리트층이 한글을 수용하느냐의 여부와 관계없이 조선인이 중국인과 다른 별개의 정체성을 지니고 있음을 뚜렷하게 인지하고 있었다는 증거이다.[138]

소중화가 무엇인지 시각적으로 명확하게 보여주는 것은 조선 태종 2년(1402)에 만들어진 혼일강리역대국도이다. 지중해, 중동, 아프리카까지 표시된 이 세계 지도는 중화문명이 세계의 중심이라는 세계관을 보여주는 동시에 조선이 그 중화문명의 일부임을 나타낸다. 하지만 조선은 중국에 버금가는 존재감을 드러내되 동시에 중국과는 명확히 구분되어 있다. 중국에 이어 세계에서 두 번째 가는 중화문명 국가라는 의미를 지도에 담은 것이다.

중국에서 명 제국이 무너지고 청 제국이 들어서면서 기존 조선 사대부들의 화이관에 혼란이 오기 시작했다. 그 이전까지 조선 사대부들이 '오랑캐'로 규정하던 만주족이 청나라를 세워 '중화'의 주인이었던 명을 몰아내고 중국을 차지한 것이다. 이제 중화 문명을 호령하는 주인이 바뀌었다. 18세기에 이르면 조선의 사대부들은 중국에 대해 이중적인 태도를 취한다. 문화적으로는 명을 따르

혼일강리역대국도

는 조선중화주의를 표방하면서도 정치적으로는 청에 의존하자는 견해가 힘을 얻었다. 특히 북벌론을 주장하는 송시열 계열에 맞서 청의 선진 문물을 배워야 한다는 북학론이 등장하면서 청은 명을 잇는 중화에 속한다는 현실론이 널리 퍼졌다.[139] 이는 소중화 관념이 조선인의 개인 정체성이 아니라 국제 정치적 맥락을 이해하는 세계관이라는 점을 보여준다.

임진왜란과 병자호란을 연이어 겪은 조선 후기 한반도의 지배층과 피지배층은 모두 주변 민족과의 차이를 그 어느 때보다 분명하게 느끼고 있었다. 한민족이 중국인이나 일본인, 북방 유목민족과 분명하게 구별되는 존재라는 정체성은 조선 건국 이전에 오랜 한반도 통일 왕조를 통해 형성되었으며 조선 후기에는 그에 대한 자각이 매우 뚜렷했다.

민족국가의 단절, 일제강점기

중국이 세계의 중심이라고 믿었던 조선의 지배 엘리트들은 19세기 중반 아편전쟁에서 중국이 서구 열강에 패하는 것을 목격하고 충격에 휩싸였다. 조선은 청일전쟁에서 일본이 승리하자 중국으로부터의 자주권을 내세울 수 있게 되었다. 그 성과는 1895년 대한제국 선포로 이어진다. 하지만 일본이 러일전쟁(1904~1905)마저 승리로 이끌자 대한제국의 운명은 시한부 신세가 되었으며, 결국 1910년 국권을 상실하고 일본에 병합된다. 이는 신라의 삼국 통일 이후 한반도가 처음으로 외세의 완전한 지배하에 들어가게 된 사건이며, 천 년을 넘게 이어오던 전근대 민족국가가 최초로 단절된 사건이다. 한국의 긴 역사에 비추어볼 때 일본의 식민지를 경험한 35년은 매우 짧은 순간이다. 그러나 일본의 한반도 지배는 한민족이 근대로 진입하는 시기와 맞물린다. 한민족은 민족국가가 아니라 일본령 조선총독부의 통치 아래 본격적으로 근대의 파도를 맞이했다.

일본은 한반도를 일본에 동화시켜 궁극적으로 흡수하겠다는 목표를 세웠다. 조선인들을 일본 국민으로 만들고자 한 것이다. 원칙적으로 일본이 조선을 동화·흡수하고자 한다면 일본인과 조선인 사이의 선을 지워야 한다. 하지만 일본은 식민 통치를 하는 동안 끝내 선을 지우지 않았다. 조선인은 차별의 대상이었다. 조선인과 일본인은 법 앞에 평등하지 않았다. 조선인에게는 조선형사령 등 조선인만을 대상으로 한 특별 법령이 적용되었고, 일본인에게는 일본법이 적용되었다. 같은 범죄를 저질렀더라도 일본인이냐 조선인이냐에 따라서 적용되는 법률과 형량이 달랐다.[140] 공직 진출도 조선인에게는 매우 제한적으로 허용되었다. 조선인은 대부분 하급직 공무원에 머물렀으며 고위직으로 올라가는 길은 사실상 닫혀 있었다. 또한 같은 직급이라고 해도 조선인은 종종 더 낮은 보수를 받아야 했다.[141]

조선인들의 동의 없이 이를 추진하려면 강력한 국가 기구와 관료 조직이 필요했다. 조선총독부는 조선왕조와 대한제국의 잘 발달된 중앙집권적 관료제도를 큰 마찰 없이 효과적으로 흡수하였고 이를 토대로 매우 효율적이고 근대적인 관료제도를 구축했다.[142] 대한제국을 병합한 일본은 1910년 9월 말 조선총독부 관제 및 각 소속 관서의 관제를 공포하여 중앙 기구를 정비했다. 1910년대 조선총독부 중앙 기구는 대한제국 정부 조직과 통감부 조직을 통합하고 일본 내무성의 조직 체계를 수용하여 변형한 것으로 총독이 직할하는 총독관방이 조선총독부 행정 체계의 중심이었다.[143] 조선총독은 일본 육해군 대장으로서 조선총독부 산하의 군을 지휘하고, 모든 정무를 총괄했으며, 입법권을 가지고 있었고, 사법부인 조선총독부 재판소를 산하 기관으로 거느릴 정도로 조선 내부에서 누구의 견제도 받지 않는 막강한 권한을 가진 자리였다. 게다가 조선총독은 오직 본토의 일본 총리대신만이 제어할 수 있을 뿐 일본 내각의 여타 관료로부터 지휘를 받지 않았다. 1929년 척무성이 일본에 설치된 이후 척무대신은 대만과 남부 사할린(가라후토) 등 다른 식민지를 감독했으나 조선총독만은 예외로 일본 중앙 관청의 간섭에서 벗어난 특권을 누렸다.

일본의 식민 지배는 독특했다. 영국이나 스페인, 네덜란드 등 유럽의 식민 종주국들은 식민지를 자기 나라에 병합하려 하지 않았으며 본국과 식민지를 철저하게 분리했다.[144] 그러나 일본은 이와 달리 '내선일체(內鮮一體)'를 내세우며 '일본과 조선은 하나'라고 주장했다. 식민지 조선의 초대 총독이었던 데라우치 마사타케는 1915년 서구의 식민지화는 강제 수단에 의지할 뿐이며 근본적으로 인종과 풍속이 달라 융합할 수 없다는 점을 지적하며 이와 비교해 "일한(日韓)의 관계는 이와 반대로 그 지역이 입술과 이처럼 서로 의지하여 예부터 밀접한 이해관계를 가지고 있을 뿐만 아니라 동종동문(同種同文)으로서 습속(習俗)과 풍교(風敎)도 역시 큰 차이가 없으므로 서로 융합 동화할 수 있다"[145]고 주장했다. 조선을 일본의 일부로 아예 병합해 버리겠다는 계획을 드러낸 것이다. 일본이 2차 세계대전에서 패망한 이후 발간한 조사 보고서에서도 한반도 지배의 궁극적인 목적을 '조선의 시코쿠·큐슈화(四國九州化)'라고 밝혔다.[146] 시코쿠와 큐슈는 일본을 이루는 주요 4개 섬 가운데 작은 2개의 섬으로 조선을 일본의 완전한 일부로 만들겠다는 목표를 의미한다.

일본은 조선을 지배하면서 일본어 사용을 강제로 시행하고, 일본의 행정제도를 이식했으며, 신사참배와 창씨개명을 강요했다. 그러나 조선인들에게 일본인들과 동등한 권리가 주어지지는 않았다. 태평양전쟁이 막바지로 치닫던 1944년 4월부터 조선인에 대한 징병제가 실시되자 그 반대급부로 1945년 4월부터 중의원 선거에 대한 참정권이 허용되었으나 그해 8월 일본이 패망하면서 실제로 선거가 치러진 적은 없다.[147] 일본의 조선 병합 정책은 점진적으로 진행되었으며 그것도 중일전쟁이 일어난 1937년 이후 본격화되기는 했으나 조선을 영구히 일본의 일부로 편입시키겠다는 목표 의식은 조선 지배 내내 유지되었다.[148]

한반도가 일본의 식민지로 전락하면서 조선인들 사이에 민족주의가 번지기 시작했다. 민족은 한참 전에 만들어졌지만 민족주의는 1910년 이후에 본격적으로 바람이 불기 시작한 것이다. 대표적인 민족주의 사학자 박은식은 "4천 년의 문명을 지닌 전통국으로서 국혼(國魂)을 되살려야 한다"고 주장함으로써 한민족이 오래된 문명 국가를 유지해 왔음을 상기시켰다. 그가 묘사한 한민족은 이러하다.

"오늘날 우리 민족은 모두 조상의 피로써 골육을 삼고, 우리 조상의 혼으로써 영각을 삼고 있다. 우리 조상은 신성한 교화가 있고 신성한 정법을 가졌으며, 문사와 무공이 있으니, 우리 민족을 어찌 다른 것에서 구해야 옳겠는가."[149]

이러한 시각은 3·1운동 초기 137명의 유림 대표들이 파리평화회의에 보낸 독립 탄원서에서도 드러난다.

"우리 한국이 비록 국력은 약소하나 삼천리에 퍼져 살고 2천만 명이 4천여 년 역사를 지내왔으며 우리 국사(國事)를 감당할 힘이 없지 아니할 것이어늘 어찌 이웃 나라의 다스림을 받으리오. 천리의 풍조가 다르고 백리의 풍속이 같지 않거늘 저들이 이르되 우리 한국이 능히 독립하지 못함이라 하여 제 나라 다스리는 방법을 우리나라에 맞추려 하나, 풍속은 졸연히 바꿀 수 없는 것이다."[150]

유림의 입장은 조선인들의 전통적 가치관에 기반한 현실 인식을 반영하고 있으며 한국 민족주의의 원형을 엿볼 수 있다. 요컨대, 한민족의 역사는 매우 오래되었고, 스스로 국가를 경영할 수 있는 문명을 지녔으며, 일본과 구별되는 고유한 혼과 풍속이 있다는 것이 1910년대 불어닥친 민족주의의 핵심 내용이다. 이러한 주장은 일본의 식민지가 된 이후에 급조된 사상이 아니라 오랫동안 한국인들에게 자연스럽게 축적되어 온 생각이 발현된 것이다.

1919년 일본의 식민 지배에 대한 거대한 대중 저항인 '3·1운동'이 일어났다. 이때 독립선언서를 쓴 '민족 대표'들은 지식인들이었으나 시위에 참여한 대부분의 사람들은 농민이나 노동자들이었다. 이들은 무슨 생각으로 3·1운동에 참여한 것일까. 1919년 후반 조선헌병대 사령부에서 편찬한 〈조선 소요사건 상황〉에 따르면, "조선인의 불평 사항 중 가장 많은 것은 무단 정치나 경제적 수탈이 아니라 민족적 차별"이라고 기록하고 있다.[151] 조선인들에 대한 일본의 멸시와 푸대접은 곳곳에 존재했다. 열차를 탈 때에도 일본인 칸과 조선인 칸을 분리시켜 차별함으로써 조선인들에게 모멸감을 안겨주었다. 이는 당시 지식인이었던 이광수의 글 〈나의 고백〉을 통해서도 확인된다. "그때에 내가 부산역에서 차를 타려 할 때에 역원이 나를 보고 그 차에 타지 말고 저 찻간에 오르라고 하기로 연유를 물었더니 그 찻간은 조선인이 타는 칸이니 양복 입은 나는 일본 사람 타는 데로 가라는 것이었다. 나는 전신에 피가 거꾸로 흐르는 분격을 느꼈다. 나는 '나도 조선인이오' 하고 조선인 타는 칸에 올랐다."[152]

식민지 저항운동에서 '차별'이 핵심 원동력이 되는 것은 우리나라뿐만 아니라 식민지를 경험한 세계 모든 지역에서 공통으로 나타나는 현상이다. 식민지가 아니라 한 국가 내에서라도 특정 인종적·종족적 정체성을 가진 집단에게 차별이 가해지면 커다란 저항을 불러온다. 남아프리카공화국 정부의 아파르트헤이트(Apartheid, 남아프리카공화국의 인종 차별 정책)에 저항한 흑인들이 그러한 사례이다.

일본의 조선인 동화 정책은 성공하지 못했다. 1937년 이후 총동원 정책이 시행되면서 '황국신민화'라는 이름의 동화 정책이 더욱 적극적으로 전개됐지만 그 효과는 대체로 경성(서울)을 비롯한 도시 지역에 머물렀다. 이는 식민지를 경험한 다른 나라에서도 유사한 상황이 나타나는데 식민지의 도시는 대체로 식민 종주국이 몰고 온 근대적 트렌드를 따르는 반면, 고유의 민족 정체성 보관소 역할은 농촌·어촌 등 시골 지역이 담당했다. 시골 농부들은 제국주의 지배자의 언어가 아니라 토속어를 사용했고, 전통적 관념에 기반한 각종 의식과 문화를 습관처럼 이어갔다. 한국도 마찬가지였다. 한반도의 시골 마을 사람들은 일본의 지배에 대체로 순응했지만, 조상 대대로 사용하던 언어를 버리고 일본어를 사용하지는 않았다. 그들은 전통적인 방식으로 제사를 드리고, 음식을 만들어 먹고, 결혼하고, 자녀를 낳고, 장례를 치름으로써 한민족을 일본에 동화시키려는 시도를 자신들도 모르는 사이에 막아냈다. 당시 한반도는 일본의 근대화 정책에도 불구하고 여전히 농업 사회였기에 농민들의 근저에 깔린 정체성을 흔들지 못하면 한민족의 정체성을 바꿀 수 없었다.

일본이 추진한 동화 정책이 도시에서 완전하게 성공한 것도 아니다. 도시는 근대적 민족주의가 형성되는 공간이었다. 수로 교통이 유통망의 근간이었던 한반도에 일본 식민 통치의 일환으로 철도가 깔렸는데 이는 농촌의 젊은이들이 열차를 타고 도시로 몰려오도록 촉진함으로써 도시의 성장을 이끌었다. 또한 초가집을 비롯한 한옥 대신 근대적 건축 기법을 도입한 도시형 한옥과 문화주택[153]이 들어서면서 일본 지배하에서 도시의 외관이 크게 달라졌다. 그러나 근대적 교육 기관과 신문 및 잡지 등을 접하기에 유리한 도시는 근대적 지식인이 만들어지고 서구 사상의 영향을 받은 민족주의가 성장하는 인큐베이터 역할도 했다. 도시에서 전파된 서구 사상은 저항의 새로운 동력인 사회주의 운동으로 이어졌다.

식민지 초기에는 해외에서의 독립운동이 중심이 되었다면 후반부로 갈수록 국내에서 비밀리에 조직된 사회주의 운동이 성장했다. 당대 사회주의 운동의 핵심 목표는 아래로부터의 혁명을 통한 일본 제국주의 타도와 조선 독립이었다. 해방 직후 미군정이 시작되기 전 남한에서 좌익이 주도하는 건국준비위원회가 빠르게 세를 확장한 것은 그만큼 일본의 지배에 맞서 활동했던 이들이 상당수 존재했기 때문이다. 일본이 태평양전쟁에서 패전하고 연합국에 항복한 직후 상황을 보면 일본의 동화 정책이 실패했음을 쉽게 확인할 수 있다. 애초에 일본에 나라를 빼앗길 때에는 의병 투쟁, 자결, 해외 망명, 독립군 활동 등 다양한 저항이 일어났다. 무엇보다 전민족적인 저항을 확인시켜준 3·1운동이 전개되었다. 반면 일본이 패망하여 한반도에서 물러나게 되었을 때 이에 대한 조선인들의 집단 반발과 저항은 일어나지 않았다. 항복을 선언하는 히로히토 천황의 '옥음방송(玉音放送)'이 전파를 타자, 주도적으로 친일을 했던 이들은 혹여 해를 입을까 숨었고, 일본의 항복 다음 날인 8월 16일 서울의 거리는 '독립 만세'를 외치며 해방의 기쁨을 표현하는 함성으로 가득 찼다.[154] 그리고 새로운 국가를 건설하려는 움직임이 곳곳에서 발 빠르게 진행되었다. 35년간의 일본 지배

속에서 한민족의 정체성은 살아남았으며, 한국인들은 새로운 민족국가를 만들기 위한 준비에 들어갔다.

**아시아 신생 독립국들과
대한민국의 근대화는 무엇이 다른가?**

분단으로 인해 한국의 현대사 경로는 매우 독특한 방향으로 전개되었다.
한국은 미국과 북한이라는 양대 요소로부터 거대한 영향을 받으며
현대사를 힘들게 써내려가야 했다.
해방 후 38선 이남은 미군정이, 이북은 소련군정(소비에트 민정청)이 통치했다.
자연스럽게 남한은 미국의 정치제도를 따라 자유민주주의와 시장 경제의 길로 갔고,
북한은 소련의 정치제도를 따라 공산주의의 길로 갔다.
일본이 물러간 한반도에 서로 다른 이념과 체제를 기반으로 한
두 개의 국가가 세워졌다.

Korea

Chapter 2
두 방향의 제약

미국과 북한

일본의 식민 지배는 마치 당구 채로 때린 당구공이 연쇄적으로 다른 공을 맞히듯 이후 한국 현대사에 영향을 미쳤다. 일본의 식민 지배는 한반도를 분단의 운명으로 밀어 넣었고, 남한이 미국의 강력한 영향력 아래 들어가는 동시에 끊임없이 북한이라는 적대 세력을 의식할 수밖에 없는 상황으로 인도했다. 분단은 한국전쟁으로 이어졌고, 한국의 대미 의존도는 심화되었다. 이는 다시 남한의 민주화에 영향을 미쳤다. 만일 전쟁이 일어나지 않았더라도 한반도의 분단 상황은 남한이 북한과 대립하며 갈등하도록 만들었을 가능성이 높다. 이후 미국과 북한은 각기 다른 방향에서 한국 정치를 제약했고, 결과적으로 이러한 제약은 민주주의 경로를 결정하는 주요인이 되었다. 역사적으로 오랜 기간 중앙집권적 국가를 유지해 온 덕분에 한반도에서 종족적 선을 지우고 민족이 형성되었다면, 미국과 북한으로부터 온 두 방향의 제약은 대한민국에서 이념적 선을 약화시켰다.

일본으로부터 한국을 해방시킨 미국은 한국전쟁이 발발하자 유엔군을 결성해 한국에 대규모 파병을 단행했다. 전쟁 이후에도 한미동맹과 주한미군 등 안보 우산을 제공하는 한편 경제적 기반이 무너진 한국에 막대한 원조를 제공했다. 이렇듯 미국은 대한민국의 시작 단계에서 생존에 결정적 도움을 주는 존재가 되었다. 안보적·경제적으로 미국에 의존할 수밖에 없었던 한국의 권위주의 정부는 강력한 힘으로 국정을 주도했음에도 불구하고 민주주의를 요구하는 반정부 시위대에게 폭력을 행사할 때 미국의 눈치를 살필 수밖에 없었다. 미국으로부터의 제약은 한국의 민주화운동 세력이 활동할 수 있는 공간을 만들어주었으며, 1960년 4월혁명과 1987년 6월항쟁 등의 결정적 국면에서 권위주의 정부가 물러나도록 만들었다. 한국의 민주화운동은 북한으로부터 제약을 받았다. 한국전쟁으로 인해 남한 국민들은 북한에 대해 강한 적대감을 공유하고 있었다. 이로 인해 남한의 정치 지형은 보수화되었으며, 반정부 시위대 내부의 급진적 목소리는 결코 이러한 보수적 민심을 완전히 넘어서지 못했다. 한국의 민주화운동은 대부분의 기간 동안 급진화하지 않았으며, 반정부 운동이 급진화하지 않았던 것은 1960년 4월과 1987년 6월에 미국이 한국의 민주화를 지지하는 배경이 되었다. 미국이 시위대의 편에서 적극적으로 개입함으로써 한국의 권위주의 정부는 대규모 유혈 진압을 선택하지 않았고 이는 결과적으로 한국의 민주화를 가져왔다.

물론 한국의 군부 정권이 무력으로 시위대를 유혈 진압했다고 해도 시위대가 반정부 운동을 성공시켰을 수도 있다. 하지만 총칼을 든 공권력에 대항해서 시위대가 강렬한 물리적 충돌이 빚어지는 과정을 거쳐 승리하는 경우 급진적 혁명으로 이어질 가능성이 높고 그 결과는 점진적 민주화 이행보다 오히려 나쁜 경우가 더 많다. 대표적인 사례가 1979년 이란혁명이다. 이란에서는 팔라비 샤(Mohammad Reza Shah Pahlavi)의 독재 정치에 저항하는 대중 시위가 1963년부터 본격적으로 시작되었다. 1979년 1월 왕정이 무너지고 샤가 해외로 망명하기까지 3천 명이 넘는 사망자가 나왔다.[155] 물리력을 발동하는 데 제약이 별로 없었던 팔라비 왕정은 반체제 운동 세력에게 총기 발포, 고문, 구타, 구금을 자행했다. 이에 대항해 시위대는 이념과 정파를 막론하고 하나로 연대하여 치열한 항쟁을 전개한 반면 친정부 세력인 군부 내 일부가 시위대에 동조하면서 샤 체제는 급격히 힘을 잃었고 결국 혁명으로 이어졌다. 샤에게 대항하는 이란 시위대는 이슬람주의 세력, 사회주의 세력, 자유주의 세력, 민족주의 세력 등 여러 정파들이 한데 모여 있었다. 이들은 왕정을 무너뜨린 후 주도권을 잡기 위해 치열한 권력 투쟁을 전개했으며 결국 프랑스 망명 중 귀국한 루홀라 호메이니(Ruhollah Musavi Khomeini)를 중심으로 한 이슬람주의 세력이 승리하면서 이슬람 혁명으로 마무리되었다. 호메이니는 선거 제도를 포함한 민주주의적 요소를 가미한 이슬람 신정 체제를 구축했는데, 이 체제는 오늘날 이란 내부에서 광범위한 비판과 도전을 받고 있다. 시민들의 정치적 권리를 제한하고 지나친 반미 노선으로 경제적 어려움을 초래하는 등 애초에 혁명 대열에 참여했던 민중들의 바람과는 한참 멀어진 결과를 낳음으로써 국민들의 불만이 높아졌다.

혁명은 늘 양날의 칼이다. 기존 체제를 파괴하는 한쪽 날의 반대편에는 새로운 세상을 원하는 대중의 열망을 겨누는 날도 존재한다. 혁명 과정에서 권력은 소수에게 집중되며, 소수의 지배 세력이 지향하는 이념은 곧 혁명 정부의 다양한 가능성을 제한하는 새로운 권위주의로 치달을 가능성이 있다. 한국에 대입하자면, 5·18 광주의 경우를 제외하고 민주화 시위가 무장 유혈 충돌을 빚을 정도로 악화되지 않았던 것은 온건한 민주화 이행으로 이어지는 배경이 되었다. 한국은 혁명 대신 점진적 이행을 택했고, 결과적으로 그것이 민주주의의 공고화라는 보다 나은 결과로 이어졌다.

분단과 공백

한국이 해방 후 여타 탈식민지 아시아 국가들과 크게 다른 경로를 걷게 된 발단은 일본이다. 한반도의 분단은 일본 지배의 결과물이다. 1945년 7월 26일, 제2차 세계대전 처리를 논의하기 위해 미국, 영국, 소련 지도자들이 소련 점령하의 독일 포츠담에 모였다. 이들은 전쟁의 주무대인 유럽의 전후 질서에 대해 합의를 이끌어냈다. 하지만 여전히 항복하지 않고 버티는 일본에 대한 입장은 하나로 모아지지 않았다. 독일과의 전쟁에서 엄청난 희생을 치렀던 소련은 포츠담 회담이 열릴 때까지도 일본에 대해 중립 입장을 유지하고 있었다. 영국과 소련 등이 독일과 싸웠던 유럽 전선과 달리, 아시아-태평양 전선에서 일본과 전쟁하느라 막대한 희생을 치른 당사자는 미국이었다. 따라서 일본이 패전한 후 이를 처리하는 과정에서도 미국의 목소리가 가장 많이 반영될 수밖에 없었다.

포츠담 회담 직후 미국이 원자폭탄 실험에 성공하며 상황이 빠르게 바뀌었다. 미국은 8월 6일 일본 히로시마에 이 가공할 신무기를 투하했다. 원자폭탄 투하 소식을 접한 소련도 일본의 패배가 임박했음을 확신하고 태도를 바꿨다. 8월 8일 소련은 일본에 대한 선전 포고를 하고 다음 날 0시를 기해 만주와 한반도의 일본군에 대한 공격을 개시했다. 이미 회복 불가능한 패전으로 내몰린 상황에서 소련의 공격 소식을 접한 일본의 히로히토 천황은 더 이상

버틸 수 없다고 판단했다. 그 직후 미국은 두 번째 원자폭탄을 나가사키에 투하했다. 일본은 항복을 결심했다. 1920년대 이래 철저한 반공 정책을 실시해 온 일본에게 최악의 패전 시나리오는 천황제를 폐지할 것이 분명한 '공산주의 국가' 소련에게 본토를 점령당하는 것이었다. 소련군의 공격이 시작된 상황에서 일본은 '미국'에 항복 의사를 전달했다. 8월 15일 일본은 미국에 '무조건 항복'을 했으나 미국은 일본의 천황제를 유지시킴으로써 사실상 일본의 가장 중요한 항복 조건을 들어주었다. 결과적으로 독일과는 달리 일본 본토는 연합국이 분할 점령하는 대신 미국이 단독으로 점령했다. 그동안 소련군은 계속해서 한반도로 남하했다.

미국은 소련이 일본에 대한 공격을 개시하자 북위 38도선을 한반도의 소련군 진격 한계선으로 설정해 소련에 통보했다. 소련도 이에 응해 8월 26일 38선을 봉쇄하면서 남진을 멈췄다. 이것이 한반도 분단의 시작이다. 일본이 무너지는 상황에서 소련은 빠르게 한반도로 내려와 소련 본토 방어를 위한 완충 지대를 확보한 것에 만족하고 미국의 일본 점령을 인정했다.[156] 정황상 미국은 일본 전체를 단독으로 점령하는 대신 소련의 38선 이북 점령을 인정해 준 것으로 볼 수 있다. 일본이 한반도를 지배하지 않았다면 소련군이 한반도로 진입할 이유도 없었고 한반도가 분단될 일도 없었다.

물론 일본의 식민지였으나 분단이 되지 않은 지역도 있다. 대표적으로 대만이 그러하다. 그런데 조선과 대만은 경우가 다르다. 대만은 일본의 식민지가 되기 이전에 중국에 편입되어 있었다. 중국은 연합국의 일원으로서 제2차 세계대전의 승전국이었다. 당시 승전국들은 전쟁 이전에 차지했던 영토에 대해 전쟁 이후에도 자신들이 권리를 보유한다는 것이 기본적인 생각이었다. 따라서 미국과 소련 등은 중국이 대만에 대해 권리를 주장하는 것을 당연시했으며 일본의 식민지였다고 해서 연합국이 분할 점령할 이유가 없었다. 일본이 진출한 동남아시아 지역 역시 일본 점령 이전에 식민 종주국이었던 영국 등이 '우리 땅'이라며 권리를 주장했고 새로운 패권 국가인 미국과 소련이 개입할 여지가 별로 없었다. 그러나 조선은 일본 점령 이전에 다른 국가에 속하지 않은 독립국이었다. 연합국 가운데 일본이 물러난 이후 한반도에 대해 권리를 주장할 수 있는 나라는 존재하지 않았다. 한반도의 주인은 조선인이었다. 어떠한 강대국도 한반도에 대한 권리를 주장할 수 없었던 상황은 역설적으로 미국과 소련이 다른 강대국을 신경 쓰지 않고 한반도를 분할 점령하는 배경이 되었다.

분단으로 인해 한국의 현대사 경로는 매우 독특한 방향으로 전개되었다. 한국은 미국과 북한이라는 양대 요소로부터 거대한 영향을 받으며 현대사를 힘들게 써내려가야 했다. 해방 후 38선 이남은 미군정이, 이북은 소련군정(소비에트 민정청)이 통치했다. 자연스럽게 남한은 미국의 정치제도를 따라 자유민주주의와 시장 경제의 길로 갔고, 북한은 소련의 정치제도를 따라 공산주의의 길로 갔다. 일본이 물러간 한반도에 서로 다른 이념과 체제를 기반으로 한 두 개의 국가가 세워졌다. 천 년이 넘게 하나의 국가를 이루어왔던 한국인들은 이를 낯설게 받아들였고, 남과 북의 지도자들은 모두 두 개의 국가를 하나의 국가로 통일하겠노라 공언했다. 이를 실제 행동으로 옮긴 쪽은 북한이었다. 1950년 6월 25일 북한이 38선 이남으로 침공하면서 한국전쟁이 발발한 것이다. 일본의 지배는 한반도 분단으로 이어졌고, 한반도 분단은 전쟁으로 이어졌다.

일본의 식민 지배는 해방 이후 한국의 역사적 경로에 또 다른 영향을 미쳤다. 조선을 완전히 흡수·병합하려 했던 일본 식민통치의 방향은 '일본과 조선은 하나'라는 목표를 내세웠기 때문에 일제강점기 한반도 내에서 일본인과 구별되는 조선인의 정체성을 대표할 만한 자치 공간은 주어지지 않았다. 1920년대부터 일제는 조선에서 동화 정책의 일환으로 부분적인 '지방 자치'를 실시했다. 일제강점기 조선에서 경성·평양·부산 등 권역별 중심 도시를 '부(府)'로, 경기도와 황해도와 같은 '도(道)'는 그대로 '도'로 행정 구역화했다. 부의 자치 기구인 부협의회나 도의 자치 기구인 도평의회(도회) 등은 '자치'를 표방했음에도 불구하고 총독부가 임명한 부윤(부의 최고 관리)이나 도지사(도의 최고 관리)의 자문 기구에 가까웠다.[157] 또한 선거권 및 피선거권을 부여받는 대상도 국세 5원 이상 납부하는 자로 제한함으로써 한반도 거주 인구상 조선인이 압도적으로 많음에도 불구하고 조선인 유권자보다 조선에 거주하는 일본인(재조선 일본인) 유권자 수가 더 많았다.[158] 1931년 부협의회 선거 유권자 수는 조선인이 20,018명인 반면 일본인은 36,053명으로 일본인 비중이 훨씬 더 많았다. 유권자 수를 인구 비율로 따져 보면 일본인 유권자는 재조선 일본인 인구의 14%에 해당하는 데 비해 조선인 유권자는 조선인 인구의 약 2.6%에 지나지 않았다.[159] 또한 당시 조선인 가운데 교원·관리·경찰관·승려 등의 직업을 가진 자에게는 선거권을 주지 않았다. 직업을 통해 선거에서 배제당한 조선인들은 교육을 받아 글을 읽고 쓸 줄 아는 이들로서 민족주의 이념을 접하거나 반일 의식을 가질 가능성이 있는 이들이었다. 따라서 재산과 직업에 따른 참정권 제한 규정은 상대적으로 민족의식이 높은 청년층과 지식인을 선거에서 배제하여 지방선거가 조선인의 정체성을 대변할 수 없도록 막은 셈이다. 유권자 구성이 이렇게 이뤄지다 보니 부협의회 의원 역시 일본인 비중이 더 높았다. 예컨대, 1926년 전국의 부협의회 의원 가운데 일본인은 총 146명이었던 반면 조선인은 84명에 그쳤다.[160] 일제강점기의 지방 자치는 이처럼 대부분의 조선인을 선거에서 배제함으로써 조선인을 대표하는 기구 역할을 하지 못했으며 조선인보다 오히려 인구가 훨씬 적은 일본인을 대표하는 기능이 두드러졌다. '내선일체'를 추구한 일본으로서는 중장기적으로 완전한 일본인이 되어야 할 조선인들에게 별도의 집단 정체성을 허락할 수 없었다.

일본의 조선 지배는 인도, 파키스탄, 말레이시아 등을 식민 지배했던 영국의 정책과 상당한 차이를 보인다. 영국은 인도국민회의나 전인도무슬림연맹 등을 통해 인도인들이 각자의 종족적 정체성을 가질 수 있도록 허용했다. 영국령 말라야에서도 말레이계와 중국계 대표들의 정치적 동맹을 주선해 훗날 말레이시아 건국의 주도 세력으로 세운 당사자가 영국이었다. 인도아대륙이나 말라야에서 보호령으로 존재하던 토후국의 전통적 지배자들이 명목상으로나마 존치되기도 했다. 영국이 인도나 말레이시아를 영국의 일부로 흡수·병합하려고 하지 않았기에 가능한 지배 정책이었다. 결과적으로 인도나 말레이시아에서는 국내에서 현지 주민들이 민족운동을 전개할 수 있는 공간이 존재했다. 국민회의나 무슬림연맹은 영국 통치의 파트너를 넘어서 독립 운동의 지도부 역할을 했다. 말라야에서도 UMNO가 말레이계의 정치적 구심점이 되면서 향후 독립 국가 건설의 주축이 되었다. 영국이 인도나 말라야와 같은 다종족 사회를 식민 지배하는 과정에서 추구한 것은 종족 집단 간 분열과 갈등이었기에 각 종족 집단을 대표하는 세력들끼리 뭉치는 것을 용인했다. 네덜란드가 지배했던 인도네시아에서도 '사레캇 이슬람(Sarekat Islam)'과 같은 현지인들의 민족운동 기구가 국내에 만들어졌다. 네덜란드도 인도네시아를 네덜란드로 완전히 병합·흡수할 생각이 없었기에 식민 통치 전략의 일환으로 쁘리부미(인도네시아 현지인)를 대변하는 자치 기구를 용인했다. 사레캇 이슬람은 이후 인도네시아 민족주의 운동 및 공산주의 운동의 모태 역할을 한다. 요컨대, 다종족 사회인 식민지에서는 국내에 민족운동 기지가 존재할 수 있었고, 이는 점차 국내에서 독립 국가 건설을 주도하는 세력이 활동하는 공간으로 발전하였다. 반면 조선은 민족 정체성이 존재하는 단일 민족국가였으며 이를 완전히 흡수하려 했던 일본의 지배 정책으로 인해 한민족 정체성을 대변하는 조직은 한반도 내부에 설 공간을 얻지 못한 채 중국 상해 및 러시아(소련) 연해주 등 해외로 근거지를 옮겨서 활동해야만 했다.

일본 식민지 시기 한국인의 민족운동 중심이 국내가 아닌 해외에 위치했기에 한국인들은 1945년 해방 직후 민족의 대표성을 가지고 건국을 주도할 독립운동 세력이 국내에 존재하지 않는 상황을 맞이했다. 이는 다른 탈식민지 국가들의 경우와 확연히 차이가 나는 대목이다. 인도에서는 간디와 네루 등이 이끌었던 국민회의가 독립운동과 인도공화국 건설의 주체가 되었고, 인도네시아에서는 수카르노가 이끄는 민족주의 세력이 인도네시아공화국을 선포하고 네덜란드와의 투쟁을 통해 독립을 쟁취했다. 당연히 건국 과정에서 네루와 수카르노가 자국 국민들에게 정통성을 인정받으며 지지를 모아나갈 수 있었다. 파키스탄에서도 무슬림연맹이 의심할 바 없는 건국의 중심이었으며, 말레이시아에서는 UMNO가 국가 건설 과정을 확고하게 장악했다. 이들은 식민지 시기 이미 국내에서 활동하며 대중 속에 뿌리를 내리거나 적어도 다른 경쟁자가 없을 정도로 강력한 정치적 구심점이 되었다. 국가를 세울 핵심 세력이 분명했다는 의미이다.

하지만 한국은 사정이 완전히 달랐다. 해방 직후 여운형이 이끌었던 조선건국준비위원회(이하 건준위)가 적극적으로 활동했으나 건준위의 활동가들은 대부분 좌익 계열로서 일제강점기에 조선총독부의 탄압을 피해 지하 조직에서 운동을 벌였기에 대중들에게 인지도를 쌓을 수 없었다. 건준위는 미군이 한반도에 들어오기 전 서둘러 조선인민공화국 수립을 선포했는데 이에 대한 대중의 호응도 약했을 뿐만 아니라 뒤이어 한반도로 들어온 하지 미군정사령관도 조선인민공화국을 인정하지 않았다. 국내에서 활동했던 김성수나 송진우 등의 한국민주당(한민당) 계열 인사들은 일본에 협조했던 터라 건국을 주도할 만한 정당성이 부족했다. 대부분의 조선인들은 조선총독부의 극심한 언론 통제로 인해 해외 독립운동에 대한 소식을 접할 기회가 거의 없었다. 다만 중경의 대한민국임시정부가 발신하는 라디오 단파 방송과 미국에서 이승만이 '대한민국임시정부 주미외교위원부 위원장' 자격으로 발신하던 '미국의 소리' 단파 방송 등을 몰래 청취한 이들을 통해 임시정부에 대한 소식이 입소문으로 대중들에게 은밀히 퍼졌다. 따라서 해외에 존재하는 임시정부 요인들은 어느 정도 대중들에게 이름이 알려진 상태였으나 이들 또한 국내에 세력 기반이 없었다는 점에서는 정국을 주도하는 데 한계가 있었다. 게다가 임시정부 요인들은 해방이 된 후에도 한동안 미군정이 귀국을 허락하지 않아 외국에 머물러야만 했다.

    미군정은 대한민국 임시정부를 '정부'로서 인정하지 않고 임시정부 요인들에게 개인 자격으로 입국할 것을 요구했는데 이는 임시정부 요인들이 해방 공간에서 정치적으로 우위에 설 기회를 빼앗아버렸다. 결국 미군정의 요구를 받아들인 이승만은 해방 후 두 달이 지난 10월 16일에 한국 땅을 밟았고, 김구를 비롯해 중국에 머물던 임시정부 요인들도 이를 수용하면서 11월 23일 오랫동안 그리워하던 고국으로 돌아왔다. 하지만 임시정부의 뜻과 달리 조국은 남과 북으로 갈라져 있었고, 남한을 통치하는 미군정은 어떠한 정치 세력에게도 우선권을 부여하지 않음으로써 남한 내 모든 정치 세력이 서로 경쟁하도록 만들었다.[161] 남한의 해방 공간은 이승만을 중심으로 한 독립촉성중앙협의회, 김구와 임시정부 요인들을 중심으로 한 한국독립당, 국내 보수파가 중심이 된 한민당, 국내 공산주의자들이 만든 남조선노동당 등 여러 세력들이 경쟁을 벌이는 국면으로 치달았다. 그리고 이 경쟁의 승패를 결정할 힘은 미군정의 손아귀에 있었다.

이식된 민주주의

해방 후 어떠한 국내 정치 세력도 자체적으로 독립 정부 수립의 주도권을 쥘 수 없었던 공백을 채운 것은 미군정이었다. 미군정은 남한에 미국식 민주주의 체제를 근간으로 하며 동시에 강력한 반공주의를 지향하는 자본주의 국가 수립을 목표로 삼았다. 그래서 이를 도와줄 한국인들을 찾는 것이 미군정 사령관 하지 중장의 급선무였다. 미군정은 영어를 할 줄 아는 한국의 미국 유학파 기독교인들을 대거 등용했으며, 이들 중 상당수는 한국 정부 수립 이후에 고위 관료로 진출하였다. 자연스레 유학파와 고학력자가 많은 한민당 인사들이 친일 혐의에도 불구하고 미군정과 네트워크를 형성하면서 미군정 초기에 득세했다.

하지 중장을 비롯한 미군정 관계자들은 보수적인 한민당이라는 렌즈를 통해 한국 사회를 이해했다. 여기에 하지 중장의 개인적인 편향까지 겹쳐[162] 미군정은 강력한 반공 정책을 밀어붙였고, 그 결과 좌익 계열 활동가들은 남한의 제도권 정치에서 밀려나고 말았다. 미국에서 오랫동안 머물며 임시정부의 외교통으로 활동했던 이승만 역시 미군정에서 다른 임시정부 요인들보다 유리한 위치를 점했다. 이승만은 영어에 능통했으며 기독교인으로서 미국 문화에도 익숙했고 남한 대중들 사이에서 인지도도 높았던 덕분에 미군정의 중요한 정치적 파트너가 되었다. 미군정기에 이승만과 한민당이 강력한 영향력을 발휘할 수 있었던 것은 한국인들의 자발적인 선택이라기보다는 미군정이 정치적으로 선택한 결과였다.

미군정은 한국 사회에 거대한 영향을 미쳤다. 역사적으로 한국인들은 중국이 세계 최강 대국이자 중심 국가라고 여기는 중화세계관 아래에서 살았다. 하지만 아편전쟁 이후 중국 중심의 세계관이 무너지고 35년간 일본의 지배를 받으면서 한국인들에게는 일본이 문명과 국가의 기준으로 자리 잡았다. 그런데 미군정 3년은 일본 중심의 세계관을 단숨에 무너뜨리고 미국을 새로운 표준으로 여기게끔 만들었다. 미국식 가치·제도·문화가 한국에 대거 유입되었다. 미국 중심의 새로운 세계관을 습득한 20대 후반에서 30

대 초반 연령대가 사회 주도층으로 부상했으며 미국 유학생 출신 학자들이 고위 관료로 대거 진입했다. 이후 오래도록 한국 사회에서 영어 실력은 한 사람을 평가하는 핵심적인 잣대로 기능했고, 미국 유학은 신분 상승의 사다리로 여겨졌다.

본격적인 자본주의 관념도 미군정기에 도입되었다. 미군정은 1945년 12월 6일자로 미군정 법령 33호를 공포하여 한국 내 일본과 일본인의 국공유 재산 및 사유 재산, 곧 '적산(敵産)'을 모두 미군정에 귀속시키는 조치를 취했다. 당시 한국에 있는 일본 재산은 국내 전 재산의 80% 이상을 차지하고 있었기 때문에 이를 처리하는 것은 한국 경제의 향방을 결정할 정도로 중요한 사안이었다. 이후 이북에서 월남한 자본가와 기술자들을 위시한 사업적 마인드가 있었던 이들이 적산을 불하받음으로써 점차 부르주아 계층이라는 인적 자원이 확보될 수 있는 토대가 마련되었다.[163] 한국의 자본가들은 국가 정책에 의해 특혜를 받으며 성장했다. 훗날 박정희식 경제 성장의 최대 수혜자인 재벌이 그렇게 형성되었는데 그 원형은 미군정기에 시작된 셈이다.

민주주의 제도를 남한에 정착시키기 위해 교육이 중요하다고 판단한 미군정은 교육 정책에 깊숙이 관여했다. 남한의 교육 업무를 맡은 군정청 학무국(the Bureau of Education)은 군정 초기 단계에서부터 미국 유학파 출신 한국 교육계 인사들과 신속히 교류 채널을 구축하면서 이들을 통해 조선교육위원회와 조선교육심의회를 구성해 교과서 편찬 작업을 진행했다. 한국 공민과(나중에 사회과로 바뀜) 교육의 방향은 미국식 민주주의 규범을 근간으로 하되 한국의 민족주의 정신을 고취하는 내용이 결합하는 형태로 자리 잡았다.[164] 또한 민주주의와 시장 경제가 제대로 작동하기 위해서는 그에 걸맞은 사법제도가 필수적이었기에 미군정은 한국에 미국식 사법제도를 전수하기 위한 한미법률협회(Korean-American Legal Academy)를 설립했다. 일제강점기를 겪은 한국의 법률가들은 일본의 법률 체계에 익숙했는데, 미국은 다수의 미국인 법률 고문을 파견해 보다 민주적이고 시장 경제 원리와 조화로운 사법 체계를 세우도록 도왔다. 김병로를 위시한 한국인 법률가들은 미국인 법률 고문과 더불어 독일법과 영미법을 혼합한 한국의 법전을 만들어내는 작업을 수행했다.[165] 이렇게 미군정 아래에서 대한민국 체제의 기초가 마련되었다.

한국인들은 일본의 식민 지배 아래에서 어떠한 민주주의 정치 경험도 쌓지 못한 채로 갑자기 민주주의 제도를 받아들였다. 한국에는 인도의 국민회의나 말레이시아의 동맹당처럼 민주주의를 이끌 엘리트 정치 세력이 존재하지 않았다. 민주주의 제도를 통해 정부를 이끌 정치적 구심점이 확실했던 인도나 말레이시아는 '위로부터의 민주주의'가 장기간 유지되었다. 반면 한국의 제헌의회가 추구했던 민주주의 정신은 대한민국 정부 수립 이후 제대로 구현되지 않았다. 한국의 대통령중심제와 오랜 중앙집권제의 전통이 맞물려 대통령의 리더십은 권위주의적으로 흘렀다. 이승만 정부는 점차 법과 제도가 아니라 이승만 개인의 카리스마에 의존하는 방식으로 국정을 운영했다.

　민주주의가 외부에서 이식되었지만 민주주의 제도에 대한 훈련을 거치지 못한 한국의 정치 엘리트들에게는 갑자기 주어진 민주주의를 유지할 만한 능력이 부족했다. 오히려 미군정 주도로 만들어진 공교육 과정과 신문·잡지 등의 매체를 통해 서구식 민주주의를 접한 젊은 학생들이 변화의 중심에 섰다. 식민지 시대의 기억이 많이 남아 있지 않은 젊은 세대 가운데 상당수는 새로운 공적 가치로 미국이 전해 준 민주주의를 받아들였다. 이는 이승만 정부의 권위주의적 행태와 부정부패에 맞선 '4월혁명(4·19혁명)'의 주도 세력이 대학생과 고등학생들이었다는 사실에서도 잘 드러난다. 한때 국가의 공적 규범이었던 유교가 조선의 몰락과 더불어 그 지위를 잃어버린 후 외부에서 전해 준 민주주의가 대한민국의 새로운 공적 가치로 자리 잡기 시작한 것이다. 대한민국 정부 수립 이후 집권 세력은 국가의 기본 이념으로 선포한 민주주의를 현실 정치에서 제대로 운영하지 못했던 반면, 학생들과 일부 지식인들을 중심으로 민주주의 제도와 이념을 옹호하는 것이 근대화의 올바른 방향이라고 여기는 이들이 늘어났다. 이후 1987년 6월 항쟁에 이르기까지 한국 사회는 학생운동 세력을 비롯한 시민사회가 권위주의 정부에 저항하는 형태의 '아래로부터의 민주주의'가 민주화를 이끌었다. 요컨대, 일본의 식민 통치는 해방 후 한반도의 분단과 남한의 미군정 체제 수립을 낳았으며, 이는 미국이 심어준 민주주의가 대한민국의 새로운 공적 가치로 자리매김하는 결과를 가져왔다. 특히 유년 시절에 해방을 맞이한 젊은 세대들은 공교육과 언론 등을 통해 민주주의 규범과 제도를 접하면서 새로운 민주주의 수호 세력으로 등장했다.

대미 의존의 심화

한반도를 식민 지배하던 일본이 전쟁에서 패망하면서 미국과 소련은 한반도를 남북으로 분단했다. 일본의 식민 지배는 해방 이후 한반도가 남북으로 분단된 채 서로 갈등하고 대립하는 경로로 한국의 현대사를 이끌었다. 물론 분단과 남북 대결 구도를 만들어 냈다고 해서 일본의 식민 지배가 곧 한국전쟁의 원인이라고 주장하는 것은 아니다. 일제강점기가 일본의 패망으로 막을 내리면서 한반도 분단과 미군정으로 이어진 것까지는 하나의 인과관계로 이어진 세트로 볼 수 있지만 분단이 한국전쟁으로 이어지는 것은 필연적이라고 보기 어렵다. 만일 미국이 남한의 안보 전략적 가치를 좀 더 높게 평가했다면 상황은 완전히 달라졌을 것이다. 아니면 남침을 타진하던 북한 지도부가 전쟁 발발시 미국이 매우 적극적으로 개입할 것이라는 사실을 제대로 파악했더라도 상황은 또 달라졌을 것이다. 그러나 현실에서는 두 가지 모두 일어나지 않았다.

미국은 대한민국 정부 수립 이후 주한미군 철수를 추진했다. 제

2차 세계대전 이후 서유럽을 비롯한 세계 각국의 전략적 요충지를 재건하느라 정신이 없었던 트루먼 대통령은 당시 중요성이 부각되지 않았던 한국에까지 신경을 쓸 여유가 없었다. 특히 1946년 미국 중간 선거에서 공화당에 패해 60억 달러의 예산을 삭감당한 터라 그리스나 터키에 비해 상대적으로 전략적 가치가 떨어진다고 판단되는 한국에서 미군을 철수시키려 했다.[166]

1948년 8월 대한민국 정부가 만들어진 이후에는 한국 방어의 책임이 한국 정부로 이관되었다. 미국은 소규모의 군사 고문단만을 남기고 1949년 6월까지 단계적으로 철수했다. 이승만은 북한의 잠재적인 침략에 대처하기 위해 미국에 항공기와 장갑차 등의 공격용 무기를 제공해 달라고 간청했으나 미국은 이에 응하지 않고 방어용 군사 장비 위주로 지원했다. 이승만은 정부 수립 이후 줄곧 "평양을 사흘 만에 점령하고 2주 만에 한반도를 재통일할 수 있다"고 큰소리치곤 했는데, 이 때문에 미국은 남한에 장갑차나 전투기를 주었다가는 자칫 이승만이 이를 믿고 북한을 공격해 전쟁을 일으킬지도 모른다고 우려한 것이다. 반면 소련은 북한에서 1948년 10월에 철수한 이후에도 북한 정부에 장갑차와 대포 등을 계속 제공했다.[167] 북한은 미군이 남한에서 물러나는 것을 보면서 미국의 한반도 개입 의지가 약하다고 판단했으며 이는 1950년 6월 25일 38선을 넘어 남한을 전면 공격하는 것으로 이어졌다.

그런데 미군이 한국에서 철수를 진행하는 동안 한반도를 둘러싼 국제 정세가 크게 변하고 있었다. 중국이 공산화된 것이다.

1949년 4월 마오쩌둥이 이끄는 중국공산당이 장강을 건넌 이후 국민당 정부의 몰락이 기정사실화되자 트루먼 대통령은 정치적으로 궁지에 몰렸다. 미국의 야당인 공화당은 소련과의 경쟁이 치열해지는 상황에서 중국을 잃어버린 데 대해 트루먼을 성토했다. 이 과정에서 자연스레 한국의 전략적 가치가 재평가되었다. 트루먼은 미군 철수를 번복하지는 않았으나 한국을 '동북아시아 민주주의의 보루'로 인식하게 되었고 한국의 경제부흥정책을 추진해 다른 제3세계 국가들의 모범 사례로 만들고자 했다. 이 정책이 성공한다면 한국을 지원한 미국의 우월성을 전 세계에 과시할 수 있을 터였다.

트루먼 대통령은 1949년 6월 7일 대한경제부흥정책안을 의회에 보내면서 교서를 통해 이렇게 호소했다. "자립적으로 안정적인 경제를 지향하는 대한민국의 생존과 진보는 아시아와 민중들에게 큰 영향을 미칠 것입니다. (중략) 나아가 대한민국은 공산주의자에 맞서는 데 있어서 민주주의의 성공과 끈기를 과시함으로써 북부 아시아 민중들이 그들을 지배하는 공산 세력의 통제에 저항하는 데 등대 노릇을 하게 될 것입니다."[168]

남침을 강행한 북한 지도부는 중국 공산화 이후 트루먼 행정부가 한국을 달리 보기 시작했다는 점을 간파하지 못했다. 북한군이 38선을 넘어 남한 침공을 감행하자 트루먼 행정부는 즉각 대응에 나섰다. 미국은 유엔 안전보장이사회 결의안을 통해 북한에 38선 이북으로 철수할 것을 요구했으나 북한은 이를 거부했으며, 이에 미국은 유엔 회원국들에게 북한의 침략을 격퇴하는 데 필요한 지원을 요청하는 두 번째 유엔 결의안을 통과시켰다. 유엔군 사령부가 미국 주도 아래 빠르게 구성되고 16개국이 합류해 대규모 파병을 포함한 여러 군사적 지원을 제공했다. 전쟁 발발 후 한동안 한국군과 유엔군은 수세에 몰렸으나 1950년 9월 유엔군 총사령관 더글라스 맥아더 장군이 인천상륙작전을 통해 전세를 역전시켰다. 10월 미국이 이끄는 유엔군과 한국군은 38선 이북으로 진격해 한반도의 재통일을 눈앞에 두었다. 하지만 '인민지원군'이라는 이름을 내건 중국의 개입으로 유엔군과 한국군은 다시 밀렸다. 38선 부근에서 치열한 공방을 주고받으며 전쟁은 교착 상태에 빠졌고 미국은 중국 및 북한과 휴전 협상에 들어갔다. 이승만은 휴전이 미군의 철수로 이어져 북한의 재침공을 불러올지도 모른다고 우려했기에 휴전을 거부한 채 협상에 불참했다.

 3년간에 걸친 전쟁은 한국으로 하여금 미국에 더 의존하도록 만들었다. 1953년 10월 1일, 한국과 미국은 상호방위조약 체결을 통해 공식적인 동맹국이 되었다.[169] 한미 상호방위조약은 이후 주한미군을 포함한 미국의 안보 우산 제공의 근거로 작용하며 오늘날까지 한국 국방 정책의 근간이 되고 있다. 한국전쟁 이후 미국은 안보 못지않게 경제적으로도 한국을 크게 지원했다. 한국은 전쟁 과정에서 120만 명의 군인과 민간인 사상자가 발생했으며 경제적 기반이 완전히 무너진 극빈 국가가 되었다. 1954년 대한민국의 국내총생산은 15억 달러, 1인당 국내총생산은 75달러에 불과했다. 이러한 상황에서 미국의 원조는 한국의 전후 복구에 필수적이었다. 휴전 이후 미국은 12년간에 걸쳐 한국에 대한 경제 원조에 32억 달러 이상을, 군사 원조에 25억 달러 이상을 투입했다. 이는 같은 기간 동안 미국이 동아시아와 태평양 지역에 제공한 모든 원조의 27%에 달한다.[170]

    미국의 각종 지원은 한국인들이 전쟁과 가난을 견딜 수 있도록 해준 인공호흡기였다. 1945년 미국에 의한 해방과 1950년 미국의 한국전쟁 참전에 이어 한미 상호방위조약 체결 및 경제 원조를 통해 미국은 짧은 기간 동안 연속적으로 한국의 존립에 결정적인 역할을 했다. 이는 한국 정부의 대미 의존성을 크게 강화시키는 효과를 가져왔다. 비단 이승만 정부뿐만 아니라 박정희 정부 역시 미국 차관과 교역에 크게 의존했다. 한국의 권위주의 정권은 미국으로부터 인정을 받으려 애썼고, 미국 대외 정책의 향방은 늘 한국 외교 정책에 있어 초미의 관심사였다. 또한 미국은 오랫동안 한국의 제1교역 대상국이었다. 1960년대 말과 1970년대 초에는 한국의 수출 중 약 50%가 미국으로 수출된 것이었다. 이러한 비중은 차츰 떨어져 1970년대에는 미국의 비중이 약 25~35%였으나 이 역시 한국의 수출 대상국 가운데 가장 높은 비중이었다. 수입 비중 역시 높아서 1958~1964년에는 미국으로부터의 수입이 45~55% 수준에 이를 정도였다.[171]

왜 한국은 '서구적 근대화'를 지지했는가

한국과 미국은 동맹국이며 전통적인 우방이다. 전 세계에 미국과 친한 국가는 많다. 하지만 '식민지'라는 조건을 추가해서 살펴보면 상황이 꼭 그렇지만도 않다. 앞서 살펴본 인도와 인도네시아는 건국 초기 미국과의 관계가 별로 좋지 않았다. 좀 더 시각을 확장시키면, 베트남과 미얀마 등 유럽 열강의 식민 지배를 경험하고 독립한 국가들은 대체로 건국 이후 상당 기간 미국과 적대적인 관계를 유지했다. 영국과 프랑스의 지배를 거쳐 독립한 이집트, 이라크, 시리아 등 중동과 북아프리카의 국가들도 마찬가지였다. 전 세계적으로 식민 지배를 겪다가 두 번의 세계대전을 계기로 20세기에 독립한 국가들은 대부분 독립 이후에도 식민 종주국이었던 유럽 열강과 관계가 좋지 않았다.

냉전 시기 과거 식민 지배에 앞장섰던 영국 등 서유럽 국가들의 리더는 미국이었다. 미국은 제2차 세계대전으로 폐허가 된 서유럽의 재건을 적극 지원했고 더 나아가 북대서양조약기구(NATO)를 설립해 군사적으로 서유럽을 방어했다. 앞서 네덜란드가 제2차 세계대전 종전 이후 인도네시아를 재침공한 사례에서도 나타나듯이 과거 유럽 식민 종주국들은 전쟁이 끝나고 나서도 쉽사리 아시아와 아프리카의 식민지를 포기하려 하지 않았다. 세계 곳곳에서 신생 독립 국가 건설을 추진하는 민족주의 세력이 구제국주의 국가들과 충돌했다. 영국과 프랑스는 수에즈 운하를 되찾겠다며 이집트를 침공했다가 물러났고, 프랑스는 인도차이나 지배를 지속하려다가 호치민이 이끄는 베트남 독립 투쟁에 패했다. 영국도 중동과 말레이반도에서 쉽사리 손을 떼려 하지 않았다. 미국은 제3세계의 민심이 소련으로 돌아설 것을 우려해 NATO 동맹국들의 이러한 행태를 강하게 비판했으나 그렇다고 해서 영국을 비롯한 서유럽 국가들에 대한 지원을 끊지도 않았다. 여전히 과거 제국주의 국가들의 든든한 뒷배는 미국이었다. 당연히 탈식민 독립 국가들에서는 미국의 패권 아래 들어가는 것을 달가워하지 않는 여론이 강했다.

세계가 양극화되었던 냉전시대에는 미국과 멀어지면 자연스레 소련과 가까워졌다. 인도를 비롯한 일부 국가들이 '비동맹'을 주창하면서 미국과 소련 양측으로부터 나름대로 균형을 잡는 포지션을 택하기도 했지만, 베트남을 위시한 인도차이나반도의 국가들은 '자유민주주의' 국가인 서구 제국주의 세력에 맞서 공산주의를 채택했으며, 바트당이 이끄는 아랍 민족주의 진영도 아랍 사회주의를 표방하며 친소련 노선으로 기울었다. 결과적으로 이는 식민 지배의 고통을 겪었던 국가들이 독립 이후에도 경제 성장과 민주화로 나아가는 데 구조적 장애물로 작용했다. 신생 독립 국가에서 시장 경제가 제한되고, 자유로운 정치 활동이 억압되는 환경이 만들어졌기 때문이다.

그렇다면 한국은 식민지를 경험하고서도 왜 친미·친서구적 정서가 강했던 걸까. 가장 커다란 이유는 식민 종주국이 서유럽 국가가 아닌 일본이었기 때문이다. 보다 결정적인 이유는 일본이 미국 등 연합국에 맞서 2차 대전에 참전했다가 패전국이 되었다는 점이다. 그로 인해 전쟁을 통해 일본을 꺾은 미국은 한국을 일본의 식민 지배로부터 해방시켜준 은인이 되었다. 물론 미국의 입장에서 태평양전쟁의 목표는 한국의 해방이 아니라 일본에 승리하는 것이었으며 한국의 해방은 그 승리에 따라오는 부차적인 사건이다. 하지만 한국인에게 일본의 패망은 역사적인 전환점이었다. 미국은 한국에 그 전환점을 제공해 주었을 뿐만 아니라 이후 건국 과정에서 대한민국의 정초를 놓는 데 막대한 영향력을 행사했다. 미국은 또한 1950년에 북한의 침공으로 발발한 한국전쟁에서 연합군을 이끌고 참전하여 낙동강 전선까지 밀려 있던 전황을 뒤집음으로써 오늘날 대한민국의 존속에 결정적 도움을 주었다. 일본이 한반도를 지배하면서 미국을 비롯한 연합국을 상대로 전쟁을 벌였고 그 결과 패망하게 된 것이 한국과 미국의 인연을 만든 셈이다. 만일 한반도를 식민 지배한 나라가 서유럽 국가였다면 오랜 전근대 민족국가의 경험을 가진 한국인들은 해방 이후에도 오래도록 반미·반서구 정서를 공유했을 것이다. 오늘날 한국인들에게 반일 감정이 차지하는 자리를 반미·반서구 감정이 대체했다면 한국 현대사가 어떠한 궤적을 남겼을까. 실제 한국 현대사와 비교했을 때 친서구적 근대화가 훨씬 어려웠을 수 있다. 대신 한반도가 남북으로 분단되는 일은 발생하지 않았을지도 모른다. 수많은 변수가 존재하는 역사를 단정적으로 가정할 수는 없지만 실제 한국 현대사와는 상당히 달랐을 것이 분명하다. 오늘날 한국의 모습 가운데 상당 부분은 일본의 한반도 지배가 낳은 우연의 산물이다. 오해를 막기 위해서 덧붙이자면, 위의 글이 일본의 지배를 긍정하는 것이 아님을 분명히 밝힌다. 한국의 독립을 중심에 놓고 보자면, 독립 국가 대한민국이 존재하기 위해서는 한반도를 지배하던 일본이 필수적으로 전쟁에서 패했어야 한다. 대한민국의 탄생에서 가장 중요한 사건은 일본의 한반도 지배가 아니라 일본의 패전과 항복이다.

제국주의 국가의 식민지를 거쳐 제2차 세계대전 이후 독립을 한 신생 국가들은 대부분 건국 시점에 서구식 국가 제도를 도입했다. 헌법, 의회, 선거, 사법부 독립 등을 골자로 하는 정치제도가 국가의 기본 틀이 된 것이다. 하지만 이들이 독립 국가를 만드는 과정에서 유럽의 제국주의 식민 종주국과 투쟁했던 역사적 경험은 서구의 가치와 이념에 대해 반대하는 정서를 가진 집단을 만들어내기도 했다. 서구 제도에 대한 옹호와 반감이 탈식민지 국가 내부에 교차한 것이다. 이로 인해 독립 이후 그들이 도입한 서구식 민주주의 제도가 굴곡을 겪으면서 난관에 봉착할 때 서구식 민주주의 이념에 도전하는 흐름이 나타나곤 했다. 아시아의 탈식민지 국가들에서는 독립 국가를 세울 때 도입한 민주주의 제도가 서유럽이나 미국처럼 발전하기보다는 대개 카리스마적 지도자나 군부 쿠데타로 집권한 지도자 중심의 권위주의 체제로 흘러갔다. 국민 여론도 처음에는 전통적인 왕정이나 종교 중심 체제에서 벗어나 서구식 공화정을 받아들이는 것을 지지하는 여론이 높았으나 새로 들어선 정부가 애초 약속한 바와 달리 반민주적 정치를 하면서 소수 권력 집단 및 그 주변인들에게만 각종 특혜가 돌아가고 경제 정책도 실패해 국민들의 빈곤 문제를 해결하지 못하자 시간이 흐를수록 정권에 대한 대중의 저항이 커졌다. 서구적 근대화의 위기가 찾아온 것이다. 이때 여러 나라에서 서구화 및 서구적 가치에 대한 대안이 모색되었다. 대체로 이슬람권에서는 이슬람을 정치 이념으로 재해석한 이슬람주의가 서구적 근대화의 강력한 도전 세력으로 성장했다. 인도에서는 BJP로 대변되는 힌두민족주의가 그러한 위치를 점한다. 아시아 국가들이 건국 직후 전통 문명에 대한 안티테제로 서구적 근대화를 택했다면, 다시 이에 대한 안티테제로 전통의 재해석이 등장하는 셈이다.

한국의 현대사 경로는 이와 달랐다. 한국전쟁 이후 한국인들에게 미국의 존재감은 훨씬 커졌고 한국인들은 대체로 미국으로 대표되는 서구 문명에 우호적인 감정을 지니게 되었는데 이것이 한국의 현대사 경로에 거대한 영향을 미쳤다. 서구식 제도를 택한 이승만 체제가 타락했을 때 학생들과 시민들이 택한 것은 '더 나은 서구적 근대화'로서 민주주의였다. 이승만 정부의 부정·부패와 권위주의적 통치에 저항하며 일어섰던 4월혁명은 각종 부정으로 얼룩진 3·15 정·부통령 선거를 다시 실시하라는 주장과 이승만 대통령 하야를 요구하는 주장이 정치적 요구의 핵심이었다. 시위대의 구호는 "피로써 찾은 자유, 총칼로서 뺏을소냐"(4월13일 마산),

"민주역적 몰아내자"(4월18일 고대생), "민주주의 사수하라"(4월19일 서울), "정·부통령 선거 다시 하라"(4월19일 서울) 등이었다. 이때 시위대는 헌법에 명시된 대로 공정한 선거를 통해 민주적이고 자유로운 정부가 수립되기를 바란 것이다.

1961년 등장한 박정희 정부도 서구적 근대화 모델을 지향했다. 박정희 정부의 근대화는 기본적으로 경제 발전과 물질적 풍요를 의미했지만 더불어 한국의 정치·사회·문화 전반을 업그레이드하는 것을 목표로 삼았다.[172] 제3공화국 기간 동안 정치적 민주주의의 후퇴에도 불구하고 새마을운동으로 상징되는 근대화 정책에는 미국을 비롯한 서구 사회의 외형을 따라 한국 농촌의 모습을 바꾸고자 한 의도가 드러난다. 박정희 정부 시절 정부 주도 아래 농촌 근대화를 추진한 정책 및 캠페인을 일컫는 새마을운동은 "초가집도 없애고 마을 길도 넓히고… 소득 증대 힘써서 부자 마을 만드세"라는 새마을운동 노래 가사처럼 한국 농촌의 외형을 구체적으로 바꿔나갔다. 초가집이 아니라 양옥집이 '근대'였으며, 황톳길이 아닌 포장도로가 '근대'였고, 가난이 아니라 경제적 부가 '근대'였다. 이러한 새마을운동의 주요 정책 목표 가운데 하나가 '미신 타파'였다. 농촌에 널리 퍼져 있는 토속신앙 문화를 전근대적 미신으로 규정하고 이를 이성과 합리성에 기반한 과학으로 대체하고자 했다. 이 과정에서 서낭당과 솟대 등 토속신앙과 관련한 농촌의 전통적 구조물들이 전국적으로 철거되었다. 하지만 종교 그 자체는 부정되지 않았으며, 박정희 대통령 일가는 오히려 서양 종교를 옹호하는 듯한 모습을 보였다. 박정희 대통령의 부인 육영수 여사는 독실한 불교 신자였으며 박정희 대통령 또한 불교에 호의적인 태도를 보여왔다. 그런데 육 여사는 정작 자녀들을 서양 종교인 천주교로 인도했다. 1965년 육영수 여사는 딸 박근혜와 박근령 자매에게 천주교 세례를 받게 했으며 박근혜는 율리아나, 박근령은 클라라라는 세례명을 받았다. 이 에피소드는 박정희 대통령 부부가 서양 종교 수용을 '근대화'로 여겼음을 보여준다. 농촌의 전통적 종교 및 구조물을 타파해야 할 대상으로 삼은 것과는 대조적이다.

 1960년대와 70년대에 걸쳐 박정희 정부에 저항한 재야·학생운동도 서구식 민주주의를 모델로 삼았다. 박정희 정부가 1972년 국회를 해산하고 모든 정당·정치 활동을 중단시킨 채 어떠한 정치적 자유도 용인하지 않는 유신 체제로 넘어갔을 때 이에 저항하는 야당과 시민사회의 목표는 자유로운 정당 활동 및 공정한 선거, 의회 정치 부활에 입각한 삼권 분립, 언론 활동 보장을 포함한 표현의 자유 등 '서구식 민주주의'였다. 대한민국에서는 건국 이래 서구식 모델이 근본적인 도전을 받지 않았으며, 집권 세력의 권위주의적 통치로 근대화의 위기가 찾아올 때마다 이에 저항하는 이들은 항상 '더 나은 서구적 근대화'를 지향하는 방향으로 해법을 찾았다. 1987년 직선제 개헌과 민주화는 이러한 서구적 근대화 추구의 연장선상에서 이루어졌다. 한국전쟁 이래 서구 문명의 대표자인 미국이 한국인들에게 긍정적 이미지로 자리매김해 온 덕분에 한국에서는 중동의 이슬람주의나 인도의 힌두민족주의, 인도네시아의 빤짜실라처럼 전통적 가치를 재해석한 정치 이념이 등장할 여지가 없었던 것이다. 일본의 한반도 식민 지배와 패망은 역설적으로 한국인들이 서구 문명에 대한 우호적 이미지를 가질 수 있는 환경을 제공했고, 이는 훗날 한국이 민주화를 이루고 안정적으로 민주주의 제도를 이어나가는 데 도움을 주었다.

두 방향의 제약

미국의 군사적·경제적 지원은 분명 한국에 커다란 도움이 되었으나 한편으로 한국 정부의 지도자들에게는 자신들이 마음대로 권력을 휘두를 수 없도록 제한하는 일종의 제약으로 작용했다. 이승만, 박정희, 전두환으로 이어지는 권위주의 정치는 미국이 내세우는 민주주의 및 인권 정책과 종종 충돌했는데, 그때마다 미국은 여러 가지 카드로 한국 정부를 압박할 수 있었다. 특히 북한과 대치하는 상황인 한국 정부는 주한미군 철수나 감축을 가장 두려워했다. 안보와 경제 면에서 미국에 의존하는 한국 정부는 국내에서 막강한 권력을 휘둘렀음에도 불구하고 미국의 압력을 의식하지 않을 수 없었고 그 결과 민주주의를 요구하는 국민들의 저항을 함부로 탄압할 수 없었다. 원론적으로 평화적인 시위대는 살상을 마다하지 않고 총칼을 휘두르는 무장 진압 병력에게 물리적으로 이길 수 없다. 인도네시아에서 1965~1966년에 수하르토 체제의 군부가 주도하는 인도네시아공산당 색출 작업에 약 50만 명에 달하는 민간인들이 희생당했음을 떠올려보라. 중국에서 1989년 민주화를 요구하는 시민들에 대해 정부가 병력을 투입해 진압한 천안문 사태 역시 수백에서 수천 명의 사망자가 발생했다.[173] 2021년 미얀마에서 군부 쿠데타에 저항하며 민주주의 복원을 요구하는 시민들에 대해 군부는 인내와 관용을 보여주지 않고 경찰력과 군병력을 통해 유혈 진압을 했다. 권위주의 혹은 독재 정권이 물리력을 동원해 민주주의를 요구하는 시민들을 무참하게 짓밟은 사례는 매우 많다.

한국의 권위주의 정부도 때때로 시민과 야당을 상대로 무자비한 폭력을 행사했다. 하지만 결정적인 대목에서 한국의 권위주의 정부들은 마음껏 폭력을 동원하지 못했다. '민주주의의 수호자'라는 대의를 내세웠던 미국이 가한 제약 때문이다. 우선 이승만 정부는 4·19 국면에서 계엄령을 선포하려 했음에도 미군의 영향력 아래에 있던 한국군이 시민에 대한 발포를 거부함으로써 무너졌다. 시위 규모가 커지면서 경찰력을 통한 사태 진압에 한계를 느낀 이승만 대통령은 19일 비상계엄을 선포하고 시위대에 군을 동원해 무력으로 사태를 강제 종료시키려 했다. 자칫 대규모 희생자가 발생할 수도 있었다. 그런데 한미동맹 관계상 계엄 상황에서 한국군을 동원하려면 미군 사령관의 승인이 필요했다. 이 과정에서 미국이 어떠한 역할을 했는지는 명확히 밝혀지지 않았으나 송요찬 계엄사령관을 비롯한 한국 장군들은 발포에 부정적이었으며 계엄군에는 발포 금지 명령이 하달되었는데 정황상 주한미군과의 교감이 있었던 것으로 보인다. 군은 경찰과는 달리 시위대를 적대시하지 않고 중립적인 태도를 취했으며 심지어 구속 학생들의 석방을 경찰에 지시했다. 이와 같은 군의 태도는 이승만 정부에게 결정타였다. 물론 미국 못지않게 한국군 장교들도 발포에 부정적이었다.[174] 미국은 4월혁명 상황에서 한국 내정에 적극 개입했다. 19일에 비상계엄이 선포되자 주한미대사관은 "시위자들이 데모로써 표현한 정당화될 수 있는 불만이 해결되기를 진심으로 바란다"라는 성명을 발표해 이승만 정부를 비난하고 시위대에게 정당성을 부여했다.[175] 이어 매카나기(Walter P. McConaughy) 주한미국대사는 경무대에 들어가 이승만과 자유당 정권의 향방에 대해 논의했으며, 21일 다시 이승만을 방문하여 한국 정세와 '4·19 사태'에 대한 미국 정부의 각서를 전달하고 입장을 설명했다. 이승만은 자신이 철석같이 믿고 의지하던 미국 정부로부터 버림받았음을 깨달았다. 민중과 미국의 지지를 완전히 잃어버린 상태에서 이승만은 국무위원 총사퇴, 이기붕의 부통령 당선 사퇴 등으로 위기를 넘기려 했다. 하지만 4월 25일 교수단의 시위가 계엄 상황인데도 불구하고 어떠한 제지도 받지 않자 상황이 통제 불능임을 확인한 이승만은 26일 하야 성명을 발표했다. 하야 성명 발표를 전후하여 매카나기 대사가 이승만 대통령을 만났는데 이때 매카나기 대사는 유엔군사령관 매그루더(Carter B. Magruder) 장군과 CIA 한국지부장 실바(Pierre de Silva)를 대동했다. 주한 미 대사 일행이 이승만 대통령을 만나는 시각과 하야 성명 발표가 겹쳤는데 당시 경무대를 에워싼 군중은 미국 대사 일행을 보고 환호했다.[176] 이승만 하야를 요구하는 대중들은 미국이 자신들의 편에 서 있다고 여겼으며, 이 덕분에 당대 한국인들에게 미국은 이승만을 퇴출시킨 민주주의의 수호자라는 이미지를 확고히 구축했다.

1961년 집권한 박정희 정부는 막강한 공권력을 보유했음에도 불구하고 민주화를 요구하는 시위대에 대한 직접적 물리력 행사를 일정 부분 제한하려 애썼다. 이 역시 미국의 압력과 상당한 관련이 있다. 1969년 미국이 베트남전쟁에서 발을 빼고자 하면서 발표한 '닉슨 독트린' 이후 한국에서 주한미군 축소는 상시적인 이슈가 되었다. 닉슨 독트린은 '강대국의 핵 위협을 제외한 아시아의 안보는 기본적으로 아시아인들이 책임지고 미국은 이를 지원하는 역할을 담당해야 한다'는 내용을 골자로 하는데 박정희는 이것이 주한미군 축소로 이어질 수 있다고 우려했다. 실제로 1971년 7월 주한미군 제7사단이 철수했다. 미국은 대신 15억 달러의 경제 원조와 차관을 지원하기로 했지만 박정희 정부는 미국이 언제까지 한국을 지켜줄지 알 수 없다는 불안감을 가지게 되었다. 1977년 미국에 카터 행정부가 들어서면서 한미 관계가 또다시 요동쳤다. 카터 대통령은 대선에 출마하면서 주한미군 철수를 공약으로 내세웠으며 인권을 외교 정책의 핵심으로 제시했다. 서구 세계로부터 심각한 인권 탄압을 지적받던 박정희 정부는 카터 행정부와 여러 방면에서 충돌했다. 카터는 한국의 인권 상황에 대해 공개적으로 문제 제기를 했으며 주한미군 철수를 추진해 박정희의 심기를 불편하게 했다. 이러한 상황은 민주주의를 억압하던 박정희 정부에게 상당한 제약으로 작용했다. 박정희 정부는 이승만 대통령 때와 달리 시위대를 향해 발포하지 않았다. 이는 시민에 대한 발포가 국내 여론뿐만 아니라 미국의 여론도 악화시켜 이승만 정부의 몰락을 가져왔다는 교훈을 얻었기 때문이다. 하지만 완전한 독재 정치인 유신 체제를 선포한 박정희 정부는 긴급조치를 잇달아 발동하면서 저항하는 사람들을 무조건 체포하는 등 처벌을 남발했다. '공안 사건'을 통한 반정부 운동 탄압도 계속되었다. 이승만 정부의 조봉암 사형과 더불어 사법 살인의 대표적 사례로 평가받는 인민혁명당 재건위 사건[177]도 이 시기에 일어났다.

미국이 일방적으로 한국의 민주주의를 지지하는 정책을 추진하고 권위주의 정부를 압박한 것은 아니다. 미국의 암묵적인 제약이 결정적으로 깨진 것은 전두환의 신군부가 1980년 5월 광주에서 저지른 학살이다. 박정희 대통령이 1979년 10월 암살당하자 권력 공백이 발생했는데 전두환을 비롯한 신군부 세력은 이 틈을 노려 권력을 장악했다. 이에 항의하며 1980년 4월부터 민주화를 요구하는 대학생들의 시위가 시작되었다. 군부는 시위 진압을 위해 군대를 동원하려 했고 그 필요성을 미국에 통보했다. 미국은 절제된 방식으로 군병력을 사용하지 않으면 사태가 악화될 것이라는 경고만 했을 뿐 군병력 동원에 반대하지 않았다.[178] 최규하 정부는 북한의 도발 동태와 전국적인 소요 사태를 근거로 5월 18일

0시를 기해 제주도를 포함한 전국으로 비상계엄을 확대했으나 광주에서는 여전히 학생들의 평화 시위가 전개되었다. 비상계엄이 전국으로 확대된 것은 국가의 통제권이 군의 수중에 들어간 것이고 당시 군 최고 실권자였던 전두환에게 권력이 넘어갔다는 의미였다. 신군부는 광주에 정예 20사단을 비롯해 특전사 소속 7여단과 11여단의 공수부대원들을 투입해 시위대를 유혈 진압했으며 이 과정에서 수백 명의 사망자와 3천 명이 넘는 부상자(공식적 통계에 근거해 추산한 것으로 희생자 규모가 이보다 훨씬 크다는 주장도 제기된다)가 발생했다.

광주에서 일어난 비극은 새로운 문제를 제기했다. 한국 정부가 군병력을 광주에 투입하기 위해서는 사전에 한미연합군사령부에 통보해야 했다. 실제로 5월 16일 한국의 관계자들은 20사단을 비무장 지대에서 광주로 이동시킨다고 한미연합군사령부에 알렸다. 한미연합군사령부 규약에 의하면 한국 군대가 한미연합군사령부에 통보할 것만 요구하기 때문에 미군은 군대의 이동을 거부할 권한이 없고 남한은 군대 이동에 대한 승인을 요청할 필요도 없었다. 미국은 사전에 군병력이 광주의 민간인 시위대를 진압하기 위해 투입된다는 사실을 인지하고 있었음에도 별다른 조치를 하지 않았다. 글라이스틴(William H. Gleysteen) 주한미국대사는 자신과 주한미군사령관 모두 그 병력의 구체적인 임무가 무엇인지에 대해서는 알지 못했다고 주장한다.[179] 하지만 광주에서 끔찍한 인권 유린 사태가 벌어진 것을 확인한 이후에도 미국의 반응은 '깊은 우려'를 표명하거나 '자제와 대화'를 촉구하는 수준에 머물렀고 동시에 남한에 대한 안보 공약을 재확인하는 등 사실상 방관자 태도로 일관했다.

한국 신군부가 광주에서 자행한 민간인 학살에 대해 미국이 적극적으로 나서지 않은 배경에는 국제적 맥락이 있다. 1979년 이란에서 혁명이 발생해 친미 정권이 무너지고 이슬람 신정체제와 강력한 반미·반서구 기치를 내세운 이슬람주의 세력이 집권했다. 이후 급진 이슬람주의자들이 테헤란에 있는 미국 대사관을 습격해 미국인 66명을 인질로 잡는 사건이 발생했다. 미국 카터 행정부는 인질 구출을 위한 비밀 군사작전을 벌이다가 실패하면서 정치적으로 위기에 몰렸다. 미국인 인질들은 무려 444일 동안 잡혀 있었으며, 결국 미국은 이란에 대한 제재를 풀어주는 등의 굴욕적인 조건으로 인질들을 미국으로 데려올 수 있었다. 광주에서 5·18 민주화 운동이 일어난 것은 이처럼 카터 대통령이 테헤란 인질 사태로 미국 내에서 정치적 입지가 좁아져 있던 상황이었다. 이란 혁명에 크게 놀란 바 있는 카터 행정부는 전두환이 몰락할 경우 남한에 또다시 반미 정권이 들어서지 않을까 우려했고 이에 전두환을 위시한 신군부의 폭력에 눈을 감았다. 카터 대통령은 훗날 "인권 쟁점은 안보 우려에 종속될 수밖에 없었다"고 인정했다.[180] 한국은 냉전 시대 미국에게 동아시아 반공 정책을 위한 전략 기지로서 우선적인 가치를 지녔다. 따라서 미국은 확실한 대안이 존재하지 않는 한 대체로 반공 노선을 견지하는 이승만, 박정희, 전두환 등의 반민주적인 통치 행태를 묵인했다. 요컨대, 미국은 반공의 기치 아래 한국의 권위주의 정부를 용인했으나 자유민주주의와 인권의 대표자라는 국제적 위신을 위해서 일정 정도 한국 정부의 행태에 제한을 가했으며, 군사적·경제적 지원을 지렛대로 가해지는 미국의 압력에 한국의 권위주의 정부 역시 일정 정도 제약을 받았다.[181]

전두환 정부는 1987년 6월 항쟁 상황에서 결국 타협에 나섰다. 1980년 이후 이어졌던 시민들과 야당의 민주화 요구는 1987년 들어 더욱 거센 폭풍이 되었다. 민주화 시위대의 핵심적 요구는 대통령 직선제 개헌이었다. 전두환 정부는 시위에 나선 야당과 시민들에게 "1987년 12월 선거 이전에 헌법 개정을 마무리할 시간이 충분하지 않기 때문에 현재의 제도에 따라 대통령을 선출하고 1988년 올림픽이 끝난 뒤 개정 논의를 계속하자"고 제안하며 직선제를 거부했다. 이에 시민들은 분노했고 민주화 요구 열기는 더욱 뜨거워졌다. 그러던 중 1987년 1월 15일 서울대생 박종철이 치안본부 대공수사단에 연행되어 조사를 받다가 고문으로 숨지는 사건이 발생했다. 이에 대학가뿐만 아니라 언론과 시민들의 비난 여론이 끓어올랐다. 전두환 대통령은 내무부 장관과 치안본부장을 경질하는 차원에서 상황을 마무리하려 했지만 여론은 계속 악화됐고 시위는 더욱 확산되었다. 그러던 중 1987년 6월 9일 연세대생 이한열이 교문 앞 시위 과정에서 경찰이 쏜 최루탄 파편에 맞아 혼수 상태에 빠지는 사건이 일어났다. 이한열은 25일 후인 7

월 5일에 사망했다. 이 사건은 박종철 고문 치사 사건에 이어서 전두환 정부의 폭력성과 부도덕성을 국민들에게 널리 알리며 성난 민심에 기름을 붓는 역할을 했다. 시위는 걷잡을 수 없이 번져나갔다. 6월 10일 민주화를 요구하는 시위가 전국 30여 개 도시에서 일어났다. 이틀 만에 7백여 명이 다치고 수만 명이 체포되었다. 서울은 물론이고 시위가 거의 발생하지 않았던 지방 도시에서도 시위가 전개되었으며 그동안 보수적인 태도를 취하던 중산층도 시위대에 동조하기 시작했다. 건국 이래 최대 규모의 반정부 시위가 벌어지자 전두환 정부는 시위 진압에 군병력 동원을 놓고 고민했다. 당시 전두환 대통령은 측근에게 "계엄령을 발동해 총탄으로 시위를 진압하면 대외적으로 국가의 위신이 떨어지고 불행한 역사의 한 페이지를 장식하게 될 것이지만 경찰력으로 시위를 통제할 수 없다면 강경한 조치를 취할 수밖에 없다"고 이야기했다.[182] 6월 19일 아침 전두환은 군 수뇌부를 소집해 다음 날 오전 4시를 기해 주요 대학과 도시에 전투 태세를 갖춘 군 병력을 배치할 것을 명령했다. 계획대로라면, 이후 비상사태가 선포되고 정당을 해산하고 시위대를 대거 체포하는 등 민주화에 역행하는 조치가 시행될 예정이었다. 어쩌면 5·18 광주에서보다 더 많은 희생자가 나올 수도 있는 위기 상황이었다.

미국은 전두환의 군병력 동원을 분명하게 반대했다. 레이건 대통령은 제임스 릴리(James Lilley) 주한미국대사를 통해 '군병력 동원에 반대하고 대화와 타협을 통해 문제를 해결하라'는 내용의 친서를 전두환 대통령에게 전달했다. 이때 릴리 대사의 역할은 1980년 글라이스틴(William H. Gleysteen) 대사에 비해 훨씬 적극적이고 능동적이었다. 릴리 대사는 청와대를 방문하기 전에 주한미군 사령관을 만나 한국 정부의 군 병력 동원을 반대한다는 구두 동의를 받아냈고 전두환 대통령을 만나 레이건의 친서를 전달하면서 '군의 개입이 한미 동맹관계를 위협한다'며 강력하게 경고하는 한편 주한미군사령관도 이에 동의한다는 점을 알렸다. 주한미군이 한국 정부의 군병력 동원에 동의하지 않을 거라는 대목은 전두환으로서도 그냥 지나치기 어려운 대목이었다. 결국 릴리 대사가 돌아간 뒤 전두환 대통령은 군병력 동원 중지를 지시했다. 6월 25일 개스턴 시거(Gaston J. Sigur) 국무부 차관보도 서울을 방문해 전 대통령에게 군 병력 동원 반대 의사를 명시적으로 밝히라고 촉구하는 등 미국은 다양한 채널을 통해 전두환 대통령과 집권 세력을 압박했다. 1960년 4월 이승만 정권을 상대로 압박했던 미국의 태도가 1987년 6월 되돌아온 것이다.

1980년 5월에는 신군부의 폭력에 잠잠했던 미국이 왜 1987년 6월에는 적극적으로 한국의 민주화를 지지했을까? 한국에서 직선제 개헌을 이뤄낸 6월 항쟁이 일어나기 1년 전인 1986년 필리핀에서 시민들이 마르코스 정권을 몰아내고 민주화에 성공한 것이 하나의 배경이었다. 이를 계기로 미국 내에서 아시아의 민주화운동을 지지하는 여론이 높아졌으며, 미국 정부도 아래로부터의 민주화가 급진적 반미 정권 수립으로 이어지지 않는다는 자신감을 얻었다. 또한 미국과 소련의 적대 관계가 누그러진 것도 중요한 역할을 했다. 소련의 고르바초프 서기장이 주도하는 개혁개방으로 인해 미국과 소련 간의 화해 무드가 무르익으면서 미국의 레이건 행정부는 공산주의의 위협을 덜 느끼고 있었다. 이러한 국제 정치적 맥락이 미국으로 하여금 1980년 5월과 달리 1987년에 한국의 민주화를 적극 지지하도록 이끈 배경이었다.

1987년 6월 29일, 결국 집권당인 민주정의당 대통령 후보였던 노태우는 야당과 시위대의 요구를 대폭 수용하는 '6·29 선언'을 한다. 주요 내용은 연내 대통령 중심의 직선제 개헌, 대통령 선거법 개정, 시국사범 석방, 언론 자유 창달 등이었다. 비로소 한국은 민주화의 길로 들어섰다. 미국의 지속적인 민주화 압력과 개입이 군병력 동원을 저울질하던 전두환 정부를 타협 노선으로 돌리는 데 중요한 역할을 했다. 이승만 정부 이래로 미국은 한국 현대사의 중요한 고비에서 권위주의 정부가 마음대로 '실력 행사'를 하지 못하도록 제약했으며 이는 한국에서 반정부 운동이 존재할 수 있는 공간을 마련해 줌으로써 결국 직선제 개헌을 성취하는 데 상당한 기여를 했다.

미국의 압박 외에도 한국 정부가 군병력 동원을 놓고 주저할 수밖에 없도록 이끈 또 다른 요인이 있었다. 1988년 서울올림픽이 그것이다. 당시 서울올림픽의 성공적 개최는 제5공화국 집권 세력의 핵심 과제 중 하나였다. 특히 대통령직 계승자로 낙점되어 있던 노태우는 서울올림픽에 정치 생명을 걸었다고 해도 과언이 아니었다. 그는 전두환 정부 초기 정무장관으로서 서울올림픽 유치 활동을 이끄는 임무를 맡아서 성공시켰으며 유치가 확정된 이후 초대 체육부 장관, 서울올림픽 조직위원장, 대한체육회장 등을 맡아 서울올림픽 준비를 진두지휘했다. 서울올림픽 성공은 전두환의 후계자로 지명된 노태우의 집권 명분이기도 했다.

그런데 서울올림픽이 위기를 맞이했다. 1980년 소련의 모스크바 올림픽에 미국을 비롯한 서방 국가들이 불참한 데 이어 1984년 미국 LA올림픽에 사회주의권 국가들이 보이콧을 선언하는 상황이 벌어졌는데, 미국 내에서 이를 둘러싸고 토론이 활발하게 전개되던 중 불똥이 1988년 서울올림픽으로 튀었다. 뉴욕타임스에 '88년 올림픽 개최지 변경론'이 실린 것이 발단이었다. 1984년 5월 22일 오피니언란을 통해 "소비에트 블록 국가들이 로스앤젤레스 올림픽을 보이콧하면서 과연 이들이 한국행을 고려할 것인지에 대해 의문이 제기되고 있다… 올림픽을 폐지하거나 아니면 정치적으로 중립적인 장소로 옮기려는 국제적 움직임에 대해 한국인들이 우려하고 있다"[183]는 조심스러운 목소리가 나온데 이어, 5월 29일에는 분단 국가인 남한에서 열리는 서울올림픽은 또다시 사회주의권 국가들의 불참을 불러올 것이기에 서울을 다음 개최지로 선정하는 것은 바람직하지 않으며 도쿄나 몬트리올처럼 올림픽 시설이 이미 갖춰진 곳으로 개최지를 바꾸자는 적극적인 주장도 제기되었다.[184]

'개최지 변경론'이 불거지자 유럽에서도 1988년 올림픽을 바르

셀로나로 바꾸고 서울은 뒤로 미루자는 등 유럽 개최를 요구하는 목소리가 커졌다. 유럽인들의 '서울 불가론'의 이유 가운데 하나는 당시 한국의 불안정한 정치 상황도 한몫했는데, 북한 역시 이러한 분위기에 편승해 서울올림픽 개최를 적극적으로 훼방했다. 북한은 1984년 12월 17일 김유순 IOC위원의 명의로 "한국은 정치적으로 매우 복잡하고 불안정한 상황에 처해 있으며 국가보안법으로 인해 사회주의 국가 선수들의 안전은 보장되지 않는다"는 주장을 담은 서신을 IOC에 발송해 '서울 불가론'에 힘을 실었다.[185] 다행히 IOC는 올림픽 개최지 변경은 불가하다는 입장을 고수했지만, 한국은 여러 나라의 불만과 우려를 잠재우기 위한 가시적인 조치를 해야만 했다. 이처럼 서울올림픽을 놓고 국제 여론을 살피는 상황에서 전두환 정부가 1980년 광주에서처럼 시위대를 유혈 진압할 경우 국제 사회에서 또다시 서울 개최 불가론이 불거질 것은 불을 보듯 뻔했다. 특히 노태우의 입장에서는 국내적으로 민주화 요구가 거세지고 있는 분위기에서 서울올림픽마저 취소된다면 그가 차기 대통령으로 나설 명분도 사라지고 만다. '아무 실적이 없는데 왜 당신이 대통령이 되나'라는 비판을 반박하기 어려워지기 때문이다. 이처럼 미국의 압박과 더불어 서울올림픽이라는 중대사를 앞두고 국제 사회의 눈치를 봐야 했던 제5공화국의 집권 세력들은 결국 민주화 요구 시위에 대한 무력 진압을 포기하고 만다.

북한 역시 이후 한국 현대사의 경로에 미국 못지않게 막대한 영향을 미쳤다. 우선 북한의 침공으로 시작된 한국전쟁으로 인해 남한 사회는 이념적으로 매우 보수화되었으며 한국의 정치 지형은 완전한 우익 편향으로 재편되었다. 이는 국가보안법과 반공법 등 실정법에 의해 강제되었다. 북한에 동조하는 이들은 정치권에 진입할 수 없을 뿐만 아니라 사회적으로도 강력한 탄압을 받았다. 북한과의 평화를 논하는 담론조차 금기시되었다. 이는 제도를 넘어 대중 심리에도 널리 퍼졌다. 한국전쟁으로 가족과 재산을 잃어버린 이들의 분노와 두려움은 이승만 정부나 박정희 정부에 대한 지지나 비판과는 상관없이 당대 한국인들 절대다수가 공유하는 정서였다. 북한으로 인한 심리적 제약은 민주화 시위를 벌이는 이들에게도 마찬가지였다. 이승만 정부를 몰락시킨 4월 혁명을 시작으로 박정희 정부 내내 지속됐던 민주화 시위에 참여했던 이들의 대부분은 '미국 모델'이 보여주는 수준의 민주주의 이상을 요구하지 않았다.

   북한으로 인한 이념적 제약은 1980년대 전두환 정부에도 이어진다. 당시 학생운동은 보다 급진적 이념을 받아들였지만 민주화 이행에 결정적 계기는 1987년 6월 당시 시민들의 참여로 인해 만들어졌다. 직선제 개헌을 요구하는 시민들은 선진적 민주주의를 요구하는 것이었지 학생 운동권의 급진적 목소리에 동조한 것은 아니었다. 여론의 움직임을 이끌었던 야당의 지도자인 김대중과 김영삼 역시 오랜 반독재 투쟁을 해왔지만 친미 성향이 뚜렷한 인물들로서 급진적 노선과는 거리가 멀었다. 이는 전두환 정부가 6·29 선언으로 직선제 개헌을 수용한 이후 시위 대오가 빠르게 줄고 7~9월에 걸쳐 노동자들이 노동악법 개정, 노동3권 및 자유로운 노조 결성 보장 등을 요구하며 투쟁을 벌이자 오히려 민심이 보수화되었다는 사실로도 확인된다. 민심의 보수화 기저에는 북한과 한국전쟁이 깔려 있다. 전쟁 재발에 대한 두려움과 시간이 갈수록 남한에 비해 더 나쁜 체제임이 드러난 북한에 대한 반감은 대다수의 한국인들에게 '미국과 같은 선진 민주주의는 원하지만 남한 체제 자체가 붕괴돼 자칫 적화통일 되는 것은 싫다'는 정서가 우세하도록 이끌었다. 이는 민주화운동이 급진화하지 못하도록 제약한다. 미국으로서도 1987년 민주화 이행 정국에서 친미 성향의 야당 지도자들이 민주화 협상의 구심점 역할을 하는 것을 지켜보면서 한국의 민주화 운동을 마음 놓고 지지할 수 있었다.

   한국 현대사는 이처럼 두 방향으로부터 제약이 가해진다. 일본의 지배와 패망, 남북 분단, 미군정 지배 하의 남한 정권 수립, 한국전쟁, 그리고 주한미군과 경제 원조는 한국인들이 미국에 의존하고 미국을 통해 들어오는 서구의 이념과 제도를 긍정적으로 바라보도록 만들었다. 그만큼 한국의 권위주의 정권은 미국의 강력한 영향력 아래에 놓이게 되었는데 이를 두고 1980년대 학생운동 세력은 전두환 정부를 자주성 없는 '친미예속정권'이라고 비판했다. 그 주장이 정확하게 전두환 정부의 성격을 규정했다고 볼 수 없지만, 전두환 정부를 비롯해 그 이전의 한국 집권 세력 모두 미국의 노선이나 압력으로부터 일정 정도 자유롭지 못했음은 분명하다. 그러나 결과적으로 보면 이는 비판거리가 아니라 오히려 다행이다. 앞서 언급했듯이 공권력을 가진 정권이 시위대를 향해 어떠한 제약 없이 자유롭게 폭력을 행사할 수 있다고 한다면 민주화 시위는 성공하기 매우 어렵다. 맨손인 시위대가 무장한 공권력을 이길 수 없기 때문이다. 그런데 한국 정부는 그 물리력을 손에 들고서도 마음껏 휘두르지 못했다. 미국 때문이다. 역설적으로, 한국 정부가 다소간 자주적이지 못했기에 권위주의적 탄압에도 불구하고 민주화 운동이 지속적으로 전개될 수 있는 공간이 제한적으로나마 열렸으며 결국 한국은 민주주의 체제로의 전환에 보다 쉽게 성공했다. 또한 분단과 한국전쟁이 '북한'이라는 외부 위협을 만든 결과, 한국의 이념적 기반은 매우 보수화되었다. 이는 민주화 운동에도 영향을 미쳐 민주화를 요구한 야당과 이를 지지한 대중들은 북한에 의한 공산주의화와 전쟁 재발에 대한 공포로 인해 급진화하지 못했다. 두 방향의 제약은 의도치 않게 한국 현대 정치사에서 집권 세력과 반정부 운동 세력 사이의 이념적 간격을 좁혔다. 결과적으로 1987년 민주화 운동 과정에서 온건 야당이 주도권을 쥠으로써 민주화 운동 세력과 권위주의 정부 사이의 타협점을 찾을 여지가 늘어났다. 일본의 지배와 패망, 분단, 미군정, 한국전쟁으로 이어지는 한국의 근대화 경로는 두 방향의 제약을 낳았고, 두 방향의 제약은 한국에서 이념의 선을 약화시켰다.

⋮

한국전쟁은 남한의 산업 기반을 파괴했고 이에 더해 농지개혁 과정에서
지주 계급마저 몰락함으로써 한국인들은 다 같이 가난해졌다.
경제적으로 비슷비슷해진 것이다. 게다가 한국의 인구 구성은
다른 탈식민지 국가들과는 달리 오래전부터 동질적이었다.
1960년대 박정희 정부가 추진한 산업화 정책이 도입되기 직전의 한국 사회는
소수 종족 집단이 거의 없는 단일 종족 국가의 전통을 유지하고 있었고,
그들의 살림살이 형편도 엇비슷했으며, 특권 계급도 존재하지 않는 상태였다.
종족적 동질성을 넘어 한국 사회가 균질화된 것이다.

Korea

Chapter 3
균질한 근대화
같은 출발선에 선 한국인들

애초 이 책은 한국이 이룬 두 가지 기적, 안정적인 민주화와 빠른 경제 성장을 가능케 한 한국만의 예외적인 요인이 무엇인지 찾는 것을 목표로 삼았다. 그리고 우리는 '신생 독립국'이라고 일컬어졌던 대한민국은 사실 유럽 어느 나라보다 먼저 전근대 민족국가를 이룬 '오래된 신세계'였기에 국민국가의 정체성을 수립하는 데 어려움을 겪지 않았으며 그만큼 내부 역량을 결집할 시간과 에너지를 아꼈음을 살펴보았다. 또한 일본의 식민 지배가 초래한 연쇄 작용으로 인해 분단과 전쟁, 미국의 영향력 강화라는 독특한 경로를 거쳤으며, 이는 한국의 민주화 과정에 미국으로부터의 제약과 북한으로부터의 제약이라는 '양방향의 제약'을 가함으로써 민주주의로의 이행에 긍정적인 환경을 조성했다는 점도 확인했다.

하지만 여기까지만 언급한다면 한국에서 권위주의 체제가 무너지고 민주주의 체제가 들어선 것은 설명할 수 있지만, 민주화 이후 한국 사회가 다른 탈식민지 독립 국가들에서 흔히 나타나는 정치 세습과 후견주의의 늪에 빠지지 않을 수 있었는지는 설명할 수 없다. 게다가 한국이 남아시아와 동남아시아의 신생 독립 국가들에 비해 빠른 경제 성장을 이룬 대목도 설명되지 않는다. 한국의 예외적 경로를 탐색하기 위한 중요한 퍼즐 조각 하나가 빠진 셈이다.

한국 예외주의의 마지막 퍼즐 조각은 '균질적 근대화'이다. 균질적 근대화를 가능하게 만든 핵심 요소는 토지개혁이다. 토지개혁은 지주와 소작농이라는 농촌의 전근대적 지배관계의 선을 지우고, 산업화가 시작하는 시점에 한국인들을 같은 출발선상에서 서도록 하는 역할을 했다. 이 장에서는 인도, 파키스탄, 인도네시아 등에서는 지주 계급과 기득권 세력의 강력한 저항으로 무산된 토지개혁이 어떻게 한국에서는 성공적으로 진행되었는가를 살펴볼 것이다. 또한 분단의 연쇄작용인 한국전쟁이 지주 계급을 어떻게 몰락시켰는가에 대해서도 이야기할 것이다. 이러한 과정을 거쳐서 만들어진 한국 사회의 내면이 1960년대 박정희 정부가 본격적으로 산업화 정책을 추진하는 시점에 어떠한 모습을 하고 있었으며, 이것이 향후 한국의 경로에 어떠한 영향을 미쳤는가도 따져볼 것이다.

전통적 지배 세력이 무너졌는가?

　　국가가 보유한 최고의 자원은 사람이다. 사람들로 하여금 얼마나 열심히 의욕적으로 성취하고자 하는 욕구를 일으키느냐에 따라 국가의 발전이 좌우된다고 해도 과언이 아니다. 그래서 국가 구성원의 성취 의욕이 꺾여버리면 국가의 성장도 꺾인다. 국가의 발전을 위해서는 소수의 기득권 보존에 초점을 맞춘 정치·경제·사회제도를 최대한 공정한 경쟁으로 개혁해야 한다. 국가 구성원 모두에게 성공 기회와 가능성이 똑같이 주어질 때 최대 다수의 국민이 경제 활동에 최대의 노력을 기울여 참여할 것이고 그 나라의 경제가 가장 역동적으로 성장할 것이다. 달리기에 비유하자면, 경기에 참여한 선수들이 최선을 다해 달리도록 하려면 모두를 같은 출발선상에서 뛰도록 해야 한다. 100미터 달리기에서 A선수에게만 50미터 앞에서 뛰라고 한다면 나머지 선수들은 뛰고자 하는 의욕을 잃어버릴 가능성이 크다. 우승이 확정된 거나 마찬가지라고 여긴다면 A선수 역시 열심히 뛰려 하지 않을 것이다. 모두가 최선을 다해 뛸 때 최고의 기록이 나온다.

　　경제 주체에게 공정한 경쟁의 기회가 주어질 때 국가는 최고의 발전을 이룰 수 있다. 하지만 국가의 지배자들이 항상 발전과 번영의 길을 선택하지는 않는다. 기득권 엘리트층은 불평등한 현재 상태에서 더 많은 이익을 얻을 수 있다. 다시 100미터 달리기에 비유하자면, 특권을 누리는 A선수는 동일한 출발선 대신 50미터 앞에서 뛰는 편을 선호할 것이다. 그래야 금메달을 딸 확률이 높아지기 때문이다. 대신 다른 선수들의 의욕이 꺾여서 전반적인 경기 기록은 나빠지겠지만, A선수 입장에서는 특권을 포기하고 메달권 밖으로 밀리는 것보다는 그게 훨씬 낫다고 여기지 않겠는가. 경제 발전은 정치와 밀접한 연관성을 가진다. 정치가 경제 주체들에게 최선의 결과를 낼 수 있는 환경을 만들어줄 때 경제 성장이 따라온다.

서유럽의 근대사는 전통적 지배 계급이 무너지면서 민족이 만들어지는 과정이다. 특권을 누리던 소수 토지 귀족이 지배하던 봉건적 정치경제 구조가 전쟁과 혁명을 거치면서 해체되고 대신 시민 계급이 주도하는 정치 체제로 탈바꿈하는 거대한 변화가 일어났다. 참정권과 기본권이 점차 확대되는 민주주의가 발전하는 한편, 무역과 상공업을 통해 이익을 얻는 사람들이 정치와 경제를 좌우하며 봉건적 속박에서 벗어난 대중이 노동자로 흡수되는 등 자본주의가 성장했다. 이것이 역사적으로 서유럽이 걸어온 경로이다.

아시아의 근대화는 이와 달랐다. 식민지를 경험한 아시아 국가들이 독립하는 과정에서 식민 지배라는 구체제는 무너졌지만 현지에 뿌리를 내린 기득권층은 살아남았다. 인도, 파키스탄, 인도네시아, 말레이시아 모두 다종족 사회를 묶어서 독립 국가를 만들어야 했다. 이 지역의 다종족·다문화 환경은 중앙집권적 국가가 발달하는 것을 막았는데 이는 독립 이후에도 마찬가지였다. 독립 국가의 건국을 주도한 이들은 각 종족 집단이나 지역을 대표하는 엘리트층, 종교 지도자들, 대지주 등의 도움을 받아 정권을 유지할 수밖에 없었다. 제2차 세계대전 이후 아시아에서는 토지개혁 요구가 뜨거웠으나 이들 국가에서는 토지개혁이 제대로 이루어지지 못했다. 토지개혁으로 손해를 보는 이들이 권력의 중심에 있었기 때문이다. 또한 인도의 네루 정부처럼 중앙정부가 토지개혁을 추진하려고 하는 경우에도 이를 물리적으로 집행할 중앙집권적 체제가 기득권의 저항을 뚫지 못했다. 인도와 파키스탄에서는 중앙정부의 토지개혁 정책을 각 주정부에서 무산시켰다.

한국은 어떠했을까? 대한민국에서는 근대화 과정에서 전통적 지배 계급인 양반 지주 계급이 몰락했다. 그 몰락은 강력한 국가가 추진한 토지개혁과 한국전쟁이라는 두 가지 원인이 우연히 겹치면서 일어났다. 이 이야기를 하려면 분단과 한국전쟁에 대해 짚고 넘어가야 한다. 오랫동안 중앙집권적 국가가 한반도를 다스리며 단일 민족을 형성했기에 한국의 독립 국가 건설 과정에서 종족 통합의 문제는 전혀 없었다. 언어는 단일 언어였으며 유럽의 신교-구교 대립이나 인도의 힌두-이슬람 분할과 같은 종교 간 갈등 문제도 존재하지 않았다. 사실 남한과 북한은 민족적·역사적 경험을 공유한다. 전근대 민족국가의 유산을 물려받은 것은 남한뿐만 아니라 북한도 마찬가지다. 하지만 북한에서는 민주주의 대신 세계 최강 수준의 독재 정치가 자리를 잡았다. 남과 북은 왜 달랐던 걸까. 남한에는 미국을 통해 민주주의와 시장 경제가 도입된 반면,

북한에는 소련식 공산주의 정치 체제가 도입되었기 때문이다. 한반도에 존재했던 고려와 조선은 당대 유럽 국가들과 비교했을 때 훨씬 일찍 중앙집권적 제도를 도입해 안정적으로 유지해 왔다. 이 과정에서 관료제는 강화되었고 백성들은 국가의 권위를 인정하고 따르는 태도를 체득했다. 이러한 정치 문화가 북한에서 다원주의적 경쟁을 허락하지 않는 공산주의와 만나면서 경직된 독재 정치로 흘러간 것이다. 이 부분에서 알 수 있듯이, 중앙집권국가의 전통은 쉽게 권위주의로 흐를 위험이 있다. 권위주의의 질곡에서 한국을 구해낸 것은 미국이 이식한 민주주의와 시장 경제이다. 그리고 미국이 이식한 전통이 성공할 수 있었던 데에는 분단과 전쟁이라는 쓰라린 배경이 존재한다. 한국 현대사의 지독한 역설이다.

남한의 농지개혁과 균질화

해방 이후 혼란이 이어지던 상황에서 향후 한국 사회에 커다란 영향을 미칠 정책이 추진되었다. 바로 농지개혁(토지개혁)이다. 해방 직후 한국은 공산주의의 직접적 위협에 직면해 있었다. 남북이 분단된 상태에서 북한은 1946년 4월 '무상 몰수, 무상 분배'라는 급진적 토지 재분배 정책을 강행해 20여 일 만에 마무리 지었다. 저항하는 지주들을 강경하게 탄압하면서 이룬 결과였다. 이 소식이 남한에 전해지면서 미군정 체제의 남한에서도 토지개혁을 요구하는 목소리가 높아졌다. 한국인의 77%가 농업에 종사하고 있던 당시 상황에서 미군정과 이승만 정부에게 농지개혁은 꼭 풀어야 하는 숙제였다.

제2차 세계대전이 마무리된 이후 미국은 탈식민지 신생 국가들의 토지개혁을 지원했다. 신생 정부들이 토지개혁을 통해 농민들의 민심을 장악하면 공산주의의 확산을 저지할 수 있다고 여긴 것이다. 미군정 역시 남한에서 토지개혁을 추진하려 했으나 한민당을 중심으로 한 지주 세력의 저항으로 인해 1948년 8월 15일 출범한 이승만 정부에게 과제를 넘겼다. 한민당(1949년 이후 민주국민당)은 제헌의회의 원내 제2당이었기에 국내 정치적 기반이 허약했던 이승만은 한민당을 쉽게 무시할 수 없었다. 그러한 한민당이 농지개혁 법안에 강력히 저항한다면 이승만 정부로서도 이를 추진하기가 쉽지 않을 터였다. 하지만 역설적으로 1946년에 먼저 토지개혁을 실시했던 북한이 남한의 농지개혁을 도와주었다. 남한의 공산주의 운동 세력은 남한 농민들에게 북한의 토지개혁을 대대적으로 홍보했으며 이는 농민층의 민심을 자극했다. 북한으로부터의 공산화 위협은 남한 지주들의 입지를 크게 위축시켰다. 남한이 공산화된다면 북한처럼 토지를 무상 몰수당할 것이라는 점을 한민당이나 남한의 지주들이 모르지 않았다. 공산화를 막으려면 농민들의 민심을 붙잡아야 했다. 거세지는 공산화 압박에 한민당은 차라리 이승만 정부가 추진하는 '유상 몰수, 유상 분배' 방식의 농지개혁 정책을 수용하되 법안 내용은 최대한 지주들에게 유리하게 만드는 타협점을 모색하는 쪽으로 입장을 선회했다. 이와 동시에 농지개혁의 집행을 최대한 미루어 농지개혁이 실시되기 이전에 자신의 소유 농지를 가능하면 정부가 정한 토지 보상금보다 더 높은 가격으로 팔고자 했다.[186]

농지개혁법은 1949년 4월 26일 국회를 통과했으나 조봉암 등 의회 내 소장파의 주장과 지주를 대표하는 민주국민당의 주장이 맞서면서 이견 조정에 상당한 진통이 따랐다. 결국 이듬해인 1950년 3월 10일 개정된 농지개혁법이 공포되었다. 정부의 기본 계획은 1950년 5월 3일 지주들의 보상 신청서 제출을 마감하고 5월 31일 지가증권을 지주들에게 교부하는 것이었다. 그러나 토지 실태 조사도 안 되어 있는 상황에서 이처럼 일사천리로 사업을 밀어붙이는 것은 현실적으로 불가능에 가까웠고 지주들도 촉박한 시한에 반발했기에 농지개혁은 정부 계획보다 느리게 진행되었다.[187] 정부가 추진하는 방안은 3정보(약 2만9700㎡)를 초과한 농지를 보유한 모든 지주로부터 토지를 강제로 매수해 농민에게 유상으로 판매하고 그 판매 대금을 해당 토지의 원래 지주에게 지급하는 방식이었다. 즉 농민이 내는 상환액과 지주가 받는 보상액은 동일하며, 원칙대로라면 중간에서 국가가 취하는 몫은 없다. 그런데 이승만 정부의 농지개혁을 자세히 들여다보면 실상은 그렇지 않았다.

1949년 제정된 농지개혁법은 지주에게 보상하는 몫을 해당 농지 연간 평균 생산량의 1.5배로 정했다. 평균 생산량은 과거 5년 동안의 평균 곡물 가격으로 책정했다. 농민들은 5년에 나눠서 농지 대금을 상환하고, 지주들에 대한 보상금도 5년 분할로 지급되었다. 우선 이러한 토지 가격 자체가 낮은 수준이라는 점을 짚어야 한다. 이승만 정부보다 앞서 일본인 소유 토지를 불하했던 미군정은 토지 가격을 해당 농지 연간 평균 생산량의 3배로 책정했는데 이승만 정부는 이를 절반으로 낮춘 것이다. 상대적으로 지주에게 불리하게 책정된 가격을 밀어붙였다는 점에서 출범한 지 얼마 되지 않았음에도 불구하고 한국의 중앙정부가 강력한 힘을 가지고 있었다는 점을 알 수 있다. 강력한 중앙정부의 힘은 하루아침에 나오지 않는다. 이는 오랜 중앙집권국가의 전통이 뒷받침되어 정부의 권위를 지주들이 받아들였기에 가능한 대목이다. 뒤에서 살펴보겠지만 인도와 파키스탄에서 추진했던 토지개혁은 중앙정부의 허약함으로 사실상 무산되었다.

지주들에게 결정적인 타격을 준 계기는 한국전쟁이었다. 정부는 토지를 몰수당한 지주들에게 현금 대신 보상액을 기재한 지가증권을 발행하여 교부했다. 반면 농민들은 토지 분배에 대한 상환 대금을 쌀과 같은 현물로 납부했다. 현물은 시가를 반영하지만 지가증권은 액면가로서 과거 5년의 평균 곡물 가격을 기준으로 느리게 변동한다. 만일 인플레이션이 발생하면 농민은 물가상승분을 반영해서 대금을 납부하는 반면 지주는 지가증권에 기재된 금액만 수령하는 셈이다. 그런데 농지개혁법이 시행된 지 석 달 만에 한국전쟁이 발발하면서 물가가 가파르게 치솟았다. 쌀 1석 가격은

1950년 29.1원에서 1951년 115.7원, 1952년에는 419.4원, 1956년에는 1336.7원으로 크게 뛰었다.[188] 그런데 정부는 1955년부터 지주들에게 지급하는 곡물 가격을 1950~1954년의 평균 가격으로 고정해 버렸으며, 그나마도 시장가격 대비 10%가량 낮은 법정 곡가를 기준으로 지급액을 책정했다. 물가가 크게 오르는 상황에서 정부는 농민들에게 현재 기준으로 상환금을 받아서 지주들에게 물가 인상 전 가격을 반영한 토지 대금을 지급한 셈이다. 지주들은 시간이 갈수록 가난해졌다. 그뿐만 아니라, 전쟁으로 인해 지주들에 대한 보상 작업도 느리게 진행되었다. 전쟁 도중 정부가 제대로 기능하지 못하면서 농지개혁 관련 업무는 한동안 중단되었으며, 1950년 9월 29일 서울 수복 이후에도 공무원들의 인명 피해 및 관련 서류 유실 등으로 인해 행정 업무가 정상적으로 가동되기 어려운 환경이었다. 또한 전쟁으로 생활이 어려워진 농민들이 정해진 기한에 상환 대금을 갚지 못하면서 지주들에 대한 보상금 지급이 지연되기 일쑤였다.

농지개혁은 1959년 말이 되어서야 대부분 마무리되었다. 몰수 농지 보상 작업이 지연되는 기간에 물가는 더 뛰었고 지주들이 입는 피해는 점점 더 늘어났다. 많은 지주들이 경제적 압박을 버티지 못하고 지가증권을 싼 가격에 팔아버렸다. 전쟁은 인플레이션을 낳고, 인플레이션은 지가증권을 들고 있던 지주들을 경제적으로 몰락시켰다. 그렇다고 농민들이 농지개혁으로 인해 그만큼 이득을 본 것도 아니다. 농민들은 현물로 납부함으로써 인플레이션 부담을 상환 대금에 반영했기 때문이다. 또한 참전한 군인들에게 지급할 군량미 마련이 시급했던 정부는 농민들에게 '임시토지수득세'라는 명목으로 높은 세율의 현물세,[189] 즉 쌀을 비롯한 농산물과 소금 등을 세금으로 거둬들였다. 현물세 역시 인플레이션 부담을 그대로 농민에게 전가했으며 식량이 부족해진 농민들은 다시 시장에서 인상된 가격으로 곡식을 사와야 했다. 농지개혁에 따른 상환 대금에다 전쟁 비용까지 세금으로 부담해야 했던 농민들 가운데 일부는 견디지 못하고 분배받은 토지를 되팔아 다시 소작농으로 돌아갔다.

농지개혁으로 인해 농민들이 얻은 이익은 '자산 형성'이라는 중장기적인 관점에서 설명될 수는 있으나 단기적으로는 농민들 역시 무거운 짐을 졌다. 결과적으로 단기 이익을 본 것은 정부였다. 농민들에게 현물로 받아서 지주들에게 과거 기준 현금으로 지급하면서 정부가 중간에서 물가상승분에 따른 차익을 챙겼기 때문이다. 전쟁 수행 및 전후 복구 사업으로 재정이 부족했던 이승만 정부가 의도적으로 지주들의 손해에 대해 눈감은 것으로 볼 수 있다. 우여곡절 끝에 농지개혁은 1959년 말에 이르면 농지대가 보상 96% 및 상환 98.7%로 사실상 마무리되었다.[190]

농지개혁 과정에서 북한은 두 가지로 커다란 영향을 미쳤다. 북한은 남한보다 앞서 '무상 몰수, 무상 분배'라는 강력한 토지개혁을 단행함으로써 남한의 지주들이 타협할 수밖에 없는 상황을 만들어냈다. 또한 남한의 농지개혁이 진행되는 중간에 북한이 한국

전쟁을 일으킴으로써 하이퍼 인플레이션을 유발시켰고 그 결과 남한의 지주 계급이 몰락했다. 이는 농지개혁 정책이 애초에 의도했던 바가 아니다. 이승만 정부는 원래 농지개혁을 도입하면서 지주들이 보상받은 토지 대금을 상공업에 재투자함으로써 자본가로 변신하기를 기대했다. 지주들이 받은 토지 판매 보상금을 종잣돈 삼아 공장을 짓고 기업을 세움으로써 산업화의 기반을 마련하고자 한 것이다. 그러나 한국전쟁이 발발함으로써 토지 판매 대금의 일부분만 지주들에게 지급되었을 뿐 상당수가 사실상 정부의 전쟁 수행 및 전후 복구 비용으로 사용되었다. 그런 관점에서 보자면, 남한의 지주들이 몰락한 것은 누가 의도한 것이 아니라 역사적 우연이 겹친 결과이다.

한국전쟁에도 불구하고 농지개혁을 지속적으로 추진해 매듭지은 것은 그만큼 중앙집권국가의 능력을 보여준다. 당시 정부는 공무원뿐만 아니라 민간인이 포함된 위원회를 조직해 농지개혁 작업을 진행했다. 농림부 산하 농지국이 농지개혁을 주관하는 부서였으나 농지개혁의 가장 기본이 되는 업무인 농가 실태 조사는 기초 행정단위인 이장·구장이 담당했으며 이를 지방 행정 기관에서 집계해 시장·군수에게 보고했고, 이것이 다시 중앙정부에 보고되었다. 또한 농지 분배 작업은 구청장·시장·읍장·면장이 책임을 지고 진행했으며, 시·도, 시·군·구, 읍·면·동 등 각급 행정 단위에 설치된 농지위원회가 농지개혁 대상이 되는 토지의 이해 관계자들에 대한 조정과 재심사 등의 실무를 담당했다. 농지위원회는 공무원과 민간인이 함께 참여했는데, 민간 위원은 지주와 농민을 절반씩으로 구성해 이해관계에 균형을 기했다. 전쟁으로 공무원들의 인명 피해도 컸고, 공무원 상당수는 기존 업무 대신 전쟁 지원에 동원되어야 했으며, 전쟁 후에는 각종 복구 사업을 병행했다. 그러한 와중에도 원래의 일정보다 늦춰지기는 했으나 어쨌든 정부는 농지개혁이라는 목표를 완수한 것이다. 소수 정책 결정자들의 의지만이 아니라 중앙집권 전통이 뒷받침된 관료 조직과 민간의 협력이 병행되었기에 가능했던 일이다.

농지개혁은 향후 한국의 발전 경로를 좌우했다고 해도 과언이 아니다. 농지개혁을 하지 않았다면 농촌에서 봉건적인 지주-소작농 관계가 유지되었을 것이다. 이는 법적인 신분제 폐지에도 불구하고 사실상 농민들이 지주들에게 예속되는 봉건적 질서를 연장하는 효과를 낳는다. 지주들이 정치적·경제적 힘을 가지고 있으면 산업화가 어렵다. 토지가 경제력의 근원인 지주들은 국가 자산이 농업에 투자되기를 원하고 각종 정책 역시 농업에 유리한 방향으로 추진되기를 바란다. 실제 박정희 정부 이래 추진된 산업화는 농산물 가격을 낮게 유지하여 도시인들의 생활 물가를 낮춤으로써 농업의 희생하에 상공업을 발전시키는 방식으로 진행되었다. 하지만 지주들이 막강한 힘을 가지고 있었다면 이러한 정책은 실행되기 어려웠을 것이며, 산업화 역시 정부가 원하는 것과 다른 방향으로 진행되었을 가능성이 높다. 게다가 다른 나라의 사례에서 보면 지주들은 일반적으로 농민들의 교육 수준이 높아지기를 원치 않는다. 농민들의 교육 수준이 높아지면 임금이 올라가고 지주들의 기득권에 대한 도전이 거세어지기 때문이다. 지주들은 정부가 교육의 기회와 질을 높이기 위해 투자하는 데 큰 관심을 보이지 않는다. 따라서 지주들의 정치적 영향력이 강해지면 교육의 발전도 더뎌진다. 그리고 대중들의 교육 수준이 낮아지면 그만큼 민주화 속도도 떨어진다. 대체로 민주화 운동을 주도하는 세력은 고등교육을 받은 계층이기 때문이다.

무엇보다 농지개혁의 가장 커다란 효과는 한국인이 사회적·경제적으로 균질해졌다는 점이다. 지주 계급이 몰락하고 자본가 계급은 형성되지 못한 채 한국 사회에서 특권 계급이 사라졌다. 농지개혁이 대강 마무리된 1950년대 말이 되면 한국 사회는 어느 집단도 경제적 기득권을 가지지 못한 상태가 되었다. 이는 경제적 특권 세력이 정치 권력과 결탁할 수도 없었다는 의미이며 후견주의가 사회 구조적으로 고착되지 않았다는 의미이다. 1960년까지 정부 엘리트라고 할 수 있는 고위 공직자의 80% 이상이 행정고시를 통해 채용되었고 내부 승진되었다. 이러한 추세는 이후 더욱 강화되어 행정고시 의존도는 지속적으로 높아진 반면 특별 임용은 줄어들었다.[191] 정부의 엘리트 집단이 출신 배경과 상관없이 시험이라는 객관적 선발 절차를 통해 모집되었다는 것이다. 한국전쟁은 남한의 산업 기반을 파괴했고 이에 더해 농지개혁 과정에서 지주 계급마저 몰락함으로써 한국인들은 다 같이 가난해졌다. 경제적으로 비슷비슷해진 것이다. 게다가 한국의 인구 구성은 다른 탈식민지 국가들과는 달리 오래전부터 동질적이었다. 1960년대 박정희 정부가 추진한 산업화 정책이 도입되기 직전의 한국 사회는 소수 종족 집단이 거의 없는 단일 종족 국가의 전통을 유지하고 있었고, 그들의 살림살이 형편도 엇비슷했으며, 특권 계급도 존재하지 않는 상태였다. 종족적 동질성을 넘어 한국 사회가 균질화된 것이다.

산업화는 그야말로 자본주의 경쟁이다. 전 국민이 달리기 시합에 나서는 것이다. 그런데 1950년대 말 한국 사회가 균질화되면서 '부의 획득'이라는 목표 지점을 향한 달리기에 나서는 이들은 거의 동일한 출발선상에 서게 되었다. 만일 특권 계층이 목표 지점으로부터 훨씬 가까운 지점에서 출발한다면 다른 사람들은 뛸 의욕이 크게 줄어들 것이다. 같은 출발선상에 있으니 남보다 한걸음 빠르게 뛰면 부를 거머쥘 수 있다는 생각이 한국인들 사이에 널리 퍼졌다. 이는 한국 사회에 엄청난 활력을 불어넣었다. 경제 주체들이 너나 할 것 없이 돈을 벌기 위해 달렸다. 한국이 세계 최장 수준의 노동 시간을 기록하며 세계가 놀랄 만한 고속 성장을 이룬 데에는 균질화된 사회가 존재했다. 물론 당시에도 빈부 격차야 존재했다. 그러나 1960년대 초 상당수의 한국인들은 빈부 격차가 크지 않다고 여겼다. "나보다 잘사는 사람이 존재하지만 내 자식이 공부를 열심히 해서 출세하면 이를 따라잡고 집안을 일으켜 세울 수 있다"는 게 일반적인 한국인들의 생각이었다. 이는 전 국민이 자식 교육에 몰두하는 엄청난 교육열로 전환되었다. 형편이 어려운 집은 자식 중 일부(대체로 아들)의 교육에 돈을 몰아주었다. 남동생이나 오빠를 대학에 보내기 위해 어린 나이부터 공장에 취직해 일하는 여성의 사연은 흔했다. 농지개혁으로 분배받은 땅은 중장기적으로 농민들의 자산 형성에 기여했다. 농민들은 농사를 통해 얻은 잉여소득으로 자식들을 공부시켰다. 소득이 충분치 않으면 소를 팔고 땅을 팔기도 했다. 대학교는 '소뼈로 만든 탑'이라는 뜻의 '우골탑(牛骨塔)'으로 불렸다. 소득이 늘고 핵가족화가 진행되면서 대학에 진학하는 여성들도 크게 늘었다.

한국인의 교육열은 여러 지표로 확인할 수 있다. 우선 대한민국 정부 수립 이후 빠르게 초등교육 보급이 늘어났다. 일제강점기 일본인들에게는 초등의무교육이 실시된 반면 조선인에게는 의무교육이 실시되지 않았다.[192] 한국인들에게 의무교육이 실시된 것은 1948년 제헌헌법과 1949년 교육법에서 초등의무교육제를 법제화하면서 시작되었다. 대한민국 정부가 수립된 1948년 전국의 초등학교(국민학교)는 학교 수 3천443개에 학급 수 3만9천823개였으나, 농지개혁이 마무리되고 박정희 정부가 들어선 이후인 1964년 학교 수는 5천 개를 넘어섰으며 학급 수는 7만1천 개를 초과했다. 산업화가 빠르게 진행되던 1976년에는 학교 수 6천400개, 학급 수가 10만 개를 넘어섰다.[193] 부족한 시설로 학생 수업을 담당해야 하는 상황에서 과밀 학급과 오전·오후반으로 나눈 2부제(일부 지역에서는 3부제) 등으로 수업을 진행했다. 4년제 대학교 및 전문대학 등 고등교육 기관에 진학하는 학생도 폭발적으로 증가했다. 해방이 되던 1945년에는 약 1만8천 명에 불과했던 고등교육기관 학생 수가 대학생들이 주도한 시위로 이승만 정권이 무너졌던 1960년에는 약 10만8천 명으로 늘어났고, 산업화가 한창이던 1970년에는 약 19만2천 명으로 10년 만에 두 배 가까이 증가했으며, 1980년에는 약 61만1천 명, 1990년에는 약 136만6천 명, 2000년에는 313만 명으로 대학생 수가 폭증했다.[194] 고등학교에서 4년제 대학교 등 고등교육기관으로 진학하는 비율은 1975년에 25.8%였으나, 1985년에는 36.4%, 1995년에는 51.4%, 2001년에는 70.5%로 세계 최고 수준의 진학률을 기록했다. 2023년 한국의 대학 진학률은 76.2%로 세계 1위이다. 여성의 대학 진학 역시 크게 증가해 1975년 24.9%였던 것이 1995년에는 49.8%로 여성 인구 절반에 육박했으며, 2001년에는 67.6%를 기록했다.[195] 2023년 우리나라 청년층(만 25~34세)의 고등교육 이수율은 69.7%로 OECD(경제협력개발기구) 국가 중 1위이다. 2위 캐나다(66.88%) 및 3위 일본(65.47%)과도 차이를 보인다. 참고로 2023년 청년층 고등교육 이수율의 OECD 평균은 47.4%이다.[196] 이뿐만 아니라 한국인들의 사교육 참여율과 사교육비 또한 세계 최고 수준이다.[197] 이처럼 단기간에 세계 최고 수준으로 올라선 한국의 교육열은 균질적 근대화의 단면이다.

평등주의, 그리고 세습 정치

오늘날의 대한민국은 천년의 시간 동안 다져진 중앙집권적 국가의 전통과 그 소산인 단일 민족, 그리고 해방 이후 경험한 균질적 근대화를 자양분으로 성장했다. 특히 균질적 근대화는 한국인들 사이에서 '평등주의'를 낳았다. 평등주의란 쉽게 말해 '너랑 나랑 인간으로서 가치가 동등하다'는 관념이다. 나와 옆 사람이 동등하기 때문에 저 사람이 누리는 것은 나도 누려야 한다는 대중 심리가 생겨났다. 평등주의는 한국을 끊임없이 주변 사람과 비교하는 사회로 만들었다. 출발선이 비슷했는데 누가 나보다 앞서 나가는 것을 팔짱 끼고 지켜볼 수는 없는 노릇 아니겠나. 앞서 언급한 한국의 사교육 열풍도 이러한 심리일 수 있다. '옆집은 애를 무슨무슨 학원에 보내고 선행 학습을 어디까지 시켰는데 우리 애만 뒤처져서야 안 되지'라는 심리가 끊임없이 사교육 경쟁으로 학생들을 밀어 넣는 것이다.

한국인의 평등주의 정서는 정치에도 영향을 미쳤다. 평등주의는 민주주의 이념과도 잘 어울린다. 민주주의란 구성원들이 권리를 동등하게 지니고 의사 결정에 참여하는 제도이다. 종족적으로나 경제적으로나 균질화된 한국인들은 정치적 권리도 평등하게 누려야 한다고 생각했다. 반면 특권층에 대한 대중적 반감과 비판도 강했다. 근대화 과정에서 한번 동일한 출발선상에 서본 한국인들은 누군가 앞선 스타트 라인에 서는 것을 용인하려 들지 않았다. 그 결과 위에서 살펴본 남아시아와 동남아시아 국가들에서 공통적으로 나타나는 세습 정치 현상이 한국에서는 자리 잡지 못했다. 여기서 '세습 정치'라 함은 특정 정치인이 정치적 지위를 자식에게 물려주거나 개인이 관리하던 지역구 혹은 정치적 네트워크를 자녀에게 물려주는 것을 의미한다. '정치적 지위'에는 정당 내 직위·직책만이 아니라 유력 정치인인 부모가 자신의 임기 중이나 혹은 은퇴한 이후라도 지속적으로 정치적 영향력을 발휘하는 상황에서 그 인지도를 자녀가 정치적으로 이용할 수 있도록 해주는 것을 포함한다. '정치적 네트워크'란 선거 운동 조직이나 선거를 뒷받침할 만한 사적 연결 고리를 말한다.

정치 세습 문화가 깊게 뿌리 내린 일본에서 세습 정치인은 가족으로부터 '3반'을 물려받는다고 한다. 지반(地盤, 지역구나 후원회 조직), 간반(看板, 한국어로 '간판', 즉 '가문의 인지도'), 가반(한국어로 '가방', 즉 '자금력')이 그것이다. '지반'이 곧 정치적 네트워크이며, '간반'이 정치적 지위에 해당한다. 한국인들이 특별히 세습에 무관심하거나, 한국 사회에 세습을 하는 사례가 적은 것은 아니다. 고유명사화된 '재벌'은 기업을 족벌 경영하는 체제이며, 대형 교회를 세습하는 보기 드문 현상도 한국에서는 일어난다. 하지만 정치적으로 세습은 자리 잡지 못했다. 기업이나 교회 세습과는 달리 국민들이 유권자로서 개입할 수 있기 때문이다. 정치적 세습 시도는 평등주의를 경험한 한국의 유권자들 표심에 부정적 영향을 미칠 수 있다.

1987년 민주화 이후 한국에서 정치 세습은 대체로 국민들에게 배척되었다. 가까운 사례는 2020년 총선에서 국회의장을 지낸 문희상 의원의 지역구에서 그의 아들인 문석균이 출마하려 하면서 일었던 논란이다. '아빠 찬스'라거나 '정치 세습'이라는 따가운 비판으로 인해 결국 문석균은 출마를 포기했다가 이후 무소속으로 총선에 뛰어들어서 낙선했다. 지역구 여론과는 별개로 국민 대다수가 문석균의 '지역구 세습'에 대해 부정적 견해를 보였으며, 이는 선거를 앞둔 상황에서 소속 정당에게 큰 부담으로 다가왔을 것이다. 문석균은 2024년 총선에서도 해당 지역구 당내 경선에 뛰어들었으나 역시 당원들의 반대로 낙선하고 말았다. 이 사례는 앞서 언급한 한국인들의 평등주의가 정치판에서 어떻게 작동하는지를 여실히 보여준다. 한국인들의 평등주의 정서는 누군가가 부모의 영향력에 힘입어 앞선 출발점에 서는 것을 쉽사리 인정하려 하지 않는다. 정치권에 깊숙이 들어온 '공정'이라거나 '아빠 찬스'라는 단어가 앞으로도 이러한 현상을 지속시킬 가능성이 높다. 물론 부모의 지역구를 물려받아 국회의원이 된 사례는 한국에도 존재한다.[198] 하지만 다른 탈식민지 아시아 국가들은 물론 미국이나 유럽 등의 기준으로 보아도 한국의 세습 정치인 수는 많지 않은 편에 속한다.

　민주주의 국가임에도 세습 정치인을 인정하고 용인하는 정서가 널리 퍼진 사회는 그럴 만한 역사적·문화적 배경이 있다. 이런 사회의 대중들은 '정치는 일반 국민이 하는 게 아니라 담당할 만한 사람이 따로 있다'고 생각하는 경향이 높다. 국민주권이라는 민주주의의 기본 이념에 걸맞지 않은 태도인데 의외로 민주주의를 채택한 세계의 여러 나라에 퍼져 있다. 앞에서 살펴본 인도, 파키스탄, 인도네시아, 말레이시아 모두 정치적 지위와 영향력을 세습하는 정치 가문이 득세하고 있다. 인도국민회의가 네루-간디 가문에 장악당한 것이나, 파키스탄인민당이 부토 가문에 장악당한 것 등이 대표적인 사례이다. 인도네시아 대통령의 자녀들은 대체로 아버지의 영향력을 물려받아 정치계로 진출한다. 물론 이 나라들에서도 정치 세습에 대한 비판이 제기된다. 그러나 정치 엘리트들의 기득권 수호 노력을 막기에는 역부족으로 보인다. 이러한 현상이 나타나는 이유는 전근대 사회에서 식민지 시기를 거쳐 독립 국가로 넘어오면서 법적으로 신분제가 폐지되었으나 패트론-클라이언트 관계를 기반으로 한 후견주의가 사회에 뿌리 깊게 유지되고 있기 때문이다. 패트론의 지위는 대개 가족 내에서 세습되며 이때 재산뿐만 아니라 클라이언트 및 다른 패트론과의 관계까지 함께 물려준다. 경제권 및 지역구의 네트워크를 가지고 있는 패트론들은 정치계에 진출하는 사례가 많으며, 이러한 기반을 바탕으로 정당을 사유화하는 경우도 드물지 않다. 패트론들은 정·관·재계에 걸친 네트워크를 통해 선거에서 유리한 위치를 점하기 때문에 정치 신인이 이러한 벽을 넘기가 어렵다. 그러다 보니 후견주의가 득세하는 나라에서는 '정치는 특권적 지위를 가졌거나 그런 사람들을 후견인으로 둔 사람들이나 하는 것'이라는 체념적 현실 인식이 일반화되고 이를 당연시하는 정서가 형성된다. 오래전부터 존재했던 일종의 문화로 치부하는 것이다. 이러한 환경에서 국가의 주권자는 국민이며 모든 국민은 유권자로서 투표할 수 있는 권리뿐만 아니라 직접 정치에 참여할 수 있는 권리를 지닌다는 민주주의의 기본 정신이 힘을 잃는다. 후견주의와 세습 정치를 용인하는 관념이 허물어지려면 기존 질서를 뒤집는 거대한 사회적·정치적 충격이 와야 한다. 한국에서는 그것이 농지개혁과 한국전쟁의 조합이었다.

  물론 한국이 불공정한 유착 관계가 존재하지 않는 공정한 사회라는 의미는 절대 아니다. 오히려 민주화 이전의 한국 정부들은 높은 수준의 부패와 정실주의에 시달렸다. 민주화 이후에 겪은 1997년 'IMF 사태' 역시 한국의 정치-기업-금융 간 불투명한 유착 관계에서 기인한다. 학연이나 지연을 통해 유리한 위치를 점하는 것 역시 부당하게 앞선 출발선에 서는 것이나 마찬가지다. 한국에서는 이를 혁파해야 한다는 당위성이 비교적 널리 공감대를 이루었고 그래서 일반적으로 다른 탈식민지 국가들이 빠졌던 함정에서 어느 정도 벗어날 수 있었다. 평등주의는 그러한 공감대에 힘을 불어넣었다. 공직자 재산 등록 및 공개, 주식 백지신탁, 퇴직 공직자 취업 제한 등 공직 윤리 시스템과 더불어 김영란법(부정 청탁 및 금품 등 수수의 금지에 관한 법률) 및 인사청문회 등 공직자와 관련한 다양한 규제 및 감시 제도가 만들어졌으며, 공직 선거에 대한 국고보조 시스템을 도입한 정치 자금법 등을 통해 금권 선거를 방지하는 제도적 장치가 마련되었고, 정당 운영에 있어서 당원의 권한 강화와 공직 선거 후보 경선제 도입 등으로 정당의 사유화와 후견주의 등장 가능성을 차단하기 위한 노력들이 실시되었다. '정치는 특권적 지위를 가진 사람들이나 하는 것'이라는 생각을 거부하는 국민들의 눈높이에 맞춰 표심을 잡기 위한 정당 간 치열한 경쟁의 결과라고 할 수 있다.

균질한 근대화, 그 이후

한국인들은 근대화 과정에서 그 구성원들이 매우 비슷비슷한 종족적·문화적 배경을 공유하면서 정치 권력이나 경제적 특권을 일부 집단이 독점하지 않았으며, 국가 권력을 장악한 정치 엘리트들이 그 권력을 세습하지도 않았고, 심지어 토지개혁을 통해 지주 계급이 몰락함으로써 산업화의 초기 단계에서 구성원들이 상대적으로 비슷한 출발선상에서 경쟁에 뛰어들 수 있었다. 경쟁 조건이 비슷해졌다는 것은 최대한 많은 인원에게 성공의 기회가 주어졌다는 의미이다. 많은 이들이 이 경쟁에 뛰어들었다. 비록 본인은 성공 기회를 누리지 못하더라도 자식들에게는 그 기회를 제공하고 싶어 했다. 그리고 공부를 열심히 해 좋은 대학교에 진학하면 현재의 불리한 여건은 얼마든지 역전 가능하다는 생각을 한국인들은 공유했다. 이는 한국 사회에 유례없는 역동성을 가져다주었다. 1960년대 이후 40년 가까이 지속됐던 한국의 높은 경제 성장은 이러한 사회적 조건의 결과이다.

그러나 위와 같은 균질적 근대화는 상당한 부작용도 낳았다. 오늘날 SNS는 세계인들을 상호 비교와 질투의 장으로 몰아넣고 있지만, 한국인들의 비교 심리는 SNS가 세상에 나온 시점보다 훨씬 먼저 시작됐다. 균질적 근대화의 초기, 같은 출발선상에 서서 달리기 시합을 하는 순간부터 한국인들은 옆 사람을 경쟁자 혹은 비교 대상으로 의식했다. 그러다 보니 남들이 하는 대로 나도 한다는 대중 심리가 발달했다. 쉬지 않고 곁눈질하는 한국 사회에서 유행은 대단히 빠르다. 옆 사람이 입은 옷, 옆집 아이가 다니는 학원, 옆자리 동료가 타는 차가 무엇인지 계속 살핀다. '남들이 하는 건 나도 한다'가 한국인들의 보편적 사고방식이 되었다. 많은 이들에게 '내 마음에 드는 게 무엇인가'보다는 '남들 눈에 어떻게 보이는가'가 중요한 선택 기준이었다. 한국인의 경쟁력은 부지런히 주변을 곁눈질하는 태도에서 왔다고 해도 과언이 아니다. 균질적 근대화의 의도치 않은 부수 효과이다. 하지만 쉴 새 없이 곁눈질해야 하니 사는 게 피곤하다. 사람들의 경쟁 심리도 강하고, 사회 전체가 경쟁으로 인한 스트레스도 강하다.

한창 고성장을 이루던 1970년대와 1980년대의 한국 사회에 대해서는 유행이 단조롭고 대중이 몰개성적이라는 평가가 지배적이었다. 유행이 한국인들 사이에 퍼지는 속도는 빨랐지만 유행에 휩쓸리는 군중 속에서 누군가 도드라지게 튀는 것은 어려웠다. 이로부터 개인주의를 용납하지 않는 집단 문화도 강해졌다. 이 모든 것이 동질성이 강한 사회의 일단면인 동시에 균질적 근대화가 낳은 평등주의의 부산물이다. 평등주의가 유행하던 시대의 한국인들은 상대방의 위치가 나보다 앞서거나 뒤처졌는지 계속 곁눈질했다. 출발점이 같기에 달리면서 상대방이 어디쯤 있는지 살피는 것이 일상적인 문화가 되어버린 것이다. 출발점의 차이가 용납되는 유일한 기준은 '나이'였다. 같은 나이끼리는 같은 출발선에 선 것이고, 한 살 많은 이는 일 년 먼저 출발한 것이라는 생각이다. 그래서 한국인들, 특히 한국 남성들끼리 모이면 일단 상대방의 나이를 알아내는 게 중요한 일이다. 이런 분위기에서 나이가 곧 지위이자 권위가 되고, 나이에 근거한 연공서열이 조직 문화의 기본이 되었다. 이 질서 바깥으로 나가거나 홀로 도드라지는 사람은 '왕따'를 당했다. 그 결과 개인주의가 발달하지 못했다. 균질적 근대화가 가져온 평등주의가 개인주의의 발달을 억제한 것이다.

외국의 토지개혁

토지개혁은 한국에서만 진행된 것이 아니다. 제2차 세계대전이 끝난 이후 아시아에서는 토지개혁 열풍이 불었다. 식민지를 경험한 아시아 국가들 가운데 상당수가 공산주의 체제를 받아들이면서 강력한 토지개혁을 실시했다. 식민 지배를 받던 기간 대부분의 지주들이 식민 종주국에게 협력했기 때문에 토지개혁은 일종의 식민지 청산 작업의 하나였다. 아시아에서 공산주의 운동은 이러한 명분과 더불어 농민들의 불만을 자양분으로 삼아 급성장했다. 공산주의가 빠르게 확산되자 미국은 이를 막기 위해 아시아의 비공산권 국가에서도 토지개혁을 실시해야 한다고 판단했다. 그리하여 일본을 비롯해 한국, 대만, 필리핀 등 미국의 영향력이 미치는 지역에서 토지개혁이 추진되었다. 인도와 파키스탄 등에서도 토지개혁을 요구하는 목소리가 높았다. 독립 추진 과정에서 인도공화국을 세우고자 했던 국민회의와 파키스탄으로 분리 독립하려 했던 무슬림연맹은 각각 농민들에게 자신을 지지해 줄 것을 호소했는데, 이 과정에서 농민들의 요구 사항인 소작료 감면과 농지 재분배를 약속할 수밖에 없었다. 따라서 건국 이후 양 국가의 지도자들에게는 토지개혁이 중요한 국정 과제로 논의되었다.

하지만 공산권을 논외로 한다면, 토지개혁은 일부 국가에서만 성공적으로 진행되었다. 일본, 한국, 대만이 대표적인 성공 사례이다. 왜 그랬을까? 토지개혁은 어느 나라에서나 힘들다. 기득권층인 지주 엘리트들이 반발하기 때문이다. 제2차 세계대전 직후 아시아 국가들은 대부분 농업 국가였다. 농촌에서 지주 엘리트들은 소작농들에게 일종의 지배권을 행사함으로써 강력한 사회적·경제적 영향력을 발휘한다. 게다가 지주 엘리트들 가운데 정치권에 진출한 사람들도 많았기에 지주들의 정치적 영향력도 컸다. 이러한 지주들이 토지개혁에 저항하는 경우 정부 지도자들로서는 거대한 장애물을 마주하게 된다. 이 장애물을 뛰어넘는 것은 두 가지 특별한 조건이 갖춰져야 가능하다. 토지개혁을 요구하는 사회적인 압력이 지주층의 저항을 압도할 정도로 강해야 하고, 이에 더해 개혁을 실행에 옮길 수 있을 만큼 유능한 중앙집권 정부가 존재해야 한다.

일본은 패전으로 몰락한 이후 미군정의 통치를 받았다. 미국은 아시아의 공산주의 확산을 막기 위한 조치의 일환으로 일본에서의 토지개혁을 밀어붙였다. 또한 일본 내에서도 토지개혁을 요구하는 목소리가 높았다. 전쟁에 지친 일본 국민들은 패전 이후 정부에 대한 불만이 극에 달했고 이 불만을 흡수해 공산주의 세력도 성장하고 있었다. 일본의 관료들과 정치인들도 이를 달래지 않고서는 국정을 운영할 수 없다고 판단했으며 다수 농민들의 요구사항인 토지개혁을 추진하는 것은 반드시 해야만 하는 국정 과제로 인식했다. 이와 더불어서, 일본에는 이미 국가를 서구 열강과 맞먹는 수준으로 성장시켰던 엘리트 관료 집단과 거대한 국가 기구가 존재했다. 이들이 토지개혁을 실행하는 주체였다.

대만은 보다 직접적인 공산주의의 위협에 노출되어 있었기에 강력한 토지개혁이 실시된 사례이다. 1949년 장제스(蔣介石)가 이끄는 중화민국 정부가 중국공산당을 피해 대만으로 천도한 국부천대(國府遷臺) 이후 대만은 본토에서 넘어온 중화민국 세력의 지배를 받았다. 중화민국의 국부천대 당시 중국공산당은 이미 본토에서 무상몰수 무상분배 방식의 강력한 토지개혁을 한창 진행하고 있었다. 장제스와 국민당 지도부는 본토에서 중국공산당의 토지개혁 선전이 농민들에게 얼마나 큰 지지를 이끌어냈는지 여실히 경험했기에 대만의 공산화를 막기 위해서는 토지개혁을 해야 한다는 생각을 절박하게 공유했다. 여전히 본토의 마오쩌둥과 중국공산당이 대만을 침공해 통일하겠다고 벼르고 있는 상황에서 대만 농가의 3분의 2를 차지하는 소작농과 반자작농의 지지를 받지 못하면 내부에서 공산당 동조자들이 생겨날 가능성이 높았다. 미국도 중화민국 정부의 토지개혁 추진을 적극 지지하고 토지개혁 프로그램을 제공하는 등 협력했다. 장제스는 대만 천도 직후 소작료 감면 정책을 실시한데 이어 정부 소유 공유농지를 소작농들에게 매각하고, 1953년에는 토지개혁의 최종 단계인 토지 재분배 정책을 실시했다. 중화민국 정부 관료들은 본토에서 건너왔기 때문에 대만의 지주들과 아무런 인적 연고가 존재하지 않았으며 토지개혁에 대해 사적인 이해관계가 얽혀 있지도 않았다. 또한 국부천대 당시 본토의 중화민국 정부 조직과 군대가 함께 왔기 때문에 대만 현지 지주들의 반발을 제압하고 단호하게 정책을 밀어붙일 능력을 갖췄다.

그렇다면 다른 국가에서도 토지개혁이 성공적이었을까? 그렇지 않았다. 제2차 세계대전 이후 비공산권 국가에서 토지개혁 성공은 드문 사례이다. 먼저 인도의 경우를 보자. 인도에서는 국민회의와 무슬림연맹 간의 경쟁이 본격화되었던 1930년대에 이미 토지개혁이 주요한 이슈로 떠올랐다. 당시 영국령 인도제국은 압도적으로 농업 위주의 국가였고 당연히 농민들의 요구가 곧 민심의 핵이었다. 인도를 지배하던 영국 동인도회사는 자민다리 제도(Zamindari System)를 토지 지배의 근간으로 삼았다. 자민다르(Zamindar)들은 본래 인도 북부의 봉건적 지주들을 일컫는데 무굴제국의 지배가 오래 지속되면서 자민다르들은 차츰 무굴제국에 종속적인 지위가 되었고 토지에 대한 소유권을 잃어버린 채 농촌에서 세금을 거두는 관리인으로 전락했다. 영국 동인도회사는 법을 제정해 각 지역에서 거둬들이는 토지 세액을 영구적으로 고정시키고 자민다르들에게는 총 토지 세액의 10분 1을 가질 수 있도록 했다. 원래 영국의 의도는 식민 정부의 수입을 일정하게 보장하면서 동시에 자민다르들의 소득을 제한해 직접 농사를 짓는 경작자들의 수익을 보존하려는 것이었다. 하지만 시간이 지나면서 자민다르들은 자신의 징세 권리를 다른 사람들에게 임대함으로써 원래 수익 이외의 돈을 벌어들였다. 징세 권리를 임대한 이들은 소작농들로부터 토지세를 추가로 가져갔다. 결과적으로 농민들과 자민다르 사이에 여러 단계의 중간 관리자들이 존재하게 되면서 농민들의 수익이 줄어들었다. 반면 자민다르들은 지세를 내지 못하는 경작자들의 토지를 빼앗는 등의 수법으로 점차 실질적인 지주 계급이 되었다. 인도가 독립할 시점에 인도 산업의 근간인 농업 부문에서 가장 심각한 문제로 지적된 것이 바로 이 자민다리 제도였다.

1936년 국민회의는 선거 공약으로 사회주의적이라고 할 만큼 급진적인 토지개혁을 공약으로 내걸었다. 독립 이후 네루가 이끄는 인도공화국 정부는 자민다리 제도를 폐지하고 토지개혁을 통해 농민들에게 경작지를 분배함으로써 인도 농촌의 봉건적인 농업 생산 관계를 혁파하고자 했다. 하지만 이러한 노력은 실행 단계에서 여러 장애물을 만났다. 우선 집권당인 인도국민회의 내부의 보수파 진영은 네루가 주도하는 토지개혁을 '공산주의 정책'이라며 반대했다. 그러나 네루는 제1차 5개년 계획(1950~1955)에 자민다르를 비롯한 징세 청부인 제도를 폐지하고 경작자에 대한 토지 보유 보장, 농지 소유 상한 설정 등 토지개혁을 포함시키는 뚝심을 발휘했다. 자민다리 제도의 폐지는 농민 대중의 열렬한 지지를 받아 1950년 우타르프라데시주에서 처음으로 실시된 이래 인도 각 주로 빠르게 퍼져나갔다. 반면 농지 소유 상한 설정 및 재분배 정책은 실효를 거두지 못했다. 대토지를 소유한 자민다르들과 대지주들은 토지개혁 법안이 실시되기 전에 먼저 자녀와 친척 등 가족들에게 토지를 나눠주거나 주변 사람의 명의를 빌려 토지 소유자를 변경하는 등의 편법을 동원해 정부의 개혁 조치를 피했다.

더 심각한 문제는 연방국가인 인도공화국에서 토지개혁을 밀어붙일 중앙정부의 힘이 약했다는 점이다. 인도공화국은 여러 토후국들을 반강제로 통합시켜 출범한 나라로서 각각의 주는 저마다 독자적 권한을 가지고 있었기에 중앙정부는 각 주정부에게 정책을 일방적으로 강요할 수 없었다. 정책은 중앙정부에서 만들었지만 이를 시행하는 것은 주정부 관할이었으며, 주정부들과 타협적인 관계를 유지하고자 노력했던 네루 정부는 주정부에 대해 강압적인 태도를 취하기 어려웠다. 인도 사회의 기득권층인 지주 가문 출신 가운데 정치계로 진출한 사람들이 많았다. 이들은 중앙정부의 토지개혁 정책을 적극적으로 실행에 옮기려 하지 않았다. 주마다 소유 가능한 토지의 상한선이 달랐으며 대부분의 주에서 땅 주인이 직접 농사를 짓는 자경지의 경우 토지 소유에 제한을 두지 않는 등의 예외 규정을 도입했다. 그 결과 토지개혁 법안이 시행되자 지주들 가운데 소작농을 내쫓고 소작지였던 땅을 자경지로 신고하는 사례가 급증하면서 중앙정부의 개혁 정책이 주정부 단위에서는 오히려 소작농에게 일자리를 빼앗는 역효과를 낳았다. 네루 정부는 소작농이 일정 기간 이상 경작해 온 토지에 대해 구매권을 부여함으로써 자작농을 늘리는 정책을 도입했으나 안드라프라데시, 비하르, 타밀나두, 하리아나, 펀자브 등의 주에서는 소작인의 경지 구매권을 인정하지 않았다. 그 밖의 주에서도 토지 가격을 높게 책정해 사실상 대부분의 소작농들이 소작지를 살 수 없도록 만들었다. 한마디로, 네루의 토지개혁은 실패했다. 물론 좌파 정부가 집권해 강력하게 토지개혁을 추진한 서벵갈주와 케랄라주처럼 토지개혁에 성공한 것으로 평가받는 지역도 존재하지만 전체적으로 보면 이들은 예외적인 사례이다.[199] 강력한 중앙집권적 정부의 존재는 토지개혁에 필수적인 요소이다. 달리 말하면, 국민의 종족적 기반이 다양해 중앙정부가 이를 하나의 국민으로 통합하는 데 어려움을 겪는 상황에서는 정부가 주도하는 개혁 정책 역시 일사불란하게 추진되기 어렵다. 인도의 사례가 여기에 속한다.

    파키스탄의 상황도 인도와 유사하다. 다만 파키스탄에서는 잠시나마 강력한 토지개혁 정책이 전국적으로 실시된 바 있다. 파키스탄 건국을 주도한 무슬림연맹 지도부가 건국 과정에서 지주들과 결탁한 사실은 앞에서 언급한 바 있다. 하지만 농민들의 지지도 중요했기에 무슬림연맹은 국민회의와 경쟁하던 상황에서 농민들에게 "이슬람 국가가 세워지기만 하면 농민들의 권리를 되찾게 될 것"이라고 약속하면서 파키스탄 건국에 대한 지지를 호소하고 다녔다. 따라서 파키스탄 정부는 건국 이후 토지개혁과 소작농의 권익 보호 조치 없이 농민층의 지지를 기대할 수 없는 상황이었다. 파키스탄에서는 아유브 칸 집권기인 1959년, 줄피카르 알리 부토 집권기인 1972년과 1977년에 걸쳐 총 세 번의 토지개혁이 있었다.

아유브 칸 정부는 1959년 서파키스탄 토지개혁법을 제정했는데, 이때 1인당 토지 소유 상한이 처음 도입되었다. 관개지의 경우 500에이커, 비관개지는 1,000에이커 혹은 총 36,000PIU(Produce Index Unit, 생산량 지표 단위)[200] 중 더 큰 쪽을 기준으로 상한선을 정했다. 이 법안에는 소작농 보호 방안도 포함되어 있었다. 하지만 1959년 개혁안은 실질적인 효과를 거두지 못했다. 아유브 칸 정부는 제1차 5개년 계획에 토지 소유 제한을 포함시켰는데 토지 재분배 여부에 대해 '주정부에서 최종 결정'하도록 명시했다. 각 지역의 경제 및 고용 등을 감안해 이러한 조건을 삽입한다는 명분을 내세웠으나 지주들의 정치적 영향력이 큰 주정부에서 토지 재분배를 실시하지 않음으로써 사실상 토지개혁안은 효과를 내지 못했다. 인도와 마찬가지로 파키스탄 역시 지주들의 정치적 영향력이 강력했기에 중앙정부는 토지개혁을 하는 것처럼 농민들을 달래면서도 실질적으로는 지주층의 이익을 보호한 셈이다.

그러나 파키스탄은 1970년대 줄피카르 알리 부토 정권기에 적극적인 토지개혁 정책을 추진했다. 사회주의 이념의 영향을 받은 부토는 그 자신이 대지주 가문에 속했음에도 불구하고 토지개혁에 진지하게 나섰다. 1972년 토지개혁법은 1959년 법을 폐기하고 보다 강화된 토지 소유 상한 규정을 도입했다. 관개지 150에이커 혹은 비관개지 300에이커를 소유 상한으로 하되 '관개지 1에이커 = 비관개지 2에이커'의 등식을 적용해 호환 가능하도록 했으며 15,000PIU를 초과할 수 없도록 했다. 하지만 이 역시 부토를 지지한 지주들은 토지 소유 상한을 넘겨도 정부가 토지를 수용하지 않는 등 정실주의가 판을 치면서 논란이 되었고, 또한 지주들이 가족과 친인척의 명의를 빌려 토지를 분산시키는 편법 등으로 정부의 조치에 저항하여 토지개혁 효과가 크지 않았다. 이에 1977년 의회는 더욱 강력한 토지개혁법을 통과시켜 관개지 100에이커 혹은 비관개지 200에이커를 소유 상한으로 하되 8,000PIU를 초과할 수 없도록 했다. 부토 정부는 국민 여론의 지지를 바탕으로 이를 전국적으로 실시했다. 이에 대해 파키스탄의 기득권층은 한데 뭉쳐 저항했다. 이슬람 지도자들은 부토의 토지개혁이 '비이슬람적'이라며 맹렬하게 공격했고 보수파 정치권은 '헌법상 보장된 사유 재산권 침해'라며 정부를 비판했다. 이후 대법원도 부토의 토지개혁법에 대해 위헌 판결을 내림으로써 기득권층의 저항에 힘을 실었다.

1978년 9월 쿠데타를 통해 부토 정부를 무너뜨리고 집권한 지아울하크 대통령은 부토의 토지개혁을 중단했다. 지아울하크는 토지개혁법으로 수용된 토지에 대해 원래 주인이 되살 수 있도록 조치했다. 파키스탄의 토지개혁은 부토 정부 이전 상태로 원상 복귀하고 말았다. 그 결과 파키스탄에서는 2023년 현재 5%의 지주가 농지의 65%를 차지하는 토지 집중 현상이 유지되고 있다.

이렇듯 인도와 파키스탄에서는 토지 엘리트들이 정치 권력과 사회 경제적 영향력을 장악해 토지개혁을 방해했다. 정치권에 대지주 가문 출신들이 다수 진출했으며 다종족 사회인 이들 국가에서 각 종교 및 종족 커뮤니티의 대표자들이 지주인 경우가 많다. 토지 없는 농민들은 부채 관계 등으로 지주들에게 매여 있어 독립적인 정치 주체로 성장하는 데 어려움을 겪었다. 인도와 파키스탄은 서로 최대 안보 위협이었다. 만일 건국 초기 인도에서 토지개혁이 성공했다면 파키스탄의 정치 엘리트들 역시 국민들의 민심을 붙잡기 위해서 어쩔 수 없이 토지개혁을 밀어붙였을 것이다. 반대로 파키스탄에서 부토의 토지개혁이 성공했다면 인도 또한 강력한 토지개혁의 압력에 놓이게 되었을 것이다. 하지만 파키스탄과 인도 모두 중앙정부가 기득권층의 저항을 뚫지 못했다. 다종족 연방국가에서 강력한 중앙정부가 만들어지지 못한 탓이다. 토지개혁을 하려는 정치 세력은 존재했으나 이를 뒷받침하는 외부 요인과 정부 능력이 부재했다.

인도네시아에서는 농민들 사이에 토지개혁 요구는 있었지만 정부의 토지개혁 정책이 제대로 시행되기 전에 쿠데타가 발생하면서 좌절되었다. 인도네시아공산당은 건국 초기부터 인도네시아 농민전선(Barisan Tani Indonesia, 이하 '농민전선')을 통해 대규모 농민 운동을 이끌었다. 이번에도 문제는 약한 중앙정부였다. 전쟁과 반란을 겪으면서 영토를 통합한 신생 인도네시아공화국은 중부 자바를 벗어나면 중앙정부의 영향력이 감소했다. 초대 대통령 수카르노는 농민들의 요구를 알고 있었기에 1962년부터 토지개혁 법안 마련에 착수했으나, 한편으로 어렵게 통합한 지역의 엘리트들과 갈등을 빚을 수 있는 토지개혁을 추진하는 데 신중했다. 하지만 토지개혁을 요구하는 농민들의 목소리는 계속 커져갔으며, 1964년 하반기에 이르면 농민전선의 회원 수는 850만 명에 달했고 이러한 농민들의 지지를 바탕으로 인도네시아공산당도 빠르게 세력을 키웠다. 이에 수카르노도 토지개혁에 박차를 가하기 시작했다. 자바 지역을 중심으로 상당한 토지가 재분배 절차에 들어갔다. 그런데 수하르토가 권력을 잡으면서 1965~1966년 대학살이 시작되었다. 인도네시아공산당에 대한 대대적 탄압과 살상으로 농민전선이 와해되었고 토지개혁을 요구하는 농민운동도 중단되었다. 토지개혁을 요구하는 목소리를 내면 즉시 공산당원으로 몰렸고 이는 곧 죽음을 의미했다. 결국 수카르노의 토지개혁 정책은 미처 피워보지도 못한 채 수하르토 정권이 들어서면서 막을 내렸다. 수하르토는 수카르노가 재분배했던 토지를 원래 지주에게 되돌려주었다. 이후 수하르토 정권은 토지 엘리트들과 강력한 유착 관계를 형성했다. 이는 파키스탄에서 부토 정권이 쿠데타로 몰락한 이후에 벌어진 상황과 유사하다. 수하르토 집권 32년간 대중의 정치 활동이 금지되었기에 농민들이 토지개혁을 요구하는 목소리를 내기 어려웠다. 현재까지도 토지개혁은 인도네시아의 중요한 사회적 이슈로 남아 있다.

말레이시아에서는 정부의 토지개혁 시도 자체가 이루어지지 않았다. 건국 초기부터 말레이시아 정부의 초점은 '말레이 문제'를 해결하는 데 맞춰졌다. 중국계와 인도계가 경제력을 장악하고 있고 이 때문에 말레이계가 빈곤에서 못 벗어나는 경제 구조를 타파하는 것이 급선무였다. 신경제정책(NEP, New Economy Policy)은 '말레이 문제'에 대한 해법으로 '말레이 특혜 부여'를 골자로 하는 정책 패키지를 담고 있다. 이러한 상황에서 UMNO(통일말레이국민조직)가 중심이 된 말레이시아 정부는 '지주-소작농' 문제 해결에 관심을 두지 않았다. 집권 세력인 국민전선은 말레이계-중국계-인도계의 종족 집단별 엘리트들이 연합한 정치 세력이었다. 특히 말레이시아 농촌에서 가장 영향력이 있는 존재들은 말레이계 지주들이었으며 이들은 UMNO의 핵심 지지층이었다. 따라서 지주들에게 불리한 토지개혁 정책이 추진되지 않았다. 게다가 한국이나 대만 등에서 토지개혁이 실행될 수 있었던 배경인 공산주의의 압력이 말레이시아에서는 훨씬 약했다. 영국은 말레이시아(말라야 연방) 독립 이전에 무력을 통해 공산주의 세력을 철저히 파괴했으며, 그 덕분에 말레이시아는 아시아 국가들 가운데 상대적으로 공산주의의 위협에 덜 노출되었다. 말레이시아 내부의 토지개혁 압력 또한 그만큼 약했다고 볼 수 있다.

∵

소셜미디어와 스마트폰은 시민들이 자유롭게 정치적 의사를 표함으로써
여론을 형성하는 통로를 대폭 확대했다.
그런데 목소리가 다양해지면서 공론이 만들어질 수 있는 여지는
점점 더 좁아지고 있다. 가짜뉴스와 혐오, 극단적 대립이
정치에 깊숙하게 파고들었다.
직접 민주주의의 결핍을 걱정하던 상황이 2세기 반 만에
직접 민주주의의 부작용을 걱정하는 세상으로 바뀐 셈이다.
공론이 아니라 정치적 부족주의가 우리 시대의 뉴노멀(new normal)이다.

Korea

Chapter 4
한국 예외주의의 함정

21세기 우울한 자화상

한 시대 특정 국가의 성공 공식은 다음 시대 쇠락의 공식이 되기도 한다. 기존 성공 경험에 매몰되어 새로운 변화에 대응하는 데 실패할 수 있기 때문이다. 하지만 기존의 성공 공식이 새로운 질서에서 승리하는 데 방해가 된다는 사실을 깨닫는 것은 대체로 쇠락의 흐름이 돌이키기 어려운 시점에 이르렀을 때이다. 헤겔의 명언처럼 "미네르바의 부엉이는 황혼이 깃들 무렵에야 비로소 날아오른다." 민주화와 산업화에서 성공했다고 평가받는 한국의 경험도 마찬가지다.

이 책은 '정체성'이라는 키워드로 아시아와 한국의 현대사를 재해석한 글이다. 앞에서 다룬 내용이 한국의 성공에 대한 후일담 성격을 지닌다고 볼 수도 있다. 그 결과 한국의 '성공'에 지나치게 포커스가 맞춰지지 않았나 우려된다. 한국은 현재 심각한 중병을 앓고 있다. 한국의 성공을 사후적으로 분석하는 것만으로는 현재를 진단하고 미래를 대비할 수 없다. 그래서 책을 마무리하는 시점에 한국인 곁에 도사리고 있는 함정이 무엇인지에 대한 이야기를 추가함으로써 전체적인 논지를 보완하고자 한다.

수저계급론의 시대,
'균질적 근대화'는 끝났는가

균질적 근대화는 한국인들의 전통적 지배 관계를 깨뜨림으로써 지난 수십년 간 한국의 경제 성장과 민주주의 발전에 기여했다. 하지만 균질성과 평등주의라는 성공 공식은 2020년대 중반인 현재 더 이상 작동하지 않는다. 산업화가 시작하기 직전인 1960년대 초반의 한국인들은 정체성의 동질성을 넘어 사회적·경제적으로 균질해졌고 이후 산업화 단계에서 한국 사회에 엄청난 역동성을 제공했다는 이야기는 앞에서 언급했다. 우리나라의 긴 역사에서 보자면, 아주 잠깐 모두에게 승자가 될 기회가 주어진 예외적인 시기였다. 너도나도 경쟁에 뛰어들면서 한국 사회는 엄청난 경제적 활력과 더불어 신분 상승의 사다리에 올라타기 위한 열기로 뜨거웠다.

그런데 한 세대 이상이 지나면서 경쟁에서의 승자와 패자가 나뉘기 시작했다. 한 세대를 30년으로 잡으면 1960년 이후 두 세대가 지났다. 승자는 성공의 열매를 자식에게 물려주었다. 그것이 한 세대 더 진행되면서 2010년대에 이르러 젊은이들 사이에 소위 '수저론(수저계급론)'이 등장했다. 부모의 자산과 사회적 지위에 따라 사람들을 최상층인 금수저에서부터 은수저와 동수저를 거쳐 최하층인 흙수저로 가르는 것이다. 부모가 얼마나 부유하며 그것이 자식들에게 얼마나 대물림되느냐가 수저의 경계를 구분하는 기준이다. 이러한 담론이 유행하고 당연시된 것은 한국인들이 더 이상 동일한 출발선상에 있지 않다고 여긴다는 방증이다. 스스로를 '흙수저'로 인식하는 이들은 달리기에 적극적으로 뛰어들지 않을 가능성이 높다. 이는 1960년대 초 한국 사회와 정반대의 풍경이다. 한국 사회는 더 이상 균질하지 않다. 19세기 후반 신분제 폐지와 더불어 20세기 중반 농지개혁을 거치면서 사라졌던 신분제가 되살아나는 느낌이다. 최소한 많은 구성원들이 그렇게 느낀다는 것은 한국 사회가 더 이상 활력과 역동성을 지니지 못할 것이라는 전망을 가능케 한다. 균질적 근대화는 '약발'이 떨어졌다.

균질적 근대화 과정에서 강렬한 평등주의의 세례를 받았던 한국인들이 수저론의 함정에 빠진 셈이다. 그 부작용은 세계에서 가장 빠른 출산율 저하로 이어지고 있다. 사실 출산율 하락은 한국만의 문제는 아니다. 경제 성장을 이룬 선진국은 대부분 이와 유사한 어려움을 겪고 있다. 높은 주택 가격, 양육비 부담, 여성 경제 활동의 증가, 아이 돌봄에 대한 사회적 지원 부족, 개인주의 가치관의 확산 등 다양한 원인이 복합적으로 작용한다. 그러나 한국은 세계 최저 수준의 출산율을 기록하고 있다는 점에서 유난하다. 한국에서 출산율 하락이 특히 빠른 이유는 한국인이 균질적 근대화의 시작 시점에 동일한 출발선상에 섰던 경험과 관련이 있다. 이를 직접 경험하지 못한 이들도 최소한 부모 세대가 경험한 바를 기억의 전승을 통해 알고 있다. 그 과정에서 만들어진 평등주의는 다른 사람이 앞선 출발선에 서는 것을 용인하지 않는다. 반대로 말하면, 내가 다른 사람보다 뒤처지는 것도 받아들일 수 없다는 뜻이 된다. 이는 '내 자식이 다른 사람의 자식보다 뒤처진 출발선에 서는 것도 거부한다'는 심리로 연결된다. 균질적 근대화의 무한경쟁을 통해 승자와 패자의 경계선이 점차 명확해지는 상황에서 내 자식이 '흙수저'나 '동수저'를 물고 태어나는 것을 거부하는 심리가 자녀를 낳지 않거나 적게 낳는 선택에 영향을 미친다. 물론 출산율 하락의 원인이 평등주의에만 있다고 주장하는 것은 전혀 아니다.

문제는 이러한 흐름을 되돌리거나 늦출 만한 뚜렷한 대안이 존재하지 않는다는 점이다. 이제 와서 공동체와 가족을 중시했던 과거의 가치와 규범으로 되돌아가자고 외치는 것은 해결 방안이 되지 못한다. 공동체 유지를 위한 예전 규범은 완전히 무너졌으나 새것은 만들어지지 못했다. 사실 과거의 성공 비결이었던 균질적 근대화도 분단과 전쟁이라는 거대한 충격에 의해 만들어진 역사적 산물이다. 한국 사회가 점진적인 해결 방안을 찾지 못하면 또다시 거대한 충격이 밀어닥쳐 기존 질서를 바꿀 수도 있다. 다만 균질적 근대화 과정이 그러했듯이 새로운 충격에 의한 재편은 상당한 고통을 수반할 것이다.

'민족' 정체성의 후퇴, 지역주의

앞서 '오래된 신세계'라는 표현을 통해 한국의 민

족 형성에 대해 짚어보았다. 다른 아시아 국가들과 비교해 보았을 때 한국인이 종족 정체성의 선으로 갈라져 있지 않다는 점이 1945년 이후 대한민국의 발전에 유리한 요소였음을 살펴본 바 있다. 하지만 이러한 장점이 별다른 굴곡 없이 꾸준히 유지되어 온 것은 아니다. 1970년대 이후 한국의 권위주의 정권이 의도적으로 차별적 지역주의를 부각시켰기 때문이다. 좀 더 구체적으로 표현하자면, 호남에 대한 차별과 배제가 진행되었다.

한 국가의 구성원들이 종족 정체성의 선으로 갈라져 차별과 배제가 이뤄진다는 것은 대단히 나쁜 징후이다. 민주주의의 후퇴는 물론 경제가 올바르게 성장하는 것도 방해하는 요소가 된다. 종족 정체성은 태어나면서 결정되며 개인의 노력으로 바꿀 수 없다. 태어나면서 유색 인종이거나 무슬림인 사람에게 그러한 이유로 차별을 받아야 한다는 주장은 커다란 폭력이다. 성별이나 외모도 태생적 정체성이란 점에서는 마찬가지다. 태생적 정체성이 차별의 근거가 되면 차별을 당하는 사람들 사이에서 이에 맞서고자 하는 저항 심리가 자라난다. 따라서 종족 정체성의 선이 굵고 또렷해질수록 그 사회는 갈등이 일어날 가능성이 높아진다. 종족 정체성에 따른 갈등과 차별은 그 사회의 자원 배분도 왜곡한다. 통치자의 고향 사람들만 정부의 요직에 앉히고, 대형 사업을 수주하도록 보장한다면 그 나라의 경제가 정상적으로 성장할 리 만무하다. 시장경제가 발전하려면 시장 참여자에게 공정한 기회를 부여해야 한다. 종족적 동질성을 이룬 바탕 위에 전통적 예속 관계를 타파한 한국의 균질적 근대화가 성공할 수 있었던 이유는 앞서 자세히 살펴보았다. 산업화를 통해 시장경제가 본격적으로 자리를 잡는 시점에 한국인들은 비교적 비슷한 출발선상에 설 수 있었다. 그런데 한국의 이러한 장점이 지역 차별을 통해 사라질 뻔한 위기에 처한 적이 있다.

한국에서 역사적으로 특정 지역에 대한 차별은 오랫동안 존재했다. 조선시대의 지역 차별은 주로 함경도와 평안도 등 북방 변경 지대 사람들인 '서북인'에게 집중되었다. 이는 1467년(조선 세조 13년) 일어난 '이시애의 난'이 주요한 원인으로 꼽힌다. 함경도 길주의 호족 출신인 이시애가 일으킨 이 반란은 당시 아직 안정화되지 못했던 조선왕조에 커다란 충격을 주었으며, 이후 조정은 권력의 핵심으로 진출할 수 있는 과거제 문과 시험에서 서북인들을 실질적으로 배제하는 차별적 관행을 지속했다. 이러한 차별은 조선조 내내 쌓여오다가 1811~1812년 평안도 지역을 중심으로 일어난 '홍경래의 난'으로 이어졌다. 지역 차별은 폭력적 갈등을 낳을 가능성이 높다.

호남에 대한 차별은 근대적인 현상이다. 조선시대나 고려시대에 호남지역에 대한 차별이 존재했다는 역사적 증거는 없다. 일각에서는 고려 태조 왕건의 유훈인 훈요십조 8조에 "차현 이남 공주강 밖은 산형지세가 배역하니 그 지방의 사람을 등용하지 말 것[201]"이라는 내용을 두고 호남 지역에 대한 차별을 언급한 것으로 해석한다. 이 해석에 대해서는 여러 상이한 견해가 있으나, 만일 현재 전하는 훈요십조 제8조가 왕건의 유훈임이 사실이며 여기에서 지목한 지역이 오늘날의 전라도 지역이라고 해도 이는 호남 차별이 아니라 해당 지역이 후삼국 통일 과정에서 견훤이 이끈 후백제 지역으로서 왕건에게 끝까지 무력으로 저항했기에 견제하려는 의도로 보는 것이 타당하다. 게다가 왕건도 개국 과정에서 호남 출신 인물들을 여러 명 등용했으며, 왕건의 두 번째 왕후이자 고려 제2대 왕 혜종의 어머니인 장화왕후 오씨도 전남 나주의 호족 출신이었다. 왕건 이후에도 고려시대에 호남 지역 인물에 대한 차별은 존재하지 않았다.

한국 현대사에서 호남 차별의 근원을 추적해 올라가다 보면 세 가지 사건을 마주치게 된다.

첫째, 제14연대 반란 사건(여수·순천 사건)은 호남 지역에 대한 색깔론의 시발점이다. 대한민국 정부 수립 직후인 1948년 10월 19일 여수의 국방경비대 제14연대 병력이 제주 4·3 사건 진압 명령을 거부하고 반란을 일으켰다. 주도 세력은 제14연대 내부의 남로당 소속 병사들이었다. 반란이 전개되고 이를 진압하는 과정에서 제14연대 내 반란 세력뿐만 아니라 여수와 순천 지역의 민간인들까지 광범위한 인명 피해가 발생했다. 이 사건은 국군 내부의 반란이라는 점에서 당시 이승만 정부에게 큰 충격을 주었다. 이승만 정부는 제14연대 반란 사건 발생 두 달 뒤, 구체적인 행위뿐만 아니라 반국가적 사상까지 처벌하는 내용을 담은 국가보안법을 제정했다. 이승만 정부는 자칫 좌익 세력에 의해 체제가 전복될 수 있다고 우려했고, 이에 국가보안법을 통해 국민들의 사상과 행동을 통제해야 한다는 생각을 한 것이다. 이후 국가보안법은 반정부 인사를 '빨갱이'로 몰아 처벌하는 도구로 사용되었다. 그런 만큼 국가보안법 탄생의 직접적 계기가 된 제14연대 반란 사건은 해당 사건의 무대가 된 여수와 순천 지역에 좌익 이미지를 덧씌우는 결과를 낳았다.

둘째, 1971년 대통령 선거가 호남 차별이 본격적으로 시작된 시점이다. 대한민국 제7대 대통령을 뽑는 이 선거에서 맞수는 당시 현직 대통령이었던 박정희와 야당인 신민당의 대선 후보 김대중이었다. 선거 결과 박정희가 53.2%의 득표율로 45.3% 득표율을 기록한 김대중을 누르고 당선되었다. 하지만 격차가 약 90만 표 차이밖에 나지 않았는데 이는 중앙정보부 등 권력기관을 총동원해 선거 개입을 했던 박정희 측의 예상을 크게 뛰어넘는 것이었다. 민주화를 요구하는 여론이 강한 서울과 김대중의 출신 지역인 호남에서 김대중에 대한 지지가 높게 나왔다. 특히 광주를 비롯한 전라남도 지역에서는 김대중이 62.80%의 득표율을 기록하며 34.43%의 표를 얻은 박정희를 압도했다. 반면 박정희의 출신 지역인 영남권에서는 박정희에 대한 전폭적인 지지가 쏟아졌다. 경상북도에서는 75.62%, 경상남도에서는 73.35%가 박정희에게 표를 던졌다.

당시 박정희는 1969년 3선 개헌을 통해 장기 집권으로 가는 길을 닦고 있었는데 각종 정치 공작에도 불구하고 높은 득표율을 기록한 김대중의 도전은 정권 전반에 강력한 충격을 안겨주었다. 호남 유권자들의 김대중 지지에 대해 박정희 정부는 예산 집행과 경제 개발에서 호남을 배제하는 방식으로 보복에 나섰다. 국가가 주도하는 대규모 산업 시설 투자에서 호남은 제외되거나 후순위로 밀렸다. 박정희 정부 내내 호남은 농업 위주의 낙후된 지역으로 남았다. 반면 압도적 지지를 보내준 영남 지역에는 포항제철, 울산 중화학공업단지, 구미 전자산업단지, 창원 기계공업단지 등 한국을 고속 성장시킨 주요 산업 시설들이 대거 들어섰다.

흥미로운 점은 박정희가 위에서 언급한 제14연대 반란 사건과 악연을 맺고 있다는 사실이다. 박정희는 제14연대 반란을 진압하는 작전에 호남지구 작전참모로 투입되었다. 하지만 투입 직후 박정희는 남로당 프락치라는 혐의로 체포되어 군법회의에서 무기징역을 선고받았다. 이후 군 내부의 구명 운동으로 10년형으로 감형되었다가 집행을 면제받고 풀려났으나, 박정희는 5·16 쿠데타 이후 대선에 나서면서 경쟁자였던 윤보선에게 '여수·순천 사건 연루자'라거나 '남로당 출신 빨갱이'라는 정치 공세를 받아야만 했다. 이는 박정희에게 핸디캡으로 작용했으며 집권 후 더욱 강력한 반공주의 정책에 몰두하도록 만든 심리적 배경이 되었을 것이다.

호남 차별의 세 번째 근원사건이자 가장 중요한 사건은 5·18 광주 민주화 운동이다. 박정희 사후 신군부가 12·12 쿠데타를 통해 권력을 장악하자 전국 각지에서 민주화를 요구하는 시위가 일어났다. 신군부의 리더인 전두환은 1980년 5월 비상계엄을 전국으로 확대하여 민주화 시위를 진압했다. 그러나 광주 시민들은 비상계엄에도 불구하고 시위 대오를 유지했다. 계엄군이 시위대를 무력으로 진압하자 시위대도 무장하여 맞섰고, 결국 사태는 대규모 유혈 충돌로 번졌다.

신군부는 5·18 민주화운동에 대해 광주 시민들의 민주화 요구라는 본래의 목소리는 덮어버린 채 '북한이 개입했다'거나 '김대중 세력이 벌인 폭동'이라는 이미지를 덧씌웠다. '호남-김대중-북한'을 하나의 프레임으로 엮어버린 것이다. 그리고 박정희 정권 이래 진행되어 온 호남 배제와 차별은 전두환 정권에서 더욱 강화되었다. '폭도-빨갱이'라는 왜곡된 이미지는 한국 사회 전반에 걸쳐 호남 지역민에 대한 깊은 편견과 불신을 조장했다.

호남 차별과 영남 우대는 신군부가 광주의 5·18 민주화 운동을 무력 진압하고 권력을 잡은 이후 훨씬 더 뚜렷해졌다. 전두환 정부 출범 이후 중앙정부는 물론 군과 공기업 등에서 호남 출신자들의 임용 및 승진은 크게 줄어들었다. 박정희 정부 이래로 1990년대 중반 김영삼 정부에 이르기까지 영남 편중 인사와 그에 대비되는 호남 차별 인사는 정치·사회 문제로 지적되었다. 특히 정부 요직에서의 인사 차별은 점차 노골적으로 변했다.

〈표1〉은 각 정권 정무직 인사의 출신지 비율에서 해당 지역 인구 비율을 빼는 방식으로 지역의 대표성을 비교한 것인데 대표성이 0보다 크면 해당 지역 인구에 비해 더 많은 인원이, 0보다 작으면 더 적은 인원이 정무직으로 임용된 것이다. 해당 표에서 보듯

이 박정희 정부부터 차관 이상급 고위직 인사에 영남 출신 기용이 두드러진 반면, 호남 출신은 홀대를 받았다. 하지만 신군부 출신인 전두환과 노태우의 집권기에 인사 정책에서 영남 우대-호남 홀대 경향은 더욱 두드러진다. 영남의 대표성은 박정희 정부 시절 9.4%로 그 이전에 비해 크게 뛰기는 했으나 전두환 정부 들어서면서 21.4%로 수직 상승했다. 노태우 정부에서는 고위직에서 영남 출신자의 대표성이 19.4%였으며 김영삼 정부에서는 무려 24.3%로 최고치를 기록했다.[202] 박정희, 전두환, 노태우, 김영삼은 모두 영남 출신이었다. 대통령의 출신지가 정부 인사에 반영되었다고 볼 수 있다.

구분	영남	호남
이승만	-2.2	-12.4
윤보선	1.3	-2
박정희	9.4	-5.6
최규하	8.3	-3.9
전두환	21.4	-6.1
노태우	19.4	-7.6
김영삼	24.3	-2.7
김대중	-6.3	2.6
노무현	3.3	2.7

〈표1〉역대 정부 차관급 이상 인사 영호남 대표성 비교 (단위 : %)

출신 도	임원 수	비율(%)
서울	229	37.8
부산	44	5.6
경기	53	6.7
강원	53	3.7
충북	22	2.8
충남	55	7
전북	22	2.8
전남	28	3.57
경북	92	11.7
경남	122	15.4
제주	9	1.1
이북	15	1.9
계	790	100

〈표2〉 1988년 1백 개 대기업 임원의 출신 지역별 분포

    한국처럼 중앙집권적인 사회에서 중앙정부의 인사 방향은 민간 기업에도 영향을 미친다. 민간 기업에서도 암묵적으로 호남 출신을 홀대했다. 노태우 정권 시기인 1988년 당시 한국의 100개 대기업 임원의 출신 지역별 분포를 보면 서울 지역이 37.8%로 가장 많고, 경남(15.4%)과 경북(11.7%)이 그 뒤를 잇는다. 부산은 경남과 별도로 5.6%를 차지한다. 영남 지역 전체적으로 32.7%로서

서울에 버금가는 수치이다. 하지만 호남은 불과 6.37%(전북 2.8%, 전남 3.57%)로 영남에 비해 크게 떨어진다.[203]

이상의 세 가지 근원 사건은 한국 현대사에서 호남 차별이 실체를 가지게 된 정치적 계기였다. 호남 차별과 영남에 대한 편중 투자는 지역민들의 일상에 많은 영향을 끼쳤다. 산업 시설은 대규모 일자리를 만든다. 산업단지가 줄줄이 세워진 영남 지역 젊은이들 가운데 상당수는 영남권의 산업단지에 취업했다. 하지만 별다른 산업 시설이 없었던 전라도 지역의 젊은이들은 일자리를 찾아 수도권이나 영남 지역으로 이주해야 했다. 물론 영남 지역 출신들도 많은 이들이 수도권으로 이주했지만, 인구의 순유출 비율은 호남 지역이 영남 지역에 비해 훨씬 높다.[204] 이러한 경제적 차별은 호남인들에게 상대적 박탈감을 느끼게 했다.

앞에서 살펴본 것처럼, 한국은 1945년 이후 갑자기 만들어진 국가가 아니라 통일신라 이후 1,200년 이상 한반도 전역을 지배하는 국가를 운영했던 '오래된 신세계'였다. 이미 고려시대를 거치면서 '한반도 국가에 귀속한 존재'로서 민족을 형성했다. 이는 1948년 수립된 대한민국 정부가 종족 정체성 통합에 에너지를 쏟지 않도록 만들어준 소중한 역사적 유산이다. 하지만 현대사 속에서 한국의 집권 세력은 자신들의 권력을 유지하기 위해 새로 선을 긋는 위험한 시도를 했다. 호남 차별과 영남 우대가 그것이다. 이는 마치 이라크의 사담 후세인 전 대통령이 시아파와 쿠르드족은 차별하면서 티크리트 지역의 알부 나시르 부족 출신만 정부 요직에 등용함으로써 국민을 갈라치기 했던 사례를 떠올리게 한다. 정치가 종족적 분열을 부추기는 후진적 행태이다.

지역 차별은 대한민국이 명백히 거꾸로 가는 징후였다. 이러한 지역 갈라치기가 깊숙이 자리를 잡으면 국가 발전은 제대로 이뤄지지 못한다. 적합한 인재를 쓰지 못하는 나라, 기회가 고르게 주어지지 않는 나라가 잘 되는 사례는 거의 없다. 지역 차별은 균질적 근대화라는 한국의 성공 비결을 스스로 걷어차버리는 행위이다. 다행히 지역 차별 자체는 조금씩 완화되는 조짐을 보인다. 정부 고위직 인사에서도 정권별로 차이는 있지만 전두환-노태우-김영삼 정권 시기의 무지막지한 편향은 상당 부분 개선되고 있다. 그러나 지역에 따라 선명하게 갈리는 투표 성향을 볼 때 정치가 지역·출신이라는 태생적 조건과 만나 국민을 갈라놓을 가능성은 여전히 상존한다. 앞으로도 부단히 경계해야 하는 대목이다.

SNS, 유튜브, 그리고 정치적 부족주의

프랜시스 후쿠야마의 《역사의 종말》은 헤겔 철학적 관점에서 인정 투쟁을 벌이던 이념의 역사가 상호 인정을 하는 자유민주주의의 완성으로 종료되었다고 주장한다. 인간은 타인에게 인정받고자 하는 욕망을 가지고 있으며 이를 위해 끊임없는 투쟁을 벌인다. 인정을 받기 위한 투쟁은 물리적 싸움뿐만 아니라 이념을 통해서도 이루어졌다. 역사적으로 이념은 힘을 가진 소수의 지배를 옹호하고 정당화했다. 이념의 역사가 발전하면서 다수 대중의 지배를 옹호한 두 이념이 맞붙게 되었는데 하나는 개인들 간의 상호 등가적 인정을 추구한 자유민주주의이고, 다른 하나는 노동자 계급과 자본가 계급의 인정 투쟁에서 노동자 계급이 승리함으로써 계급 사회를 폐지해야 한다고 주장한 공산주의였다. 후쿠야마는 두 이념의 경쟁에서 자유민주주의가 최종 승자가 되었다고 주장한다. 후쿠야마의 주장은 자유민주주의 체제가 현실에서 꽃길만 걸을 것이라는 낙관적 예언이 아니라, 이후 어떠한 이념도 '상호 인정'을 넘어설 수 없으므로 자유민주주의보다 발전한 이념은 더 이상 나올 수 없다는 것이다. '상호 인정'이란 쉽게 말하자면 '너의 권리를 인정할 테니, 나의 권리도 인정해 줘'라는 뜻이다.

그런데 21세기 들어서 지구 곳곳에서 상호 인정을 주장한 자유민주주의 이념은 차츰 후퇴의 징후를 강력히 드러내고 있다. 상호 인정이 아니라 '누군가를 배제해야 한다'는 목소리가 힘을 얻고 있는 것이다. 사회 구성원 가운데 소수집단에 대한 공격은 전세계적으로 여러 곳에서 나타나고 있다. 9·11 테러 이후 미국에서는 한동안 무슬림에 대한 혐오와 배제의 정서가 높아졌다. 유럽에서는 이민자에 대한 혐오를 선동하는 극우 이념이 점차 힘을 얻고 있다. 인도에서 힌두민족주의자들이 무슬림을 공격하고 정치적·사회적으로 배제하자는 목소리를 높이고 있는데 이는 BJP(인도인민당) 집권의 동력이 되고 있다.

'너도 인정 나도 인정'이라는 자유민주주의의 보편적 슬로건이 '배제와 혐오'로 바뀌는 현상에 대해 일각에서는 '정치적 부족주의(political tribalism)'[205]라고 일컫는다. 서구의 민주주의 이론에서는 시민들의 정치적 견해가 이성적인 토론을 통해 형성되고 그 견해에 기반해 정당이 구성되는 것을 이상적인 모델로 본다. 정치적 견해의 충돌은 민주주의 국가에서 항상 존재하는 것이지만 그것이 어떠한 과정을 거쳐 만들어졌느냐가 중요하다는 것이다. 하지만 '정치적 부족주의'는 대중의 정치적 견해가 이성적인 토론을 거치는 게 아니라 마치 부족에 대해 태생적 정체성을 가지는 것처럼 형성된다는 주장이다. 여기서 '정체성'이라 함은 종족·인종·종교·지역·성별과 같은 태생적 정체성뿐만 아니라 이념적 정체성을 포함한다. 부족은 국가 구성원 전체를 아우르는 민족 혹은 국민 정체성보다 낮은 단계의 정체성이며, 더 파편화된 정체성이다. 부족은 국민 전체의 이익보다 자기 부족의 이익을 우선시한다.

우리가 이 책의 첫 장에서 살펴보았듯이 국가 구성원들이 하나의 민족 혹은 국민이라는 정체성을 가지는 것은 해당 국가가 발전하는 근본 동력이다. 경제 발전도 그러하고, 민주주의 발전도 그러하다. 만일 구성원들이 국민 정체성으로 통합되지 못하고 부족 정체성으로 갈라진다면 그만큼 발전 동력도 약해진다. 부족적 세계관에서 다른 부족은 경쟁과 투쟁의 대상이지 협력과 공존의 대상이 아니다. 따라서 정치적 부족주의는 이성적 대화와 토론 그리고 협상과 절차를 통한 해법 모색을 중시하는 자유민주주의의 발전을 저해한다.

정치적 부족주의는 '이념적 딱지 붙이기(ideological labeling)'를 통해 강화된다. 문재인 정부를 비판하면 '태극기 부대', 윤석열 정부를 비판하면 '종북좌파'라고 부르는 사례를 쉽게 찾아볼 수 있다. 좌파, 우파, 종북, 친일파, 수박, 개딸, 깨시민, 수꼴, 극우, 일베, 틀딱… 각종 댓글이나 SNS에서 쉽게 접할 수 있는 '딱지'들이다. '딱지 붙이기'에 길들여진 대중은 어떤 사람이 주장하는 내용 전체를 들으려고 하지 않고 그에게 붙은 '딱지'가 뭔가를 찾는 데 열중한다. 그리고 누군가가 일방적으로 규정한 딱지를 확인하면 그 주장 전체를 들여다보기 전에 이미 판단을 내려버린다. 딱지는 사회적인 낙인을 찍어버리고 대화를 막는다. 실제 문제의 본질을 확인하고 그에 대한 진짜 해법을 찾는 길은 요원해진다. 이성적인 대화와 토론이 사라진 공간에 감정적인 욕설과 격렬한 갈등이 자리 잡는다. 같은 공동체 구성원끼리 '딱지 붙이기'를 통해 '우리 편'과 '저들 편'으로 가른다. '저들 편'에서 나온 이야기는 깊이 숙고하기도 전에 일단 거부감을 가지고 대한다. 그게 반복되다 보면 과거 '우리 편'에서 나온 주장을 '저들 편'에서 하는 경우 과거에 지지했던 입장을 번복해 비판적으로 돌아서는 경우도 적지 않다.

이러다 보니 공론(公論)이 사라지고 부족 내부의 '끼리끼리 담론'만 남는다. SNS와 유튜브는 이러한 경향을 강화한다. 제도적 규제를 받지 않고 누구나 자유롭게 자신의 주장을 펼 수 있는 미디어 플랫폼이기 때문이다. SNS와 유튜브 사업자들은 알고리즘을 통해 자연스럽게 비슷한 생각과 주장을 가진 사람들끼리 모이도록 이끈다. 끼리끼리 모일수록 '끼리끼리 담론'이 활성화된다. 우리 진영의 집단 정서가 강화되는 동시에 상대 진영에 대한 공격성도 높아진다. 반면 방송에서 토론 프로그램은 갈수록 설 자리가 좁아진다. 시청자들의 외면을 받기 때문이다. 토론 프로그램에는 이쪽 주장을 하는 패널과 저쪽 주장을 하는 패널이 함께 나와서 번갈아가며 자신의 주장을 펼친다. '부족 담론'에 익숙해진 대중은 점차 이러한 구성에 싫증을 느끼고 있다. 각종 유튜브 정치 콘텐츠는 '우리 부족' 사람들끼리 모여서 '상대 부족'을 공격하는 방식으로 구성되어 있다. 점잖은 토론보다 열띤 '끼리끼리 담론'을 접할 때 사람들은 더 많은 도파민을 뿜어낸다. 정치는 양극화되고, 부족 담론은 공론을 밀어낸다.

18세기 프랑스의 사회철학자 장자크 루소는 "시민들은 투표할 때만 자유롭다"[206]고 주장했다. 이는 간접 민주주의를 비판한 것으로서 투표가 끝나면 정치는 온전히 정치 엘리트들의 손에 넘어가고 시민들은 정치 엘리트들의 지배를 받는 위치로 전락한다는 점을 지적한 것이다. 21세기의 우리는 18세기 프랑스보다 민주주의가 훨씬 더 발전한 세상을 살아가고 있다. 그런데 21세기의 사람들은 루소와는 정반대의 고민에 휩싸여 있다. 직접 민주주의의 과잉이 고민의 핵심이다. 소셜미디어와 스마트폰은 시민들이 자유롭게 정치적 의사를 표함으로써 여론을 형성하는 통로를 대폭 확대했다. 그런데 목소리가 다양해지면서 공론이 만들어질 수 있는 여지는 점점 더 좁아지고 있다. 가짜뉴스와 혐오, 극단적 대립이 정치에 깊숙하게 파고들었다. 직접 민주주의의 결핍을 걱정하던 상황이 2세기 반 만에 직접 민주주의의 부작용을 걱정하는 세상으로 바뀐 셈이다. 공론이 아니라 정치적 부족주의가 우리 시대의 뉴노멀(new normal)이다.

한국도 이로부터 자유롭지 않다. 국민이 납득하기 어려운 비상계엄을 선포하고 군대를 동원해 국회를 무력화하려고 시도했던 윤석열 대통령에 대한 탄핵을 두고 시민들은 거리에서 양쪽으로 갈라졌다. 유튜브와 SNS를 통해 가짜뉴스가 전파되고, 감정이 격해진 이들은 법원에 난입해 폭력을 행사했다. 대화와 타협, 민주적 절차에 따른 의사 결정이라는 민주주의 정치는 점차 설 자리를 잃고 있다. 정치적 부족주의는 국민을 갈라놓는 선이다. 선은 정당제도와 선거 과정에 영향을 미치고, 이러한 기반 위에서 형성된 정치는 다시 국민들 사이에 더 깊고 뚜렷한 선을 긋는다. '조국 근대화'나 '민주주의'라는 공동의 목표가 사라진 한국에 선을 지우고 통합을 이끌 비전은 무엇인가. 우리는 함정에 빠진 채 출구를 잃어버린 것은 아닌가.

주

Part 1

1 https://www.nbcnews.com/id/wbna15570667

2 'Ethnic group, a social group or category of the population that, in a larger society, is set apart and bound together by common ties of race, language, nationality, or culture.' - https://www.britannica.com/topic/ethnic-group

3 다음 책에서 처음 언급되었음. Benedict Anderson, Imagined Communities : Reflections og the Origins and Spreadof Nationalism, London: Verso, 1983. [베네딕트 앤더슨, 서지원 옮김, 《상상된 공동체》, 길, 2018]

4 근대주의적 시각의 대표적인 학자와 저서는 Ernest Gellner, Nations and Nationalism, Oxford: Blackwell, 1983. [어네스트 겔너, 최한우 옮김, 《민족과 민족주의》, 한반도국제대학원대학교 출판부, 2009] Eric Hobsbawm, Nations and Nationalism since 1780: Programme, Myth, Reality. Cambridge University Press, 1990. [E. J. 홉스봄, 강명세 옮김, 《1780년 이후의 민족과 민족주의》, 창비, 1994] 등이 있다.

5 두 번째 갈래에 해당하는 대표적인 저서는 John A. Armstrong, Nations Before Nationalism, The University of North Carolina Press, 1982. 및 Azar Gat, Alexander Yakobson, Nations: The Long History and Deep Roots of Political Ethnicity and Nationalism, Cambridge University Press, 2013. [아자 가트, 알렉산더 야콥슨, 유나영 옮김, 《민족》, 교유서가, 2020] 참조. 어네스트 겔너의 이론을 비판적으로 재구성한 서적은 J. Hall (ed.), The State of the Nation: Ernest Gellner and the Theory of Nationalism, Cambridge University Press, 1998. 참조.

6   아자 가트, 알렉산더 야콥슨, 《민족》, 교유서가, 2020, p.213.

7   대표적인 학자는 애드리안 해이스팅스로 다음 책을 참고. Adrian Hastings, The Construction of Nationhood, Cambridge University Press, 1997.

8   Adrian Hastings, 앞의 책, pp.14-19.

9   조사가 시작된 2006년 이래로 한국의 민주주의 지수는 '결함 있는 민주주의(Flawed Democracy)'와 '완전한 민주주의(Full Democracy)'를 오가는 것으로 평가받았다. 2006년, 2015~2019년은 '흠이 있는 민주주의'로 분류되었고, 2008~2014년과 2020년 이후 2023년까지 '완전한 민주주의'로 분류되었다. 참고로 2023년 EIU 민주주의 지수 자료는 다음 사이트를 참조. https://www.eiu.com/n/campaigns/democracy-index-2023/

10 한국의 민주주의는 2024년 12월 3일 윤석열 대통령의 '비상계엄 사태'로 인해 그 위상이 크게 흔들렸다. 2024년 EIU 민주주의 지수는 32위로 급락했으며, 수년간 '완전한 민주주의'로 평가받았던 한국의 민주주의 수준은 '결함 있는 민주주의(Flawed Democracy)'로 내려앉았다.

11 UNCTAD의 리스트 그룹 분류 기준은 지리적 위치, 경제 발전 상태, 경제적-제도적 기준 등에 따른다. 일단 지리적 위치가 가장 기본적인 분류 기준이다. 다만 서유럽-북미에 해당하는 리스트-B는 소위 '선진국'들이 대거 포함되어 있다. 같은 유럽이라도 동유럽은 배제된다. 그리고 서유럽의 하위 문화권으로 인정되는 호주 및 뉴질랜드는 포함시켰다. 이 분류는 1991년도에 만들어졌는데, 그 당시의 경제 및 정치제도적 상태를 반영했다고 보면 된다. 리스트-B는 시장 경제가 발전한 부국인 동시에 민주주의 국가들인데, 아시아에서는 그동안 일본이 유일했고 2021년 한국이 포함되었다.

Part 2

12 처칠이 1931년 5월 26일 헌법 클럽(the Constitutional Club)에서 한 발언. "India is no more a political personality than Europe. India is a geo-

graphical term. It is no more a united nation than the Equator." Martin Gilbert, The Churchill Documents (Volume V Part 2: The Wilderness Years 1929-1935, first published 1981), p.308.

13 Census Commissioner for India, Census of India 1941, pp.99-101. 1941년 인구 총조사에서 어느 종교로도 분류되지 않는 부족 집단은 훗날 인도공화국 건국 과정에서 대부분 힌두에 편입되었다.

14 인도아대륙(印度亞大陸, Indian subcontinent)이란 인도가 아시아 대륙 내의 하위 대륙이라는 의미로 사용되는 용어다. 북으로는 히말라야 산맥 및 티베트 고원으로 분리되어 있고, 남으로는 인도양과 접해 있는 거대한 반도 지역을 일컫는다. 인도아대륙에 속한 국가로는 인도, 파키스탄, 방글라데시, 네팔, 부탄, 스리랑카 등이 있다.

15 기원전 3세기 아소카 대왕의 칙령을 기록한 비문으로서 브라흐미 문자로 기록되어 있으며 1915년 인도 중부 카르나타카주의 마스키 마을에서 발견되어 영국의 고고학자 로버트 시웰(Robert Sewell)에 의해 그 내용이 해독되었다. 이 비문은 인도 전역에서 발견된 여러 비문들의 의문점을 푸는 열쇠 역할을 했다. 인도 전역에서 '데바남피예(Devanampiye, 산스크리트어로 '신들의 사랑을 받은 자'라는 의미)'와 '피야다시(Piyadasi, 산스크리트어로 '자애로운 시선을 가진 자'라는 의미)'라는 이름이 기록되어 있는 비문들이 여러 개 발견되었는데, 마스키 비문을 통해 '데바남피예'와 '피야다시'가 아소카 대왕을 칭하는 말임이 확인되었기 때문이다. 이를 통해 아소카 대왕이 인도아대륙의 거의 대부분을 다스렸으며 불교의 전파에 결정적인 공헌을 했음이 밝혀졌다.

16 아소카 대왕의 영토와는 별개로 역사적으로 아소카 대왕은 불교를 널리 퍼뜨린 군주로 잘 알려져 있다. 동아시아에 불교가 확산된 데에는 아소카 대왕의 공로가 결정적이었다는 것이 정설이다. 그는 석가여래의 사리를 8만4천 개로 나누어 그 사리를 모신 불탑을 인도 및 주변 국가에 세웠다고 한다. 한자로는 '아육왕(阿育王)'으로 표기되며《삼국유사》에는 아육왕의 명을 받아 요동 지역에 불탑을 세웠다는 기록이 전해진다.

17 비빤 짠드라, 이지은 옮김,《민족주의 시각에서 본 인도 근대사》, 위더스북, 2019, p.39.

18 Anustup Basu, Hindutva as Political Monotheism, Duke University Press, 2020, pp.57-60.

19 Shashi Tharoor, Why I am a Hindu, Scribe Publications, 2018, pp.4-5.

20 이광수, 《힌두교사 깊이 읽기, 종교학이 아닌 역사학으로》, 푸른역사, 2021, p.40.

21 인도에서는 '첫번째 독립 전쟁(India's First War of Independence)'이라는 명칭을 더 일반적으로 사용한다.

22 Shashi Tharoor, Inglorious Empire, Penguin Books, 2017. p.83.

23 Nathuram Godse, 'Why I killed Gandhi: Godse's final address', The Free Press Journal, May 23, 2019, https://www.freepressjournal.in/india/why-i-killed-gandhi-godses-final-address

24 Christophe Jaffrelot, Modi's India : Hindu nationalism and the rise of ethnic democracy, New Jersey : Princeton University Press, 2021, p.8.

25 R. Nagaraj, 'Growth Rate of India's GDP, 1950-51 to 1987-88: Examination of Alternative Hypotheses', Economic and Political Weekly, Vol. 25, No. 26 (Jun. 30, 1990), pp. 1396-1403.

26 India Census 2011 웹사이트 참조 (https://www.census2011.co.in/)

27 Christophe Jaffrelot, 앞의 책, pp.12-13.

28 Christophe Jaffrelot, 앞의 책, p.14.

29 Anustup Basu, 앞의 책, 2020, pp.60-61.

30 '가족'이라는 뜻.

31 '15 years after Godhra, we still don't know who lit the fire', Hindustan Times, Feb 27, 2017, https://www.hindustantimes.com/analysis/15-years-after-the-godhra-we-still-don-t-know-who-lit-the-fire/story-vkeZowN2nhvVkAJPZAPntN.html

32 'The Mystery of Godhra Fire', Frontline, March 28, 2003, https://frontline.thehindu.com/other/article30216179.ece

33 1999년 5월 3일부터 7월 26일까지 벌어진 인도와 파키스탄 간 전쟁. 파키스탄군이 잠무·카슈미르의 카르길 지역에 침투해 점령하자 인도군이 대대적으로 반격하면서 벌어진 전쟁이다. 인도군이 파키스탄군을 물리치고 카르길 지역을 회복했다. 파키스탄군은 5천 명가량의 병력이 투입됐고 인도군은 3만 명가량이 투입됐다. 양측 모두 5백 명 이상의 사망자가 발생했다.

34 'Modi may go : BJP MPs meet tomorrow', The Tribune India, June 18, 2004, https://www.tribuneindia.com/2004/20040619/main1.htm

35 모디의 발언은 다음 기사 참조. https://www.ndtv.com/assembly/narendra-modi-releases-bjps-manifesto-for-gujarat-assembly-polls-506356. '신중산층'과 관련해서 다음 기사 참조. 'Modi and the neo-middle class', The Hindu Business Line, May 25, 2014, https://www.thehindubusinessline.com/opinion/columns/harish-damodaran/modi-and-the-neo-middle-class/article20780912.ece1

36 India Census 2011 웹사이트 참조 (https://www.census2011.co.in/)

37 이 기간 중 BJP는 비하르, 퐁디셰리, 델리, 서벵갈, 케랄라, 타밀나두, 펀자브, 카르나타카 등 8군데의 지방선거에서만 패배했다.

38 한 사례로 인도의 현대미술가 프라나바 프라카쉬(Pranava Prakash)에 대한 힌두뜨바 활동가들의 폭행 사건을 들 수 있다. 다음 기사 참조. https://www.bbc.com/news/world-asia-india-16786413

39 인도의 GDP 성장률은 고액권 발행 금지 조치를 시행한 2016년 이후에 지속적으로 하락세를 기록했다. 2016년 8.3%, 2017년 6.8%, 2018년 6.5%, 2019년 3.9%. (출처 : https://data.worldbank.org/indicator/NY.GDP.MKTP.KD.ZG?end=2020&locations=IN&start=1961&view=chart)

40 Jaish-e-Mohammad. 파키스탄에 기반을 둔 이슬람주의 지하디스트 조

직. 데오반디 계열의 이슬람 근본주의 단체로서 주로 카슈미르 지역에서 활동한다. 인도로부터 카슈미르를 해방시키는 것을 목표로 한다. LeT(라슈카레 탈리바)와 더불어 인도가 가장 경계하는 이슬람주의 무장 단체이다.

41 'Vote for Pulwama's Soldiers, Urges Modi; Where's EC, Asks Twitter', The Quint, Apr. 09 2019. https://www.thequint.com/elections/social-dangal/vote-for-pulwamas-martyrs-says-modi-wheres-ec-asks-twitter

42 1875년 설립 당시의 명칭은 무함마단 앵글로-오리엔탈 대학(Muhammadan Anglo-Oriental College)이다. 무슬림 사회의 보존과 발전을 위한 무슬림 인재 양성이라는 대의명분하에 인도의 무슬림 사회는 영국에 이 대학을 법적으로 지원하도록 요구했으며 이에 1920년 정부의 인가를 얻어 알리가르 무슬림 대학교(Aligarh Muslim University)로 이름을 바꾸었다. 인도 건국 이후에도 소수 교육 기관(minority educational institution)으로 법적인 지위를 인정받고 있다.

43 수니파 이슬람에는 경전에 대한 해석과 이에 따른 법 해석을 두고 '마드하브'라고 불리는 법학파가 존재한다. 이 가운데 오랜 기간 동안 정통성을 인정받은 4대 법학파가 존재하는데, 하나피, 말리키, 샤피이, 한발리 법학파가 그것이다. 하나피파는 가장 많은 수의 수니파 무슬림들이 속한 법학파로서 온건한 해석을 따르며 정치적으로는 보수적인 성향을 지닌다. 하지만 아프가니스탄의 탈레반처럼 무장 투쟁 정파가 하나피 법학파의 일원인 데오반드파의 전통을 따른다는 점에서 정치적 성향은 상황에 따라 얼마든지 달라질 수 있다.

44 인도아대륙에서 데오반드파보다 더 강력한 영향력을 지니고 있는 전통주의 이슬람 종파는 바렐비파와 수피파(수피즘)다. 바렐비파는 데오반드파와 마찬가지로 수니 이슬람의 하나피파에 속했지만 훨씬 대중적이다. 예언자 무함마드는 단지 가르침을 준 하나님의 사도일 뿐만 아니라 지금도 살아 있는 존재라고 믿으며, 이슬람 성자들을 섬기고 그들의 무덤에 찾아가서 소원을 비는 등 수피파의 관습을 별 거부감 없이 받아들인다. 데오반드들은 이러한 바렐비파의 관습에 대해 '힌두교의 영향을 받은 우상 숭배'라며 비판하지만 파키스탄에는 바렐비파가 데오반드파보다 수적으로 3배가량 많다. 신비주의적이고 토착신앙과 혼합되는 경

향이 강했던 수피파는 남아시아 지역에서 종종 바렐비파와 경계가 모호했다. 인도아대륙의 다신교적인 문화를 떠올려보면 데오반드파처럼 완고하고 배타적인 일신교보다 수피파나 바렐비파처럼 혼합주의적인 성향의 이슬람이 유행한 것은 당연하다고 볼 수 있다.

45 Zaman, Muhammad Qasim, Islam in Pakistan : A History, New Jersey : Princeton University Press, p.36.

46 페르시아어와 파슈토어로 '순수'를 뜻하는 پاک(pāk)에서 유래된 명칭이기도 하다.

47 Zaman, Muhammad Qasim, 앞의 책, p.44.

48 라호르 결의안은 일명 '파키스탄 결의안(Pakistan Resolution)'으로도 불린다. 라호르 결의안(Lahore Resolution 1940)의 전문은 다음 사이트 참조. https://historypak.com/lahore-resolution-1940

49 농업 생산물에 대해 과세를 하지 않음으로 인해 파키스탄의 직접세를 내는 인구 비율은 인구의 2% 미만 수준으로 다른 나라와 비교해서 현저히 낮다. GDP 대비 세금 비율(tax to GDP ratio)도 파키스탄은 10.1%에 그친다. 인도는 17.1%, 중국은 22.1%, 한국은 27.4%이다(파키스탄·인도는 2018-2019 기준, 나머지는 2019년 기준).

50 Talbot, Ian, Pakistan : A New History, New York : Oxford University Press, p.58.

51 대표적인 사건으로는 1947년도에 발생한 미르푸르(Mirpur) 학살 사건, 라주리(Rajouri) 학살 사건 등이 있다.

52 이 시기 파키스탄의 정치 체제를 규정한 1935년 인도통치법은 영국 국가 모델을 따라 만들어졌다. 국왕이 국가를 대표하고 총리가 행정부 수반이 되는 영국의 헌법을 따라 총독이 국가를 대표하고 총리가 정부를 이끄는 것을 원칙으로 했다. 파키스탄의 초대 총독은 무함마드 알리 진나였으며 초대 총리는 리아콰트 알리 칸이었다. 헌법 제정 후 총독은 대통령직으로 바뀌었으나 파키스탄의 대통령은 2011년 헌법 개정 이전까지는 대체로 상징적인 지위에 머물지 않고 강력한 권한을 행사했다.

53 Talbot, Ian, 앞의 책, p.76.

54 아유브 칸은 알리가르 대학교를 다니던 도중 학업을 마치지 않은 상태로 영국 왕립육군사관학교로 유학을 떠났으며 이후 군인의 길을 걷게 되었다.

55 Zaman, Muhammad Qasim, 앞의 책, pp.62-63.

56 1960년대 파키스탄의 연간 경제 성장률은 다음과 같다. 1961년 5.99%, 1962년 4.48%, 1963년 8.69%, 1964년 7.57%, 1965년 10.42%, 1966년 5.79%, 1967년 5.40%, 1968년 7.23%, 1969년 5.51% (출처 : World Bank Open Data)

57 코자(Khoja)인들로 인도 구자라트 지역을 기원으로 하는 시아파 무슬림들이다. 파키스탄에서는 신드주의 카라치에 주로 모여 살았으며 사업 수완이 뛰어나 상당한 부를 축적했다.

58 방글라데시(동파키스탄) 독립 전쟁 과정에서 파키스탄군에 의한 동벵갈인의 사망자는 방글라데시 주장에 의하면 3백만 명에 달하는 반면, 파키스탄은 2만6천 명 정도라고 주장한다.

59 경작지 200에이커, 비경작지 300에이커를 초과해 소유할 수 없도록 했다. 하지만 이 정책은 큰 실효성을 발휘하지 못했다. 이 토지개혁으로 대지주들이 포기한 경작지는 전체 경작지의 1% 수준이었다.

60 Farzana Shaikh, Making Sense of Pakistan, London : Hurst, 2009, p.98.

61 '타블리기 자마아트'의 집회 가운데 특히 라호르 인근의 라이윈드 모스크에서 열리는 연례 집회는 최대 2백만 명이 몰려드는 파키스탄 최대의 이슬람 집회다. 심지어 탈레반 등 급진 이슬람주의자들도 라이윈드 집회에 많이 참석하는 것으로 알려졌다. 이로 인해 사우디아라비아에서는 2021년 12월 타블리기 자마아트가 테러리즘과 관계되어 있다고 비판하며 자국 내 활동을 금지시키기도 했다.

62 1980년 공식적인 파키스탄의 초등학교 진학률은 49.2%에 머물렀다. (출처 : World Bank Open Data, School enrollment, primary, % gross - Pakistan) 하지만 실제로는 이보다 낮은 3분의 1 수준이라는 평가도 있

다. Zaman, Muhammad Qasim, 앞의 책, p.125.

63 자마아트-이슬라미(Jamaat-e-Islami)는 인도의 이슬람주의 사상가 아불 알라 마우두디(Abu'l-A'la Maududi, 1903~1979)가 세운 이슬람주의 운동 단체이다. 세계 이슬람주의 단체 가운데 영향력 면에서 이집트의 무슬림형제단에 버금가는 국제적인 조직이다. 샤리아에 의해 통치되는 이슬람 국가 설립을 정치적 목표로 하며 급진적인 혁명 노선을 추구하지만 의회 선거 등 현실 정치에 참여하기도 한다. 대체로 세속주의 경향을 보이는 파키스탄의 정권에 대해 비판적인데 특히 줄피카르 알리 부토 정권과 무샤라프 정권에 대해 강력하게 반대 운동을 펼쳤다.

64 지아 울 하크 대통령의 국민투표 실시는 사실 진정한 선거를 피하기 위한 꼼수였다. 그는 국민투표 질문을 교묘하게 만들어 국민들의 신임을 유도했다. 국민투표의 질문은 다음과 같다. "당신은 파키스탄 대통령 무함마드 지아 울 하크 장군이 시작한 일련의 절차들-파키스탄의 법을 거룩한 꾸란과 거룩한 예언자(평화가 그와 함께 하기를)의 순나에 맞춰 개정하는 것과 이슬람을 파키스탄의 이념으로 보호하는 조치-에 대해서 지지하고 이 조치들과 인민의 선출된 대표들에게 권력이 질서 있게 이양되는 조치들이 앞으로도 계속해서 진행되어 나가기를 희망합니까?" 유권자들은 이 질문에 대해 '예' 또는 '아니오.'로만 대답할 수 있었다. 그 결과 62% 투표율에 97.71% 찬성으로 가결되었는데 지아 정권은 이 투표 결과를 지아의 대통령 5년 연임 찬성으로 해석했다.

65 PML-N(Pakistan Muslim League-N)에서 N은 나와즈 샤리프(Nawaz Sharif)의 머릿글자이다. '파키스탄무슬림연맹-나와즈파'라는 의미다. 파키스탄 정치사에서 '파키스탄무슬림연맹'이라는 이름의 정당은 여러 개가 등장하며 이를 구분하기 위해 PML 다음에 알파벳 한 글자를 더 넣어 구분한다.

66 베나지르 부토 2기 마지막 해인 1996년에 경제 성장률이 4.85%였는데 반해, 샤리프 2기인 1997년 1.01%, 1998년 2.55%, 1999년 3.66%로 저성장 상태가 지속됐다. (출처 : World Bank Open Data)

67 이들이 친무샤라프 정당인 PML-Q로 전향하면 조사를 하지 않거나 조사 결과를 덮어주었다. 이에 PPP 소속 의원 가운데 20명이 탈당한 후

PML-Q에 입당하기도 했다. 1999년 11월 설립된 사정 기관인 국가책무국(NAB)은 이후 4년간 총 522명의 정치인을 부패 혐의로 기소하며 무시무시한 칼바람을 일으켰는데 이 가운데 군 출신 인사는 단지 8명뿐이었다. 물론 무샤라프에 대항하는 야당 인사들이 주요 타깃이 된 것은 두말할 나위도 없다. Cohen, S. P., The Idea of Pakistan, Washington DC : The Brookings Institution, 2004, p.154. 참조.

68 PML-Q는 '파키스탄무슬림연맹-콰이디아잠파'를 의미한다. PML-N(파키스탄무슬림연맹-나와즈파)으로부터 갈라져 나온 친무샤라프 정당이다. 무샤라프 정권에서 사실상 여당 역할을 했으나 무샤라프 본인은 PML-Q에 입당하지 않았다.

69 CBS와의 TV 인터뷰에서 무샤라프 대통령이 한 발언 내용이다. 아미티지 부장관은 해당 발언에 대해 부인했다. 관련 기사는 https://www.theguardian.com/world/2006/sep/22/pakistan.usa 참조.

70 출처 : World Bank Open Data

71 출처 : https://www.statista.com 'Number of mobile cellular subscriptions in Pakistan from 2000 to 2020'

72 FATA(Federally Administered Tribal Area, 연방직할부족자치지역)는 파키스탄 북서변경주 내 아프가니스탄과의 접경 지역에 구획되어 있는 별도의 행정 구역이었다. 이 지역은 파슈툰 부족들의 자치가 이뤄지며 정부의 국경범죄단속법이라는 특별법을 적용받는 지역이었다. 반정부 정서가 강하며 여러 차례 반란과 분리주의 운동이 벌어지기도 했다. 오랜 차별 논란 끝에 2018년 카이베르파크툰크와주(구 북서변경주)에 통합되었다.

73 2006년 5월까지 파키스탄에서 600명 이상의 알카에다 대원을 체포했고 1천 명 이상을 사살했다. Talbot, Ian, 앞의 책, p.177.

74 TTP는 '테리키 탈레반 파키스탄(Tehrik-e-Taliban Pakistan)'의 약자이다. 이 조직의 창설자는 바이툴라 메수드(Baitullah Mehsud)다. '학생'을 의미하는 '탈레반'이라는 명칭은 파키스탄 이슬람주의자들에게 무척 인기가 좋은 덕분에 아프가니스탄의 집권 세력인 탈레반 이외에도 여러

탈레반들이 존재한다. 파키스탄 북서부 파슈툰 지역에서 주로 활동하는 TTP 외에도 JeM과 LeT 등 펀자브 남부에서 활동하는 급진 이슬람주의 조직들이 모여 결성한 조직은 일명 '펀자브 탈레반'으로 불리는 테리키 탈레반 펀자브(Tehrik-e-Taliban Punjab)다.

75　출처: https://www.macrotrends.net/countries/PAK/pakistan/military-spending-defense-budget

76　'누산타라'는 고대 자바어로 '섬'이라는 뜻이며, 조코 위도도 정부가 동부 칼리만탄에 이전하기로 한 새로운 인도네시아 수도의 명칭이기도 하다.

77　팔라바 문자는 남인도의 타밀-브라흐미 계통의 문자 체계로서 남인도뿐만 아니라 동남아시아에 널리 전해져 사용되었다. 산스크리트어로 된 힌두교 경전과 힌두 문화가 동남아시아에 보급되는 데 팔라바 문자의 공로가 컸다.

78　영국의 역사학자이자 영국령 말라야에서 공무원이기도 했던 올리버 월터스(O. W. Wolters)가 1982년 처음으로 제시한 개념이다. 다음 책 참조. O. W. Wolters, History, Culture and Region in Southeast Asian Perspectives. Institute of Southeast Asian Studies, 1982.

79　진 테일러, 여운경 옮김, 《인도네시아: 사람들과 역사들》, 진인진, 2023, p.138.

80　네덜란드가 인도네시아 전체를 실질적으로 지배하기 시작한 것은 마타람 술탄국이 분열되고 그 후계 왕국들이 사실상 네덜란드 동인도회사의 영향력 아래 들어가게 된 계기인 1755년 기얀티 조약으로 본다. 바타비아 건설은 자바의 일부가 네덜란드의 지배하에 들어간 시작점이다.

81　처음에는 연합군을 자극하지 않기 위해 '군(軍)'이라는 표현을 쓰지 않고 대신 '인민보안대(BKR, Bedan Keamanan Rakyat)'라는 명칭을 사용했다. 이후 인민보안군(TKR)을 거쳐 인도네시아 정규군(TNI)으로 재편되었다.

82　수디르만(1916~1950) 장군은 인도네시아군의 초대 총사령관으로 일본군이 인도네시아를 점령했을 당시 설립한 향토방위군(PETA) 장교 출신

이다. 욕야카르타가 네덜란드군에 함락되어 인도네시아 정부가 와해된 상황에서도 항복하지 않았으며 폐결핵이 악화된 상황에서도 게릴라전을 전개해 끝내 인도네시아의 독립 전쟁을 승리로 이끈 일등공신으로 평가받는다. 네덜란드가 인도네시아의 주권을 완전히 인정하고 물러간 직후 폐결핵으로 사망했다. 오늘날 인도네시아인들에게 가장 존경받고 사랑받는 군인이다.

83 Hizbullah and Sabilillah. '헤즈볼라'는 아랍어로 '신의 당'이라는 뜻이며 '사빌릴라'는 아랍어로 '알라의 길'이라는 의미이다.

84 2010년 인구 총조사 기준으로 자바어 사용자는 32%, 순다어 사용자는 15%, 말레이어 사용자는 3% 정도에 그친다.

85 빤짜실라(pancasila)는 고대 자바어로 '5가지 원칙'이라는 뜻이다. 수카르노가 제안해 독립준비작업조사위원회(BPUPK)에서 논의되어 최종안이 확정되었다. 빤짜실라 원안에는 '이슬람을 따르는 이들에 대한 샤리아(이슬람 율법)를 따를 의무'라는 문구가 포함되어 있었으나 헌법에 포함될 최종 안에는 이것이 삭제되었다. 만일 원안대로 헌법에 포함되었다면 인도네시아는 이슬람 국가로서의 정체성이 보다 강해졌을 것이나 '이슬람'과 '샤리아'라는 단어를 삭제함으로써 종교의 자유가 있는 세속 국가가 되었다.

86 뉴기니는 인도네시아에서 시기별로 다른 명칭으로 불렸다. 네덜란드령 뉴기니(1895~1962), 서(西)뉴기니 혹은 서이리안(1962~1973), 이리안 자야(1973~2002), 파푸아(2002~현재).

87 자바 연구가인 클리포드 기어츠(Clifford Geertz)는 자바 현지 연구를 통해 자바인들의 종교 문화 유형을 아방안(abangan), 산뜨리(santri), 쁘리야이(priyayi)의 세 가지로 분류했다. 아방안은 이슬람과 더불어 힌두교 및 정령 신앙을 믿는 유형이며, 산뜨리는 정통 이슬람 신앙을 따르는 유형이다. 쁘리야이는 원래 '세습 귀족'을 지칭하는 용어였으나 점차 관료층 및 화이트칼라 집단을 포괄하는 개념으로 확대되었는데, 기어츠는 이를 쁘리야이 집단의 종교적 정신 세계를 일컫는 용어로 사용한다. Geertz, Clifford. The religion of Java, Chicago: The University of Chicago Press, 1960. 참조.

88 캄보디아 집단 학살은 4년간(1975.04~1979.01) 150만~300만 명이 살해당했으며, 인도네시아 대학살은 6개월간 50만~120만 명이 살해당한 사건이다. 두 사건 모두 가해자들이 피해자에게 총살, 참수, 창살, 사지 절단 등의 일대일 대면 방식으로 살해했다는 점에서 유사하다.

89 이 사건의 진실을 추적한 다큐멘터리 영상들이 제작되었으며 대표적인 작품은 조슈아 오펜하이머(Joshua Oppenheimer) 감독의 다큐멘터리 영화 〈The Look of Silence(침묵의 시선)〉가 있다.

90 1963~1966년 기간에 자카르타 주재 미국 대사관의 정치과 외교관(political officer)으로 재직했던 로버트 마르텐스(Rober J. Martens)가 1990년 언론인 케이시 카데인(Kathy Kadane)과의 인터뷰에서 관련 사실을 공개했다. 마르텐스는 이 시기에 CIA 요원으로도 활동했다.

91 Vincent Bevins, The Jakarta Method : Washington's Anticommunist Crusade and the Mass Murder Program that Shaped Our World, New York: PublicAffairs, 2021, pp.137-158.

92 '수쁘르스마르(Supersemar)'라는 이 전권 위임장은 '3월 11일 명령'이라는 인도네시아어(Surat Perintah Sebelas Maret)의 약자이다.

93 1985년 제정된 오르마스(ormas) 법에 근거해 이러한 조치를 실시했다. 인도네시아어의 'organisasi(조직)'와 'masyarakat(사회)'의 앞 글자를 따서 만든 단어로 오르마스 법은 '사회조직법'이라는 의미이다.

94 대표적인 사례가 '바뻰도(Bapindo) 부정 대출 사건'이다. 에디 탄실(Eddy Tansil)이라는 화교 사업가가 정부 고위 관료에게 청탁해 국책개발은행 바뻰도로부터 4억3천6백만 달러의 자금을 석유화학공장 건설 용도로 무담보 대출을 받았다. 하지만 에디 탄실은 이를 개인 소유 부동산과 외제차를 사는 데 쓰다가 대출을 상환하지 못해 은행에 수억 달러의 피해를 안겼다. 에디 탄실은 수하르토의 삼남 토미 수하르토와도 사업 파트너 관계를 맺고 있었다.

95 동칼리만탄 지방정부는 중앙정부의 인허가 과정에서의 불법·부정을 바로 잡는 차원이었다고 주장한다. https://news.mongabay.com/2017/11/government-revokes-406-mining-permits-in-indone-

sias-east-kalimantan/?utm_source=chatgpt.com

96　50인 이상의 발기인을 모아 내무부와 법무부에 등록하면 정당 설립을 할 수 있었다. 다만 현직 공무원과 군인은 정당 활동을 할 수 없도록 했다. 이로 인해 선거법 개정 이후 150여 개의 정당이 등록하는 붐이 일었다. 하지만 정당 설립과 별개로 선거에 참여하기 위해서는 최소 9개의 주와 해당 주의 군 가운데 절반 이상에 지부를 설치해야 했다. 이로 인해 1999년 총선에는 49개의 정당만이 참여할 수 있었다.

97　국회의원 500명 가운데 선출직 462명, 임명직 38명으로 개정했다. (기존에는 선출직 400명, 임명직 100명)

98　만일 중앙정부의 행정이 외곽 지역이나 섬 지역을 커버하지 못해 정부 통제력의 공백이 생겼다면 그 공백은 마피아 조직에 의해 채워졌을 것이다. 역시 섬나라인 필리핀이 그러한 사례이다.

99　1997년 경제 위기 이전까지 4%대였던 실업률은 와히드 집권기 동안 6%를 넘었고, 1990년대 이후 7% 이상이었던 경제 성장률은 1998년 -13.1%을 기록한 뒤 와히드 정권에서도 저성장을 유지했다.

100　프라보워 수비안토는 명문가 출신에다 수하르토 치하에서 엘리트 코스를 밟아온 인물이다. 그의 할아버지는 국영 은행인 BNI의 설립자였고 그의 아버지는 수하르토 정권에서 경제부 장관을 역임한 인물이었다. 프라보워 역시 수하르토의 사위가 되면서 군에서 빠르게 승진하며 요직을 거쳤다.

101　Hagi Hutomo Mukti, Rodiyah, 'DYNASTY POLITICS IN INDONESIA: TRADITION OR DEMOCRACY?', Journal of Law & Legal Reform Vol. 1(3) 2020.

102　Yunas Derta Luluardi, Ayon Diniyanto, 'POLITICAL DYNASTY IN LAW AND POLITICAL PERSPECTIVE', Journal of Law & Legal Reform Vol. 2(1) 2021.

103　Barbara Watson Andaya, Leonard Y. Andaya, A History of Malaysia, Palgrave, 2017, p.182에서 재인용.

104　말레이반도의 소왕국들은 대부분 이슬람 전통을 따라 국왕을 '술탄'이라고 칭했다. 하지만 페를리스의 국왕만은 남아시아 및 동남아시아에서 전통적으로 국왕을 의미했던 '라자(Raja)'라고 칭했다. 여기서는 편의상 말레이반도의 9개 소왕국 전체를 술탄국이라 칭한다.

105　Albert Lau, Malayan Union Citizenship: Constitutional Change and Controversy in Malaya, 1942-48, Journal of Southeast Asian Studies, September 1989, National University of Singapore, p.216.

106　양 디 페르투안 아공(Yang di-Pertuan Agong)은 헌법상 말레이시아의 국왕, 국가의 수장, 이슬람의 수장, 군 최고사령관의 지위를 누린다. 국가의 수장으로서 총리 및 부총리 임명, 대법원장 임명, 주지사 임명 등의 권한을 가진다. 또한 이슬람의 상징적 수장으로서 각 주의 이슬람 지도자인 '무프티'를 임명하는 권한이 주어진다. 그리고 군 최고사령관으로서 합참의장 및 3군 총사령관을 임명한다. 물론 이는 상징적인 권한으로서 무프티를 제외한 다른 임명권은 사실상 총리의 추천을 재가하는 것이다.

107　이민과 혼혈의 긴 역사를 가진 말레이시아에서 '부미푸트라'를 정의내리는 건 쉽지 않은 일이다. 가장 중요한 것은 말레이계를 정의내리는 일이다. 말레이시아 헌법 160조에 따르면 말레이란 이슬람을 믿는다고 공언하고, 습관적으로 말레이어를 사용하며, 말레이의 전통을 따르는 사람으로서 말레이시아가 독립한 1957년 8월 31일 이전에 말라야나 싱가포르에서 태어났거나 부모나 조부모 중 한 명이 독립일에 말라야와 싱가포르에 거주하고 있던 사람을 의미한다. 헌법 161조에는 사바와 사라왁의 원주민에 대해 규정하고 있는데 복잡한 보르네오의 사정상 향후 정치적으로 상당한 논란을 불러일으켰다.

108　실제로 영국에서 세운 북보르네오회사(the North Borneo Company)는 매년 정기적으로 술루 술탄에게 고정 금액을 지급했었다. 필리핀은 이를 일종의 임대료라고 주장한다.

109　마하티르 빈 모하마드, 정호재, 김은정 외 옮김, 《마하티르》, 동아시아, 2012, p.275.

110　Barbara Watson Andaya, Leonard Y. Andaya, 앞의 책, p.309.

111　Azlan Tajuddin, Malaysia in the world economy, Lexington Books, 2014, pp.153-155.

112　앞의 책, p.162.

113　Barbara Watson Andaya, Leonard Y. Andaya, 앞의 책, p.317.

114　미국 정부는 2004년 달러화 가치 하락과 인플레이션 압력에 대응하기 위해 금리를 인상했는데 이는 부동산 버블이 꺼지는 효과를 낳았다. 이에 저소득층을 대상으로 한 주택 담보 대출인 서브프라임 모기지론(Subprime Mortgage Loan)을 바탕으로 만들어진 파생 상품들의 자금 회수가 어려워지면서 리먼브라더스, 메릴린치 등 투자 은행들이 파산했고 금융시장이 경색되면서 전 세계적인 경제 위기로 발전했다.

Part 3

115　국립국어원, 〈표준어 규범 영향 평가〉, 2011, p.7. 조선총독부는 별도의 한글 표준어 정리 작업을 진행하지는 않았다. 조선총독부가 1921년 개정한 보통학교용 언문철자법 대요(普通學校用諺文綴字法大要) 전문은 다음 링크 참조. https://ko.wikisource.org/wiki/보통학교용_언문철자법_대요

116　정병준, 《1945년 해방직후사 : 현대 한국의 원형》, 돌베개, 2023, p.354.

117　잉글랜드에서 전근대 민족국가가 형성된 시기에 대해서는 여러 견해가 있다. 지배 계급인 노르만 엘리트들의 언어가 프랑스어에서 영어로 바뀐 13~14세기경으로 보기도 하고, 잉글랜드의 지방 교회 중심으로 영어를 사용하는 교구 행정망이 만들어진 10~11세기로 보기도 하며, 알프레드 대왕이 앵글로색슨계 7왕국을 웨식스 왕국 중심으로 통합한 9세기 후반으로 보기도 한다. 물론 웨식스 통일 왕국은 1세기가량 유지되다가 무너졌고 다시 '잉글랜드'의 정체성을 가진 단일 국가가 만들어지기까지는 상당한 시간이 더 소요된다는 것이 일반적인 시각이다. 이와 관련해서는 다음 책 참고. Adrian Hastings, The Construction of Nationhood :

Ethnicity, Religion and Nationalism, Cambridge University Press, 1997.

118　朱子, 孟子集註, 梁惠王上. "仁義根于人心之固有, 天理之公也, 利心生于 物我之相形, 人欲之私也."

119　밀레트 제도란 기본적으로 종교에 따라 종족 집단을 분류해 종교 활동과 세금 징수 등에 자치권을 주는 것을 말한다. 이슬람, 그리스 정교회, 오리엔트 정교회, 유대교, 아르메니아 사도교회, 가톨릭 등 종교에 바탕을 둔 다양한 종족 집단이 고유의 정체성을 유지할 수 있도록 보장함으로써 오스만제국 말기 민족주의가 대두되기 전까지 비교적 안정적으로 제국을 통합시키는 역할을 했다.

120　이종욱, '신라 왕경·왕경인 그리고 골품', 역사학보 제196집(2007.12.), p.270.

121　최근영, 《統一新羅時代의 地方勢力 硏究 - 新羅의 分裂과 高麗의 民族統一》, 신서원, 1990.

122　장보고의 출신지는 불분명하다. 하지만 여러 사료상 서남해안 출신이라는 것이 일반적인 설이다. 장보고의 출신에 대해서는 청해진이 있었던 완도 출신설, 전라북도 부안군 변산반도 출신설 등이 있다. 어디가 되었든 삼국시대 백제 영토에 속한다.

123　김아네스, '고려 초기의 도호부와 도독부', 歷史學報 제173집(2002. 3.), 역사학회, p.84.

124　최봉수, '고려 75도제의 성립과정에 관한 연구', 한국행정사학지 제37호 (2015. 12), pp.6-7.

125　고려 현종은 4도호부와 8목을 중심으로 외관이 상주하는 주(州)·부(府)·군(郡)·현(縣)과 그 아래 속군현을 편성했다. 고려의 주·속읍 단위는 그 규모가 일정하지 않았다. 고려의 전주목, 나주목과 같은 대읍에는 16~20개의 군현이 소속된 반면, 4~5곳의 속현만을 거느린 작은 규모의 현도 있었다. 자세한 내용은 다음 문헌 참조. 김아네스, '신라에서 고려로 군현제 구성과 운영체계의 변화 - 전라도 지역을 중심으로', 南道文化硏究(제22집92012. 6.), 순천대학교 지리산문화연구원 남도문화연구소.

126 고려사 열전 권제7 제신(諸臣) 지채문. "삼례역(參禮驛)에 이르자 전주 절도사(全州節度使) 조용겸(趙容謙)이 평상복 차림[野服]으로 어가를 맞이하였다. 박섬(朴暹)이 아뢰어 이르기를, "전주(全州)는 바로 옛 후백제〈의 수도〉이므로 태조께서도 싫어하셨으니, 청하옵건대 주상께서는 행차하지 마옵소서."라고 하니, 왕도 그렇게 생각하고 장곡역(長谷驛)에 유숙하였다. 조용겸은 왕을 머물게 하여 그에게 기대어 위세를 부려보려고 꾀하여, 전운사(轉運使) 이재(李載)·순검사(巡檢使) 최즙(崔楫)·전중소감(殿中少監) 유승건(柳僧虔)과 함께 흰 표지를 관(冠)에 꽂고서 북을 치며 떠들썩하게 나왔다. 지채문이 역졸을 시켜 문을 닫고 견고히 지키게 하였더니, 적들이 감히 들어오지 못하였다. 왕은 왕후와 함께 말을 탄 채 역의 청사(廳事)에 있었다. (중략) 왕이 양협(良叶)에게 명령하여 조용겸·이재를 불러오게 하니, 그들이 오자 여러 장수들이 그들을 죽이려 하였다. 지채문이 꾸짖어 이를 제지하였다. 두 사람으로 하여금 대명궁주(大明宮主)의 말을 끌고 가게 하였다가, 곧 전주로 돌려보내었다." 현종이 몽진 도중 박대를 받은 것은 강조의 정변으로 왕위에 오른 현종의 정통성이 인정을 받지 못했음을 나타낸다고 해석할 수도 있다.

127 김당택, '고려 현종대 과거 출신 관리의 정치적 주도권 장악', 역사학보 제20집(2008.12.), pp.231-248. 참조.

128 대표적으로 거란의 3차 침입 당시 대거란전의 총사령관이었던 강감찬과 부사령관 강민첨 모두 과거제를 통해 관직에 오른 이들이었다.

129 5도양계(伍道兩界)는 고려의 이원적 행정 체계로 남쪽에는 일반행정구역인 양광도·경상도·전라도·서해도·교주도 등 5도, 북쪽에는 군사행정구역인 서북계(西北界)와 동북계(東北界)의 양계로 전국을 구획했다.

130 계수관(界首官)은 '행정구역 경계(界)' 내의 '우두머리(首)'라는 의미로서, 속군현을 다스리는 대읍에 설치된 상위 행정 기관 혹은 그 기관에 파견된 수령을 의미한다. 계수관에 대한 상세한 내용은 다음 문헌 참조. 윤경진, '고려 界首官의 제도적 연원과 성립과정 : 9州·12牧과의 연결성을 중심으로', 韓國文化. 제36집 (2005. 12), pp.57-88.

131 강은경, '고려시대의 공문서의 전달체계와 지방행정운영', 한국사연구, 122호(2003. 9), 한국사연구회, p.58.

132 박종진, '고려시기 안찰사의 기능과 위상', 동방학지 vol., no.122 (2003년), 연세대학교 국학연구원, pp.237-238.

133 이유진, '조선후기-대한제국기 호구 파악 방식의 변화 양상', 서울대학교 국사학과 대학원 박사학위논문, 2021, pp.2-3.

134 손병규, '삼정문란과 지방 재정 위기에 대한 재인식', 역사비평 통권101호(2012년 겨울), 역사비평사, pp.267-268.

135 손병규, 앞의 책, pp.270-271.

136 박대재, '기자조선과 소중화', 한국사학보 제65호(2016.11.), pp.39-41.

137 이승휴, 《제왕운기》, 하권, 지리기(地利紀). 박대재, 앞의 글, p.42 재인용.

138 혹자는 이것이 조선 사대부들의 생각이 아니라 세종대왕의 생각이라고 주장할 수도 있겠으나, 조선 사대부들이 반발한 것은 한자 대신 새로운 문자 한글을 사용하려는 세종대왕의 정책에 대한 것이다. 세종대왕이 한글을 만들게 된 동기인 '나랏말씀이 중국과 다르다'는 문제 의식은 지배 엘리트들 사이에 널리 공유된 것으로 봐야 한다. 다만 그 문제의식에 대한 해법에서 세종대왕과 조선 사대부들의 입장이 갈린 것이다.

139 유현식, 《근대 한국사회의 정치적 정체성》, 소명출판, 2023, pp.28-29.

140 윤해동, '민족과 국가의 대위법 - 대칭국가와 식민국가', 개념과소통 제26호(2020.12.), p.236.

141 국사편찬위원회, 〈일제강점기의 행정〉, 한국근대사 기초자료집 3, 2011, p.2.

142 다른 유럽 국가와 달리 프랑스는 알제리와 인도차이나반도의 식민지에 대해 프랑스의 제도와 문화 및 언어를 이식하는 동화주의(l'assimilation)에 기반한 식민지 지배 정책을 실시했다.

143 정호영, '조선총독부 통치정책과 조선인의 법적 지위', 서울대학교 박사학위논문, 2006. 참조

144 한승연, '조선총독부 관료제 연구: 비상통치기구적 성격을 중심으로', 한국행정학회보 제47권 제3호, 2013, pp.23-48.

145　山本四郎 편,〈寺內正關係文書-首相以前-〉, 京都女子大學研究叢刊 9, 1984, p.178. 권태억, '동화정책론', 역사학보 제27집, 2001년 12월, p.357에서 재인용.

146　大藏省 管理局,〈日本人の海外活動に關する歷史的調査〉통권 제3책 조선편 제2분책, 1947, p.3. 권태억, 앞의 글, p.357에서 재인용.

147　권태억, 앞의 글, p.360.

148　이러한 목표와는 별개로 일본이 실질적으로 조선인을 일본인으로 흡수 통합하려는 정책을 추구했는가는 논란의 대상이다. 일본어 강요, 신사참배, 창씨개명 등은 단순히 일본 지배에 대한 복종을 요구하는 것으로 이해할 수도 있기 때문이다. 정말 조선인을 일본인과 섞이도록 하려면 양자간 결혼(內鮮結婚)을 장려했어야 한다. 하지만 일본인들의 차별 의식과 더불어 근본적으로 조선인과 일본인 모두 강한 민족 의식이 있었기에 서로 상대 집단과의 결혼을 꺼렸다. 이에 대한 자세한 논의는 다음 논문 참조. 와타나베아쓰요, '일제하 조선에서 내선결혼의 정책적 전개와 실태', 서울대학교 대학원 국제학과 석사학위논문, 2004.

149　박은식, '한국통사 서언 및 결론',《한국의 근대사상》, 삼성출판사, 1977a, p.121. 유현식, 앞의 책, p.39에서 재인용.

150　이황직,《군자들의 행진》, 아카넷, 2017, pp.199-200.

151　유현식, 앞의 책, p.139.

152　송찬섭 외,《근대로의 전환 : 새로운 시공간의 탄생과 삶의 변화》, 지식의 날개, 2018, pp.27-28.

153　'도시형 한옥'은 1920년대 이후 주택 개발업자가 상품처럼 만들어 공급한 중산층형 주택으로 기존 한옥처럼 마당을 빙 둘러싸며 중앙에 대청을 두어 침실을 분리시켰으나 유리 미닫이문과 타일, 함석 등 근대적인 건축 재료를 사용해 집을 지었다. 또한 변소가 주택 안으로 들어와 문간채 한편에 위치하는 등 구조적으로도 근대적인 요소가 도입됐다. 도시형 한옥은 해방 이후 1960년대까지 우리나라의 대표적인 주택 양식으로 자리잡았다. '문화주택'은 일제강점기 당시 조선 상류층이나 일본 사람들이

154 정병준, 앞의 책, pp.87-90.

155 Wikipedia, 'Casualties of the Iranian Revolution' 참조. https://en.wikipedia.org/wiki/Casualties_of_the_Iranian_Revolution

156 일본의 항복 직후 소련은 홋카이도를 점령하려고 했으나 미국은 이를 거부했으며 일본군 역시 홋카이도 점령을 시도하는 소련군에게 완강히 저항함으로써 소련의 계획은 실패로 끝났다. 소련의 일본 영토 점령은 1945년 2월 얄타회담에서 인정된 쿠릴열도에 한정되었다.

157 무엇보다 부의 최고책임자인 부윤과 도의 최고책임자인 도지사 및 면의 최고책임자인 면장을 유권자가 뽑는 게 아니라 조선총독부가 임명했다. 부윤과 도지사 및 면장은 막강한 권한을 가지고 부협의회와 도평의회(도회) 및 면협의회에 자신의 의지를 관철할 수 있었다. 부협의회와 도평의회는 예산심의 등 의회적 권한을 일부 부여받았으나 부윤과 도지사가 각각 부협의회와 도평의회의 의장을 겸하면서 안건을 제출하는 권한 및 회원의 자격상실 결정권, 협의회원의 발언 금지권 등을 가지고 있었기에 부협의회와 도평의회가 자치 기구의 역할을 수행하는 데 큰 한계를 지녔다. 일제강점기에 재조선 일본인들은 대부분 도시나 지방 중심지에 모여 살았기 때문에 시골 지역에서 선출되는 면협의회는 대부분 조선인으로 이루어져 있었다. 조선총독부는 면협의회에 자치 기능을 엄격히 제한해 철저히 관선 면장의 자문기구 역할만 하도록 제한했다. 또한 부협의회와 도평의회 및 면협의회 의원의 3분의 1은 총독부가 임명하는 관선제로 선출했으며, 도평의회는 부·면협의회원이 뽑은 후보 중에서 도지사가 임명하는 간선제를 채택했다. 따라서 그나마 자치의 기능을 부분적으로나마 발휘한 기구는 일본인의 대표성이 강한 부협의회였다.

158 예컨대 1926년 부협의회 유권자 수는 다음과 같다. [경성부] 일본인 4615명, 조선인 4641명 / [인천부] 일본인 590명, 조선인 343명/ [군산부] 일본인 429명, 조선인 144명 / [부산부] 일본인 1788명, 조선인 214명 / [평양부] 일본인 779명, 조선인 1316명 / [신의주부] 일본인 311명, 조선인 166명/ [원산부] 일본인 455명, 조선인 294명 등. 일본인 유권자

는 총 11,442명인 반면 조선인 유권자는 8,578명에 그쳤다. 조선총독부(齊藤實 문서, p.491) : 박정후, '일제시대의 지방통차제도에 관한 연구 : 1910-30년대 지방제도 개편을 중심으로', 서울대학교 대학원 정치학과 학위논문, 2006, p.62.에서 재인용

159 박정후, 앞의 글, p.89.

160 조선총독부(齊藤實 문서, p.491) : 박정후, 앞의 글, p.64에서 재인용

161 민족 대표성을 가지고 정치적 구심 역할을 할 세력이 없었다는 점은 북한도 비슷한 상황이었다. 북한에서 김일성 등 해외 빨치산 세력 역시 국내 기반이 없었던 상황에서 38선 이북을 점령한 소련의 지원을 업은 이후에야 비로소 사회주의 공화국 건설의 주도권을 쥘 수 있었다.

162 하지는 상대적으로 강력한 반공주의 성향을 보여주었다. 미군정 최고 책임자였던 하지는 훗날 자신의 개인적 서한에서 미군정 3년간의 정책을 이렇게 술회했다. "확실히 말하건대, 우리의 초기 임무 중 하나는 합참이나 국무부의 후원도 받지 않고, 그리고 어떠한 지령에도 구애받지 않고 이 공산주의 정부를 무너뜨리는 것이었다." C. I. 호그 지음, 신복룡·김원덕 옮김, 《한국분단보고서(상)》, 풀빛, 1992, p.240.

163 이택선, '한국의 현대 민주주의 국가건설, 1945-1948 : 미국식 사법, 행정 제도 도입을 통한 제도권력과 구조권력의 이식', 〈한국의 민주주의와 한미관계 용역 결과 보고서〉, 대한민국역사박물관, 2013, pp.75-76.

164 이와 관련해 더 자세한 내용은 다음 글 참조. 손병권, '민주주의 규범의 민족주의적 로컬화 과정 : 미군정기 공민과 도입과정을 중심으로', 비교민주주의연구 제17집 2호, 2021.

165 이택선, 앞의 글 pp.70-77.

166 이택선, 앞의 글, pp.65-66.

167 허욱, 테런스 로릭, 이대희 옮김, 《한미동맹의 진화》, 에코리브르, 2019, pp.58-59.

168 U.S. Congress, House, Committee on Foreign Affairs, Korean Aid

(Washington D.C.: U.S.G.P.O., 1949), p.3. 이철순, '이승만 정부 시기의 한국 민주주의와 한미관계(1948-1960)', 〈한국의 민주주의와 한미관계 용역 결과 보고서〉, 대한민국역사박물관, 2013, pp.91-92.

169 한미 상호방위조약의 핵심 내용은 다음과 같다. "(3조) 각 당사국은 타 당사국의 행정 지배하에 있는 영토와 각 당사국이 타 당사국의 행정 지 배하에 합법적으로 들어갔다고 인정하는 금후의 영토에 있어서 타 당사 국에 대한 태평양 지역에 있어서의 무력 공격을 자국의 평화와 안전을 위태롭게 하는 것이라 인정하고 공통한 위험에 대처하기 위하여 각자의 헌법상의 수속에 따라 행동할 것을 선언한다.""(4조) 상호적 합의에 의 하여 미합중국의 육군, 해군과 공군을 대한민국의 영토 내와 그 부근에 배치하는 권리를 대한민국은 이를 허용하고 미합중국은 이를 수락한다."

170 허욱, 테런스 로릭, 위의 책, pp.66-67.

171 양준석, 김홍률, '1990년대 이후 한·미간 무역구조의 변화', 대외경제정 책연구원, 2002, pp.22-26.

172 박정희 대통령, 제5대 대통령 취임사, 1963년 12월 17일 / 행정안전 부 대통령기록관 (https://www.pa.go.kr/online_contents/inauguration/president05.jsp). "4월 혁명으로부터 비롯되어, 5월 혁명을 거쳐 발전된 1960년대 우리 세대의 한국이 겪어야만 할 역사적 필연의 과제는 정치, 경제, 사회, 문화 모든 분야에 걸쳐 조국의 근대화를 촉성하는 것이며, 이 를 위하여 우리는 조성된 계기를 일실함이 없이 성공적으로 이 과업을 성취시키는 데 범국민적인 노력이 있어야 할 것입니다."

173 천안문 사태 희생자 수와 관련해 중국 정부의 공식 통계는 사망자 약 300명, 부상자 군인·경찰 포함 약 7,000명이다. 하지만 중국 적십자사는 한때 사망자를 2,700명이라고 발표했다가 나중에 이 통계를 부인했다. 뉴욕타임즈의 니콜라스 크리스토프(Nicholas D. Kristof) 기자는 민간인 사망자가 400~800명에 수준이라고 보도했다. 천안문 희생자 통계는 관 측 자료에 따라 다양하다.

174 계엄군의 중립화와 관련해 다음 문헌 참조. 정용욱, '이승만 정부의 붕괴 : 이승만 정부의 대응 및 미국의 역할과 관련하여', 《한국현대사의 재인 식4: 1950년대 후반기의 한국사회와 이승만 정부의 붕괴》, 오름, 1998.

홍석률, '4월혁명과 이승만 정부의 붕괴 과정: 민주항쟁과 민주당, 미국, 한국군의 대응을 중심으로', 〈4월혁명 50주년 기념학술대회: 4·18 고대 행동과 4월혁명을 통해 조망하는 21세기〉, 2010. 서중석, "이승만 재평가, 반대편을 '종북'으로 몰려는 의도", 경향신문, 2016.05.18.

175 정창현, '4.19, 민주주의 혁명인가?', 기억과전망 제14호(2006. 봄), 민주화운동기념사업회, p.30.

176 정일준, '총론 : 한국 민주주의와 한미관계, 이론적 실천적 쟁점', 〈한국의 민주주의와 한미관계 용역 결과 보고서〉, 대한민국역사박물관, 2013, p.24.

177 박정희 정부의 유신헌법 도입에 반대하여 대학생과 재야 세력이 '개헌청원 100만인 서명운동'을 벌이자 정부는 1974년 4월 긴급조치 4호를 발동하고 학생 시위를 주도하는 민청학련의 배후에는 공산당과 공산계 불법 단체인 인민혁명당이 있다고 발표하여 인민혁명당 관계자로 지목된 서도원, 도예종, 송상진, 우홍선, 하재완, 이수병, 김용원, 여정남 등 8인에 대해 사형을 선고한 후 그들의 항소를 기각하고 대법원 확정 판결이 난 다음 날인 1975년 4월 9일 사형을 집행했다. 이후 2002년 9월 의문사진상규명위원회가 '인혁당 사건'은 중앙정보부의 조작 사건이라고 발표하였고, 2007년 1월 23일 서울중앙지법은 '인혁당재건위사건' 희생자 8인에 대하여 무죄를 선고하였다.

178 전재호, '전환기 한국 민주주의와 한미관계(1980-1997)', 〈한국의 민주주의와 한미관계 용역 결과 보고서〉, 대한민국역사박물관, 2013, p.176.

179 윌리엄 글라이스틴, 황정일 옮김, 《알려지지 않은 역사 : 전 주한미국대사 글라이스틴 회고록》, 중앙M&B, 1999, pp.188-191.

180 허욱, 테런스 로릭, 앞의 책, p.91.

181 이와 같이 한국에 대한 미국의 이중적인 노선을 박명림은 '미국의 범위(American boundary)'라는 개념으로 정의했다. '미국의 범위'에 대한 자세한 내용은 다음 책 참조. 박명림, 《한국전쟁의 발발과 기원 Ⅱ》, 나남, 1996, pp.519-591.

182 전재호, 앞의 글, p.198.

183 Clyde Haberman, 'OLYMPIC BOYCOTT RAISES DOUBT IN SEOUL ON '88', The New York Times, 1984. 5. 22. https://www.nytimes.com/1984/05/22/world/olympic-boycott-raises-doubt-in-seoul-on-88.html

184 NeW York Times, 1984. 5. 29., "How to Rescue the Olympics", New York Times, https://www.nytimes.com/1984/05/29/opinion/how-to-rescue-the-olympics.html

185 박해남, '서울올림픽과 1980년대의 사회정치', 서울대학교 대학원 사회학과 박사학위논문, 2018, pp.214-215.

186 박명호 외, 〈2012 경제발전경험모듈화사업 : 한국의 농지개혁〉, 기획재정부, 한국외국어대학교, 2013, p.50. 농지개혁법 시행 이전에 시장에 매도하려는 토지가 몰리면서 토지 가격이 낮게 형성되었고 당연히 지주들은 시장에서 원하는 가격으로 토지를 팔지 못하는 경우가 일반적이었다.

187 한국전쟁이 발발한 1950년 6월 25일보다 이전인 같은 해 5월 30일에 남한의 농지개혁이 완료되었고 이 덕분에 한국전쟁 당시 농민들이 남한 정부를 지지했다는 주장이 제기되었으나(김일영, '농지개혁, 5·30선거, 그리고 한국전쟁', 한국정치외교사논총 제22집 1호, 2001), 중앙정부에서 법적으로 결정한 농지개혁이 소작농들에게 체감되기까지는 상당한 시간이 걸렸다. 실제로 토지 분배 예정 통지서가 교부되지 않은 지방이 많았으며 농지 예비 조사조차도 미완료된 사례가 적지 않았다. 농지개혁의 완료를 증명하는 사례보다 그렇지 않은 지방의 사례가 더 많다. 이에 대한 연구는 다음 참조. 정병준, '한국 농지개혁의 재검토 : 완료시점, 추진동력, 성격', 역사비평 65호, 2003.

188 서울경제, 2024년 2월 17일, 건국 후 한국 경제 '리셋'…농지개혁 이야기 1 [이덕연의 경제멘터리], https://www.sedaily.com/NewsView/2D5E7N46AB

189 임시토지수득세는 작물의 수확량을 기준으로 누진세율을 적용했다. 토지 수확량이 많은 토지일수록 더 높은 세율이 부과되었는데, 양곡 토지

에 해당하는 갑류 토지의 경우 10석 이하는 토지 수확량의 15%, 10석 초과~20석은 20%, 20석 초과~50석은 24%, 50석 초과시 28%의 세율을 적용했다. 정부는 전국 농산물 생산고의 13~28%를 징수할 것으로 예상했다. 행정안전부 국가기록원, 임시토지수득세 항목 참고.

190 박명호 외, 앞의 책, p.64.

191 박명호 외, 앞의 책, p.93. 다음 책 참조 재인용. Kang David C., Crony Capitalism: Corruption and Development in South Korea and the Philippines, Cambridge University Press, 2002.

192 일제강점기 조선인들의 강력한 의무교육제 실시 요구에도 불구하고 조선총독부는 비용 및 교원 부족 등을 이유로 부정적 입장으로 일관하다가 태평양전쟁이 치열해지는 1942년 갑자기 "1946년부터 의무교육제도를 실시하겠다"고 발표했다. 이는 조선인 징병제 실시의 사전 작업이기도 했다. 하지만 1945년에 일본이 패망하면서 일제강점기 조선인에 대한 의무교육은 시작되지 못했다. 관련 내용은 다음 문헌 참조. 오성철, '한국의 초등의무교육제 형성 연구', 한국교육사학 제43권 제4호(2021.12.), pp.132-134.

193 오성철, 앞의 글, p.139.

194 대교연 통계(기본) 3호, 대학교육연구소, 2013년 4월 11일. 참조.

195 한국교육개발원 교육통계연보 참조.

196 교육부·한국교육개발원, OECD 교육지표 2024 참조.

197 2022년 한국의 사교육 참여율은 세계에서 가장 높은 78.3%이고, 사교육비 총액은 26조 원에 달했다. 국제교육성취도평가학회(IEA) 2019년 조사에 따르면 세계 각국의 평균 사교육 참여율은 43.9%이며, 특히 1인당 GDP가 높은 국가일수록 공교육이 잘 갖춰져 있기 때문에 사교육비가 낮은 경향을 보이지만 한국은 GDP가 높은데도 불구하고 이처럼 사교육비 지출이 많다는 특징이 있다.

198 충남 공주 지역구를 기반으로 6선을 했던 정석모 전 의원의 아들 정진석도 공주에서 5선을 했으며, 역시 5선 의원인 남경필은 수원 팔달구의 지

역구 의원이었던 부친 남평우가 임기 도중 사망하자 보궐선거에 당선되면서 국회에 입성했다. 서울 마포에서 5선을 했던 노승환 전 의원의 아들 노웅래도 마포 지역구에서 4선을 했다. 이 밖에도 더 많은 사례가 존재한다.

199 독립 이후 서벵갈주와 케랄라주를 제외한 나머지 주의 토지개혁이 제대로 이뤄지지 않았으나 토지개혁은 중요한 정치-사회적 의제로서 지속적으로 제기되었다. 1992년까지 소작농에게 토지 소유권이 부여되었거나 소작권이 명시적으로 보호된 주는 아쌈, 구자라트, 히마찰프라데시, 카르나타카, 케랄라, 마하라시트라, 서벵갈 등 7개 주로 늘어났다. 다음 문서 참조. Ramesh Sharma, Praveen K Jha, 〈LAND REFORM EXPERIENCES SOME LESSONS FROM ACROSS SOUTH ASIA〉, The Food and Agriculture Organization of United Nations, 2018, p.27.

200 PIU는 곡물 생산량을 기준으로 한 토지 단위로 파키스탄의 토지개혁을 위한 기준 단위로 사용되었다.

201 훈요십조 제8조의 해당 원문은 이러하다. "車峴以南 , 公州江外 , 山形地勢 , 竝趨背逆 , 人心亦然 彼下州郡人參與朝廷 , 與王侯 國戚婚姻 , 得秉國政 , 則或變亂國家 , 或銜統合之怨 , 犯蹕生亂" (여덟 번째에 이르기를 차현 이남, 공주강 바깥의 산형 지세가 배역해 있고 인심 또한 그러하니, 그 아랫녘의 군민이 조정에 참여해 왕후·국척과 혼인을 맺고 정권을 잡으면 혹 나라를 어지럽히거나, 혹 통합의 원한을 품고 반역을 감행할 것이다.)

202 최성주, '정무직 인사의 영호남 대표성 비교', 서울대 행정대학원 국가리더십연구센터 발표 자료. 동아일보, 2017년 2월 23일, "최성주 경희대 교수 '역대 정부 차관급 이상 인사 분석' 발표."에서 재인용, https://www.donga.com/news/Politics/article/all/20170223/83020529/1

203 상공부, 〈국회지역감정해소특별위원회 요구자료Ⅰ〉, pp.19-22에서 재작성. 조민, 〈지역갈등 해소방안 연구〉, 민족통일연구원, 1995, p.42.에서 재인용.

204 1970년~2020년 50년간의 수도권으로의 순유출 인구는 호남권이 63.17%, 영남권이 39.52%로 호남권이 영남권에 비해 수도권 순유출 인

구 비율이 약 60%가량 높다. ≪대한민국 국가지도집≫ 참조.

205 Amy Chua, Political Tribes: Group Instinct and the Fate of Nations, Penguin Press, 2018. 참조 [에이미 추아, 김승진 옮김, ≪정치적 부족주의≫, 부키, 2020]

206 장자크 루소가 자신의 저서 ≪사회계약론≫ 제3권 제15장 「인민 대표자」(Des Députés ou Représentants)에서 한 말은 다음과 같다. "영국인들은 자신들이 자유롭다고 생각한다. 그들은 착각하는 것이다. 그들이 자유로운 것은 의회의 의원을 선출할 때뿐이다. 의원들이 선출되는 순간 영국인들은 노예가 되고 아무것도 아닌 존재가 된다."

선긋는국가

1판 1쇄	2025년 9월 10일
지은이	박정욱
펴낸이	윤을식
펴낸곳	도서출판 지식프레임
출판등록	2008년 1월 4일 제 2023-000024호
전화	(02)521-3172
팩스	(02)6007-1835
이메일	editor@jisikframe.com
홈페이지	http://www.jisikframe.com
ISBN	979-11-992919-1-1 (03300)

- 이 책 내용의 전부 또는 일부를 재사용하려면 반드시 저작권자와 지식프레임 양측의 서면에 의한 동의를 받아야 합니다.
- 파손된 책은 구입하신 서점에서 교환해 드리며, 책값은 뒤표지에 있습니다.